Un franc le volume
NOUVELLE COLLECTION MICHEL LÉVY
1 FR. 25 C. PAR LA POSTE

COMTE AGÉNOR DE GASPARIN

DU

SURNATUREL

I

CALMANN LÉVY, ÉDITEUR
ANCIENNE MAISON MICHEL LÉVY FRÈRES
RUE AUBER, 3, ET BOULEVARD DES ITALIENS, 15
A LA LIBRAIRIE NOUVELLE

DU
SURNATUREL

PAR

LE Cᵗᵉ AGÉNOR DE GASPARIN

I

PARIS

CALMANN LÉVY, ÉDITEUR
ANCIENNE MAISON MICHEL LÉVY FRÈRES
3, RUE AUBER, 3

—

1892

DU SURNATUREL

I

OUVRAGES
DE M. LE COMTE AGÉNOR DE GASPARIN

Édition populaire à 1 fr. le volume.

L'AMÉRIQUE DEVANT L'EUROPE, 4ᵉ édition. Un volume grand in-18.
LA BIBLE, 2ᵉ édition. Deux volumes grand in-18.
LE BONHEUR, 9ᵉ édition. Un volume grand in-18.
LE BON VIEUX TEMPS, 6ᵉ édition. Un volume grand in-18.
PAGANISME ET CHRISTIANISME, 2ᵉ édition. Deux volumes grand in-18.
LA CONSCIENCE, 6ᵉ édition. Un volume grand in-18.
DISCOURS POLITIQUES, 5ᵉ édition. Un volume grand in-18.
LES DROITS DU CŒUR, 4ᵉ édition. Un volume grand in-18.
LES ÉCOLES DU DOUTE ET L'ÉCOLE DE LA FOI, 4ᵉ édit. 1 vol. gr. in-18.
L'ÉGALITÉ, 7ᵉ édition. Un volume grand in-18.
L'ÉGLISE SELON L'ÉVANGILE, 2ᵉ édition. Deux volumes grand in-18.
L'ENNEMI DE LA FAMILLE, 6ᵉ édition. Un grand volume in-18.
LA FAMILLE, 13ᵉ édition. Deux volumes grand in-18.
LA FRANCE, 5ᵉ édition. Deux volumes grand in-18,
INNOCENT III, 5ᵉ édition. Un volume grand in-18.
UN GRAND PEUPLE QUI SE RELÈVE, 6ᵉ édition. Un volume grand in-18.
LIBERTÉ MORALE, 6ᵉ édition. Deux volumes grand in-18.
LIBERTÉ RELIGIEUSE, 4ᵉ édition. Un volume grand in-18.
LUTHER ET LA RÉFORME, 7ᵉ édition. Un volume grand in-18.
PAROLES DE VÉRITÉ, 6ᵉ édition. Un volume grand in-18.
PENSÉES DE LIBERTÉ, 6ᵉ édition. Un volume grand in-18.
PERSPECTIVES DU TEMPS PRÉSENT, 5ᵉ édition. Un volume grand in-18.
QUESTIONS DIVERSES, 4ᵉ édition. Un volume grand in-18.
TABLES TOURNANTES, 6ᵉ édition. Un volume grand in-18.
TROIS PAROLES DE PAIX, 5ᵉ édition. Un volume grand in-18.

OUVRAGES
DE L'AUTEUR *DES HORIZONS PROCHAINS*

Bibliothèque contemporaine à 3 fr. 50 le volume.

ANDALOUSIE ET PORTUGAL, 2ᵉ édition. Un volume grand in-18.
AU BORD DE LA MER, 2ᵉ édition. Un volume grand in-18.
CAMILLE, 3ᵉ édition. Un volume grand in-18.
DANS LES PRÉS ET SOUS LES BOIS, 5ᵉ édition. Un volume grand in-18.
EDELWEISS, 2ᵉ édition. Un volume grand in-18.
JÉSUS, QUELQUES SCÈNES DE SA VIE TERRESTRE, 2ᵉ édition. 1 vol. gr. in-18.
QUELQUES PENSÉES, 2ᵉ édition. Un volume grand in-18

Édition populaire à 1 fr. le volume.

A CONSTANTINOPLE, 4ᵉ édition. Un volume grand in-18.
A TRAVERS LES ESPAGNES, 5ᵉ édition. Un volume grand in-18.
CHEZ LES ALLEMANDS (LA BANDE DU JURA), 3ᵉ édition. Un vol. gr. in-18.
LES HORIZONS PROCHAINS, 12ᵉ édition. Un volume grand in-18.
LES HORIZONS CÉLESTES, 12ᵉ édition. Un volume grand in-18.
SUR LES MONTAGNES (LA BANDE DU JURA), 3ᵉ édition. Un vol. gr. in-18.
TRISTESSES HUMAINES, 9ᵉ édition. Un volume grand in-18.
VESPER, 7ᵉ édition. Un volume grand in-18.
VOYAGE AU LEVANT, 4ᵉ édition. Deux volumes grand in-18.

Coulommiers — Imp. PAUL BRODARD.

PREMIÈRE PARTIE

DU SURNATUREL

EN GÉNÉRAL

CHAPITRE PREMIER

LA QUESTION

On sait à quel point de vue je me place pour apprécier les phénomènes considérables dont le monde se préoccupe, malgré qu'il en ait. Armé de l'étude et de la constatation de l'agent physique, je m'attaque aux prétentions surnaturelles. Nier tout, c'eût été tout admettre; car les faits sont plus forts que nous, et, refoulés de leur canal régulier, ils s'épanchent dans les directions les plus anormales. Jamais d'ailleurs je n'aurais consenti à constater ce que je savais vrai, ou à m'associer au silence qu'on jugeait bon de nous imposer en termes si péremptoires et si hautains.

La partie positive de mon travail terminée [1], je passe à la partie négative, qui n'est pas la moins importante. J'ai prouvé la réalité des *tables tournantes*; je vais prouver l'absurdité des *tables parlantes*. Je ne pourrai le faire qu'en abordant d'abord la question dans sa généralité. Les tables parlantes et leurs esprits s'abritent derrière un immense

1. Voir *Tables tournantes*, 3e édit. Calmann Lévy.

rempart de surnaturel apocryphe. Faux miracles, faux sortilèges, merveilles de toute sorte, retour aux crédulités les
plus sottes et les plus odieuses des siècles passés, réhabilitation du moyen âge et de ses pratiques les moins recomman-
dables, voilà ce qu'on nous présente avec assurance, voilà
ce que beaucoup d'hommes d'ailleurs distingués acceptent
résolument, ce qu'un parti religieux prend sous son patro-
nage, ce que l'opinion hésitante et troublée par l'éclat des
attestations dont on l'accable semble presque disposée à
admettre.

On n'admet que jusqu'à un certain point, je le sais. Mais
c'est déjà trop. De telles énormités doivent être repoussées
hautement, pour l'honneur de notre siècle, et aussi pour son
bien. Il ne faut pas croire en effet qu'on puisse impunément ouvrir même le plus petit accès à des superstitions
grossières, matérialistes, antichrétiennes, qui abrutissent
l'homme, qui abaissent Dieu et qui, en réalité, suppriment le
diable tout en ayant l'air de le mettre partout. Ce n'est pas
impunément non plus qu'on habitue la conscience publique
à considérer sans dégoût et sans horreur les égarements
monstrueux, les iniquités judiciaires d'autrefois. En amnis-
tiant, en glorifiant le passé, on prépare l'avenir; on détruit
une à une les répugnances tutélaires, les protestations de
l'intelligence et du cœur, héritage péniblement acquis, qu'il
faudrait accroître au lieu de le gaspiller. A voir ce qui se
passe, je ne suis pas seulement humilié; je suis effrayé.
Tout ce qu'il y a de sain et d'élevé en nous, court un
véritable péril; nous risquons de descendre, de descendre
beaucoup. Or, à chaque niveau de la civilisation correspond un régime qui lui est propre; qu'on nous rende
quelques idées du moyen âge, nous verrons reparaître
quelques-uns des attentats qui ont marqué cette lamentable
époque.

Je ne veux rien exagérer. Le moyen âge en personne ne

se reproduira pas au milieu de nous, ni lui, ni rien qui en
approche. Nous avons trop. appris et trop désappris, pour
qu'il soit possible de nous ramener là. Mais ce qui est toujours possible, c'est d'obscurcir la conscience générale, c'est
de la désarmer contre certaines surprises. Or qui nous dit
que rien de pareil ne s'accomplisse, en ce moment même,
chez ceux qui repoussent les Esprits comme chez ceux qui
les accueillent?

La manière dont on les repousse m'inquiète particulièrement. Ceux qui les prônent peuvent avoir leurs raisons
pour s'abandonner à de si aimables rêveries; leur idéal est
en arrière, au temps des magiciens, des possédés et des procédures expéditives; il leur convient de croire ce qu'alors on
croyait, afin de justifier ce qu'alors on faisait. Quant aux
personnes qui résistent (c'est le très grand nombre), je
remarque qu'elles protestent sans trop savoir pourquoi, et
cela ne me rassure guère. S'indigner, lever les épaules,
déclarer les choses impossibles, en appeler aux lumières du
temps, ce n'est pas répondre. Je tremble toujours pour les
partis où l'on abuse du « tarte à la crème! » Et, en effet,
quand je m'approche de ces hommes si fort irrités contre la
sorcellerie contemporaine, qu'est-ce que je trouve? Les uns
déclarent qu'ils n'ont rien lu et qu'ils ne liront rien, qu'ils
n'ont rien su et qu'ils ne veulent rien savoir; ils se refusent
à tout examen, par conséquent ils doutent; les croyances
impatientes de la discussion ne sont pas des croyances sûres
d'elles-mêmes. D'autres ont entendu, ont lu, ont compté sur
leurs doigts les nombreux, les respectables témoins dont une
solennelle affirmation accompagne chaque histoire merveil-
-leuse; puis, ils ont secoué ces pensées obsédantes, ou plutôt
ils ont cru les secouer. D'autres, après un examen sommaire, concluent ainsi : « La chose est extraordinaire. Il doit
y avoir du vrai et du faux; il doit y avoir à prendre et à
laisser. Gardons-nous de tout admettre comme de tout nier. »

Rien de plus sage que leur juste milieu ; rien de plus orthodoxe que leur impartialité éclectique entre les contraires.
Par malheur, il ne suffit pas de fermer la grande porte à
l'ennemi, si par modération mal entendue, on lui ouvre une
porte dérobée. La place n'en est pas moins envahie ; nombre
de gens aujourd'hui admettront le surnaturel, pourvu qu'il
entre par la petite porte : *Un peu* de sorcellerie, *un peu* de
miracle, à la bonne heure! Ceux-là ont, eux aussi, leurs
anecdotes de revenants, et ne savent trop qu'en croire. Nous
ignorons tant de choses ; pourquoi n'ignorerions-nous pas
celle-là !

Rien ne prouve mieux l'imminence du péril, la nécessité
d'étudier sérieusement une question qu'on a trop évité de
regarder en face. Sous prétexte d'ignorance humaine, on
sacrifie les notions chrétiennes les plus élémentaires et les
plus essentielles. Sous les coups d'une révélation nouvelle,
la religion révélée s'ébranle de partout. Nous nous éloignons
à grands pas du Dieu de la Bible ; le diable de la Bible nous
est caché par une foule de démons ridicules ; le matérialisme enfin, le matérialisme grossier, le matérialisme des
procédés et des formules, celui qui rattache la tentation à
une opération physique et la délivrance à une opération contraire, le matérialisme qui caractérise les superstitions populaires des plus mauvais jours nous envahit graduellement.
Tantôt s'imposant, tantôt s'insinuant, il ébranle et affaiblit
la vérité lorsqu'il ne parvient pas à introniser l'erreur. Et
puis, le matérialisme soi-disant religieux justifie et fortifie le
matérialisme incrédule. Aux yeux de beaucoup, l'Évangile
devient solidaire des énormités qu'on affecte d'y rattacher.
Cela a lieu surtout dans les pays comme le nôtre, où la
Bible est presque inconnue encore. Ayant rejeté le surnaturel apocryphe, on s'inscrit, plus ou moins ouvertement,
contre le surnaturel biblique.

Je n'ai donc pas quitté, en m'occupant des tables tour-

nantes, le sujet ordinaire de mes travaux. Au fond, quand la
société est remuée par une question qui trouble les âmes,
soyez sûrs que le christianisme est en cause. Le dégager de
toute complicité avec les Esprits frappeurs; montrer à quel
point l'Évangile est contraire à tout ce faux merveilleux,
ignoble et subalterne, que l'imagination dépravée des hommes
a enfanté et qu'elle cherche à restaurer aujourd'hui ; prouver
qu'il n'y a pas seulement une différence, mais une opposition
radicale entre les crédules et les croyants; faire éclater une
fois de plus l'harmonie admirable qui existe entre la sainte
Écriture et la vraie science, et le vrai bon sens; tirer d'embarras beaucoup d'hommes sincères qui répugnent au surnaturel apocryphe et ne savent comment le réfuter; mettre la
conscience publique à l'aise en présence des merveilles épidémiques qui éclatent chez les Américains et ailleurs; diviser
en trois parts les fausses sorcelleries et les faux miracles : la
part de la fraude et de l'erreur, la part des accidents physiologiques, la part des agents physiques que tant de savants
refusent encore de voir; sortir enfin des ténèbres entassées à
l'envi par les dénégations arbitraires des uns et par les affirmations arbitraires des autres; s'élever jusqu'à la pure
lumière où brillent toutes ces vérités sœurs : la vérité révélée,
la vérité scientifique, la vérité intime que proclament notre
sens moral et notre raison; tel est le but qu'il s'agit de poursuivre. — Je n'ai pas l'orgueil de croire que j'y atteindrai ;
d'autres feront mieux, je me serais reproché de ne rien
faire.

On le voit, je maintiens ma position. Il y faut quelque
énergie, car elle est presque entièrement isolée jusqu'ici. Ma
thèse se résume ainsi : réalité du phénomène physique,
fausseté du phénomène surnaturel; erreur des « spiritualistes » qui croient à l'intelligence des tables, erreur des
savants qui nient leur mouvement fluidique. Et comme la
croyance aux Esprits s'appuie sur la résurrection de la démo-

nologie entière du moyen âge, comme on nous cite les preuves et les témoignages, je suis contraint d'envisager le problème du surnaturel dans sa totalité; je le résous par la recherche d'une théorie sur la véritable valeur des témoignages et par le refus absolu de considérer comme démontrée, aucune des merveilles miraculeuses ou sataniques qu'on a cru constater depuis l'époque des apôtres.

Faisons face, il en est temps, à cet ennemi qui menace et notre raison et notre foi. La raison et la foi! on n'a jamais porté atteinte à l'une sans blesser l'autre. L'Évangile, qui confond la raison, se fait accepter aussi par elle; Dieu, qui nous révèle des mystères et qui veut que notre cœur rebelle se courbe devant « la folie de la croix », Dieu, qui nous ordonne d'admettre l'incompréhensible, ne l'ordonne cependant qu'après y avoir joint les titres palpables d'une origine céleste, en sorte que notre raison n'est jamais plus raisonnable que lorsqu'elle abdique en présence de ce qui la dépasse, même de ce qui semble la contredire. La Bible, d'ailleurs, ne nous instruit qu'en nous éclairant, qu'en nous développant, qu'en nous élevant; sa méthode est le contraire exact de celle de l'obscurantisme. Aussi, commé nos facultés se déploient sous son action! Voyez cet homme qui s'est soumis, entièrement soumis à la Parole divine, qui accepte tout ce qu'elle renferme, qui ne se permet de juger aucun enseignement révélé, qui, sacrifiant ses répugnances naturelles, ne conserve jamais un doute en face du grand argument : « il est écrit »; voyez comme cet homme-là se trouve en possession du vrai sur toutes choses. Pas un progrès des lumières qui ne le serve; pas une découverte des sciences qui ne confirme sa foi; pas un dogme, même insondable, dont la vérité ne se démontre graduellement par l'expérience de ses bienfaits positifs.

Si tel est le procédé de la Bible, celui des inventions superstitieuses est fort différent. Elles ont raison, certes, de craindre le grand jour, de maudire les sciences, de se défier des écoles, des livres, des journaux, de l'Écriture sainte surtout. Elles sont condamnées à regretter les siècles les plus obscurs, les plus sinistres de l'histoire ; elles y reviennent instinctivement et s'efforcent de nous y ramener. Entre elles et la raison, il y a divorce absolu. Ce n'est plus l'opposition partielle, apparente, qui se produit au sujet de certaines doctrines révélées, l'opposition qui a sa base dans le cœur vicié par la chute, bien plus que dans le sens moral ou la raison ; c'est une opposition fondamentale et universelle. Pour croire ce que la superstition imagine, il faut renoncer à penser.

La religion n'est pas solidaire de la superstition. Puisqu'on l'oublie, nous avons pour devoir de le rappeler. Mon travail ne sera pas entièrement inutile, s'il remet en lumière une distinction qui, bien qu'élémentaire, tend toujours à s'effacer. La religion n'est jamais en plus grand danger qu'à ces époques de recrudescence dévote favorisée par la peur, où prévaut un pseudo-christianisme, un christianisme mystique, tout composé de légendes, de faux miracles, de faux sortilèges, de pratiques puériles et de sentimentalité maladive. C'est de ce côté qu'on incline en France ; on y travaille à préparer de nouvelles saturnales d'incrédulité. On y travaille, sauf à s'en ébahir ensuite, comme on le fit aux dernières heures du siècle dernier.

Avant peu, si nous n'y prenons garde, nous donnerons la comédie à tout ce qui aura conservé son bon sens ici-bas. *Abracadabra* était moins absurde que les évocations des Esprits par voie de rotation. Le matérialisme du baron d'Holbach n'était pas plus révoltant que celui de l'*Univers*, démontrant que les démons prennent pied aux États-Unis, parce que les églises catholiques y étant trop clairsemées, le cercle d'action de chaque messe ne parvient pas à rejoindre celui de la messe voisine, et qu'il reste ainsi des intervalles

I. 1.

où les lutins frappeurs peuvent s'installer ! Quand une feuille
religieuse importante représentant un grand parti en vient à
formuler des croyances de cette nature, quand la révolte
antichrétienne des unitaires américains (véritables inventeurs
et seuls champions du « spiritualisme » actuel) trouve un
écho fidèle dans le journal le plus catholique de l'ancien
monde, il est temps que la foi évangélique proteste, qu'elle
se distingue de ce qui n'est pas elle, qu'elle résiste, au nom
de la Bible, au débordement des folies et des impiétés.

Cela est d'autant plus nécessaire, que les nouvelles tendances ont maintenant leur livre comme elles ont leur
journal. L'*Univers* d'un côté, l'ouvrage de M. le marquis
de Mirville de l'autre, servent de manifeste à ce retour significatif vers les crédulités les plus décriées du moyen âge.
M. de Mirville ne cache pas sa théorie ; il l'affiche au titre
même de son travail : *Pneumatologie ; des Esprits et de
leurs manifestations fluidiques*. Du premier coup d'œil, on
saisit le lien étroit qui unit les Esprits aux fluides, les
démons aux accidents de la matière, et comment on va se
trouver ramené au bon temps où le diable habitait certains
lieux plutôt que d'autres, où un sort jeté nous livrait à lui,
où des formules amenaient des possessions, où un bouquet
de roses livrait aux Esprits malins les ursulines de Loudun,
où les paroles d'un exorcisme détruisaient ce que d'autres
paroles avaient magiquement opéré : inventions matérialistes
s'il en fut, et qui nous transportent aux antipodes de l'Évangile !

Le moment de les apprécier n'est pas encore venu. Il
importe avant tout de les exposer, or je ne saurais les trouver
nulle part plus nettement articulées que dans le livre spécial
auquel j'ai fait allusion. Les histoires merveilleuses et leurs
preuves y sont réunies avec soin ; la théorie y est placée à
côté des faits ; le tout est animé par la pensée la plus une,
la plus conséquente, la plus respectable par son intrépidité.

Un pareil livre facilite l'examen des problèmes et mérite par
là d'être pris en très sérieuse considération.

Pour M. de Mirville, les Esprits sont partout, les Esprits
et leurs fluides. Ils dictaient les oracles du paganisme, ils
parlaient à Socrate et à Brutus, ils opéraient les prodiges
des anciens sorciers; plus tard ils ont figuré dans les scènes
de magie et de possession qui remplissent le moyen âge; de
nos jours ils ont accompli les phénomènes du magnétisme
animal; enfin les voilà métamorphosés en frappeurs, faisant
parler les tables, les crayons et surtout les langues des
mediums en Amérique et en Europe. Il n'y a rien là qui
puisse s'expliquer exclusivement par la fraude, par l'erreur,
par l'état pathologique, par l'action des fluides; les fluides
(car il en existe) n'agissent que par les démons. M. de Mirville ne révoque rien en doute, ne critique rien, ni les visions
antiques, ni les visions modernes, ni les maléfices de Loudun,
ni les prophéties des camisards, ni les « secours » des jansénistes au tombeau du diacre Pâris, ni les fantômes du presbytère de Cideville, ni les musiques célestes et les corps
suspendus des spiritualistes américains. Tout est vrai, et tout
est diabolique. Partout se retrouve un importateur : le magicien qui jette un sort, qui livre au diable un certain nombre
de personnes. Puis, les Esprits servis par leurs fluides se communiquent de proche en proche, à la manière des miasmes;
et, tantôt au moyen du magnétisme, tantôt au moyen
des tables, le tentateur multiplie ses conquêtes. Déjà, nous
sommes environnés de sorciers; leur nombre s'accroîtra
immensément si nous n'y prenons garde. Nous ne devons
plus les brûler, quoique l'on ait eu raison de les brûler
autrefois; mais à défaut de bûchers, c'est bien le moins que
nous opposions des livres, des journaux et des exorcismes
aux modernes successeurs d'Urbain Grandier! Ces redoutables sorciers du magnétisme et des tables achèveront de
livrer les corps et les âmes aux démons, s'ils ne sont con-

jurés en temps opportun. Ce monde occulte s'agite; il va décider, à notre insu, de nos intérêts les plus chers; les diables, ceux qui, autrefois, assistaient au sabbat, donnaient des convulsions ou faisaient tourner la baguette, confient aujourd'hui et leurs révélations et leurs pouvoirs naturels à des somnambules ou à des *mediums*. Rien de changé cependant, le mal étant même plus grave que jamais, plus que jamais nous devons nous mettre en garde contre « les intelligences servies par des fluides », contre « le surnaturel enté sur l'électro-magnétisme et leur fluide nerveux » !

Je n'ai aucune envie de me moquer. Je tiens ceci pour très sérieux et pour très affligeant. A aucune époque le matérialisme religieux ne s'était servi d'un langage aussi naïvement audacieux. Il n'y a pas jusqu'aux doctrines démonologiques du moyen âge qui ne fussent spiritualistes en comparaison. Au travers des charmes, des amulettes, des sorts jetés, des contrats avec Satan, des possessions par l'effet d'un contact et des délivrances par l'effet d'un formulaire, je ne sais quoi de sombre et de vraiment diabolique se laissait entrevoir, qui rappelait que nous avons des âmes; l'impureté même, l'infamie des descriptions du sabbat et des discours tenus par les énergumènes constataient le côté moral de la possession. Maintenant, quoi qu'on puisse dire, ce côté s'efface. Je magnétise un malade; survient un Esprit ! Je forme la chaîne au-dessus d'un meuble; un autre Esprit se hâte d'accourir ! Je ne peux plus mettre en jeu un fluide, sans faire mouvoir et parler un démon ! Sans le savoir, sans le vouloir, je me livre, je livre mes amis, mes voisins, mon pays entier à une invasion non moins diabolique que fluidique : j'opère des prodiges infernaux.

Naguère on cherchait dans quelques lois physiques inconnues l'explication des faits extraordinaires dont nous ne possédons pas encore la clef; désormais vous demanderez l'explication aux Esprits : les Esprits ont réponse à tout. Et vous osez parler de religion, de christianisme! Et vous ne voyez pas, qu'en dépit de votre droiture et de vos lumières, vous vous mettez bien au-dessous des philosophes du xviiie siècle! Eux du moins, jusque dans leurs égarements les plus déplorables, jusque dans la guerre criminelle qu'ils faisaient à cet Évangile qu'ils n'avaient pas le droit de méconnaître quoiqu'on l'eût rendu méconnaissable; eux du moins, ils aspiraient à un développement de l'homme moral. Mais vous, tout préoccupés d'opposer des exorcismes à des rotations, vous nous faites descendre vers ces basses régions où croupissent confusément les superstitions matérialistes : paganisme latent qui n'a cessé de persister sous la couche, ici plus mince, ailleurs plus épaisse, des formes soi-disant chrétiennes. Là habitent les diables à cornes, à queue et à griffes, les diables à la disposition de ceux qui connaissent les phrases évocatrices, les diables qu'un magicien installe à son gré chez tel et tel, les diables enfin que le diable a inventés, afin de se faire oublier, et par conséquent de se faire accepter.

La théorie des « Esprits » ne pouvait réussir qu'à la condition de s'appuyer sur tout un passé de merveilles analogues. Il fallait retrouver les Esprits partout, les bons et les mauvais; il fallait entasser une montagne de miracles et deux montagnes de sorcelleries; il fallait refaire l'histoire au point de vue du merveilleux. M. de Mirville n'y a pas manqué, et je dois lui rendre cette justice, qu'après l'avoir lu, on est prêt à tout croire; l'Évangile seul surprendrait, par son spiritualisme élevé, par la sobriété de ses miracles. La tête tourne au sortir d'une telle série de récits; l'on ne voit pas, en effet, pourquoi les Esprits et leurs manifestations fluidiques ne se donneraient pas carrière, de nos jours, comme ils le faisaient dans les temples des idoles, dans la maison de Socrate, dans les couvents livrés épidémiquement à la possession, chez les bergers du Labour, chez les prêtres et chez les laïques occupés à faire tourner la baguette de coudrier, chez les honnêtes magnétiseurs qui ont été à leur insu d'abominables suppôts de Satan, chez les pauvres jansénistes qui ne pensaient pas avoir fait une sorte de pacte avec Satan.

À tout cela, nous sommes tenus d'opposer autre chose que des haussements d'épaules; d'abord parce qu'il serait injuste de tourner en ridicule un travail très distingué sous plus d'un rapport; ensuite parce que les idées ont la vie dure, qu'elles souffrent des railleries mais n'en meurent point et ne craignent, en fin de compte, que les réfutations sérieuses. On prétend qu'on fait vivre les sottises en les prenant au sérieux! Je suis convaincu du contraire. Tandis que les uns se donnent le facile plaisir de se moquer sans trop savoir pourquoi, d'autres constatent qu'on n'a pas répondu, et que, par conséquent, on n'a pas pu répondre. Le gros du public, adoptant une situation mitoyenne, se persuade qu'il y a quelque chose à croire, comme on se persuade ailleurs qu'il y a quelque chose à faire. Les généralités, complaisantes de leur nature, se prêtent à tout; c'est en vertu d'axiomes généraux semblables à ceux-là que les erreurs s'introduisent, s'accréditent et finissent par prévaloir. Il s'agit donc bien moins de rire que de raisonner; il s'agit de descendre sur le terrain spécial où nous sommes appelés, de considérer les faits en face, de peser les preuves, de prouver à notre tour que les démonstrations ne démontrent pas, que les témoignages n'attestent pas, que les légendes miraculeuses et diaboliques ne supportent pas l'examen d'une critique attentive, que les prétendues vérités qu'on veut introduire contredisent les vérités les plus certaines qu'il y ait ici-bas, que la physiologie et la physique rendent compte des faits dont la réalité ne peut être contestée, et qu'on ôtera tout prétexte aux explications surnaturelles lorsque, daignant recourir aux explications naturelles, on admettra l'existence possible de certaines lois encore inconnues.

Pour ma part, j'hésite d'autant moins à entrer en lice, que

M. de Mirville semble m'enrôler, bon gré mal gré, au nombre
de ses partisans! Il le fait avec une bienveillance dont je le
remercie; mais enfin, il le fait. Sans mauvaise intention,
j'en suis certain, citant une lettre de moi, M. de Mirville en
supprime la partie qui exprime mes convictions sur la nature
purement physique du phénomène. Cette lettre adressée au
Journal de Genève devient une lettre adressée à la *Gazette
de France*! Il ne saurait me convenir, on le comprendra, de
figurer ainsi dans un camp qui n'est pas le mien. Je ne peux
pas vouloir que mon nom serve à appuyer la théorie des Esprits
frappeurs, à démontrer la sorcellerie et à glorifier les atro-
cités du moyen âge.

Ce n'est pas tout. Si j'ai à repousser en mon propre nom
cette solidarité qu'on veut m'imposer, il m'importe davantage
encore de la repousser au nom de mes frères, au nom de la
foi évangélique. Il faut que le monde soit mis en mesure de
comparer les deux partis et les deux bannières. Sur l'une on
a écrit : Sortilèges, exorcismes, charmes, talismans, pactes,
sorts jetés, diables cornus, fantômes, loups-garous, manifestations fluidiques des Esprits, tables douées d'une intelligence surnaturelle; sur l'autre, on écrit : Surnaturel
biblique, rien de plus, rien de moins. S'il y a des gens qui
s'imaginent qu'ils feront des chrétiens en prouvant que la
rotation ou les passes magnétiques produisent des prodiges
et donnent la connaissance de l'avenir, il faut qu'on voie
d'autres personnes chercher ailleurs les moyens de convertir les âmes à Christ. Il faut que le monde voie des croyants
très peu crédules, décidés à faire usage de leur bon sens,
décidés aussi et avant tout à faire usage de leur Bible, à citer
en présence de son infaillible tribunal les misérables diableries
dont on a peuplé l'imagination des hommes, à leur grande
honte comme à leur grand détriment.

Je n'ai pas besoin de développer ceci. Chacun peut s'en
apercevoir, l'étude si « ridicule » des tables tournantes recèle

quelques problèmes qui ne manquent pas de gravité. L'agent physique pressenti par le magnétisme animal prendra-t-il place au nombre des faits que proclament les sciences naturelles? Les sciences naturelles, à leur tour, seront-elles défendues contre l'invasion d'une théologie qui tend à remplacer partout le phénomène par le miracle? Le christianisme, enfin, sera-t-il solidaire des grossières inventions du moyen âge, ressuscitées en plein xixe siècle? — Les tables tournantes nous mettent à même de répondre à ces trois questions.

Quand elles ne nous auraient rendu d'autre service que de nous faire connaître la pensée secrète, la pensée vraie de certaine école, nous leur devrions de la reconnaissance. Grâce à elles, des esprits ardents, trop sincères peut-être, ont déployé un programme qui n'est rien moins que rassurant. Nous savons maintenant où l'on chercherait à nous ramener, si l'on disposait du pouvoir; nous savons du moins, dans quel sens on pousserait la société; cela, avec les meilleures intentions du monde, car les intentions valent souvent mieux que les actes et les docteurs mieux que les doctrines. Obscurantisme selon la formule de M. Saint-Bonnet, intolérance selon la formule de l'*Univers*, christianisme selon la formule de M. de Mirville : c'est un ensemble qui a le mérite de l'homogénéité. Personne n'ignorera désormais que les infamies de la procédure de Loudun ont trouvé des approbateurs, et qu'une justice de ce genre n'est pas révoltante à tout le monde. Prenons-en bonne note.

J'ai désigné mon principal adversaire : le parti qui soutient les « Esprits ». Trouvera-t-on mauvais qu'avant d'entrer en lice, je me plaigne une fois encore de l'appui que la science prête à ces superstitions qui l'indignent, à ces tendances rétrogrades qui l'effrayent?

Lorsqu'on a une mission providentielle, on est tenu de la

remplir. Celle de la science, considérable au milieu de nous,
peut acquérir, si l'on sait le vouloir, un caractère de haute
moralité. Il dépend d'elle de désarmer le charlatanisme et
d'enlever tout aliment à la crédulité publique. Pour cela, il
faut qu'elle ouvre les yeux au lieu de les fermer; il faut
qu'elle étudie au lieu de s'exclamer; il faut que la crainte de
se compromettre ne l'emporte pas chez elle sur le noble
amour de la vérité. Quand on supprime les discussions
publiques, on crée les sociétés secrètes; quand on se refuse
sur certains points aux recherches scientifiques, on prépare
les explosions superstitieuses.

C'est ce qui a eu lieu, je n'y reviens pas. A deux reprises,
vis-à-vis du magnétisme animal et vis-à-vis des tables tournantes, par l'enterrement du rapport Husson et par les anathèmes récemment fulminés, les savants ont donné un
immense appui aux crédulités qu'ils avaient, sans doute,
l'intention de décourager. Impuissants à détruire les faits, ils
ont eu malheureusement le pouvoir d'en faire suspecter l'interprétation naturelle. Le résultat était facile à prévoir : une
exploitation peu scrupuleuse s'est trop souvent emparée du
magnétisme; les champions de la sorcellerie sont en train de
s'emparer des tables tournantes.

Et ce qui m'effraye le plus, c'est que beaucoup de savants
n'ont pas l'air de le trouver mauvais. On dirait que, pourvu
que leurs manuels de physique demeurent intacts, le reste
leur importe peu. Des prodiges, à la bonne heure! Les prodiges ne sont pas des lois; les prodiges demeurent en dehors
des travaux de la science.

Là est l'explication de l'accueil si favorable que reçoivent
aujourd'hui de bien étranges élucubrations. Je connais telle
revue sérieuse qui conte d'un air convaincu des histoires de
revenants. M. de Mirville a pu constater l'indulgence des
journaux et pour son livre, et pour son récit des sortilèges
dont le presbytère de Cideville a été témoin.

Encore un coup, que les hommes distingués auxquels je fais appel comprennent l'importance du parti qu'ils vont prendre! Leur voix aura beaucoup d'autorité s'il s'agit d'apprécier un phénomène physique; elle en aura fort peu s'il s'agit d'apprécier un phénomène surnaturel. En combattant le second ils ne répareraient pas, tant s'en faut, le mal qu'ils auraient fait en persistant à méconnaître le premier. Ce qu'ils refusent d'examiner, ils le donnent de leurs propres mains aux charlatans ou aux faiseurs de légendes. Comment ont-ils mis fin au rôle ridicule dont on affublait les comètes? en raillant, en se croisant les bras? non. En étudiant, en constatant la loi du mouvement des comètes dans l'espace. Supposez que l'électricité ne fût pas encore découverte. Si tout à coup, on venait nous parler de lumière produite, de chocs imprimés, d'attraction exercée, et que les savants se bornassent à dire : « C'est absurde! » les flammes et les attractions ne s'arrêteraient pas pour cela; mais ce dont on n'aurait pas voulu à titre de loi physique, on l'aurait bientôt à titre de magie ou de miracle.

Il en est allé, il en ira ainsi pour les tables et pour leurs Esprits. On s'indigne d'abord de certaines crédulités, et l'on finit par en subir l'influence. Entre les moqueries du début et l'acceptation de la fin, il y a quelque chose de commun : le refus d'examen. Examinons, et ne comptons pas trop sur certaines répugnances du bon sens. Ces répugnances seront moins fortes que l'entraînement et que la curiosité. Il est plus amusant d'interroger Henri IV ou lord Byron, que de constater l'existence d'un fluide, et de réunir péniblement les preuves du soulèvement sans contact.

J'ai insisté sur ces considérations parce qu'il est temps encore de réagir; parce que je garde cette espérance, que, parmi les savants, plus d'un mettra son honneur à nous rendre un incomparable service, tout en attachant son nom à l'une des plus grandes découvertes qui puissent illustrer notre temps. Pénétrer dans le domaine des phénomènes mixtes, éclairer les expériences du magnétisme au moyen de celle des tables, déterminer en cette matière la part de la physique et celle de la physiologie, l'entreprise vaut bien quelques efforts.

Le nombre des faits qui réclament leur place au soleil s'accroît si rapidement qu'il arrivera de deux choses l'une : ou le domaine des sciences naturelles consentira à s'élargir, ou celui du surnaturel s'élargira outre mesure.

En attendant que les hommes de science combattent cette extension, rachètent ainsi les services qu'ils ont rendus à la superstition, force est aux ignorants de s'essayer contre elle.

C'est à ce titre que je présente au lecteur les considérations qui vont suivre.

CHAPITRE II

LA MARCHE A SUIVRE

Le surnaturel en général, voilà donc mon sujet. Je désire échapper à la déplorable confusion qui règne dans la plupart des livres écrits sur cette matière. On n'y trouve ordinairement qu'un entassement de récits fort extraordinaires et de certificats fort en règle ; puis, selon que l'auteur incline ou non au merveilleux, il nous somme de croire ce que nous sommes incapables de réfuter, ou lance, presque au hasard, quelque grosse plaisanterie accompagné de quelque insuffisante explication. Il en résulte ceci, que ne sachant que répondre et répugnant à tout admettre, le lecteur attentif s'en tire le plus souvent par une cote mal taillée, par une prudente moyenne. Il accepte la sorcellerie, pourvu qu'il n'y en ait pas trop : il accepte quelque chose, à condition de ne savoir ni quoi ni pourquoi.

Essayons d'introduire quelque clarté dans le débat.

On a le droit de me demander quelle thèse je prétends établir, de quels principes j'entends me prévaloir, par quelle série d'arguments je compte parvenir à ma démonstration.

Et d'abord, qu'est-ce que le surnaturel? A l'égard de Dieu

et de l'ensemble réel de ses lois, nous sommes, nous serons toujours dans une absolue ignorance. A l'égard de l'homme, le surnaturel existe. Bien que la limite reste très incertaine sur plusieurs points, bien que plusieurs faits (cela souvent par notre faute) flottent ballottés entre l'explication miraculeuse et l'explication physique où un peu plus d'attention et de courage la feraient rentrer, il y a des lois connues, incontestables, des axiomes revêtus d'une évidence immédiate, entière et universelle. Ce qui les contredit est surnaturel; la Bible le déclare, puisqu'elle en appelle à de tels actes comme preuve de l'action divine. Contentons-nous de cette définition populaire fournie par l'Écriture; elle nous suffira, pour empirique soit-elle. Contentons-nous de dire que ressusciter les morts, prédire l'avenir, posséder des connaissances qu'on n'a pas acquises, c'est entrer dans le domaine du surnaturel.

Cela posé, je n'autorise qui que ce soit à affirmer quoi que ce soit de surnaturel, à partir de la disparition des apôtres.

Qu'on m'entende bien.

Je ne prétends pas soutenir que les miracles ou les sortilèges soient impossibles en eux-mêmes, car la Bible les atteste expressément.

Je ne prétends même pas soutenir qu'aucun prodige divin ou diabolique ne se soit accompli depuis les apôtres. Quoique je penche fortement à penser qu'il n'y en a pas eu un seul, je n'ai pas l'imprudence d'affirmer ce que l'Écriture n'affirme pas en termes précis.

Je ne soutiens qu'une chose : quelle que soit la possibilité du surnaturel en soi, quelle que puisse être sa réalité dans les siècles qui nous séparent des disciples immédiats de Jésus-Christ, ces siècles ne nous fournissent aucun prodige *certain*. Entre le possible et le certain, entre le réel et le certain, je vois un abîme que personne n'est autorisé à combler.

Voilà ma première proposition, et voici la seconde :

Non seulement le surnaturel extrabiblique n'est pas certain, mais il est certain que celui qu'on nous présente est radicalement faux. Pour l'admettre, il faudrait répudier et le bon sens et la révélation divine, lesquels protestent d'un commun accord.

Je viens donc combattre à outrance tout ce surnaturel de mauvais aloi qui trouble les âmes, obscurcit les intelligences et compromet en nous l'action sanctifiante de la foi. Mon adversaire est redoutable, je le sais. L'esprit humain a des curiosités mauvaises qui tiennent à se satisfaire; l'attrait qui l'entraîne vers les sciences occultes ne saurait être nié. Je me sens bien fort cependant, quand je considère la véritable nature des tendances dont il s'agit. Un matérialisme mystique, et qui n'en est pas moins grossier pour cela, les pénètre, reproduit, déguisé sous diverses formes, en dépit desquelles se laisse toujours apercevoir son ignoble laideur. Tantôt c'est une grêle de miracles légendaires à faire rentrer sous terre ceux de Jésus et des apôtres; tantôt ce sont des nuées de sorciers, qui renaissent de leurs cendres, à la manière du phénix; tantôt ce sont des baguettes qui tournent; tantôt ce sont des tables qui révèlent les mystères d'un autre monde; et, au travers de ces transformations, jamais ne s'efface le caractère épidémique du phénomène, jamais il ne cesse de se propager de proche en proche, jamais il ne cesse de rattacher le surnaturel à un attouchement, à une formule, à une rotation.

Je le déclare ouvertement : j'ai eu maintes fois à lutter contre le matérialisme qui nie le surnaturel : il ne m'a pas tant dégoûté que le matérialisme soi-disant chrétien qui l'affirme de cette façon. Les grands conteurs de miracles et de sorcelleries sont aussi de grands pourfendeurs de matérialistes, ils s'épouvantent avec raison des théories désolantes qui semblent trouver dans le positivisme de M. Comte leur plus logique formule : or que publient-ils? d'énormes recueils.

d'anecdotes non moins impies que ridicules. Après quoi ils
s'écrient : « Matérialistes, regardez ! voici le christianisme ! »
Et ils ne voient pas que leur christianisme ainsi travesti est
précisément la cause, j'allais dire l'excuse de l'incrédulité :
qu'il a fait les incrédules du dernier siècle, qu'il fait ceux
de notre temps.

N'imitons pas les rationalistes, mais aussi ne prêtons pas
nos sottises à la religion ; je connais un rationalisme que
j'espère bien n'abandonner jamais, c'est l'emploi de mon bon
sens, des facultés que Dieu a mises en nous et dont il ne
cesse de recommander l'usage. Parce que la croix de Christ
est « une folie » aux yeux de l'homme pécheur, on en con-
clut habituellement que nous ne saurions mettre trop de folies
au compte de l'Évangile, et l'on ne remarque pas l'admirable
équilibre que Dieu y établit, au contraire, entre les mystères
qui nous confondent, et la forte raison, la simplicité, la
sobriété, la vérité saisissante des enseignements et des récits
auxquels notre intelligence jointe à notre sens moral sont forcés
de rendre hommage. Fermez la Bible, ouvrez les apocryphes,
les légendes, les vies des saints ! vous vous sentirez instantanément transporté au milieu d'un surnaturel bizarre,
puéril, bas, qui ne diffère pas seulement du surnaturel
biblique, mais qui le contredit absolument.

Notre génération ne croit plus au diable, on s'en plaint ;
cette plainte, fondée, est un des plus graves symptômes de la
maladie qui nous dévore, en dépit de certaines recrudescences
bigotes. Reste à savoir si la croyance perdue se rétablira par
l'intervention d'un diable de fantaisie, triste création d'imaginations perverties pendant les siècles les plus obscurs de nos
annales. Et quand on parviendrait à accréditer cette invention-
là, ne serait-ce pas le meilleur moyen de cacher le vrai diable ?
Si je voulais oublier le grand tentateur, l'éternel ennemi des
âmes, je m'efforcerais de le remplacer par le démon au pied
fourchu, qui fait signer des contrats à ses victimes, qu'appelle

une conjuration, que met en fuite un exorcisme, qui naguère transportait les sorcières au sabbat, et qui s'occupe maintenant à casser la vaisselle et à secouer les pincettes des Américains. Répandez de semblables convictions parmi les hommes, et le dogme du diable achèvera de s'effacer : plus on croira à votre diable, moins on croira à celui de la Bible.

On dirait vraiment, à entendre certains hommes, que leur ôter les crédulités grossières c'est faire le vide ici-bas! Si Dieu n'opère pas des miracles journaliers, si le démon ne manifeste pas sa présence par le bouleversement incessant des lois naturelles, il leur semble que Dieu ne règne plus, que Satan ne poursuit plus son œuvre infernale, que l'empire de ce monde a passé aux mains de la physique, de la mécanique et de la chimie! Ceux qui pensent ainsi ne savent donc pas que Dieu agit continuellement au milieu de nous, que son doigt souverain se retrouve dans tous les événements de notre vie, dans les petits aussi bien que dans les grands! Il leur faut donc des miracles pour reconnaître ce doigt de Dieu et des sorcelleries pour reconnaître l'action de Satan!

Ce serait une manière bien étroite et bien fausse de considérer nos relations avec l'invisible. L'Écriture nous apprend à considérer le diable, non comme un sorcier mais comme un tentateur. L'Écriture nous invite à « nous asseoir en Christ dans les lieux célestes », à visiter, à habiter notre vraie maison paternelle par la prière et par la foi. Un chrétien ne craint pas de tomber dans le déisme, faute de miracles; son Dieu s'appelle « un Dieu de près, non un Dieu de loin ». Il lui a appris à dire : « Où irais-je loin de ton esprit, et où fuirais-je loin de ta face? » Jésus lui a promis le Saint-Esprit, « le consolateur qui demeure avec nous éternellement ». Le Sauveur n'abandonne pas ses rachetés : « Je suis avec vous jusqu'à la fin du monde... Je me tiens à la porte et je frappe. Si quelqu'un m'ouvre, j'entrerai chez lui. » — Une chose reste certaine, c'est qu'il ne tombe pas un cheveu de notre

tête sans la volonté de notre Père qui est aux cieux, c'est
que les anges sont des Esprits administrateurs employés
pour le bien de ceux qui aiment Dieu.

Et l'on vient nous parler d'isolement, de vide spirituel! Et
faute de miracles et de sortilèges, nous risquerions de nous
trouver seuls sur la terre livrée à la domination exclusive des
forces naturelles! Loin de là, ce sont vos faux miracles et
vos faux sortilèges qui nous isolent, qui s'interposent entre
Dieu et nous. J'ai besoin de me délivrer de ce surnaturel
hideux ou grotesque, pour me sentir de nouveau en présence
de Dieu. Je ne fais cesser le vide qu'en chassant ces déplorables visions, ces harpies qui obscurcissent le ciel au-dessus de
ma tête. Je décrirais difficilement l'état d'oppression où me
plonge la lecture de certaines légendes ou de certains démo-
nologies : ma poitrine ne respire plus, il me faut de l'air, l'air
vif et pur de la vérité. Délivrez-moi des miracles ridicules ;
délivrez-moi des prodiges par voie magique, par voie de contact, d'onction, de charme ou de rotation?

Délivrez-moi, ai-je dit? Qu'on ne craigne rien cependant.
Je ne compte pas recourir, contre cet odieux cauchemar, aux
moyens violents et aux procédés sommaires. Je les ai blâmés ;
je ne les emploierai pas. « Nier tout court » est un parti commode, que Bayle a condamné avec grande raison. Pleinement de l'avis du marquis de Mirville, quand il rappelle
que « ce qui est, est possible », je me joindrai volontiers
à lui contre un scepticisme déloyal qui, faute de bonnes
raisons en forge à tout prix de mauvaises. On sait que Lavoi-
sier, poussé à bout dans la question des aérolithes, soutenait
« qu'on avait fait chauffer des pierres » ! J'espère qu'on
n'aura pas à me reprocher de pareils arguments.

J'ai donc cherché à me rendre sérieusement compte et de
l'opinion de mes adversaires, et de la base sur laquelle elle
repose.

I.   2

Quant à la base : c'est la valeur attribuée au témoignage. Je n'aurai pas de peine à montrer qu'il y a là une erreur fondamentale qui explique toutes les autres.

Quant à l'opinion elle-même : elle a un mérite qu'il serait injuste de ne pas reconnaître ; elle est logique et courageuse ; elle ne recule pas devant ses propres conséquences ; elle les suit, elle les déduit jusqu'au bout avec une rare intrépidité.

Fidèle à son principe, sentant bien que, le témoignage une fois admis comme preuve en pareille matière, on n'a plus le droit de rejeter un seul fait convenablement attesté, M. de Mirville admet les anecdotes les plus étourdissantes. Parle-t-il des prodiges obtenus par les magnétiseurs illuminés ? « ce sont des objets matériels qui, dans l'endroit le plus clos, loin de toute main habile ou profane, viennent tomber on ne sait d'où, sur les assistants ébahis. C'est une plante, une plante étrangère, *et que l'on chercherait en vain dans le pays*, qui vient se déposer tout exprès sur les genoux du malade, au moment même où un somnambule en prescrit l'emploi médical. Ce sont des reliques et des ossements de martyrs, qui probablement ont suivi la même route et que l'on voit apportés par une colombe, comme la sainte ampoule. » (P. 307.)

Parle-t-il des sortilèges qui ont affligé le presbytère de Cideville ? il nous montre « les chiens jetés à croix ou pile au plafond, les couteaux, les brosses, les bréviaires s'envolant par une fenêtre et rentrant par la fenêtre opposée ». « Le maire reçoit un coup violent sur la cuisse, et au cri que cette violence lui arrache on répond par une caresse bienfaisante qui lui enlève à l'instant toute douleur. » L'enfant élevé par le curé « voit toujours derrière lui *l'ombre* d'un homme en blouse ». Ce fantôme est celui du berger magicien. « Mais écoutez bien ceci ! Au moment où l'enfant accuse la présence du fantôme, un des ecclésiastiques présents affirme avoir distinctement aperçu derrière lui *une sorte de colonne grisâtre ou de vapeur fluidique.* »

Je passe sur la main noire qui descend de la cheminée et qui donne de si effroyables soufflets. J'arrive à la constatation d'une particularité déjà remarquée dans les anciens procès de sorcellerie. Quelqu'un s'en souvient fort à propos et communique sa pensée aux visiteurs de Cideville. « Ces *ombres* mystérieuses redoutaient la pointe du fer. Dès lors on n'hésite plus, et au risque de glisser un peu dans la superstition, on se met à l'œuvre à l'instant. On se munit de très longues pointes, et partout où le bruit se fait entendre, on les enfonce le plus lestement possible. Mais il est difficile de frapper juste, en raison de l'instabilité de l'agent ; plusieurs pointes sont donc enfoncées sans résultat apparent, et l'on va probablement y renoncer, lorsque tout à coup, une d'elles ayant été chassée plus habilement que toutes les autres, une flamme vient à jaillir, et à la suite de cette flamme, une fumée tellement épaisse, qu'il faut ouvrir toutes les fenêtres, sous peine d'une prompte et complète asphyxie. » (P. 327 à 331.)

La fumée dissipée, on avait repris les pointes et on avait appuyé sans miséricorde. Aussi le berger portait-il le lendemain la trace sanglante des blessures qu'il avait reçues... sur le corps du fantôme.

Ailleurs, M. de Mirville raconte l'histoire des pierres mystérieuses qui bombardaient, il y a quelques années, une maison de la rue des Grès, à Paris. « Un détail bien curieux est celui qu'il nous fit admirer (le maître de la maison). Cette chambre était remplie de pierres et de fragments de tuile longs et plats ; cette forme nous frappa. — Par quel hasard....? lui dîmes-nous. — Voilà, monsieur ; c'est que j'avais fermé mon volet. Eh bien ! remarquez bien par cette fente-là. — Effectivement c'est une fente très longue et très étroite. — Eh bien ! monsieur, à partir du moment où j'eus fermé mon volet, toutes les pierres eurent cette forme que vous leur voyez, et toutes arrivaient par cette fente, qui a à peu près leur largeur. » (P. 372.)

En Amérique, les Esprits multiplient à l'infini leurs manifestations fluidiques. « Nous laisserons là les concerts improvisés, les hommes suspendus en l'air, les caresses par des mains surhumaines et glacées, comme celles de Cideville. » (P. 401.) Mieux vaut l'histoire des sept ou huit fantômes qu'on aperçut dans la maison Phels, « habillés et drapés avec une grande habileté, soit à l'aide du tapis de l'appartement, soit à l'aide des vêtements qui s'y trouvaient la veille. Tous ces fantômes étaient agenouillés, chacun d'eux ayant devant lui une Bible ouverte. » Et il ne fallait pas plaisanter avec eux, car « le fils du docteur Phels, enfant de douze ans environ fut une fois soulevé de terre *et traversa la chambre comme s'il eût été transporté par la main d'un homme vigoureux* ». (P. 402.)

J'abrège : il faudrait transcrire tout le volume. Nous y rencontrerions des sorcelleries qui font frémir, des enfants dévorés par les loups-garous, des prédictions de possédés et de somnambules qui ne manquent jamais de s'accomplir. Tout y est admis sans contradiction, sans critique : l'onguent des armes, qui guérissait les blessures à distance, l'homme qui traverse Paris à travers les airs et que les Esprits déposent sur le boulevard des Batignolles, la magie de M. Dupotet et l'action de ses lignes cabalistiques, tout, jusqu'à des histoires de tables tournantes qui nous étonnent un peu, nous champions non suspects des tables et de leurs hauts faits. Tantôt c'est un chien qui se met à tourner parce qu'une table tournante est touchée par lui! Tantôt c'est une table massive qui refuse d'obéir tant que la chaîne est formée autour d'elle. De guerre lasse, tout le monde descend dans la rue, et quelques instants après, voilà la table rebelle qui se met à valser comme pour narguer tout le monde! »

Et M. de Mirville a raison de ne rien exclure. De quel droit exclurait-il? La valeur absolue du témoignage une fois admise, comment s'y prendrait-il pour distinguer entre divers récits également attestés? Il se montre bon logicien, et j'avertis les railleurs qu'avant de rire, ils feront bien de se demander pourquoi ils rient. Quiconque proclamera la même théorie que M. de Mirville, au sujet du témoignage, devra, sous peine d'inconséquence, adopter ses conclusions. Elle est très bien attestée, l'anecdote du Cochinchinois exorcisé par son missionnaire et suspendu deux heures durant au plafond de l'église. Elle est très bien attestée, l'anecdote du jésuite dont le fauteuil voltige à travers les airs. Si les témoignages honnêtes et nombreux font foi en pareille matière, il faut nous résigner. A partir de la mort des apôtres, on voit commencer et croître incessamment une effluescence, jusqu'alors inconnue, de surnaturel divin et de surnaturel diabolique. L'une et l'autre se distinguent par un caractère mécanique, par une allure légendaire; il n'importe : l'un et l'autre sont attestés. La masse des sorciers et des ensorcelés dépasse ce que l'imagination la plus audacieuse pourrait imaginer. Autrefois des couvents entiers, d'entières populations subissaient les possessions épidémiques et se rendaient assidûment au sabbat; aujourd'hui des multitudes non moins considérables sont entraînées par les démons des tables ou par ceux des magnétiseurs. Il y a plus, le chiffre des possédés proprement dits est immense; Gassner ne l'estimait pas à moins du tiers du nombre total des malades. Il n'y a rien là qu'on puisse nier, car les certificats sont en règle, et je suis même d'avis qu'après avoir reconnu le mal, nous ne contestions pas au sujet du remède. L'exorcisme sera le salut des sociétés menacées. Qu'on exorcise les possédés, les magnétisés et les magnétiseurs, les tables et ceux qui les font tourner; qu'on poursuive les Esprits fluidiques à travers meubles et immeubles! Ce qu'un geste a produit, une formule le détruira!

Mais avant de nous rendre, nous prendrons la liberté d'examiner. Les grandes questions sont toujours des ques-

tions de méthode. La méthode adoptée ici est-elle légitime?
Nous allons nous en enquérir.

M. de Mirville nous ramène incessamment à son grand
dilemme : ou convainquez de fraude les témoins, ou acceptez
le témoignage. — La question est très mal posée. A part la
fraude (qui a joué son rôle), il y a à tenir compte de bien
des choses : de l'erreur, de la précipitation, de l'exagération,
de l'entraînement, des diverses déviations qu'opère l'action
presque irrésistible d'un courant général de crédulité. Il y
a à tenir compte des métamorphoses que subissent les récits
en passant de bouche en bouche. Il y a à tenir compte des
témoignages influencés par la crainte ou des aveux arrachés
par la torture. Il y a à tenir compte des phénomènes purement physiques qui expliquent une foule de faits rangés par
l'ignorance sous l'étiquette du surnaturel. Il y a à tenir
compte, surtout, de deux observations beaucoup trop mécon-
nues : d'abord, le merveilleux ne rentrant pas dans notre
compétence, notre témoignage sur ce sujet n'a pas la valeur
qu'il aurait sur tout autre point; ensuite, nous sommes sujets
à des hallucinations individuelles ou collectives, lesquelles
nous donnent l'absolue certitude d'avoir assisté à des scènes
qui ne se sont passées que dans notre imagination.

Je me propose donc, traitant suivant l'ordre que voici la
question capitale à laquelle cette partie est consacrée :

D'examiner, en premier lieu, quelle est la valeur réelle
des preuves et spécialement du témoignage, quand il s'agit
de faits surnaturels;

De signaler, en second lieu, les divers motifs de suspicion qu'on remarque dans les récits qui nous sont présentés,
montrant ainsi que l'illusion ou le mensonge y transpirent
de toutes parts;

De soumettre, en troisième lieu, ces récits à une confrontation (qui paraîtra décisive sans doute à plusieurs lecteurs,
comme elle l'est à mes propres yeux), les plaçant en face des

déclarations de la sainte Écriture, et prouvant qu'il faut choisir : qu'on ne peut admettre à la fois la vérité de la Bible et la vérité des histoires de sorciers. — Les incrédules eux-mêmes trouveront, peut-être, qu'entre les preuves du christianisme et celles de la sorcellerie, la partie n'est pas précisément égale.

J'indiquerai enfin les explications très naturelles et très suffisantes que comportent la plupart des prodiges mentionnés.

Tel est le plan de cette étude. Une fois en possession de la solution du problème général, il nous sera aisé de l'appliquer aux problèmes spéciaux, au surnaturel apocryphe dans ses diverses manifestations : faux miracles, faux sortilèges, magie du magnétisme; amenés ainsi à l'appliquer aux Esprits des tables, dernière manifestation en l'honneur de laquelle tous les autres ont été ressuscités.

CHAPITRE III

VALEUR DES PREUVES ET SPÉCIALEMENT
DU TÉMOIGNAGE

Nous voici au cœur même du débat.

Selon la manière dont on conçoit le témoignage, on tombe
en d'insolubles difficultés ou l'on y échappe. Il n'y a pas de
milieu : il faut ou accepter toutes les anecdotes attestées, si
folles soient-elles d'ailleurs; ou envelopper dans une suspicion générale, toutes les attestations qui se rapportent à
certains sujets. La question du témoignage veut être abordée
en son ensemble et résolument; à défaut de quoi les plus
fermes esprits seraient troublés, les meilleures têtes auraient
le vertige en présence des faits impossibles, qu'affirment à
l'envi des témoins sincères et intelligents. Faute d'une théorie
sur le témoignage, en effet, on descendrait vite à cet état
moral, le plus dangereux de tous, où l'on ne croit pas ce
qu'on est censé croire, et où l'on ne rejette pas ce qu'on
est censé rejeter. L'âme entière est malade alors, et les
divers principes de la vie spirituelle : raison, conscience, foi,
se trouvent également atteints.

Personne d'assez insensé pour exclure absolument le
témoignage. Sans lui, nous n'aurions ni science, ni histoire,

ni religion; l'homme qui ne croirait que ce qu'il a vu, descendrait au rang des brutes.

Ceci n'est point contesté. Reste donc, uniquement, la question des limites. Jusqu'où s'étend la valeur du témoignage? Y a-t-il des matières où le témoignage devienne particulièrement sujet à caution? « J'en crois, disait Pascal, des témoins qui se font égorger! » L'argument est faible. Pas d'imposture qui n'ait eu ses témoins, prêts à donner leur sang pour elle.

Si les témoins qui meurent ne sont pas irréfutables par cela seul, les témoins éclairés et désintéressés le seront-ils plus qu'eux? Telle est la thèse principale de M. de Mirville. Voyez! s'écrie-t-il, les hommes les plus savants ont admis ces faits de sorcellerie, les médecins ont constaté la possession des Ursulines de Loudun, les incrédules du xviiie siècle se sont rendus à l'évidence des prodiges du cimetière Saint-Médard, les Américains les plus sceptiques déclarent qu'ils ont vu et entendu des Esprits; dès lors nous n'avons pas le droit de douter.

Eh bien! c'est un droit auquel, pour ma part, je persiste à ne pas renoncer encore. Je prétends que les incrédules sont souvent très crédules et que le monde a toujours été pavé de gens qui ne croient pas en Dieu et qui croient aux revenants. Je prétends que le xviiie siècle, tout occupé à démolir le christianisme, se dédommageait en accueillant les superstitions les plus ridicules, les charlatans les plus effrontés : Saint-Germain et Cagliostro, les devineresses et les nécromanciens. Même parmi ceux qui, repoussant les sorcelleries, passent leur vie à les combattre, je pourrais en citer qui adoptent sans critique et sans examen les faits tenus pour constants par leurs contemporains. Lisez les lettres de saint André sur la magie; vous verrez que ce grand douteur qui montre si bien la puérilité des fables dont il a entrepris l'examen, n'hésite pas à admettre les vertus

mirifiques de l'*aimant blanc*! « Une épée, un couteau
touché de cette pierre perce la chair, sans qu'il en sorte une
goutte de sang, sans que le blessé souffre la moindre
douleur. »

C'est qu'un savant, même sceptique, ne voit pas tout ce
qu'il atteste, et ne voit pas parfaitement tout ce qu'il voit;
c'est que, défiant à l'égard de certaines assertions, il est très
complaisant à l'égard de certaines autres; c'est qu'il affirme
fréquemment sur la foi d'autrui; c'est qu'il subit l'influence
des opinions régnantes et des crédulités à la mode. Il y a tel
courant qui entraîne les plus éclairés et les plus indépendants.

L'erreur fondamentale de M. de Mirville est donc celle-ci :
quand des savants, des médecins, des incrédules ont admis
la réalité d'un récit, ce récit est incontestable! Avec un
pareil principe, on va loin. On est désarmé contre les mensonges, contre les illusions grossies de main en main, élevées
à la troisième ou à la quatrième puissance. On renonce à
examiner les choses soi-même; on abdique. Or l'abdication,
légitime et obligatoire en présence du témoignage de Dieu,
est coupable en présence du témoignage de l'homme.

Aussi, qu'arrive-t-il? M. de Mirville ne met rien en doute;
il n'en a plus le droit.

Les Boktes du Tibet s'ouvrent le ventre dans toute sa longueur; puis ayant passé la main sur la blessure, tout rentre
dans l'état primitif, sans qu'il reste la moindre trace de cette
diabolique opération! Il y a dans une lamaserie un arbre
dont les feuilles portent l'empreinte des divers caractères
tibétains; cela est certain, car le père Huc l'a vu. Le père
Bouchet, autre missionnaire, a vu (ce qui s'appelle vu) transporter à travers les airs le Chinois qu'il allait baptiser! Certains magnétiseurs déposent dans une bouteille d'eau une
vertu telle, que « cette *influence voyageuse* se rappelle,
fût-ce à deux cents lieues et à des mois de distance, toutes
les recommandations du commettant. Pendant que celui-ci

sommeille, oublie ou ignore, il faut qu'*elle* n'oublie rien, elle, qu'elle pèse tout, et qu'elle se décide toujours *suivant les circonstances!* » D'autres magnétiseurs soulèvent leurs somnambules et les font voler autour des lustres du salon! (P. 255, 259, 274, 279, etc.)

Tout cela est parfaitement attesté. Si le témoignage a la valeur que le marquis de Mirville lui attribue, nous devons, faisant comme lui, ne rien rejeter.

Mais voici qui devient embarrassant. Les annales du monde sont remplies de faits non moins attestés, dont la fausseté ne fait plus question. Je désire en citer quelques exemples, priant mes contradicteurs de me dire quels motifs ils peuvent avoir de nier ce qu'affirment tant de respectables témoins. Sur le terrain où l'on a coutume de se placer, il n'y a rien à répliquer : ces récits démontrés faux sont de la première ligne à la dernière, incontestablement vrais.

Et d'abord quoi de mieux attesté que les traditions primitives recueillies par les Pères? Pour peu que le témoignage en matière religieuse mérite la confiance qu'on a coutume de lui accorder, il est impossible que le souvenir des lieux marqués par les grands événements du christianisme ne se soit pas fidèlement transmis. Ceux qui ont vécu avec le Sauveur ne peuvent avoir oublié la place précise où il est mort, où il est monté au ciel; ceux à qui ils l'ont dit ne sauraient à leur tour en avoir perdu la mémoire. Or tel est le trouble qu'apporte dans le témoignage le mélange d'une croyance, que l'imagination excitée des chrétiens n'a pas tardé à l'emporter sur les réalités les plus palpables et les plus simples. Sans mauvaise foi aucune, on a défiguré, on a transposé toutes les traditions primitives. Chaque événement de l'Évangile a eu sa *grotte*, bon gré mal gré; car on trouvait à ces grottes un charme mystérieux qui les faisait préférer à tout autre cadre.

C'est une grotte qui s'est substituée, en dépit des paroles for-
melles du Nouveau Testament, à la crèche où le petit enfant
Jésus fut déposé, parce que la place manquait dans l'hôtel-
lerie. Il a fallu la campagne d'Ibrahim-Pacha en Syrie pour
que l'absurdité de la tradition achevât d'être mise à nu. Les
Arabes du pays qui s'établirent alors dans le couvent enle-
vèrent les ornements du sanctuaire, derrière lequel on découvrit un tombeau antique. Or quiconque connaît les scrupules
religieux des Juifs, sait qu'ils n'auraient pas changé leurs
cavernes sépulcrales en écuries d'auberge.

A Nazareth, nouvelle grotte! c'est là que la vierge Marie
aurait reçu la visite de l'ange. Malheureusement, rien ne
prouve que les Juifs aient habité des trous souterrains; et,
plus malheureusement encore, la cave restée à Nazareth ne
s'ajuste pas à la maison elle-même qui (comme chacun sait)
a été transportée à Lorette.

On a fixé la transfiguration sur le Tabor. J'en demeurais
persuadé quand j'ai visité cette montagne; or quelle n'a point
été ma surprise en y voyant des restes antiques lesquels,
couvrant entièrement le sommet, démontrent qu'à l'époque
de Jésus-Christ, il y avait là toute une bourgade avec ses for-
tifications! — Aussi les évangélistes qui ne nomment pas le
Tabor, semblent-ils indiquer une montagne beaucoup plus
septentrionale [1].

A-t-on été plus heureux pour l'ascension? On a trouvé
beau de la placer au sommet du mont des Oliviers, en pleine
vue de Jérusalem. On n'a oublié qu'une chose, c'est de relire
la déclaration formelle de Luc : « Il les mena dehors *jusqu'à
Bethanie*; puis, élevant ses mains, il les bénit. Et il arriva,
pendant qu'il les bénissait, qu'il se sépara d'avec eux; et il
fut enlevé au ciel. » (Luc, XXIV, 50.)

Voilà le témoignage bien compromis. Que sera-ce, si nous

1. Probablement l'Hermon (édit.).

parcourons les premiers Pères et l'Histoire ecclésiastique d'Eusèbe! Là figurent des fragments empruntés aux témoins oculaires, aux dépositaires directs dont les appréciations devraient mériter une entière confiance. Et cependant qui croira aujourd'hui à la correspondance entre Jésus et le roi d'Édesse? Qui croira au martyre de Jacques précipité du haut du temple, avec des circonstances qui rendent le récit maté-riellement et moralement inadmissible? Qui croit à l'inspi-ration des sibylles, au feu sorti des fondements de Jérusalem? Qui ne sait que le fameux miracle de la croix de Constantin a été rapporté de deux ou trois manières absolument inconci-liables? Qui ne sait qu'Augustin raconte très gravement, affirme très expressément des métamorphoses d'hommes changés en ânes ou en chameaux?

Pas de prodige mieux attesté que le vol et la chute de Simon le magicien. Irénée, Eusèbe, Augustin, d'autres Pères, s'unissent pour en donner tous les détails. Quicon-que a réfléchi, néanmoins, à la formation de cette légende; quiconque s'est demandé d'où vient cet étrange livre des *Clémentines* et le rôle capital qu'il attribue à Simon le magicien vis-à-vis de Pierre, est certain de n'avoir là, sous les yeux, que le simple développement d'une fable entée sur ce texte du livre des Actes qui rapporte la réprimande de l'apôtre Pierre au magicien Simon.

Les miracles d'Apollonius de Tyane sont tellement attestés, que bien des chrétiens ne se défendent pas d'un frisson, lorsqu'on les oppose à ceux de Jésus-Christ. Je leur indi-querai un moyen de se rassurer. Qu'ils ouvrent la *Vie d'Apollonius de Tyane* par Philostrate, ils verront s'il est possible de prendre au sérieux des prédictions si étrangement encadrées! On m'assure qu'Apollonius a crié : « Frappez le tyran! » au moment où Domitien était tué à Rome; on m'as-sure qu'il a délivré Antioche des *cousins*. Mais les mêmes témoins me le montrent au château des Sages, parmi les dragons! Ils le conduisent aux cataractes du Nil « dont le bruit est tel, que ceux qui s'en approchent trop y perdent l'ouïe! » — Ces échantillons de leur critique me donnent la mesure du crédit qu'il convient de leur accorder.

Ces témoins, dira-t-on, ne sont pas comparables à ceux qui affirment les sorcelleries anciennes et modernes! — J'y consens et je ferai volontiers un pas de plus. Avançons dans l'histoire; voyons si les attestations solennelles et mal fondées sont le privilège exclusif des premiers siècles de l'ère chrétienne.

Je laisse de côté les mensonges historiques auxquels rien n'a manqué en fait d'éclat, de durée, de constatation; mensonges qui ont régné universellement et qui sont aujourd'hui universellement rejetés : les fausses Décrétales, par exemple. Certes, un document de cette importance, document qui a servi de base à tant de bulles, semblerait ne pouvoir être le produit pur et simple de l'imposture. En l'acceptant durant des siècles, on a reconnu qu'il portait avec lui les preuves suffisantes de son origine. Il n'en était rien toutefois, et le lecteur me dispensera d'une démonstration aujourd'hui superflue.

Je négligerai pareillement l'abondante source d'arguments que me fourniraient les récits des voyageurs. Voilà des témoins consciencieux qui ne rapportent que ce qu'ils ont vu, et qui ont vu ce qui n'est pas. Les pèlerins du moyen âge, revenant du saint sépulcre, avaient contemplé des merveilles que personne n'a entrevues depuis. Ceci soit dit en passant, et sans appuyer sur d'autres témoignages moins respectables. Si nous consultions Aulu-Gelle, Pline ou des voyageurs plus rapprochés de notre temps, nous y découvririons des hommes qui n'ont qu'un œil au milieu du front, et qui voient mieux la nuit que le jour; des familles dont la voix ensorcelle et fait mourir; des nations couvertes de plumes et qui se nourrissent du parfum des fleurs. Nous y découvririons la pierre

mirifique qui guérit les aveugles, et dont on a trouvé le
secret, en observant que les hirondelles s'en servent pour
guérir leurs petits lorsqu'on leur a crevé les yeux. Tel voyage
publié au xviie siècle nous parlerait des habitants de l'île
Formose qui sont pourvus d'une longue queue semblable à
celle d'un bœuf. En ouvrant les *Transactions* de la Société
Royale de Londres en 1724, nous y trouverions une grave
dissertation latine sur l'agneau végétal de Tartarie, décrit *de
visu* par plusieurs personnes, pris au sérieux par les naturalistes, et commenté par Scaliger, lequel assure qu'il rend du
sang lorsqu'on y fait quelque incision.

Passons à des faits entourés d'attestations plus sérieuses.

Delancre raconte ceci, d'après d'innombrables témoignages
et des procès-verbaux officiels : « Lorsque l'exécuteur jeta la
Sabaudine au feu (une de ces prétendues sorcières du Labour,
au xviie siècle), le Tout-Puissant, pour manifester l'abomination et montrer que vraiment elle était sorcière, permit
que de dessus sa tête il sortît une fourmilière de crapauds,
après lesquels le peuple se rua si fort à coup de bâtons et de
pierres, qu'elle fut plus lapidée que brûlée. Mais avec tout
cet assaut il ne fut pas en la puissance du peuple de faire
mourir un crapaud noir, lequel triompha des flammes, des
bâtons et d'une milliasse de pierres... et se sauva comme
un démon immortel en tel lieu qu'on ne le sut jamais
trouver. »

On me dira peut-être que les choses ont pu se passer ainsi,
qu'en bonne sorcellerie il n'y a rien là d'absurde, que je ne
dois pas décider la question par la question. C'est fort juste,
et pour ne pas retomber dans la même faute, je sacrifierai
quelques faits, dont on me contesterait le droit de considérer
la fausseté comme évidente. Ambroise Paré atteste le merveilleux phénomène des clous sortant de la bouche des
possédés. Qui sait s'il n'a pas raison? — Borel rapporte, dans
ses Centuries, les exemples de plusieurs personnes, *qu'il a*

connues, dont les regards étaient si corrosifs, qu'ils rongeaient jusqu'aux verres, jusqu'aux miroirs, en sorte qu'ils étaient obligés d'en changer de temps en temps, la surface s'en trouvant toute gâtée et le verre percé en plusieurs endroits; il *connaît* une dame laquelle, par cette raison, ne peut se servir longtemps des mêmes lunettes. Qui sait s'il n'y a pas du sortilège là dedans? — Delrio affirme qu'on a vu en Espagne certains hommes qu'on appelle Zahuris, à cause de leurs yeux de lynx; il dit *qu'il en a vu* un à Madrid en 1575; ces hommes apercevaient les sources et autres objets placés dans l'intérieur de la terre. — Albert le Grand parle de deux frères qui ouvraient les portes les mieux fermées, l'un en présentant son côté gauche, l'autre en présentant son côté droit. — Et pourquoi pas? — va-t-on s'écrier.

Pourquoi pas, en effet! — Agobard, évêque de Lyon, n'atteste-t-il point la puissance qu'avaient certains hommes d'exciter des tempêtes et de se transporter au travers des airs, par le moyen de l'*aura levatitia*? Ne lui amena-t-on pas un homme et une femme *qu'on avait vus* tomber du ciel? Sandoval n'est-il pas très exactement renseigné sur l'histoire de cette sorcière qui, en l'année 1547, obtint d'un des inquisiteurs de Navarre la permission de s'envoler, si elle le pouvait, et qui, ayant commencé par descendre comme un lézard le long des murs de la tour qui lui servait de prison, finit par prendre son vol devant les assistants, dont les regards ne cessèrent de la voir que lorsqu'elle eut dépassé l'horizon? — C'est chose toute simple, s'écrie-t-on! c'est l'*a b c* de la sorcellerie! nous n'en sommes pas à nous étonner pour si peu!

Non? — Eh bien! démontrons, par d'autres exemples, que les choses les mieux certifiées se sont trouvées entièrement fausses.

La fameuse *dent d'or* a été attestée comme rien ne l'a été, comme rien ne le sera jamais. On l'a vue, on l'a touchée;

de savants hommes ont écrit de gros in-folio pour expliquer le phénomène. Que répondre à tant de témoins directs, impartiaux, éclairés, à tant d'hommes érudits et sceptiques qui avaient visité eux-mêmes la bouche de l'enfant silésien? La dent d'or figurerait dans les livres que publie aujourd'hui l'école du merveilleux, l'école du moyen âge, si l'on n'eût, un beau jour, découvert qu'une fraude habile avait recouvert une dent naturelle de feuilles d'or. — Les fraudes ne se découvrent pas toujours; les dents tombent, les enfants meurent, mais les in-folio restent, et les témoignages subsistent dans toute leur majesté.

Voici maintenant une béate, une inspirée, aussi authentique que possible. Nous sommes en plein xviiie siècle. Marie Bucaille était tenue pour sainte par les habitants de Valogne et des lieux circonvoisins. Elle faisait des miracles; elle guérissait les malades désespérés. Il y a plus : elle avait obtenu de Dieu la plus grande des faveurs; à l'exemple de François d'Assise et de Catherine de Sienne, elle portait sur son corps les stigmates de la croix. Par une faveur spéciale et qui n'avait pas été accordée à d'autres, ces stigmates se renouvelaient tous les vendredis, en mémoire de la Passion. — Voilà des faits certains, d'une constatation facile, attestés par des myriades de témoins. Cependant, des gens méfiants s'avisent d'intervenir; on demande que la nouvelle sainte soit séquestrée, surveillée de près. On finit par découvrir la friponnerie; et peu s'en fallut que, passant d'un extrême à l'autre, on ne brûlât en qualité de sorcière cette stigmatisée que tant de miracles venaient d'illustrer.

En fait de miracles, ceux de l'étole de saint Hubert méritent une place à part. Leur nombre, leur éclat, les témoignages qui les entourent ne semblent laisser aucune place au doute. Depuis l'année 825, on ne cesse de couper des morceaux de l'étole, qui n'en conserve pas moins sa longueur première. Les saints fragments sont insérés dans le front des personnes mordues par des chiens enragés, et ces personnes sont guéries. Voilà qui va bien. Pourquoi faut-il que des critiques, qui auraient pu mieux employer leur temps, aient renversé tout cet échafaudage par sa base et donné un démenti à tous ces témoins! D'autres témoins démontrent que le voyage d'Hubert à Rome est une fable, qu'il n'en est question ni dans l'Anonyme son contemporain, ni dans Godescalch, ni dans Étienne, ni dans Anselme. La visite au tombeau de l'apôtre Pierre, l'étole apportée par un ange tombent du même coup. Les docteurs en médecine s'en sont mêlés, et même les docteurs en théologie. On a déclaré suspect, ce régime étrange prescrit aux taillés de saint Hubert, régime où entraient le porc mâle, le chapon d'un an, les poissons à écailles, etc. L'université de Louvain, toutefois, tenait bon pour les miracles, pour l'étole et pour le voyage au tombeau. Elle invoquait, elle aussi, la valeur du témoignage : Quoi, pendant neuf cents ans, tout le monde se serait fait illusion! Quoi, tant de milliers de personnes préservées de la rage ne prouveraient rien! Quoi! l'étole toujours coupée et toujours intacte ne suffirait pas pour confondre les incrédules! — Hélas! non. Les incrédules ont persisté, et j'ai même lieu de croire qu'ils l'ont emporté. Parmi les remèdes contre la rage, on ne propose pas souvent, aujourd'hui, les fragments de la sainte étole. C'est ne guère tenir compte, on en conviendra, de vingt générations de témoins.

Les témoins ne manquaient pas non plus au purgatoire de saint Patrice. On sait que les habitants de l'Irlande conservant des doutes sur la réalité du purgatoire, le saint obtint de Dieu de les convaincre par un miracle. Alors s'ouvrit la mystérieuse caverne où périssaient misérablement les incrédules et d'où les croyants ressortaient avec une confirmation éclatante de leur foi. Toute légende à part, le fait du témoignage subsiste. Les descentes au Trou de Saint-Patrice sont innombrables; elles sont authentiques, car on ne descendait qu'avec la permission de l'évêque; elles sont confirmées par des relations détaillées, depuis celle du chevalier Owenn au xiie siècle jusqu'aux récits contemporains. Maintenant encore, on entre dans le puits sacré, on y passe un jour et une nuit, on y contemple et on y subit les douleurs du purgatoire. Maintenant encore, on délivre aux visiteurs des certificats analogues à celui qu'en 1358, le roi Édouard III délivrait à un noble hongrois. Enfin, s'il y a quelque chose de certain ici-bas, ce sont les merveilles de la caverne irlandaise, et je comprends qu'en présence de cette masse de témoignages, les prédicateurs en aient si souvent appelé dans leurs sermons à la notoriété incontestée d'un tel fait [1]... Ce qui n'empêche pas que témoignages et témoins n'aient été repoussés bien loin par l'Église de Rome, laquelle n'a pas permis l'insertion du fait dans son bréviaire?

Voulez-vous des certificats plus scientifiques? Prenez l'anecdote bien connue de la pierre lumineuse et brûlante, arrivée des Indes, et présentée au roi Henri II. Les savants s'en sont fort occupés, les gros livres ont abondé sur ce sujet; le grave de Thou n'hésita pas à lui donner place dans son Histoire. D'où venait son erreur? Une description trop poétique du charbon allumé avait été publiée par Fernel, premier médecin du roi; Jean Pipin, médecin du connétable de Montmorency, en avait régalé son confrère, Mizand, médecin à Paris; celui-ci avait communiqué à de Thou cette lettre venue de Boulogne; de Thou inséra le fait dans son

1. Que les visiteurs du Trou de Saint-Patrice aient pris les murmures des vents engouffrés pour les plaintes des âmes réclamant des prières peu nous importe; ce n'est pas la question. A la base de chaque témoignage inexacte et sincère, il y a une hallucination ou une illusion. Et c'est précisément parce les causes d'erreur sont nombreuses, que la preuve par voie de témoins est inadmissible en matière de surnaturel.

ouvrage qu'on achevait d'imprimer. L'autorité de cet ouvrage
était telle, que personne ne s'avisa de mettre en doute ce qui
s'y trouvait rapporté. Les compilateurs de merveilles naturelles, tels que Fabricius, Chioceus, Camérarius, n'eurent
rien de plus pressé que de grossir leurs recueils de cette
singularité. Ce ne fut pas tout; les savants finirent. par
démontrer que la chose était parfaitement naturelle : —
D'où vient, disaient-ils, qu'on est si surpris de cette merveille? Est-ce la première fois qu'on en voit de semblables?
Pline, Solin et saint Isidore ne décrivent-ils pas une pierre
de feu qu'on appelait *pyrites*?

La comédie fut complète. On disserta sur la pierre *pyrites*
qui brûle et saute, sur la pierre *phlogite* qui vient de Perse
et paraît enflammée au dedans, sur la pierre *phlégon-
tide*, etc., etc. Cependant de Thou découvrait son erreur. Il
obtenait des libraires français la suppression du passage si
légèrement introduit. Mais les libraires étrangers n'eurent
pas la même condescendance; ils ne purent se résoudre à
sacrifier cette pièce curieuse : elle n'a cessé de figurer dans
toutes les éditions publiées par eux.

Supposez maintenant, ou que l'erreur n'eût pas été reconnue, ou que les éditions allemandes nous fussent seules
parvenues, qu'objecterions-nous à l'affirmation d'un homme
tel que de Thou, rapportant le témoignage de trois médecins?
— Et voilà comment se font souvent les témoignages. Une
fois faits, ils servent et se multiplient à l'infini. Cela est si
vrai qu'on raisonnait encore, en 1676, d'après l'assertion présentée par de Thou. De savants recueils formés à cette
époque contiennent des observations sur les phosphores, où
on lit : « Cette pierre laissa tous les curieux de ce pays-là
(Berlin) en doute, si c'est la même ou du moins une pareille
à celle dont il est parlé dans le sixième livre de l'Histoire de
M. le président de Thou, qui fut présentée, à Boulogne, au
roi Henri II, par un étranger qui venait des Indes. »

Des sottises analogues ont été vues et attestées de tout temps. Solin ne se contente pas de décrire le phénix, il ajoute que « cet oiseau, pris en Égypte l'an 800, fut exposé dans une assemblée par ordre du prince Claude. Ce fait est rapporté dans les actes de la censure de Claude, qui subsistent encore. » En cherchant un peu, on trouverait que Solin, qui a copié Pline, a oublié de transcrire les doutes de cet auteur. Mais quoi, c'est ainsi que les témoignages s'embellissent en vieillissant. Chacun les reproduit à sa manière, le certificat demeure : ce qui est écrit reste écrit !

Chose curieuse et instructive que d'observer comment, de la meilleure foi du monde, on fait parler les gens. Le public était, en 1725, très occupé des communications envoyées au *Mercure de France*, sur une Portugaise aux yeux de lynx. Un révérend père minime jugea bon d'intervenir dans le débat, et d'y faire figurer le célèbre Huygens. « On a vu à Anvers, écrivait-il, un prisonnier dont la vue était si perçante et si vive, qu'il découvrait tout ce qui était caché, sous quelques sortes d'étoffes que ce fût, à l'exception des étoffes teintes en rouge. *Mon garant sur un fait si singulier est M. Huygens*, qui l'a écrit au révérend père Mersenne, religieux de notre ordre et son intime ami. » — Le père Lebrun, racontant ceci, eut la curiosité de remonter aux sources (ce qui n'est malheureusement pas toujours possible), et voici ce qu'il lut dans la lettre manuscrite de Huygens : « En récompense du voyage du Paradis que vous me communiquez, vous saurez pour chose assez étrange, quoique vieille, que des gens sérieux, d'âge et de condition, *déclarent* avoir vu prisonnier à Anvers un homme qui avait la faculté de voir à travers les habits. » On s'informe : Huygens n'a pas vu. Si l'on avait pu consulter à leur tour ces « *gens sérieux d'âge et de condition* », ils nous auraient probablement renvoyés à d'autres témoins.

On avait publié, par toute l'Europe, le grand miracle du

retard du soleil à la bataille entre Charles-Quint et le duc de Saxe, lors du passage de l'Elbe. Le duc d'Albe s'était bien gardé de démentir ces beaux récits. Interrogé directement par le roi de France, que lui répond-il? « J'avoue à Votre Majesté que le soin des choses qui se passaient alors sur la terre m'a empêché d'observer ce qui se passait au ciel. »

Voilà bien des variétés de témoignages officiels, et faux. En veut-on encore un? Je l'emprunte à Lamothe le Vayer : « Baptiste Legrain dit, au sixième livre de sa décade de Louis le Juste, qu'il observa lui-même dans Paris, l'an 1615, sur les huit heures du soir du 26 octobre, des hommes de feu au ciel qui combattaient avec des lances... Cependant j'étais aussi bien que lui dans la même ville, et je proteste, pour avoir contemplé assidûment jusque sur les onze heures de nuit le phénomène dont il parle, que je ne vis rien de tel qu'il le rapporte, mais seulement une impression céleste assez ordinaire, en forme de pavillons qui paraissaient et s'enflammaient de fois à autre. » L'auteur avait-il tort d'ajouter un peu plus loin : « Et néanmoins, dans un siècle, on citera le prodige de la décade comme indubitable? » — Beaucoup de témoignages non moins certains, non moins consciencieux, non moins éclairés que celui de Legrain, n'ont pas eu d'autre origine.

L'imposture proprement dite en explique à son tour un grand nombre. Il y avait, en 1699, une fille dont le métier consistait à être tour à tour muette et miraculeusement guérie. Guérie une première fois à Beauvais, où l'on organisa des processions en son honneur et où elle reçut le nom de *dévote de Beauvais*, elle alla faire la même chose près de Rouen, d'où on la mena en triomphe à Notre-Dame de Liesse. Sa plus éclatante guérison eut lieu au tombeau de Jacques II. Il ne fut bruit que d'elle, jusqu'au moment où ses friponneries découvertes, elle décampa sans bruit.

Qui n'aurait cru en Angleterre qu'une femme venait d'accoucher de plusieurs lapins? Les gazettes de 1726 rapportaient le fait, avec certificat en bonne forme du médecin accoucheur et approbation de l'anatomiste du roi qui en publiait la relation détaillée! Tout serait resté incontestable : le certificat, la relation, l'approbation, si le roi d'Angleterre ne s'était avisé de prendre la chose à cœur. L'anatomiste trop crédule fut obligé de signer une rétractation publique. Il reconnut qu'il avait été la dupe « d'une très abominable fraude ».

On connaît l'histoire des *grains bénits*. Les religieuses du couvent dont Jeanne de la Croix était supérieure, l'avaient sollicitée d'obtenir de Jésus-Christ la bénédiction de leurs chapelets. Ils avaient été déposés dans un coffre que les anges avaient porté au ciel. Le coffre rapporté et ouvert, on n'y trouva rien; mais un parfum très agréable ne tarda pas à se répandre, et l'on découvrit alors tous les chapelets dans le coffre. Des grâces étaient attachées à chaque grain, et même aux grains qui avaient touché ceux-là. Les grains chassaient le diable, éteignaient les incendies, garantissaient des épidémies et du tonnerre, délivraient des scrupules, etc. Le tout constaté (remarquons-le) par quatre-vingt-dix informations et par plus de quatorze cents témoins. Toutefois le clergé de France, Bossuet en tête, crut devoir contester, et contesta si bien que la valeur des informations, y compris celle des témoignages, se réduisit à zéro.

Au moment même où ce grand débat était engagé entre le catholicisme français et le catholicisme espagnol, les médecins vantaient fort un autre miracle à l'appui de la découverte du jour : l'élixir pour rendre la vue aux aveugles. Ils apportaient en preuve la guérison de l'empereur Jean Paléologue, lequel aurait recouvré la vue à Ferrare pendant la tenue du concile. Qui n'eût cru le fait incontestable? Comment ne pas le supposer appuyé sur des témoignages si certains? Or, il s'est trouvé un homme assez patient pour se livrer à une étude historique complète, et cet homme a constaté que l'empereur n'avait jamais eu mal aux yeux. Il les avait si bons, au contraire, qu'il négligeait les affaires du concile pour chasser sans relâche, ce qui n'est guère la coutume des gens atteints de cécité.

Règle générale : Ne vous arrêtez pas aux certificats, regardez les choses de près; à mesure qu'on approche, le merveilleux s'évanouit.

J'ai déjà cité dans les questions les plus simples de toutes, celles de l'histoire naturelle, des exemples de témoignages fort peu dignes de foi. Il me serait aisé de les multiplier. Nous verrions défiler devant nous, avec leurs attestations en marge, les descriptions reléguées depuis longtemps dans le domaine des fictions. Que d'auteurs savants ont parlé des macreuses d'Écosse, produites sans œufs et provenant tantôt des coquilles qui se trouvent sur le bord de la mer, tantôt des fruits du saule, tantôt des vers formés dans le bois des navires qui pourrissent! On ferait une longue liste de ces dissertations sérieuses, appuyées de témoignages et de preuves : *de anseribus scoticis.* — J'indique cet exemple, et je passe outre. On n'ignore pas que, dans un autre genre, les certificats n'ont pas manqué aux statues et tombeaux suspendus en l'air, par la force de plusieurs aimants. Le tombeau de Mahomet, la fameuse statue qu'on *voyait* dans un temple d'Égypte et dont parlent les Pères de l'Église; celle de Mercure, celle de Cupidon : autant de contes ridicules que les personnages les plus graves ont confirmés à qui mieux mieux!

Encore, s'ils se contentaient de confirmer! mais ils tiennent à expliquer. — Ces explications rappellent souvent à s'y méprendre notre débat actuel sur les tables tournantes. Choisissons un fait entre tous, un des plus constants. Aristote, Pline, Plutarque, Élien et plusieurs autres, mentionnent le fameux petit poisson, la *rémore*, qui arrête tout court les grands vaisseaux. Comment se rendra-t-on compte d'un tel phénomène? Les uns se contenteront de parler d'une qualité occulte qui amortit l'action du vaisseau : système commode, qui n'exige pas de recherches et qu'adoptent à l'égard des tables tournantes tous ceux qui s'en tirent au moyen de la parole sacramentelle : Voilà qui est étrange! Les autres, ne se contentant pas de la qualité occulte, veulent y joindre une influence surnaturelle; ceux-là représentent à l'égard de la *rémore*, l'école de nos « spiritualistes d'aujourd'hui ». Il y en a qui semblent pressentir la découverte de M. Babinet sur l'énergie incomparable des mouvements naissants. Il y en a qui racontent le combat des *premières qualités* : « Le vaisseau a l'humidité en partage, le poisson excelle en sécheresse, le sec est plus actif que l'humide; n'est-il donc pas clair que la qualité du poisson doit vaincre la qualité du vaisseau, et par conséquent l'arrêter? » — N'est-il pas clair, nous disait-on aussi l'autre jour, que vous pouvez soulever sans effort le poids que vous ne soulèveriez pas avec effort?

Au surplus, je n'ai pas affaire maintenant à nos sceptiques; j'ai affaire aux crédules, à ceux qui tiennent pour incontestable ce qui paraît être suffisamment attesté. L'histoire, qu'ils veuillent bien s'en souvenir, est pleine de faits très attestés et très contestables. Que d'anecdotes considérées comme certaines et qu'il ne faudrait pas examiner de trop près! Nous avons vu ce que devenait le témoignage de Huygens, quand on allait aux informations; n'est-il pas probable que celui de Descartes ne subsisterait pas davantage, si l'on pouvait pareillement s'informer des circonstances réelles du récit où il figure d'ordinaire, vis-à-vis d'un savant de Dijon? Ce dernier avait besoin d'un livre qui ne se trouvait qu'à Stockholm. Il s'adresse à Descartes par l'intermédiaire de l'ambassadeur de France, M. Chanut : il indique de loin la bibliothèque de la reine, le rayon où doit se trouver le livre, il décrit sa couverture, ses dorures, et ne se trompe en rien, quoi qu'il n'eût jamais visité Stockholm.

Les récits de ce genre abondent. La princesse de Conti, nièce de Mazarin, a prévu la chute de son palais; la comtesse d'Hamilton a contemplé, dans une vision terrible, la mort soudaine de la duchesse d'Orléans. — A merveille! Je demanderai seulement où se trouvent les garanties de semblables histoires. Les choses se sont-elles bien passées ainsi? N'a-t-on rien ajouté, rien arrangé, rien retranché après coup? N'y avait-il aucune circonstance qui pût faciliter les visions ou prévisions merveilleuses? — Nous n'en savons absolument rien. Nous oublions toujours, en outre, une considération capitale : le simple hasard amène des coïncidences; on ne se souvient que de celles-là, le reste est mis au rebut. Ainsi s'explique la plus surprenante des révélations magiques, celle que rapporte Saint-Simon dans ses *Mémoires*. Le duc d'Orléans consultait des sorciers chaque jour; il obtenait des prédictions pas centaines et par milliers. Parmi celles qu'il a racontées à Saint-Simon, il s'en est rencontré une que l'événement a semblé confirmer : elle s'ajustait (tant bien que mal) à la mort de Louis XIV et à la régence. Celle-là seule a trouvé place dans les *Mémoires* de Saint-Simon. C'est tout simple; il en a été et il en sera constamment ainsi. Qu'une autre prédiction se fût réalisée au lieu de celle-là, elle aurait figuré dans les *Mémoires*, et la scène du lit de mort aurait disparu.

J'invite ceux qui me jugeraient trop difficile en fait de témoignage, à bien peser l'enseignement qui ressort des miracles régulièrement organisés dont nos annales sont remplies. Guérisons d'écrouelles, épreuves du fer rouge, du surnagement, tout cela ne s'est pas produit une fois seulement, mais a fonctionné à l'état d'institution nationale. Il n'y a pas eu là un témoin, il y eu des générations successives de témoins. Qui consent, aujourd'hui, à admettre la réalité de ces faits, si universellement et si longuement attestés?

Nos rois ont guéri des milliers et des milliers d'écrouelles. Guibert de Nogent parle, comme témoin oculaire, des guérisons accomplies devant lui par Louis le Gros. Celles qu'a opérées Louis IX sont mentionnées en propres termes dans la bulle de canonisation. Charles VIII toucha et guérit force écrouelles à Rome et à Gênes, pendant son expédition d'Italie. Les faits ont été constatés avec soin; les auteurs qui en font mention remarquent que l'illusion était impossible, puisque au nombre des malade guéris se trouvaient des petits enfants.

Eh bien! dira-t-on, nos rois avaient le don des miracles. Quel mal y a-t-il à cela? — Aucun! Je ne vous demanderai même pas pourquoi ce don s'est prudemment effacé en présence des lumières croissantes; pourquoi Louis XVIII, Charles X, Louis-Philippe n'ont guéri personne. Je ne vous demanderai ni comment il se fait que le don de guérir les écrouelles ait passé en Angleterre, dès le moment où les rois anglais ont prétendu à la couronne de France, ni comment vous expliquez que les rois protestants l'aient possédé aussi bien que les rois catholiques : Élisabeth touchait les malades, et les certificats de guérison ne lui manquaient pas plus qu'à nos souverains.

Les certificats! Mais en voici une formidable série à l'appui des épreuves du fer rouge et de l'eau bouillante, que du vi[e] siècle au xiiie, on ne cesse d'employer. Ces épreuves ont laissé leur empreinte dans la langue elle-même, nous disons encore : « J'en mettrais ma main au feu. » Il s'était agi, d'abord, de vider les querelles dogmatiques entre catholiques et ariens; des procès-verbaux sans nombre attestent que les catholiques, en pareil cas, plongeaient impunément leurs bras dans des chaudières où leurs adversaires se brûlaient jusqu'aux os. Plus tard, les lois des Francs admirent ce mode de procédure criminelle. Charlemagne exigea par ses Capitulaires qu'on y ajoutât foi sans doute aucun, *absque dubitatione.* On mettait impitoyablement à mort quiconque s'ébouillantait dans l'eau bouillante.

Il y avait donc des gens, en grand nombre, qu'elle ne brûlait pas. Le fait est prouvé, et comme il est prouvé en outre que le clergé, qui appliquait l'épreuve, était incapable de se prêter à une fraude systématique, prolongée pendant une demi-douzaine de siècles, il est démontré que nous sommes en possession de quelques milliers de miracles indubitables. Malheureusement, il se trouve que l'on découvre parfois l'innocence de ceux qui se sont brûlés et la culpabilité de ceux qu'a respecté l'eau bouillante. Quelle explication donner à semblables erreurs du miracle, et que deviennent tant de témoignages accumulés?

Le roi Lothaire accusait sa femme Thietberge d'un horrible inceste. Elle nia d'abord le fait, et prouva son innocence par l'épreuve de l'eau bouillante. Il est fâcheux qu'elle ait *prouvé* d'abord qu'elle n'était pas coupable, et *avoué* plus tard qu'elle l'était.

L'épreuve du fer rouge semblait plus concluante encore. Quelle fraude pouvait-on imaginer quand il s'agissait de prendre et de porter quelque temps un soc de charrue incandescent, ou de marcher pieds nus sur des fers rouges, ou de s'enfoncer la main dans un gantelet de fer rougi qui montait jusqu'au coude? Aussi, acceptait-on aveuglément ces décisions miraculeuses. Une impératrice, la femme d'Othon III, fut brûlée vive, parce que son accusatrice avait supporté sans dommage l'épreuve du fer ardent.

D'où vient donc que la voix publique finit par s'élever contre ces manifestations si évidentes de l'action divine? D'où vient qu'on s'accorda à reconnaître que les résultats de l'épreuve étaient fréquemment en sens inverse de la vérité? D'où vient que le clergé, qui avait passé son temps à bénir des fers rouges, et les conciles, qui en avaient toléré l'emploi s'empressèrent d'en condamner l'usage? Pourquoi faire cesser des miracles? Pourquoi! parce que l'illusion et la fraude se glissent partout en pareille matière; parce que les témoignages qui s'y rapportent n'ont jamais eu et n'auront jamais aucune valeur. Chez les sauvages de l'Océanie et chez les nègres de l'Afrique occidentale, on décide encore les questions de la sorte : les poisons les plus violents se font inoffensifs afin de rendre hommage à l'innocence. Les champions du témoignage nous proposeront, j'imagine, et d'imiter ces peuplades, et d'en revenir au beau temps où Louis prouvait son droit contre Charles le Chauve, en fournissant trente hommes : dix pour l'épreuve de l'eau froide, dix pour l'épreuve de l'eau bouillante, dix pour l'épreuve du fer rouge.

Je viens de mentionner l'eau froide. Le succès incessamment répété de cette expérience miraculeuse figure en effet dans un grand nombre de documents. Bien longtemps après le moyen âge, on employait encore l'eau froide dans les procédures judiciaires. J'ai sous les yeux un procès-verbal du 11 juin 1696, qui atteste que certains individus, accusés de sorcellerie, *n'ont pas pu enfoncer dans l'eau.* Dès lors, leur qualité de sorciers ne doit plus être mise en doute. On serait sorcier à moins! Aujourd'hui même, si, jetant des gens à la Seine après leur avoir lié pieds et mains, ils s'obstinaient à surnager, nous crierions tous au miracle.... Il est vrai qu'aujourd'hui personne ne surnagerait. Certaines merveilles demeurent indissolublement attachées à certains siècles.

Quoi qu'il en soit, des documents innombrables attestent que les cas de surnagement se présentaient chaque jour, à l'époque où le miracle opérait encore. Des voleurs se présentaient hardiment, croyant bien qu'ils enfonceraient dans l'eau; et voilà, ils demeuraient étonnés et confus à la surface! Les manichéens ou soi-disant tels, de Soissons, ne furent brûlés que parce qu'ils surnageaient. Au temps de Bernard, l'Église catholique employa souvent, toujours avec succès, ce procédé pour convaincre ses ennemis. Des hérétiques, il passa aux sorciers. On se donna la peine d'établir « que les sorciers étaient nécessairement plus légers que les autres hommes, parce que le démon, dont la substance est spirituelle et volatile, pénétrant toutes les parties de leur corps, leur communique sa légèreté ». En vertu de ce beau raisonnement, on continua à *baigner* (c'était le terme), et à brûler ensuite.

— Mais enfin, s'écriera-t-on, le fait du surnagement subsiste, comment l'expliquez-vous? — Moi! je ne l'explique pas, par la bonne raison que je n'y crois pas... ni vous non plus. Le surnagement est attesté comme le sont et l'épreuve de l'eau bouillante, et celle du fer rouge, et les épreuves analogues qui ont encore lieu en Afrique. Je ne vois là qu'un illustre exemple du peu de crédit que méritent les témoignages. Plus il existe de procès-verbaux, de déclarations authentiques, de faits incontestables, plus je triomphe! Je triomphe, car il est certain que ces certificats inattaquables ne constatent qū'un grand mensonge, un mensonge de plusieurs siècles, et jamais vos histoires d'Esprits ou de sorciers ne seront mieux attestées que celles-là.

Celles-là sont fausses; on en est convenu le jour où l'on a ordonné la discontinuation des miracles; les miracles véritables ne sont pas tellement importuns, qu'on s'en prive ainsi de propos délibéré. Je ne sais pas, ou plutôt je sais trop comment procédait cette sainte justice du moyen âge. Je sais ce que valent les pièces officielles de ce temps. Je sais aussi de quelles illusions certaines enquêtes sont entourées, quand un courant de crédulité les favorise; je sais à quel point il est facile de croire tout ce qui s'accorde avec les superstitions régnantes. Souffrez donc que je m'en rapporte à l'arrêt prononcé par vous-même, et que je vous dise : « On n'a jamais surnagé, car on ne surnage plus. Vous n'avez jamais fait ce miracle, car vous ne vous risquez plus à le faire. De votre aveu, vous avez des sorciers, et en nombre. Qui vous empêche d'en déterminer quelques-uns à se laisser jeter dans l'eau, avec promesse de tirer la corde si par hasard ils vont au fond.

Les idées changent. Ce qui le prouve, c'est que si les sorciers ne surnagent plus, ils ne surnageaient pas encore à certaine époque. L'eau servait alors à les noyer; jamais aucun d'eux n'avait manqué d'enfoncer. Il y avait même à Toulouse une cage de fer laquelle s'abaissait au moyen d'une bascule, et je ne sache pas qu'elle ait rencontré aucune résistance, jusqu'au moment où l'on changea tout cela. Les voleurs, les sorciers, les hérétiques devinrent alors légers comme liège; de nos jours ils ont repris leur ancien poids.

Trêve de plaisanteries! Le sujet est trop sérieux. Lorsque je songe à la masse effroyable de violences, de calomnies, d'injustices, de cruautés qu'ont abritées, qu'ont sanctifiées ces odieuses pratiques; lorsque je songe aux milliers d'innocents pieusement immolés, je ne me sens ni l'envie ni le droit de sourire. Il s'agit d'une longue série d'abominations; il s'agit d'une maladie mortelle, inoculée aux générations successives; maladie qui attaquait en même temps la conscience, la raison et la foi. A qui l'histoire réserverait-elle sa sévérité, si elle n'avait que complaisance pour de tels crimes et pour de tels siècles?

Parmi les enseignements qu'ils nous donnent, la condamnation du témoignage n'est pas le plus important. Mais ils nous fournissent aussi celui-là, et j'ai tenu à le recueillir.

Nous avons beaucoup de mensonges historiques. Travaillerons-nous à en grossir le nombre? Rien de plus aisé. Demain, si l'on y tient, on réunira mille, dix mille témoignages sérieux et sincères en faveur d'un prodige quelconque : de la Vierge qui tourne les yeux à Rimini, des merveilles qui éclatent journellement en Suède, de celles

qui éclatent avec non moins de régularité chez les Tartares
et chez les Indous. Demain, on nous attestera pour les avoir
vus, le miracle de saint Janvier, le feu sacré de Jérusalem,
les concerts célestes, les fantômes des spiritualistes américains, les opérations magiques du baron Dupotet.

Avis aux champions du témoignage! J'ai montré ce qu'il
est en fait; montrons ce qu'il vaut en principe.

On l'aura remarqué, l'incertitude du témoignage commence au point précis où commence le surnaturel. Dès
que l'homme quitte, pour se lancer dans le domaine du
merveilleux, le ferme terrain de l'observation des choses
ordinaires, il cesse de voir exactement ce qui est, il cesse de
rapporter exactement ce qu'il a vu; son discernement, son
sang-froid, son bon sens paraissent l'abandonner.

Une limite positive sépare la classe des faits qui appartiennent à notre compétence, et celle des faits qui ne lui
appartiennent pas. Notre raison a une compétence réelle,
mais non pas indéfinie. Demandez-lui de rassembler les souvenirs des grands événements, et pourvu qu'elle en possède
la connaissance directe, elle arrivera en tous temps et en
tous lieux à écrire des récits historiques dignes de foi. Sitôt,
en revanche, que des traditions religieuses se mêlent à ces
annales, la raison lâche les rênes, et l'imagination la plus
extravagante s'en empare, pour les arranger à son gré.
S'agit-il de décrire, même de classer la création matérielle,
nous serons étonnés de la sûreté de coup d'œil avec laquelle,
déjà, procédait un Aristote; mais que les naturalistes les plus
sensés abordent la catégorie des monstres et des prodiges,
ils abdiqueront toute critique. Les philosophes antiques arrivent promptement à constater les règles de la logique, même
ils analysent l'être humain avec une certaine fidélité; mais
aux confins de la métaphysique, le vertige semble s'emparer

et d'eux, et des philosophes de tous les temps. En ce qui touche aux révélations divines, à la nature des dieux, aux miracles, aux opérations des bons et des mauvais Esprits, l'extravagance humaine se donne pleine carrière. Notre incompétence éclate, dès que sont dépassées les bornes des faits naturels. En deçà, nous pourrions croire sur le témoignage des hommes; au delà, nous ne pouvons croire que sur le témoignage de Dieu.

Ce témoignage ne nous fait pas défaut; ses preuves sont à notre portée, bien que son contenu nous dépasse. Ce n'est pas ici l'heure de le démontrer. Renfermons-nous dans notre étude actuelle et soulignons la distinction fondamentale que nous venons d'établir. En matière de témoignage, la certitude cesse absolument dès qu'on pose le pied sur le territoire du surnaturel. Que le lecteur se rappelle, en effet, la plupart des exemples que je viens de citer; il verra que si les témoins perdent tout droit à notre confiance, c'est lorsqu'ils rapportent (et de la meilleure foi du monde le plus souvent), des miracles, des sortilèges, des visions, des épreuves, des monstruosités destinées à manifester le jugement de Dieu.

Montaigne a écrit là-dessus des paroles pleines de sens. On le pressait de croire à la sorcellerie; on lui citait des faits; on lui présentait des certificats: ceux même qui trouvaient bon qu'il fût sceptique sur d'autres points blâmaient son scepticisme sur celui-là. On le sommait de se rendre au témoignage rendu par les sorciers eux-mêmes, à leurs dépens. Or voici la réponse du grand douteur, qui avait bien raison de l'être à ce propos : « Toutefois, en cela même, on dit qu'il ne faut pas toujours s'arrêter à la propre confession de ces gens icy; car on leur a vu parfois s'accuser d'avoir tué des personnes qu'on trouvoit saines et vivantes. En ces autres accusations extravagantes, je dirois volontiers que *c'est bien assez qu'un homme, quelque recommandation qu'il aye, soit creu de ce qui est humain. De ce qui est hors de sa conception et d'un effet supernaturel, il ne doit estre creu lors seulement qu'une approbation supernaturelle l'a authorisé. Ce privilège qu'il a plu à Dieu donner à aucun de nos témoignages ne doit pas estre avily et communiqué légèrement.* J'ai les oreilles battues de tels contes : trois le virent un tel jour en levant, trois le virent le lendemain en occident, à telle heure, tel lieu, ainsi vestu : certes, je ne m'en croirois pas moi-mesme. Combien trouvé-je plus naturel et plus vraysemblable que deux hommes mentent, que je fay qu'un homme en douze heures passe quant et les vents d'orient en occident! Combien plus naturel que notre entendement soit emporté de sa place par la volubilité de notre esprit détraqué, que cela, qu'un de nous soit envolé sur un balay, au long du tuyau de sa cheminée en chair et en os par Esprit étranger! Ne cherchons pas des illusions du dehors et incognuës, nous qui sommes perpétuellement agités d'illusions domestiques et nostres. Il me semble qu'on est pardonnable de mescroire une merveille, autant, au moins, qu'on en peut détourner et élider la vérification par voie non merveilleuse; et suis d'avis de saint Augustin, qu'il vaut mieux pencher vers le doute que vers l'asseurance ès choses de difficile preuve et dangereuse créance. »

L'incompétence de l'homme en matière « supernaturelle » ne pouvait être plus nettement proclamée. Mais Montaigne cependant, quoiqu'il indique en passant un ou deux des motifs de cette incompétence, la proclame plutôt qu'il ne la prouve. Essayons de faire ce qu'il a négligé. Voyons comment se forment et comment s'expliquent tant de témoignages sans valeur.

Avant tout, représentons-nous l'empire exercé sur les

âmes par un courant de crédulité générale. S'il est difficile
de rester debout quand on traverse un torrent des Alpes, à
plus forte raison est-il malaisé de conserver le plein gouvernement de soi-même quand on est battu par le flux des
superstitions régnantes.

Représentez-vous un temps (et ce temps a duré plus de
dix siècles) où l'imagination était journellement hantée par
des récits de visions, d'apparitions d'anges et de sabbats; ou
des images, dont l'impureté dépasse ce que les romans les
plus infâmes osent peindre, ne cessaient d'être présentées
aux hommes, aux femmes et aux enfants; où l'exaltation
maladive des intelligences existait à l'état endémique et épidémique; où l'on vivait entouré de sorciers, de fantômes,
de sorts jetés, de revenants; où l'on avait appris dès le plus
jeune âge à expliquer par des causes surnaturelles les
moindres incidents de la vie commune; où personne n'était
défendu contre ces erreurs par la connaissance des saintes
Écritures. Représentez-vous un temps où l'histoire réelle,
l'histoire populaire se composait des grossiers récits qui
remplissent le recueil des Bollandistes, et dites-moi si vous
croyez, qu'alors, les témoignages en fait de surnaturel pussent conserver quelque valeur? Pour ma part, je ne m'étonne
que d'une chose, c'est que l'égarement n'ait pas été plus
complet, c'est que les hallucinations momentanées n'aient
pas fait place à la folie. Les livres de Bède, de Pierre le
Vénérable, d'Hincmar, ne permettent pas de conserver un
doute à cet égard. Qu'on les lise, et l'inondation des miracles
légendaires, et le succès des épreuves du feu ou de l'eau, et
la dénonciation des sorciers, et les aveux des sorciers eux-
mêmes, tout s'expliquera.

Sous l'action d'une cause pareille, on est gagné peu à peu,
gagné sans qu'on s'en aperçoive, gagné de très bonne foi. Il
y a des complicités universelles et inconscientes. La moindre
apparence devient réalité : on a entendu, on a vu, on a fait.

Les bruits répandus grossissent en marchant : c'est la fable de l'homme qui a pondu un œuf.

Ajoutons que la volonté, en pareil cas, complète l'œuvre de la contagion morale. On croit souvent faute de lumières; mais on croit parfois aussi parce qu'on tient à croire. Certains faits paraissent édifiants, on en veut à qui ose les mettre en doute. Il en a coûté alors, même à des évêques, de porter la lumière sur un faux miracle, sur une fausse relique signalée par de nombreuses guérisons. Tout n'était pas ignorance; tout n'était pas innocence, dans les merveilles divines ou diaboliques du moyen âge.

Phénomène très curieux d'ailleurs que la facilité avec laquelle nous parvenons à nous forger une conviction presque sincère. Ce que nous avons commencé par inventer ou par exagérer, nous finissons par nous le persuader à nous-mêmes. Il ne m'est pas prouvé que les plus indignes menteuses, les nonnes de Loudun, n'arrivassent quelquefois, dans leurs heures d'exaltation nerveuse, à se persuader qu'elles étaient réellement possédées. Le cas serait extrême, et je suis loin d'affirmer qu'il en fût ainsi; mais il ne me semble pas impossible que cette étrange lubie ait pu se produire à l'occasion.

Quoi qu'il en soit, il demeure certain que la fraude proprement dite a joué un rôle considérable dans la formation des merveilles qui nous sont parvenues avec leur cortège de certificats. L'histoire bien connue du *saint nombril* est instructive sous ce rapport; elle prouve qu'aux yeux de beaucoup de gens (gens honorables d'ailleurs), un mensonge qui édifie doit être maintenu quand même.

C'était au commencement du xviiie siècle. L'évêque de Châlons, obéissant à sa conscience, avait enlevé de l'église Notre-Dame une petite pierre offerte depuis des siècles à l'adoration des fidèles sous l'étiquette de *saint nombril*. Aussitôt, une requête solennelle est présentée à monseigneur par les chanoines, curés et paroissiens de l'église ainsi dépouillée. On y parle de l'ancienneté de la relique, de l'impossibilité d'une erreur si prolongée, des indulgences qui ont été gagnées en visitant le saint nombril, des miracles qu'il a opérés, « des secours journaliers qu'ils en tirent dans leurs maladies », de celui qu'en a tiré la duchesse de Noailles, propre mère de l'évêque; on y insinue enfin qu'on aurait dû la respecter, « *quand même la relique qui fait le sujet de la remontrance serait aussi douteuse que les suppliants la prétendent bien avérée* ».

Combien de fois un raisonnement analogue s'est-il produit au sujet des miracles, des sortilèges, des épreuves judiciaires? Dieu seul le sait. Les détails nous manquent, et la fraude ne peut être appréciée; tout au plus sommes-nous en mesure d'en soupçonner l'étendue, grâce à certaines découvertes. Celles que saint André raconte dans son livre méritent en particulier d'être notées. Il y parle, entre autres, comme témoin oculaire, d'une fameuse possédée qui se transformait peu à peu en béate, et dont les miracles incontestables se multipliaient à vue d'œil... quand ses supercheries et ses infamies furent découvertes. Les histoires de ce genre abondent; de la possédée à la béate il n'y a souvent qu'un pas, et les témoignages sont tels d'ordinaire, que les douleurs ont la bouche fermée.

Les témoignages! qui nous dira aujourd'hui à quelle origine spéciale il faut rapporter chacun d'eux : fraude intéressée, fraude pieuse, crainte, entraînement, hallucination? Qui nous dira même où sont les témoignages supposés et les témoignages réels? — car il y en a de supposés. Dom Calmet avait donné pour certaine une déclaration du duc de Richelieu concernant les vampires. Or le maréchal a désavoué le bénédictin; ce qui n'empêche pas les dissertations de dom Calmet d'assurer à l'assertion une publicité que n'aura jamais le désaveu.

I.   4

Don Calmet, dans son ouvrage, confesse lui-même que
l'on raconte une infinité de faits fabuleux et d'apparitions
imaginaires. « J'en ai rapporté, moi aussi, ajoute-t-il, auxquelles je n'ajoute que très peu de foi. » Comme c'est rassurant ! L'auteur met ses réserves dans la préface, et ses assertions hasardées dans le livre. Or on lit les livres plus que les
préfaces, et nous pouvons nous tenir certains que tous les
faits, sans exception, qui figurent dans les dissertations du
savant père seront à jamais citées avec cette remarque : « Le
fait est attesté par dom Calmet. »

Innombrables sont les mensonges historiques qui s'accréditent de la sorte. Nous attribuons tous à madame de Sévigné,
qui ne l'a pas dit, le fameux mot : « Racine passera comme
le café. » Pourquoi? parce que Voltaire a trouvé bon de
l'inventer et La Harpe de l'arranger. Le même La Harpe a
arrangé autre chose, et sa prédiction de Cazotte servira éternellement de texte aux champions d'un certain surnaturel.
— Voilà comment s'écrit l'histoire et comment se font les
vieux témoignages.

J'en connais de plus modernes qui n'ont pas eu moins de
succès. M. Léon de Laborde a parlé des magiciens d'Égypte :
les pages qu'il leur a consacrées figurent à l'heure qu'il est
dans des centaines de livres, citées, transcrites, commentées.
Il sera intéressant d'examiner si l'on n'en tire pas ce que
l'auteur est loin d'y avoir mis. Cette étude jettera un jour
nouveau sur les destinées du témoignage, sur les transfigu-
rations et les grossissements continuels qu'il a subis en tra-
versant les siècles.

Qu'a raconté M. de Laborde? Qu'étant au Caire, il avait
eu la curiosité de voir des magiciens. Plus heureux que ne
l'ont été d'autres voyageurs (et que je ne l'ai été moi-même
en 1848), il en découvrit un qui méritait crédit. Achmed
versait de l'encre dans la main d'un enfant; il remplissait la
chambre des parfums du musc et de l'encens; il traçait des

figures et répétait des formules mystérieuses; puis, après avoir agi sur l'enfant de diverses manières, il parvenait à lui faire voir diverses figures; un soldat turc balayant la tente du sultan, les différents personnages pensés par M. de Laborde et par lord Prudhoë, son compagnon.

Je ne dirai pas que M. de Laborde était alors bien jeune, et que, malgré tout son esprit, il a pu accueillir un peu vite des faits qu'il aurait, plus âgé, soumis à une sévère critique. Je ne dirai pas que ses expériences, répétées par lui avec succès sur les bords du Nil, n'ont jamais été reproduites, que je sache, sur les bords de la Seine, où ne manquaient ni les jeunes enfants, ni l'encens, ni même la formule magique dont Achmed avait vendu le secret. Non, j'admets que M. de Laborde ne s'est fait aucune illusion en 1827 et qu'il est prêt à recommencer l'expérience en 1854. Quelle conclusion en prétendez-vous tirer? Qu'il a retrouvé les magiciens de l'ancienne Égypte! Qu'il a attesté et prouvé la réalité de la sorcellerie! En vérité, j'admire la patience avec laquelle il consent à se laisser attribuer ce témoignage, qui n'est ni de fait ni d'intention dans son récit.

De fait, il n'y a là qu'un des phénomènes les plus ordinaires du magnétisme animal. A part la formule, pure mise en scène, l'ensemble des opérations d'Achmed devait exercer sur l'enfant une influence analogue à celle que subissent les sujets magnétisés. Que de semblables effets s'obtiennent sans passes proprement dites, c'est ce qui n'est plus contestable; qu'ils s'obtiennent sans qu'il y ait sommeil; qu'une volonté très concentrée puisse mettre le magnétisé dans cet état nerveux spécial où s'opère le contact des intelligences, c'est ce que semblent démontrer des faits renouvelés chaque jour et sur lesquels nous reviendrons. L'enfant soumis à une telle action voit d'abord l'image que lui impose l'autorité du magnétiseur; il voit ensuite et décrit celles qui sont présentes à l'esprit d'autres personnes avec lesquelles le magnétiseur le

met en rapport. Cela n'est pas plus extraordinaire que les
impressions communiquées par M. Dupotet, ou que l'expérience bien connue dans laquelle le même verre d'eau prend
tour à tour le goût des différentes liqueurs auxquelles pense le
magnétiseur, ou que la faculté au moyen de laquelle un
somnambule voit dans mon esprit tantôt une pensée, tantôt
la représentation des objets dont je lui demande l'indication.

— Mais, dira-t-on, M. de Laborde a parlé de sorcellerie,
non de magnétisme ! — C'est ici que vous arrêtant, je constate précisément la métamorphose en vertu de laquelle des
milliers de récits non moins innocents que celui-là sont
devenus de sinistres histoires de magie, texte éternel des
charlatans et des esprits faibles, irréfutable argument à
l'appui des croyances les plus absurdes. Que M. de Laborde
se soit amusé à présenter son histoire d'une façon dramatique,
c'était assez naturel ; peu de voyageurs auraient résisté à
la tentation. L'opinion vraie de l'auteur, cependant, perce
de partout. Son Achmed est « un Algérien, sorcier de son
métier ». M. de Laborde a soin, dans sa loyauté, de déclarer
qu'il laisse de côté « la réalité absolue des apparitions, et
même une exactitude quelconque dans les réponses ». Cela
posé, comme il ne peut admettre ni qu'on l'ait trompé, ni
qu'il se soit trompé lui-même sur des faits qui, par sa volonté,
se sont vingt fois répétés sous ses yeux, que fait-il ? Affirme-
t-il la sorcellerie ? Loin de là ; sans présenter aucune explication positive, il incline évidemment vers le magnétisme.
Écoutez ses propres paroles : « Au milieu d'une longue
nomenclature de secrets et d'effets extraordinaires, opérés
par de petits papiers écrits et les recettes les plus saugrenues,
j'en remarquai plusieurs qui se rattachaient à des connaissances de physique que je n'aurais pas soupçonnées en
Égypte, et d'autres *qui, à n'en pas douter, étaient produits
par le pouvoir d'un magnétisme violent.* Je puis en outre,
disait Achmed, endormir quelqu'un sur-le-champ, le faire

tomber, rouler, entrer en rage, et, au milieu de ses accès, le forcer à répondre à une demande et à me dévoiler tous ses secrets. Quand je veux aussi, je fais asseoir la personne sur un tabouret isolé, et, tournant autour avec des gestes particuliers, je l'endors immédiatement; mais elle reste avec les yeux ouverts, parle et gesticule comme éveillée. »

M. de Laborde ajoute que les gestes exécutés par Achmed rappelaient *les mouvements de rotation et d'attraction employés par les magnétiseurs*. Il me semble que c'est clair, et que le témoin d'une opération de magnétisme a été transformé en témoin d'une scène de sorcellerie. Je m'en rapporterais volontiers sur ce point à M. de Laborde lui-même; je ne pense pas qu'il fasse grand cas de ses ingrédients et de sa formule... que M. de Mirville refuse consciencieusement de reproduire (p. 262), dans la crainte de fournir à ses lecteurs un moyen d'évoquer le diable [1]!

Le témoignage a donc d'étranges destinées. Non seulement on lui fait dire ce qu'il ne dit pas, mais on le dénature plus gravement encore, par cela seul qu'on le sépare de son explication naturelle. Le merveilleux tient souvent à bien

---

1. L'explication générale par le magnétisme animal suffit, et je dois m'y tenir. Si j'étais plus avancé dans mon travail, si j'avais déjà parlé des expériences biologiques, je pourrais trouver peut-être une analogie plus précise encore dans cette branche spéciale du magnétisme. La personne qu'on a biologisée est livrée aux suggestions du dehors : elle voit, elle touche, elle entend ce qu'on lui ordonne de voir, de toucher et d'entendre. N'est-ce pas exactement ce qui arrive à l'enfant égyptien? Il y a plus : le procédé qui produit cet état bizarre consiste, en bonne partie, à concentrer l'attention du sujet sur un point qu'il doit regarder sans interruption pendant quelques minutes. L'enfant égyptien n'était-il pas tenu de fixer ses yeux sur l'encre que contenait le creux de sa main, jusqu'à ce qu'il vit paraître et l'image que lui suggérait mentalement son magnétiseur, et celles auxquelles pensaient les assistants avec qui le magnétiseur le mettait en rapport?

peu de chose; il disparaîtrait entièrement, si tous les détails des faits soi-disant surnaturels nous étaient connus. J'en donnerai un exemple.

La baronne d'Oberkirch rapporte dans ses *Mémoires* une étonnante vision de Paul Ier. Ce n'est pas là une de ces anecdotes suspectes qui ont passé par plusieurs intermédiaires : le prince, voyageant alors en France sous le nom de comte du Nord, avait tout raconté lui-même. Quel moyen de douter et qu'aurions-nous à opposer à un tel témoignage, si, par un hasard qui aurait pu ne pas se présenter, Paul Ier n'avait rencontré de nouveau, plus tard, madame d'Oberkirch et ne lui avait avoué, qu'entraîné par l'exemple des personnes qui l'entouraient, voulant, lui aussi, faire son conte mystérieux, il avait inventé le plus gravement du monde l'apparition de son aïeul Pierre le Grand !

Il est fort aisé d'augmenter le nombre des apparitions bien attestées. Que faudrait-il ajouter au récit de Saint-Simon, pour ranger dans cette catégorie les dialogues étranges qui avaient lieu tous les soirs, à sept heures, dans la chambre du marquis d'Effiat, pendant sa dernière maladie ? Un moment avant l'heure fixée, il renvoyait ses domestiques, mettait à la porte (fort brutalement parfois) son fidèle ami Du Palais ; aussitôt on entendait l'entretien du malade avec un personnage dont l'introduction est demeurée inexplicable. Il y a tant de choses inexplicables dont l'explication est parfaitement simple !

Quiconque a un peu réfléchi sur l'histoire sait de quelle manière se forment les traditions. Ce qui n'était hier qu'un conte présenté comme tel, demain sera un fait incontestable et incontesté. Nous voyons, sous nos yeux, se former la légende des tables tournantes. J'ai déjà cité les anedoctes rapportées par M. le marquis de Mirville : la table qui tourne un moment après qu'on l'a quittée, le chien qui tourne parce que la table tournante est tombée sur lui. En vain protesterons-nous, en vain affirmerai-je que mon chien, placé sur la table en mouvement, n'a pas éprouvé la moindre envie de pirouetter ensuite pour son propre compte; ces prodiges sont imprimés, ils resteront, et les écrivains futurs les citeront gravement, arguant du témoignage de M. de Mirville.

Combien de prodiges nous sont parvenus au moyen d'un procédé pareil. Le nombre, la nature des fables qui ont trouvé moyen de se faire prendre au sérieux nous laissent confondus. Il y a eu des dissertations savantes pour expliquer la vieillesse infiniment prolongée de l'homme de quatre cents ans; il y en a eu pour expliquer la propriété extraordinaire des hommes qui attirent à eux les pierres précieuses, de ceux qui se rendent invisibles. Il semble qu'on ait voulu justifier le mot de Cicéron : « Je ne sais comment il se fait qu'on ne puisse rien dire de si absurde qui ne soit attesté par quelque philosophe. » N'a-t-il pas fallu débattre gravement la valeur des *Prophéties touchant l'élection des papes*, attribuées à Malachie? N'a-t-il pas fallu montrer du doigt la date précise de l'imposture, en prouvant que les prédictions antérieures à Grégoire XIV, et à l'année 1590, étaient aussi exactes que les prédictions postérieures étaient fausses? Notez qu'un siècle durant, le livre des *Prophéties* a été en grand honneur ; que certaines coïncidences, comme il s'en trouve toujours, paraissaient le justifier ; qu'on pourrait peut-être en découvrir de nouvelles, si l'on prenait la peine de comparer les élections de papes avec les désignations plus ou moins flatteuses du pseudo-Malachie : « La bête insatiable, la pénitence glorieuse, l'animal de campagne, le pèlerin apostolique, la croix de la croix, du milieu de la lune, etc. » Ces sobriquets, qui sont aussi un peu des rébus, s'ajustent aisément à tout, et conduisent ainsi le lecteur jusqu'à l'époque où, sous le pontificat d'un Pierre Romain, Jésus-Christ viendra juger le monde.

Rappeler ces faits m'humilie profondément; mais à quoi serviraient nos folies passées si elles ne nous mettaient en garde contre nos démences futures? Fraudes, récits populaires, exagérations, idées prenant un corps, la tradition emploie tout. Pas de croyance qui n'ait ses manifestations merveilleuses, pas de révolution qui n'ait ses prodiges précurseurs; toujours dans les grandes circonstances retentit cette voix solennelle dont parle Plutarque, le cri annonçant au monde la ruine du paganisme : « Le grand Pan est mort. » Que ceux qui ne savent pas encore comment se forment les traditions aillent visiter le château d'If; on leur montrera la prison du comte de Monte-Cristo. Le roman d'Alexandre Dumas est en train d'y devenir une réalité historique. Dans un autre siècle, il aurait déjà eu l'honneur de passer au rang des légendes.

Les *prophéties de saint Malachie*, disais-je tout à l'heure, renfermaient deux ou trois coïncidences heureuses. Il n'en faut pas davantage. Les plus fameux exemples de prédiction se fondent en général sur cette loi de l'esprit humain qui, oubliant ce qui n'a pas réussi, demeure frappé du succès. La mode des *Matthieu Lænsberg*, des *Nostradamus*, des *Almanachs de Liège*, a fait son temps: ce qui reste certain, c'est que, dans leurs beaux jours, les choses se passaient de la manière suivante : l'Almanach renfermait deux cents absurdités; sur le nombre (il le faut bien) se trouvait une coïncidence admirable; on ne se rappelait que cela, on ne parlait que de cela : — Vous savez! l'Almanach l'avait prédit! je l'ai encore chez moi! c'était écrit!

Ceux qui ont étudié l'histoire de la baguette divinatoire n'ignorent pas que l'explication de ses miracles n'est pas ailleurs. Elle échouait misérablement, on n'en tenait pas compte; elle arrivait une fois, soit hasard, soit perspicacité, soit connaissance de certains faits, soit lucidité magnétique à découvrir l'eau; on s'attachait à cette merveille, on la reproduisait dans les livres : elle occupait seule l'imagination du peuple et passait seule à la postérité.

J'ai moi-même observé la marche d'une superstition qui subsiste encore dans les villages du canton de Vaud. On y débite *la prière pour arrêter le sang*. En vain faisais-je remarquer les cas, très nombreux, où le sang avait continué de couler; on était déterminé à n'en pas tenir compte, et lorsque le sang s'arrêtait, fût-ce une heure après la récitation machinale des paroles sacramentelles, on s'écriait à l'unisson : — Vous voyez! la prière a opéré!

Qui n'a observé les personnes à pressentiments? Si elles en tenaient note, la liste des démentis donnés par l'événement serait considérable. Mais les démentis s'effacent à mesure, pour ne laisser subsister que deux ou trois coïncidences, et le pressentiment triomphe.

Il y a des gens qui craignent de se trouver treize à table. Soyez-en sûrs, ils auront toujours à leur service quelque belle anecdote de mort frappante, oubliant les cas innombrables où le funeste nombre n'a point amené de catastrophe. Or, il faut bien en convenir, si le nombre treize ne fait pas mourir, il n'en saurait empêcher non plus, et sur treize personnes, les chances de mort dans l'année sont plus fortes qu'on ne l'imagine en général.

Je me repens d'ailleurs d'avoir dit que le nombre treize ne fait pas mourir : il a bel et bien tué plus d'un convive dont l'imagination avait été ainsi ébranlée. L'histoire nous parle d'un premier président du parlement de Rouen qui ne put se résoudre à se mettre à table parce qu'il se trouvait le treizième. On fit venir un quatorzième. Le président consentit à souper; mais le repas à peine terminé, une attaque d'apoplexie l'emporta.

Nous venons de voir par quelles raisons les témoignages les plus clairs ne méritent souvent qu'une médiocre confiance. Incompétence radicale de l'homme en matière de surnaturel, entraînement exercé par les idées régnantes, illusion

que l'inventeur d'une fable parvient à se faire à lui-même,
volonté déterminée de maintenir certaines croyances, fraudes
proprement dites, récits mal compris, aventures très simples
qui ne sont merveilleuses que grâce à l'ignorance d'une circonstance particulière, coïncidences fortuites élevées au rang
de ois permanentes, oubli systématique des faits qui contra-
rient une superstition, formation rapide des traditions et
des légendes, voilà quelques-unes des causes qui amènent
l'inexactitude des attestations qu'ont recueillies les historiens. J'aurais dû y joindre l'hallucination individuelle ou
collective qui joue un grand rôle dans l'explication naturelle
de certaines assertions et de certains aveux. Mais j'y revien-
drai, car je ne prétends pas avoir tout dit sur cet important
sujet. Il me suffit, quant à présent, d'avoir indiqué, en partie,
les chances d'erreur qui s'interposent entre les faits tels qu'ils
se sont passés, et les témoignages tels que nous les possédons.

J'en ai dit assez, du reste, pour m'attirer des objections
foudroyantes :

— Vous dépréciez le témoignage ! s'écrie-t-on. Et cependant, le témoignage motive les condamnations capitales !
Est-il donc si peu digne de foi, ce témoignage qui envoie des
hommes à l'échafaud?

Je pourrais me dispenser de répondre. — Un fait est un
fait ; les erreurs du témoignage sont un fait comme un autre ;
un fait de plus, qui a d'innombrables témoignages pour lui.
Mais je ne m'arrêterai pas à cette fin de non-recevoir. Je
tiens à montrer, qu'en comparant le témoignage judiciaire
avec le témoignage relatif aux événements surnaturels, on
confond ce qui est profondément dissemblable. Tout diffère
ici, et l'état moral des témoins, et l'état moral des juges, et
la nature du témoignage ; pour ne rien dire ni du mode de
transmission, ni de la différence qui existe entre des affirmations anciennes ou éloignées, et les procédés d'interroga-
tion directe, de confrontation, d'enquête.

Quel est l'état moral des témoins dans un procès criminel? Ils sentent en général l'immense responsabilité qui pèse sur eux; ils la sentent, et on a soin de la leur rappeler. La vie d'un homme peut dépendre d'une de leurs paroles. Placés sous le poids d'un serment solennel, en face des conséquences de leurs déclarations, voyant de leurs yeux l'accusé et sa famille, interrogés par les jurés et par les juges, discutés par les avocats, tout les empêche d'aller au delà de ce qu'ils savent; ils seraient plutôt portés à rester en deçà.

Les témoins d'un événement merveilleux n'éprouvent rien de pareil. Ce qu'ils écrivent est d'ordinaire en plein accord avec les croyances de leur temps ou du moins avec les passions de leur parti. Leurs exagérations, semble-t-il, ne doivent nuire à personne. Au contraire, elles serviront la sainte cause sans contradicteur immédiat, sans contrôle de la vérité. Un homme qui écrit dans ces conditions, s'abandonnant volontiers à son imagination, ne craint pas de présenter comme certain ce qui lui paraît vraisemblable et d'embellir un peu son récit.

La même différence existe à l'égard des juges. Ceux qui ont à décider du sort d'un accusé s'efforcent d'écarter l'erreur, l'illusion, la passion surtout. Cela est si vrai, que le juge passionné est un juge inique, et que c'est là un des grands motifs de repousser la peine de mort en matière politique. Or les juges du témoignage en matière de surnaturel sont, presque toujours, aussi passionnés que les témoins. Voici un clergé, voici des magistrats, voici des chroniqueurs auxquels on apporte la narration d'un miracle, d'un sortilège qui vient de se produire. Exerceront-ils une critique sévère, eux qui participent à la superstition générale en matière de merveilleux? Ces gens qui ont brûlé tant de sorciers ou qui ont applaudi à leur supplice, étaient-ils bien aptes à peser la valeur des certificats de sorcellerie?

Enfin, la nature du témoignage est loin d'être identique

dans les deux cas. Dans le premier, les témoins sont interrogés sur des faits qui rentrent dans leur compétence : tel homme a-t-il paru dans telle ou telle rue, à telle heure? le reconnaissez-vous? avez-vous vu du sang, entendu des cris? Dans le second cas, les questions excèdent entièrement la compétence humaine : A-t-il jeté un sort? avez-vous été au sabbat? comment le diable est-il fait? en quoi consiste le pacte? Une fois lancées sur ce terrain, les imaginations cessent de se posséder; les détails même les plus simples et les plus matériels donnent lieu aux exagérations, aux hallucinations et à la fraude; les accusateurs prennent conseil de leurs terreurs et de leurs haines : l'accusé donne ses rêveries pour des réalités. La preuve, c'est que des milliers de sorciers sont montés sur le bûcher en vertu d'attestations décisives et d'aveux complets. Je n'ose plus demander, après avoir lu le marquis de Mirville, s'il existe quelqu'un qui croie que ces mille et mille témoignages (sincères pour la plupart) aient correspondu à la vérité? Je me contente d'affirmer, qu'à l'exception du parti des champions du moyen âge, personne n'hésite aujourd'hui à écrire, en marge de ces témoignages accumulés, ces mots : *mensonge* ou *illusion.*

On prétend nous forcer à admettre la valeur de tout témoignage historique, et pour y parvenir, on nous cite le témoignage judiciaire! L'argument est malheureux. En matière de surnaturel, le témoignage judiciaire ne s'est pas montré plus certain que le témoignage historique. Avoir fait brûler des innocents par centaines de mille, ce n'est pas avoir fait preuve d'un grand discernement. Quant à moi, si j'étais condamné à n'employer qu'un seul argument contre votre théorie du témoignage, c'est le vôtre, précisément, que je choisirais. Vous dites : — « Le témoignage suffit pour l'histoire, puisqu'il suffit pour l'échafaud! » — Vous trouvez? Or la manière dont il a fonctionné pour l'échafaud indique à mon avis l'accueil qu'il convient de lui réserver dans l'histoire.

— Nous y voilà ! s'écrie-t-on : Vous aboutissez au scepticisme historique ! Avec votre opinion sur le témoignage, vous n'avez plus le droit de croire à la bataille de Pharsale ou à la découverte de l'Amérique par Colomb ! — Vraiment? ce serait fâcheux. Je serais curieux, au surplus, de voir si mes doutes mènent jusque-là. Il est assez dans les habitudes des doctrines extravagantes de s'accrocher aux vérités les plus certaines, et de dire alors : Il faut tout prendre ou tout rejeter. — Je connais cette méthode et je m'en défie. Ayant trouvé moyen de croire en Dieu sans croire au miracle de la Sallette, j'espère qu'il me sera possible de croire à la bataille de Pharsale sans croire aux diables à pied fourchu et au sabbat. Entre le père Hardouin qui n'admettait ni Homère, ni Virgile, ni Horace, et notre moderne école de réhabilitation à tout prix, qui admet ce qu'on avait rejeté pour se donner le plaisir d'exalter ce qu'on avait réprouvé avant elle; entre le doute absurde et l'absurde crédulité, je ne désespère pas de trouver une position tenable.

Rappelons ici une distinction d'importance première. Certains sujets rentrent dans notre compétence, certains sujets n'y rentrent pas; il est des choses que nous pouvons recevoir sur le témoignage de l'homme, il en est que nous ne devons recevoir que sur le témoignage de Dieu. La distinction est si fondée, que nous la faisons instinctivement, sans nous rendre compte des motifs sur lesquels elle se base. Je rencontre dans le même historien, sous la garantie du même témoignage, des faits que j'admets et d'autres que je rejette; je n'hésite pas plus à rejeter les seconds qu'à admettre les premiers, et j'ai raison, par-dessus le marché. Pas un des lecteurs de Tite-Live ne mettra en doute l'abolition de la royauté; pas un n'ajoutera foi ni à la louve de Romulus ni aux boucliers tombés du ciel. En parcourant Grégoire de

Tours, on ne s'avise pas de contester le supplice de Bru-
nehaut, mais l'on écarte sans façon les biches miraculeuses
qui guident les armées.

Ce triage se fait tout seul; il n'a rien d'arbitraire, car il
repose sur la conscience profonde des limites de notre compétence. C'est par un motif absolument semblable que nous
accordons ou que nous refusons notre confiance dans les
diverses circonstances de la vie. Pourquoi exerce-t-on des
récusations dans les tribunaux? parce que l'amitié ou la
haine, la passion, en un mot, détruit notre compétence.
Pourquoi écoute-t-on une histoire de revenants autrement
qu'on n'écouterait le récit des batailles auxquelles a assisté
le narrateur? parce que le surnaturel trouble l'usage de nos
facultés et excède notre compétence. Pourquoi se défie-t-on
de la partie d'un cours d'histoire qui se rapporte au premier
royaume d'Assyrie, tandis qu'on ne se méfie pas de celle
qui se rapporte à l'ère des Césars? parce que les documents
qui font défaut pour l'une abondent pour l'autre, en sorte
que nous sommes incompétents et compétents tour à tour.

Ces distinctions pratiques, personne ne se refuse à les
faire. Sans nier la raison ou le sens moral, sans tomber
dans le pyrrhonisme historique, chacun fixe la limite où
commencera son scepticisme; c'est celle où commence notre
incompétence comme juges et comme témoins. La passion,
l'insuffisance des documents, la nature mystérieuse des sujets
suffisent pour nous inspirer une suspicion légitime. Que
sera-ce lorsque ces trois motifs de douter se trouvent réunis!
Or ils le sont, toutes les fois que nous nous trouvons en
présence d'un témoignage concernant des sortilèges ou des
miracles.

— Eh bien! dira-t-on, nous rejetterons aussi votre témoignage au sujet des tables tournantes! De quel droit pré-
tendriez-vous être seul soustrait aux conditions de l'infirmité
humaine! Puisque les faits extraordinaires sont, en général,

si mal observés et si mal rapportés, nous ne recevrons pas non plus les vôtres. Il n'y a pas de privilège pour les expériences de Valleyres !

Les *expériences*; vous avez prononcé le mot, le vrai, celui qui explique l'invalidité du témoignage dans un cas, et sa valeur dans l'autre. Un *incident* n'est pas une *expérience*.

Parmi les incidents, il y en a beaucoup que leur nature, leur mode de constatation, leur palpable évidence, la persistance de leurs suites, placent au-dessus de toute contestation sérieuse : l'histoire est la série, en général très certaine, de ces incidents. D'autres n'existent qu'en vertu de l'affirmation d'une, ou de plusieurs personnes : elles ont entendu, elles ont vu : cela ne se rattache à rien, ne se confirme en rien par le prolongement des conséquences; il s'agit d'un fait spécial, limité, qui a eu lieu ou qui n'a pas eu lieu. Or si le merveilleux joue un rôle quelconque dans ce fait, le fait tombe nettement sous l'application des principes de suspicion que je rappelais tout à l'heure.

Pour les expériences, il n'en va point de la sorte; ce qui les caractérise, c'est la permanence; c'est que, les conditions étant remplies, elles se reproduisent toujours et partout. Ainsi, lorsque nous affirmons qu'à condition et de vouloir fortement et de persévérer, on obtiendra le soulèvement des tables [1] sans contact, nous ne demandons nullement qu'on nous croie en vertu de la valeur particulière de notre témoignage, mais bien en vertu de la valeur générale qui appartient aux expériences. Personne n'a le droit de dire au sujet d'une expérience : « J'y croirai quand je l'aurai vue; » tout le monde a le droit et le devoir de le dire au sujet des incidents surnaturels.

Lorsqu'on nous annonce une série d'expériences, nous

1. Voir *Tables tournantes*, Calmann Lévy (1888).

n'avons que deux choses à apprécier : les conditions dans lesquelles elles se sont opérées, et la légitimité des conclusions qui en sont tirées. Libre à nous, d'ailleurs, de renouveler les expériences pour notre propre compte ; cela ne saurait nuire ; toutefois, les expériences sont tenues pour certaines jusqu'à preuve du contraire. C'est leur droit, droit sans lequel les travaux et les discussions scientifiques seraient impossibles.

Ceci dit, le mot d'*expérience* n'a rien de magique, je ne saurais trop le répéter. Il y a des expériences qui sont concluantes, il y en a qui ne le sont pas. Il importe donc d'examiner si celles qu'on nous présente n'appartiendraient pas à cette dernière catégorie. Les conditions sont-elles sérieuses, offrent-elles des garanties réelles contre l'erreur? Ces résultats sont-ils décisifs ou insignifiants? Voilà ce qu'on ne saurait demander avec trop de soin et ce que nous désirons qu'on se demande pour les expériences de Valleyres [1]. Mais l'expérience, encore un coup, ne repose pas sur le témoignage, elle repose sur l'importance que lui donnent sa permanence, sa régularité, les rapports établis entre l'obtention du résultat et l'accomplissement des conditions.

Il en va tout autrement des récits de possessions, de miracles et de sorcelleries. Point de vérification possible : en dehors des témoignages, il ne reste rien.

On pourrait essayer, je le sais, de faire passer, en partie, le surnaturel diabolique de la catégorie des incidents dans celle des expériences. Pourquoi non, puisqu'un rapport régulier existe entre les évocations et certaines formules? Or, c'est précisément là ce qui mesure le mieux le mérite véritable du témoignage dont il s'agit : tandis qu'une expérience bien faite réussit, une incantation bien faite ne réussit que dans les temps de honteuse superstition et de crasse igno-

1. Voir *Tables tournantes*, Calmann Lévy (1888).

rance. Prenez vos paroles magiques, vos recettes, vos herbages, essayez de faire comparaître le moindre démon, de l'envoyer dans le corps de votre voisin, de tuer ses troupeaux ou de le transporter lui-même au sabbat; vous n'y parviendrez pas aujourd'hui, à moins que vous n'habitiez quelque coin reculé où se soient conservé les bienheureuses croyances du moyen âge.

La distinction entre les expériences et les incidents n'est guère moins importante que celle entre les incidents qui appartiennent à notre compétence et les incidents qui la dépassent. Elle est d'une application universelle et journalière.

Me parle-t-on du magnétisme animal, je découvre là plusieurs phénomènes que je n'éprouve nul besoin d'avoir vus pour en être parfaitement assuré, car, ayant le caractère d'expériences, ils se rattachent d'une façon régulière à l'accomplissement de certaines conditions. J'en découvre d'autres qui, se produisant à titre exceptionnel, rentrent dans la classe des incidents.

Me parle-t-on des tables et de leurs Esprits, là encore, je découvre plusieurs phénomènes qui ont le caractère d'expériences. Je sais que partout où la chaîne a été formée, les tables ont tourné et ont obéi aux ordres donnés mentalement. Je sais donc que cela est, même sans l'avoir vu; il ne me reste plus qu'à savoir si les garanties de l'expérience sont suffisantes et si les conclusions qu'on en tire sont légitimes. Mais ici je découvre d'autres faits qui, ne se produisant qu'à titre exceptionnel, rentrent dans la classe des incidents. Des pianos ont volé! Je l'ignore, et n'en croirai certes pas votre témoignage, car vous avez pu subir une hallucination individuelle ou collective, et les exemples en abondent. Ceci n'est pas une expérience, car vous n'avez pas de procédé pour faire voler les meubles ou les hommes, et vous ne dites à personne : « Venez, nous accomplirons les actes nécessaires, puis vous serez transporté; vous sortirez par la fenêtre et vous rentrerez par la fenêtre! » — Restent, il est vrai, vos Esprits et leurs révélations. Nous les mettrons, si vous y tenez, au nombre des expériences, des expériences manquées, entendons-nous. Vous nous annoncez des révélations surnaturelles, et chaque *médium* leur imprime le cachet de ses idées particulières! Vous nous annoncez l'entretien d'hommes de génie, et leurs paroles sont marquées du sceau de la vulgarité!

Passons à la dernière objection que présentent les partisans des témoignages en matière surnaturelle. Selon eux, toutes nos distinctions entre la compétence et l'incompétence humaines, entre les expériences et les incidents ne parviendront pas à préserver le christianisme des coups que lui porte notre théorie. Si elle épargne la certitude historique et la certitude scientifique, elle n'épargne pas la certitude religieuse, car l'Évangile, qui n'est certes pas une histoire exempte de surnaturel, n'est pas davantage une expérience. L'Évangile repose précisément sur le genre de témoignage que nous repoussons : il s'appuie sur ces miracles que nous traitons si mal.

J'éprouve toujours un sentiment de surprise douloureuse, quand j'aperçois la misérable idée qu'on se fait trop généralement des preuves du christianisme.

Quoi! l'Évangile reposerait sur les miracles, reposant eux-mêmes sur la valeur du témoignage! Y a-t on bien pensé? A-t-on bien pesé le pauvre syllogisme chargé de porter l'édifice entier de nos espérances et de notre foi? Leur base est, grâce à Dieu, autrement large et solide. Dieu, qui savait ce que sont les mensonges inévitables de la tradition, ne nous a pas condamnés à croire en Jésus-Christ parce que la tradition atteste la réalité des miracles qui attestent à leur tour la réalité de la mission du Sauveur. Il existe de par le monde une apologétique qui procède ainsi, je le sais; mais elle est d'origine humaine et très humaine. Voici, en revanche, celle que Dieu met à la disposition de toutes les consciences, de toutes les raisons et de tous les cœurs.

Les miracles, base essentielle et sérieuse d'une révélation ; les miracles, attestation importante pour les témoins oculaires, ne peuvent plus avoir de valeur pour nous qu'autant que nous croirons, d'abord, à la divinité des livres qui les rapportent. Démontrer les livres par les miracles qui s'y trouvent, ce serait faire une étrange pétition de principe. Il s'agit donc avant tout, de la divinité des livres. C'est elle qui doit nous être affirmée de Dieu même, par la raison qu'en fait de surnaturel (nous l'avons vu), le témoignage de Dieu est seul valable.

Or nous possédons le témoignage de Dieu. Qu'on veuille bien suivre ce court enchaînement d'idées simples, par lequel l'homme dont la résistance morale est vaincue (et elle ne peut l'être qu'avec le secours du Saint-Esprit offert à tous), parvient à saisir l'attestation divine : on verra si je compromets le moins du monde les bases réelles de la révélation.

A ne prendre le Nouveau Testament que comme un document sujet à controverse, je remarque que la critique la plus effrénée (la critique allemande, c'est tout dire) n'a pu parvenir à entamer l'authenticité d'une partie des livres qui le composent, qu'elle n'a pu s'empêcher d'admettre la réalité historique du fait principal. Voilà donc un point de départ certain et que n'ébranlent aucunement les principes les plus rigoureux en matière de témoignage.

Ils n'ébranlent pas davantage un second point également admis par la critique extrême en Allemagne, par celle qui, bien qu'extrême, n'a pas abdiqué toute raison et toute pudeur pour tomber dans la puérilité de l'explication mythique d'un Strauss ou dans l'athéisme grossier d'un Feuerbach. Les traits essentiels de la vie et de l'enseignement du Sauveur ne sont ni sérieusement contestables, ni sérieusement contestés. Jésus allait de lieu en lieu, entouré de ses disciples, luttant contre les pharisiens, guérissant les malades, annonçant le pardon des péchés à quiconque croit en lui, déclarant que la foi sincère se manifeste par la sanctification et par les bonnes œuvres. Son enseignement revêt fréquemment la forme des paraboles. Il affirme sa divinité. Il en appelle aux Écritures comme à la parole même de Dieu, certifiant par ce fait, en toutes circonstances, que la révélation divine procède par voie de livres infaillibles infailliblement recueillis.

C'est donc de la bouche même de Jésus-Christ que nous recevons le témoignage sur lequel pose la base de l'édifice. Ce témoignage est tellement indestructible, qu'il se retrouve au fond de l'alambic où une critique impitoyable ose placer les Évangiles. Jésus-Christ atteste en même temps et sa divinité et la divinité des Écritures. Placés en présence de cette double déclaration, quel parti prendrons-nous ? Ou nous nous inscrirons en faux contre Jésus-Christ, ou nous nous écrierons : « Puisque Jésus-Christ se déclare Dieu, il est Dieu. Puisqu'il est Dieu, il ne peut ni se tromper ni tromper. Puisqu'il ne peut tromper, ses déclarations au sujet des Écritures sont vraies ; Dieu non seulement a inspiré les livres destinés à révéler sa volonté, mais il a, lui-même, assuré la formation des recueils dont ces livres forment le contenu.

Nous inscrire en faux contre Jésus-Christ, l'oserons-nous ? Dirons-nous que Jésus-Christ s'est trompé et sur sa divinité et sur l'Écriture ? Voilà, en effet, le nœud du débat. Le reste ne saurait être mis en doute par quiconque a conservé quelque bon sens avec quelque bonne foi ; pour mettre en doute l'existence de Jésus-Christ, les traits principaux de sa vie, de son enseignement, la doctrine qu'il a proposée au sujet de sa personne, du mode des révélations de Dieu dans l'Écriture infailliblement écrite et infailliblement réunie, il faudrait être prêt à mettre en doute la bataille de Pharsale. — Tout le monde n'a pas ce courage.

Le champ de la discussion une fois circonscrit, voici en présence de quelles considérations l'homme sincère se trouve placé. Le lecteur jugera si elles ne sont pas un peu plus convaincantes que l'ancienne argumentation du témoignage, où la tradition était chargée de nous donner les miracles et où les miracles étaient chargés de nous donner l'Évangile.

Je sais, à n'en pouvoir douter, ce que Jésus-Christ a pensé de lui-même, ce qu'il a pensé de l'Écriture. Pour avoir le droit de l'accuser d'erreur sur le second point, il faut que je l'accuse d'erreur sur le premier. Et quelle erreur! Plus qu'une erreur, un blasphème : le plus épouvantable des blasphèmes. Ou Jésus-Christ est Dieu comme il l'affirme, et il doit être cru, lorsqu'il affirme que Dieu a procédé par voie de révélation écrite et infaillible, lorsqu'il n'introduit aucune modification pour l'avenir dans ce simple et admirable procédé; ou Jésus-Christ est le plus grand des blasphémateurs, le plus criminel, le plus insensé!... Ma plume se refuse à compléter l'exposition de cette inévitable alternative. J'aime mieux en appeler à la raison, à la conscience de quiconque voudra en faire usage.

Ici, se présente le grand argument, l'argument irrésistible, celui que Dieu a placé dans le contenu même des Évangiles. S'il y a là des choses qui nous dépassent, il y en a d'autres que nous sommes capables d'apprécier, d'autres qui correspondent à cette portion de vérité que chaque homme porte en soi. Or, je le demande, quelle est la déclaration spontanée de notre intelligence et de notre cœur? Jamais homme a-t-il parlé comme cet homme? invente-t-on une telle vie, une telle mort, une telle doctrine? D'où vient, si ce n'est du ciel, cette apparition soudaine d'une lumière que rien ne précède et que rien ne suit, ce soleil sans aurore et sans crépuscule, cette pensée qu'aucun livre humain ne prépare et n'explique, cette pensée au niveau de laquelle aucun homme ne parvient à se maintenir? D'où vient cette nuit

<table>
<tr><td>I.</td><td>5.</td></tr>
</table>

profonde avant l'Évangile, cette nuit profonde après l'Évangile? Oui, profonde après : je ne serai démenti par aucun de ceux qui, ayant lu les apôtres, ont essayé de lire les Pères.

Il y a plus. Jésus-Christ ne s'est pas contenté d'attester sa divinité, il l'a montrée. Elle éclate partout dans sa personne, dans son langage, dans ses actes. Sa vie entière est un miracle plus éclatant que tous les miracles? Elle met hors de cause la critique, car elle défie les réfutations. Ceux qui se sont approchées de la personne du Sauveur n'ont plus besoin qu'on leur prouve qu'il est Dieu, et que, par conséquent, ce qu'il affirme ne saurait être faux. Ils connaissent un argument que rien ne remplace et que rien ne renverse : l'expérience personnelle. Allez dire à l'homme éclairé du soleil qu'il n'y a ni soleil, ni clarté, ni chaleur! Allez dire à l'homme qui a contemplé la divinité du Sauveur, que le Sauveur a eu tort de proférer ces mots : « Celui qui m'a vu a vu le Père. » Allez lui dire que Jésus ne mérite aucune confiance lorsqu'il atteste que Dieu se révèle par l'Écriture, que Dieu lui-même veille sur cet inviolable dépôt!

Notre base est large, elle est solide. Nous n'en sommes pas réduits à bâtir le christianisme sur la démonstration périlleuse des miracles du Sauveur et de ses apôtres. Ces miracles, manifestation nécessaire de la divinité de Jésus-Christ, ces miracles restent certains à nos yeux, puisqu'un recueil divin les rapporte; mais les miracles ne sont pas les garants du livre, c'est le livre qui est le garant des miracles.

Les miracles de Jésus-Christ! Qui donc les compromet? Vous, vous seul; vous, avec votre fausse théorie du témoignage; vous, avec votre surnaturel apocryphe non moins attesté que celui de l'Évangile, et dont la fausseté se trahit incessamment. — Croyez-le, rien ne rend suspect les miracles de la Bible, comme de voir apparaître des milliers et des millions d'autres miracles, plus extraordinaires cent fois, qui se produisent au profit des croyances les plus opposées entre elles, les plus opposées à la Révélation. A l'aspect de votre surnaturel, l'esprit humain réagit instinctivement ; il se demande si le surnaturel tout entier ne serait pas une imposture, si le surnaturel tout entier ne reposerait pas sur les mensonges inévitables du témoignage appliqué aux sujets qui échappent à notre compétence légitime, et sur ses illusions.

On le voit, point de prétexte pour maintenir à tout prix la valeur du témoignage en matière de merveilleux. En la niant, nous ne compromettons ni la certitude historique en général, ni la certitude des expériences, ni la certitude des faits évangéliques. Le témoignage en matière de merveilleux ne soutient qu'une chose : le triste fondement que nous ruinons, l'édifice de vos légendes et de vos sorcelleries. Vos légendes et vos sorcelleries s'évanouiront seules, si les hommes ont le bon sens de repousser, enfin, cet axiome erroné : « Tout prodige attesté par des gens éclairés et désintéressés est un prodige certain. »

Dieu, dans sa sagesse et dans sa bonté, a donné à sa vérité sainte de tout autres preuves que le miracle et le témoignage humain. Il abandonne à notre examen les merveilles que ne rapporte pas l'Écriture. Usons donc de notre liberté à leur égard, faisons usage de nos facultés, ouvrons les yeux ! nous ne tarderons pas à reconnaître que la part du merveilleux est bien contestable ou bien mince, quand on a fait celle de la fraude, de l'erreur, de l'exagération, des courants de crédulité, des récits de seconde main, des complaisances, des hallucinations individuelles, des hallucinations épidémiques, des phénomènes physiques enfin qui passent pour miraculeux parce qu'ils sont encore mal connus.

CHAPITRE IV

MOTIFS PARTICULIERS DE SUSPICION

Après avoir établi le principe général qui doit nous servir de guide dans l'appréciation du témoignage, j'éprouve le besoin de montrer par des faits que les histoires merveilleuses auxquelles on nous somme de croire ne méritent aucun crédit. — S'il se trouve qu'elles portent en elles certains caractères essentiellement suspects, si le merveilleux ne se manifeste guère que chez les personnes en qui domine l'imagination et dont le système nerveux est particulièrement excitable; s'il ne se produit que chez les peuples, que dans les siècles où le contrôle critique n'existe pas; s'il s'explique d'ordinaire par l'intérêt d'une doctrine ou d'une fondation religieuse; s'il s'évanouit devant un examen impartial et attentif, on conviendra que nous avons bien quelque motif de nous en défier.

Or, aucun de ces symptômes ne fait défaut au surnaturel apocryphe le mieux attesté.

Impossible, en premier lieu, de parcourir le récit des possessions qui remplissent le moyen âge et qui lui survivent, sans qu'un fait, constant, ne s'impose à la réflexion. Ce fait, le voici : les femmes sont beaucoup plus sujettes à la possession

que les hommes, les femmes cloîtrées y sont beaucoup plus
sujettes que les femmes menant la vie ordinaire. C'est de
couvent en couvent que se promène l'épidémie diabolique ; et
si elle sort des couvents pour se répandre dans les villes,
c'est à des femmes, à des filles, à de jeunes enfants peut-être
qu'elle s'attaquera. Les Ursulines seules sont d'abord possédées à Loudun ; puis, l'affaire se prolongeant, quelques cas
se produisent hors du monastère, mais toujours chez des
femmes. La même remarque se présente au xive, au xve, au
xvie, au xviie siècle. Au xviiie, les fameuses convulsions du
cimetière Saint-Médard, à défaut de religieuses (il ne pouvait
plus y avoir, et pour cause, de religieuses jansénistes), s'en
prennent à des femmes encore. Lisez l'histoire des *secours* ;
des femmes seules réclament le soulagement des coups de
hache, des coups d'épée et des coups de chenet. D'où vient
donc qu'aucun homme n'obtient les mêmes grâces, par l'intercession du diacre Pâris ?

La question est grave. Il y avait, pendant tous ces siècles,
autant de moines que de nonnes ; or, les nonnes ont presque le monopole de la possession ! Il y avait, dans les cités,
autant d'hommes que de femmes ; or, les femmes ont presque
le monopole de la possession ! Un tel fait en dit long sur la
vraie nature du phénomène. — Si certains miracles ne s'opéraient que dans les lieux humides, je ne pourrais m'empêcher
d'y voir, au lieu de miracles, des effets physiques de l'humidité.
De même, les possessions qui ne saisissent que les femmes,
et spécialement les religieuses, m'ont l'air de n'avoir rien de
très surnaturel. Je me rappelle l'action particulière du système
nerveux, de l'imagination, de la contagion morale dans les
centres où la maladie éclate, et j'en déduis la nature de la
maladie. Voudrait-on, par hasard, me faire accepter une
théorie en vertu de laquelle les démons éprouveraient une
prédilection marquée pour les femmes, surtout pour les religieuses ? — Cette théorie est la dernière ressource des cham-

pions du moyen âge, des fidèles croyants à la sorcellerie. Je leur conseille de s'y rattacher; ils en ont soutenu qui ne la valaient pas.

Qu'ils aient soin, aussi, d'établir que les jeunes femmes sont, de toutes, les plus accessibles à la possession. Ce nouveau fait, non moins remarquable que le premier, confirme l'explication naturelle que nous avons indiquée. Au point de vue du surnaturel, c'est un peu plus embarrassant. N'importe, nos adversaires ne sont pas hommes à s'arrêter pour si peu. Ils se tireront de là, soyez en sûrs.

La discussion, au reste, ne peut s'engager que sur l'explication; quant aux faits, ils demeurent au-dessus de toute contestation. Que ceux qui en douteraient parcourent les deux intéressants volumes du docteur Calmeil (*de la Folie*), ou le volume non moins intéressant du docteur Brière de Boismont (*des Hallucinations*), ou l'histoire de Pierre Lebrun (*Histoire critique des pratiques superstitieuses*), ou les lettres de saint André sur la magie, ou Walter Scott, ou le premier traité de démonologie venu; ils y trouveront l'éclatante confirmation de mes paroles. On rencontre des sorciers parmi les hommes (surtout parmi les bergers!); mais quant à cette forme particulière de l'action du diable qu'on nomme la possession, elle se manifeste habituellement dans les cloîtres. Cela est si vrai, que dans les anciens livres, elle reçoit le nom de *possession des nonnains*.

A ce premier motif de suspicion s'en joint un second, lequel ne me semble pas manquer d'importance. Les faits surnaturels abondent dans certains siècles et dans certains pays; dans d'autres, ces faits n'ont garde de se montrer.

Il en est comme des sorcelleries contemporaines, qui se multiplient sous les yeux de telle classe de témoins, tandis qu'elles ne se présentent jamais aux regards de telle autre. Les mêmes pays sont visités par des missionnaires catholi-

ques et par des missionnaires protestants. D'où vient que les
protestants n'ont jamais aperçu la moindre trace des prodiges journaliers qui « courent les rues » en Chine, et remplissent les *Annales de la propagation de la foi?* — Je
n'accuse la sincérité de personne. Je dis seulement que les
merveilles rappelées par M. de Mirville, merveilles dont le
nombre égale l'évidence, auraient dû attirer l'attention de
nos missionnaires protestants. Ceux-ci, force m'est de le
déclarer, ne nous parlent guère que de fraudes grossières
et de sortilèges ridicules. Ils nous racontent les tribulations
par lesquelles passent les pauvres faiseurs de pluie du sud de
l'Afrique, et ne constatent pas un fait qui semble dépasser
les limites du hasard, du calcul, ou de la prestidigitation.

Il y a donc deux manières d'observer les choses; des témoins
également honorables, également désintéressés, peuvent
rendre, en matière de surnaturel, deux témoignages absolument contraires. Prenons garde aux certificats que certains
siècles ont délivrés.

Plutarque s'étonnait, dans son temps, que les oracles
eussent cessé! En cherchant un peu, il aurait pu en découvrir la raison. Les oracles menteurs ne cessent jamais que par
de *bonnes raisons*.

On constatait gravement au xviᵉ siècle ce prodige : les
chiens français rejetaient la viande que les Allemands hérétiques leur donnaient. Qu'il vînt de leur orthodoxie ou de
leur patriotisme, le miracle n'en était pas moins éclatant.
Aujourd'hui, je suis fâché de le dire, la race canine a dégé-
néré : elle prend de toutes mains.

Le pays de Vaud, si rebelle aux Esprits maintenant, ce
pays où nous avons vainement interrogé la sorcellerie des
tables parlantes, était célèbre autrefois par ses sorciers et par
ses loups-garous. Le xvᵉ siècle y fut marquée de scènes hor-
ribles. Un grand nombre d'enfants avaient été dévorés; la
panique régnait partout; les environs de Lausanne passaient

pour le quartier général des suppôts de Satan. Aussi les juges et les inquisiteurs se hâtèrent-ils d'agir. Des centaines de malheureux périrent dans les flammes après avoir passé par les tortures du chevalet. Et les confessions des lycan-thropes ne firent pas défaut; ils se vantaient d'avoir vécu de chair humaine, d'avoir égorgé des milliers de nouveau-nés. L'anthropophagie, on l'eût dit, régnait alors dans cette partie de l'Europe; or ce n'était pas la seule. — Avouez que les siè-cles se suivent et ne se ressemblent pas!

Les pays ne se ressemblent pas davantage. Plus d'un cons-tatent encore, aujourd'hui, la présence des vampires. La Russie, la Pologne, la Hongrie, la Moravie en sont infestées. D'autres contrées, telles que l'Irlande et le Danemark, en ont eu longtemps, mais n'en ont plus. Quoi qu'il en soit, le vampirisme, paraît-il, ne s'acharne guère que dans le Nord; il lui faut des imaginations septentrionales. — Et maintenant, voulez-vous des anecdotes, vous en trouverez en abondance; voulez-vous des témoins et des témoignages, vous en aurez tant, que le doute ne vous semblera plus permis. Peut-on se tromper cent fois, mille fois, dix mille fois sur un fait aussi simple que celui-ci : le mort sort de son tombeau, s'approche de ses parents, les embrasse, puis leur suce le sang au point de les affaiblir et souvent de les tuer! On se délivre des vam-pires en ouvrant la fosse, en coupant la tête, en perçant le cœur du cadavre dont la couleur vermeille dénonce assez les criminelles habitudes! — Ce prodige ne vous suffit pas? Interrogez alors les *Vampires actifs*, qui, vivants à l'heure où j'écris, s'amusant à sucer le sang de leurs amis, le con-fessent à haute et intelligible voix.

A cela que répondre? rien, si ce n'est que ces belles choses ne se risquent pas au delà de certaines frontières, et qu'elles disparaissent graduellement des pays qui persistent à y croire un peu. Là même, les vampires sont en décadence marquée; leur nombre décroît de siècle en siècle, d'année en année, et l'on peut désigner aujourd'hui les districts privilégiés où le prodige s'accomplit comme au temps jadis.

Redisons-le, les phénomènes surnaturels augmentent ou
diminuent en raison des idées régnantes. Je ne comprends
pas qu'un fait aussi évident, aussi décisif, ait échappé aux
observateurs sérieux. Certains prodiges n'apparaissent qu'au
moyen âge; d'autres ne se rencontrent que chez les peuples
doués d'une imagination rêveuse. Suédois et Norvégiens
marchent entourés d'innombrables merveilles, dont nous
n'avons nulle idée, nous, raisonnables habitants de la France
et de la Suisse. Les maisons hantées abondent dans certaines
régions; dans d'autres, on ne parvient pas à en trouver une
seule. Pour ma part, j'ai joué de malheur; ni à Paris, ni à
Genève, ni dans le canton de Vaud, ni ailleurs, je n'ai découvert une seule maison à revenants. Là même où il y en a,
j'ose affirmer que tout le monde n'aperçoit pas les fantômes;
ce privilège est réservé à quelques personnes que leur caractère, que la rumeur publique ou que l'aspect des lieux prédisposent à toutes les visions.

S'agit-il des miracles actuels? Vous pouvez dire à l'avance
quel auteur en racontera le plus. Vous pouvez dire dans quels
diocèses, aujourd'hui, on verra des vierges apparaître et des
lettres tomber du ciel.

Chose étrange! les lieux où il semble le plus nécessaire
que s'opèrent les merveilles sont précisément ceux où l'on
n'en voit jamais. Pourquoi ne pas confondre l'incrédulité à
Paris et l'hérésie à Genève? Pourquoi, au lieu de nous donner
quelques Esprits honteux de leur rôle, une pauvre magie
doublée de magnétisme, ne point nous montrer à Paris ces
prodiges incontestables qui « courent les rues » à Canton ou
en Cochinchine. Faites planer au-dessus des rues et des places
de la capitale vos hommes suspendus en l'air. Livrez Genève
à l'empire des démons; qu'on y voie des maisons hantées
dans toutes les rues, des possédés dans toutes les maisons.

N'est-il pas honteux que la Rome protestante reste exempte des attaques qui devraient s'y multiplier à l'infini! — En vérité c'est étrange, et pour peu que cela dure, on finira par croire que l'imagination seule crée des prodiges si prompts à fuir l'examen.

Un autre trait pourrait conduire à la même conclusion. Au fond des grandes épidémies de surnaturel on trouve, le plus souvent, une doctrine intéressée à se faire jour; cette doctrine varie selon les temps et selon les lieux. Toutes les possédées de Loudun dénonceront Urbain Grandier; tous les prophètes cévénols attaqueront la messe et les prêtres; tous les convulsionnaires de Saint-Médard commenteront les doctrines condamnées par la *bulle*! sans compter les spiritualistes américains, ardents à remplacer le christianisme par l'unitarisme. La complaisance pour les merveilles est sans bornes, dès qu'entrent en jeu les croyances et les passions. C'est ainsi qu'aux premiers siècles de notre ère, le néoplatonisme multipliait les miracles et cherchait, avec cette sincérité relative que comporte l'esprit de parti, à bâtir ses conceptions dogmatiques sur l'éclatante démonstration de ses prodiges.

On a des merveilles, quand on a intérêt à en avoir. J'ai déjà cité l'exemple des guérisons d'écrouelles, qui ne commencent, en Angleterre, que le jour où y naissent les prétentions à la couronne de France. Dès ce jour-là, on guérit avec une telle certitude, que Bradwardin, confesseur d'Édouard III, s'écrie d'un accent de défi : « Vous qui niez les miracles, venez en Angleterre; amenez à notre prince quelque chrétien que ce soit affligé de *la maladie du roi*; il le guérira au nom de Jésus-Christ en faisant le signe de la croix, quelque invétéré que soit le mal! » — Les fondateurs d'ordres religieux, les inventeurs de dogmes contestés, en quête d'un peu d'appui, ne manquent jamais d'avoir eux aussi, leurs prodiges et leurs visions.

A l'époque où le culte de Marie prenait une extension nouvelle, les miracles ne lui manquèrent pas. Anselme, alors, raconta l'histoire de ce chanoine débauché qui, noyé au milieu de ses plus grossiers désordres et transporté en enfer, y fut réclamé au bout de trois jours par Marie, parce que le chanoine avait coutume de réciter certains offices en son honneur.

L'illustre abbé de Clairvaux, Bernard, ayant pris parti contre la conception immaculée, une apparition vint prouver sa coulpe. X..., frère convers, vit le saint abbé revêtu d'habits aussi blancs que la neige. Une tache assez considérable, cependant, ternissait l'éclat de cette blancheur. Le bon religieux demanda tristement : « Pourquoi, mon père, vous vois-je souillé d'une tache noire? — C'est, répondit Bernard, que j'ai mal parlé de la conception de la sainte Vierge. »

L'affaire ne resta pas là. On lutta à coups de visions, car il y en eut des deux côtés. Deux grandes saintes, Brigitte et Catherine de Sienne, attestèrent avec une égale autorité, l'une que l'immaculée conception avait été miraculeusement déclarée fausse, l'autre qu'elle lui avait été miraculeusement révélée.

Je n'entre pas dans la question. Je laisse même de côté les apparitions sans nombre qui marquent l'origine des différents ordres religieux. J'ose seulement affirmer que, sans comparer les sentiments des personnages, il n'y a pas eu plus de réalité dans ces visions, venues si fort à propos, que dans celle derrière laquelle Erasme, qui la raconte, s'abrite en plaisantant : — « Ils s'imaginent que saint François est en colère contre moi, parce que je reprends ceux qui promettent le ciel aux personnes qui sont ensevelies dans l'habit de son ordre. Mais le bienheureux fondateur m'apparut dans le milieu de la nuit; il avait un visage gai, et me témoignait même beaucoup d'amitié. Il me rendit grâces de ce que je voulais réprimer des désordres pour lesquels il avait toujours eu beaucoup d'aversion. » — On sait la suite. Érasme, s'amusant à peindre le costume du saint, de manière à condamner une à une toutes les élégances des franciscains de son temps, ose affirmer qu'il ne lui a pas vu de stigmates ! sur quoi François l'a quitté, en disant : « Combattez généreusement, et vous serez bientôt avec moi. »

La raillerie d'Érasme jette du jour sur beaucoup d'apparitions plus sérieuses.

Celles de la fameuse Marie d'Agréda ont divisé la France et l'Espagne. La Sorbonne et Bossuet produisirent, sans doute, d'excellentes raisons contre ce livre incroyable dont je n'ose pas même donner un aperçu : ce livre où la vision béatifique est décrite dans tous ses détails, ce livre où l'histoire de la famille de Marie, de sa vie, de sa gloire dans le ciel emprunte des incidents aux apocryphes les plus décriés. Cependant, si les bonnes raisons furent d'un côté, les témoignages et les miracles furent de l'autre. Les certificats affluèrent en Espagne, et en France même, les partisans de la mystique révélatrice racontèrent les miracles qui avaient accompagné la traduction de ses œuvres. N'avais-je pas le droit de dire que, lorsqu'un prodige est nécessaire, il manque rarement d'éclater ?

Les hérétiques en ont eu à l'égal des saints. Cyprien se plaint des « visions ineptes » de ses adversaires. Le cardinal Bona déplorait les révélations et les apparitions mensongères des illuminés. Les disciples de Simon le magicien et de Basilide, les Valentiniens, les Sabelliens ont eu leurs miracles. Porphyre avait les siens. Les Ariens opposaient les leurs à Athanase, les Donatistes ne se faisaient faute de citer leurs merveilles à Augustin ; Antoinette Bourignon, madame Guyon ne sont pas restées en arrière, et madame Krudener a opéré, en plein XIXᵉ siècle, la multiplication des pains.

S'imagine-t-on que les annales du mahométisme ou du

paganisme soient moins riches en faits de ce genre? Les faquirs indous en remontreraient à beaucoup de nos saints. Les vestales de l'ancienne Rome dénouant leur ceinture, s'en servaient pour faire remonter les bateaux engravés dans le Tibre. Accusées, elles prenaient un crible, le remplissaient d'eau, et prouvaient ainsi leur innocence.

On se rappelle, sans que nous y revenions, avec quel succès des preuves analogues ont été longtemps fournies par l'eau bouillante, par le fer rouge, et je pourrais ajouter par le combat judiciaire. Ces épreuves, toutes, fonctionnaient à merveille en faveur des évêques orthodoxes, et parfois aussi en faveur des hérétiques; aux mains des chrétiens, et parfois aussi aux mains des païens; au profit des innocents, et parfois aussi au profit des coupables. Longtemps on y crut; longtemps des témoignages imposants démontrèrent la réalité du miracle, jusqu'au jour où la foi au miracle s'affaiblissant, tout cet appareil de faits extraordinaires et de certificats authentiques vint aboutir à la scène burlesque dont Constantinople fut le théâtre à la fin du xiiie siècle. Le clergé y étant divisé sur l'élection du patriarche, sur d'autres questions encore, il fut convenu que l'épreuve du feu en déciderait. On eut la prudence de l'appliquer aux *cahiers* des contendants, et non à leurs personnes. Le feu fut allumé le samedi saint. Chaque parti s'attendait à voir brûler le cahier de son adversaire, et chaque parti eut cette satisfaction, car les deux cahiers furent également, impartialement réduits en cendres. Et le peuple de rire!

Combien de beaux certificats attestant miracles et sortilèges ont été atteints par ce feu-là!

Je sais, au reste, un feu plus redoutable encore pour les certificats dont il s'agit; c'est celui d'une enquête sérieuse.

Malheureusement, les éléments d'une telle enquête ne se conservent pas toujours; ils n'existent guère que pour les

contemporains, quand ils existent. Mais rien n'est plus instructif que d'observer le résultat des recherches lorsqu'elles
ont eu lieu. Les faits les mieux attestés s'évanouissent en
général, dès qu'on y regarde de près. Il est donc permis de
supposer que si l'on avait pu y regarder toujours de près, le
nombre des anecdotes merveilleuses se serait singulièrement
réduit.

Je ne cite que pour mémoire les découvertes qui se sont
faites lors de la destruction des temples païens ; bien des
miracles, bien des oracles ont trouvé ce jour-là leur explication peu glorieuse. Je néglige aussi la réfutation beaucoup
trop aisée des apparitions rapportées par Bède, par Pierre
de Cluny ou par tel autre écrivain sans critique. Des faits
plus célèbres, plus avérés appellent l'examen et n'y résistent
pas mieux.

Prenez, par exemple, la fameuse vision de Constantin,
cette croix lumineuse qui parut dans les airs, au moment où
l'empereur se rendait à Rome pour combattre Maxence. Au
premier abord, impossible de douter semble-t-il ; l'empereur
affirme le miracle avec serment ; les historiens du temps le
rapportent tous d'une manière circonstanciée ; trop circonstanciée peut-être, car c'est là ce qui rend aujourd'hui le récit
tout entier suspect. Selon l'un, l'apparition a eu lieu en
plein midi ; selon l'autre, elle a eu lieu de nuit. Selon l'un,
les fameux mots : « Par ce signe tu vaincras, » étaient écrits
en latin ; selon l'autre, ils étaient écrits en grec. Selon l'un,
l'empereur était éveillé ; selon l'autre, il dormait, et n'a vu
la croix qu'en songe. Des différences plus extraordinaires
encore se produisent : celui-ci soutient que Constantin se
trouvait encore dans les Gaules quand la croix lumineuse
apparut ; celui-là soutient qu'il venait d'arriver en Italie. Et
voilà comme s'est introduit dans l'histoire un événement que
rien au monde n'en arrachera désormais ! La merveille, il en
fallait une, indispensable à la grande révolution religieuse

qui allait s'accomplir; on l'a demandée au rêve, à l'hallucination, à l'habileté trop complaisante peut-être d'un prétendant
à l'empire : d'un prétendant aussi peu scrupuleux que
Constantin!

Les croisades ne pouvaient pas ne point avoir, elles aussi,
leur prodige. On campait devant Saint-Jean d'Acre; l'ardeur
des croisés avait besoin d'être excitée. On découvrit la vraie
lance, celle qui perça le côté de Jésus-Christ. Cependant, il
se trouva des douteurs; on osa contester, sous le frivole prétexte que la vraie lance se trouvait ailleurs déjà, notamment
à Constantinople. Pierre Barthélemy, prêtre, offrit de tra-
verser un grand feu, la lance en main. L'épreuve eut lieu
par devant l'armée, et, bien entendu, réussit. Des témoins
trop difficiles néanmoins, prétendirent que Barthélemy, qui
avait passé très vite au travers du feu en était sorti couvert
de brûlures. Ce qui demeure certain, c'est qu'il mourut peu
de jours après, des suites de l'expérience. On s'est efforcé
d'expliquer cette mort quelque peu suspecte, en soutenant
que Barthélemy, miraculeusement épargné des flammes, avait
été meurtri par l'empressement excessif des spectateurs qui
se jetèrent sur lui, à sa sortie du bûcher. Le lecteur en croira
ce qu'il jugera bon.

Prenons les *taillés* de saint Hubert. Les gens curieux qui
ont tenu à s'assurer de la réalité du miracle ont découvert
deux choses : il paraît qu'on se faisait toucher sans avoir été
mordu, par pure précaution! Il paraît ensuite que l'on mou-
rait de la rage malgré la taille! Seulement, les partisans de
la sainte étole prétendaient que les *taillés* avaient le privilège de mourir tranquillement, sans convulsions. — Ce
serait bien quelque chose; mais je me défie des miracles au
rabais.

On sait le bruit que firent au siècle de Louis XIV, le
célèbre Aymar et sa baguette. Ayant à en dire quelques mots
plus loin, Paris (je tiens à le constater dès à présent) fut

moins favorable que Lyon aux divinations du nouveau sorcier. Une surveillance éclairée découvrit sa fraude et ses
erreurs. On finit par remarquer que les tourneurs de baguette
se dirigeaient et d'après leurs renseignements et d'après les
apparences; que tel d'entre eux se trompait toujours quand
on lui bandait les yeux; que tel autre, chargé de découvrir un malfaiteur, ne manquait pas de se diriger à tout
hasard vers la demeure de l'homme le plus mal famé du
pays.

Cela éveilla les soupçons. On commençait alors à se méfier
de bien des choses. Certains procès de sorcellerie avaient eu
un retentissement fâcheux, provoqué des réflexions indis-
crètes. Je rappellerai, en particulier, les longues poursuites
dirigées contre les bergers de la Brie (toujours des bergers!).
On avait remarqué que la mortalité des bestiaux y avait continué, en dépit de la suppression des sorts jetés sur eux. Or,
ce démenti public donné aux premières condamnations, les
juges avaient cru le couvrir en prononçant des condamnations nouvelles; le tout à grand renfort de promesses, de
menaces et de tortures. Voici les détails de l'affaire, tels que
nous les ont conservés les factums et l'arrêt du parlement de
Paris.

Hocque, berger, avait jeté, disait-on, des sorts sur les
vaches et sur les brebis d'Eustache Vigier. On s'était contenté d'envoyer Hocque aux galères. Mais les brebis et les
vaches mouraient encore! Quel parti prendre? On fit parler
à Hocque par son compagnon de chaîne Béatrix. Hocque se
laissa persuader d'écrire à d'autres bergers (sorciers comme
lui, cela va sans dire), afin qu'ils levassent le sort. Le berger
Bras-de-Fer leva le sort; c'était une *charge* terrible, appelée :
« le bon Ciel-Dieu ». Elle avait été appliquée avec d'exé-
crables cérémonies. Enfin, la voilà levée, fort malheureusement pour Hocque, que le diable étrangle à l'instant même!
Le démon était furieux sans doute de ne pouvoir plus dé-

truire les bestiaux de la Brie. Chose étrange, les bestiaux
s'obstinent à mourir; l'épizootie persiste. Vous croyez que
les juges ouvriront les yeux? détrompez-vous. De nouvelles
plaintes vont amener de nouvelles poursuites. Il s'agit,
déclare le second factum « de délivrer toute la province de
Brie de l'esclavage où elle est sous la tyrannie des bergers
et par l'impunité de leurs maléfices »; car la mort a détruit,
en trois ans, pour plus de cent mille écus de bestiaux. On
soumet les accusés à la question ordinaire et extraordinaire;
plusieurs sont condamnés à mort; Bras-de-Fer et deux de
ses compagnons s'en tirent avec les galères. Je suppose que
la maladie finit par s'arrêter, sans cela, tous les bergers de
la Brie, les uns après les autres, y auraient passé. La fin de
Bras-de-Fer peut servir de commentaire et de moralité à
cette histoire. On le transportait aux îles, avec d'autres galériens. Il jugea bon, au moyen d'une petite pierre magique,
d'immobiliser le vaisseau. Un chirurgien découvrit son com-
plot, et le dénonça au capitaine, qui fit battre le sorcier. Ce
malheureux pouvait arrêter un vaisseau, mais ne pouvait,
hélas, arrêter un bâton! Brisé de coups, il rendit la liberté
au navire, et bientôt après expira.

Les gens soupçonneux demeurèrent convaincus, répétons-
le, que les calmes sur mer et les maladies des bestiaux sur
terre s'expliquent sans recourir aux sortilèges, que les
charges qui continuent à opérer quand on les lève ne méritent pas grande créance, et que l'on fait dire aux bergers
tout ce qu'on veut, quand on dispose de la torture, des
galères et du bâton.

Franchement, il était permis de douter; d'autant plus
qu'on venait de procéder à une enquête peu favorable aux
prodiges diaboliques. Il y avait alors à Toulouse des filles
possédées; l'épidémie y progressait d'une manière alarmante.
Le parlement avait soumis ces possédées à l'épreuve des
exorcismes vrais et des exorcismes simulés. Or *il s'était*

trouvé que les seconds produisaient le même effet que les
premiers. La récitation des mots les plus indifférents pro-
voquait des crises absolument semblables à celles que faisaient naître les prières consacrées.

Des expériences analogues n'avaient pu aboutir sous
Richelieu; sous Louis XIV, la vérité se fit jour. L'enquête
du parlement de Toulouse eut donc plus d'effet que l'essai
tenté précédemment à Loudun, par le comte du Lude, qui
mit en défaut la sœur supérieure et son exorciste, au moyen
d'un faux reliquaire rempli de plumes et de poils.

Un autre malheur était advenu aux possédées du xviie siècle. L'une d'elles attirait l'admiration générale par le prodige suivant : lorsque l'exorciste en donnait l'ordre en latin,
le pouls s'arrêtait tantôt au bras gauche, tantôt au droit.
Chamillard, docteur en Sorbonne « homme sage et avisé »,
disent les relations du temps, envoyé dans un couvent pour
y examiner des religieuses énergumènes, eut l'idée de
changer la phrase. Au lieu de *cesset pulsus*, il dit : *Non
moveatur arteria*. Le diable, qui n'était point accoutumé à
ce latin-là, ne put obéir; l'exorciste et l'exorcisée n'osèrent
plus paraître aux yeux du docteur. Chamillard expliquait
la cessation du pouls par l'emploi d'une ligature que la religieuse appliquait ou enlevait selon l'ordre reçu, et qui,
pressant l'artère, s'opposait au mouvement du sang. Quoi
qu'il en soit, nous adopterons volontiers la maxime par
laquelle Chamillard terminait son rapport, et qui, faisant
grande la part de la fraude, réduisait à rien celle de la possession : *Multa ficta, pauca vera, à dæmone nulla*.

Toute fraude à part, l'état nerveux où se trouvent les
prétendues possédées explique leurs différents tours de force.
On ne saurait les prendre au sérieux, quand on sait que la
menace d'un châtiment sévère a guéri instantanément les
possédées d'un couvent ou d'un hôpital, quand on sait d'ailleurs que l'emploi d'un remède a plus d'une fois chassé le

démon en chassant la maladie. Les enfants de l'hospice de
Hoorn ne furent pas exorcisés, car ils étaient protestants;
mais les scènes diaboliques qui avaient envahi l'établissement (1673) cédèrent à l'emploi d'un moyen fort simple;
on dispersa les enfants, et la contagion nerveuse disparut.

Quelques années plus tard, le docteur Rhodes, appuyé
du crédit du comte d'Estaing, osait recourir, lui aussi, aux
moyens purement médicaux pour combattre l'épidémie de
possession qui régnait alors aux environs de Lyon. Il raconte,
fort spirituellement, le succès de ses cures, notamment celle
d'une énergumène qui refusait d'abord de boire les eaux
minérales parce que son démon l'avertissait qu'on y avait
trempé des reliques. Trompée par les paroles de sa garde,
elle finit par boire ce qu'elle prenait pour de l'eau ordinaire;
elle fut guérie : plus question du démon!

Un demi-siècle écoulé, l'évêque de Bayeux luttait courageusement contre une partie de son clergé, contre la Sorbonne et même contre un grand nombre de médecins, moins
éclairés que le docteur Rhodes. Les diables s'étaient emparés
de plusieurs jeunes filles de la paroisse de Landes. Douze
mois durant, quatre prêtres et un grand vicaire avaient pra-
tiqué des exorcismes autour de la petite Claudine; l'année
suivante, deux prélats, cinq grands vicaires et neuf curés
s'épuisèrent en efforts auprès de deux autres membres de la
famille Laupartin, sans compter diverses démoniaques du
voisinage. L'évêque mit fin à cette triste comédie. Le curé
de Landes, suspendu de ses fonctions, fut incarcéré à l'abbaye de Belle-Étoile. On isola les prétendues possédées, et
personne n'y songea plus.

Je ne m'étonne pas que beaucoup d'absurdités aient obtenu
créance ici-bas; celles qui se colportent gravement aujour-
d'hui encore, au sujet des tables et de leurs esprits, nous
montrent que la crédulité humaine est capable de tout.

Une réflexion, cependant, aurait dû l'éclairer. Pourquoi ces démons, qui font tant de choses impossibles, n'opèrent-ils pas d'autres choses infiniment plus aisées? Ils transportent les sorciers au sabbat, et ne peuvent les tirer de prison! — Ceci me rappelle les martyrs de *la légende*, que refuse de consumer le feu, qui défient la dent des lions, mais que la protection divine ne préserve jamais du tranchant de l'épée. Les proconsuls, lorsqu'en vain ils ont essayé d'autres moyens, leur font trancher la tête, et la tête tombe toujours.

Naguère encore, à Nantes, on condamnait deux sorciers (de pauvres sorciers du xixe siècle!). Ils étaient porteurs du livre magique intitulé le *Dragon rouge*. Ce livre enseigne l'art de commander à tous les Esprits, l'art de se faire aimer, et l'art non moins nécessaire « de se rendre les juges favorables ». Le *Dragon rouge*, hélas! s'est trouvé impuissant sous ce dernier rapport. Les juges, tenant à prouver leur indépendance à l'égard du diable, ont appliqué la loi dans sa plus grande sévérité.

Tout cela, ce me semble, est passablement significatif. Des faits qui se volatilisent dès qu'ils sont soumis à une sérieuse enquête; des prodiges qui, ne se produisant guère que chez les jeunes femmes, affectionnent en particulier les cloîtres; des merveilles qui, portant l'empreinte des tendances nationales, fréquentes chez tel peuple et dans tel siècle, disparaissent ailleurs et plus tard; des possédées dont les fraudes, dont les illusions maladives n'ont pas été moins bien constatées que les actes surnaturels; des sorciers qui peuvent voler et qui ne peuvent pas sortir de prison, qui peuvent se faire aimer et qui ne peuvent pas se faire absoudre, constituent, on en conviendra, un ensemble de circonstances suspectes au premier chef.

Aussi croit-on rêver lorsqu'on ouvre le livre du marquis de Mirville. Sa tranquille certitude écarte d'emblée, et sans en rien dire, les détails qui pourraient éveiller le doute. En le lisant, on se demande si, par hasard, les sortilèges de jadis ont eu ce caractère d'évidence incomparable ; si les sortilèges contemporains ont été à ce point vérifiés. Pas une restriction, pas une observation critique. Tout est réel, chez les anciens et chez les modernes, chez les païens et chez les chrétiens, chez les catholiques et chez les protestants ; depuis le démon de Socrate jusqu'aux démons du *berger* de Cideville, jusqu'à ceux des *mediums* américains, pas une assertion qui ne soit acceptée, pas un témoignage qui ne soit pris au sérieux !

Et cependant, M. de Mirville est un homme intelligent, un homme loyal. Et cependant, son livre est le résultat d'une étude approfondie. Et cependant, il n'est pas seul à parler ainsi : les mêmes étourdissantes affirmations se retrouvent chez la plupart des écrivains et des journalistes appartenant à l'école spiritiste. C'est comme une gageure faite de fausser notre raison, et notre conscience par-dessus le marché.

Sachons donc résister ! Et puisqu'on a l'air de propager ces sottises au nom du christianisme, montrons qu'il est impossible de croire un seul mot de ce qu'on nous raconte, sans démentir et l'Écriture, et ses plus évidentes déclarations.

I.

CHAPITRE V

Personne, je pense, ne me reprochera d'avoir posé cette question. Les gens même qui n'admettent pas la divinité des Saintes Écritures trouveront intéressant de savoir à quel point on les calomnie, lorsque, entre le surnaturel diabolique du moyen âge et la révélation chrétienne, on établit la moindre solidarité. Vis-à-vis d'eux, j'ai hâte de rendre aux faits leur véritable aspect; de montrer une fois de plus la magnifique harmonie qui unit, au fond, les enseignements de la science et de l'Évangile. Sans doute, la science a été plus d'une fois contredite par l'Évangile; mais c'était la science égarée, la science ignorante et provisoire : attendez de nouvelles études, de nouvelles découvertes, vous verrez l'opposition momentanée faire place à un éclatant accord.

Si le simple bon sens proteste contre les imaginations diaboliques dont on essaye aujourd'hui la restauration, il y a, même chez les incrédules, un sentiment de respect et comme de pudeur à l'endroit des choses saintes, une sorte d'instinct religieux, que froissent les conceptions grossières ou puériles, le matérialisme dégoûtant qui sert de base au surnaturel apocryphe du moyen âge. Pour l'honneur du christianisme (c'est à des chrétiens aussi que je m'adresse), je tiens à prouver qu'avec une force et une autorité incomparables, l'Évangile condamne tout cela.

Aux yeux des chrétiens comme aux miens, l'argument est décisif. Pour moi, protestant, habitué à la soumission humble, absolue, aux déclarations de la Bible, la grande question est celle-ci : Que dit la Bible? Plus d'un lecteur catholique en reconnaîtra l'extrême importance. La Bible, malgré les apocryphes et les traditions, conserve une puissance qu'on ne réussira pas à renverser : lorsqu'ils sont condamnés par les Saints Livres, on parvient malaisément à soutenir la vérité des faits, même les mieux attestés.

Voici, dans ce cas la situation où se trouvent les champions du témoignage. Selon eux, tout incident convenablement attesté est vrai; selon eux encore, toute déclaration de la Bible est vraie. Or, il y a contradiction palpable entre les faits et les déclarations, entre les témoignages humains et le témoignage divin. Cette contradiction n'est pas partielle, accidentelle; elle est constante. Il s'agit de choisir.

L'option, en pareil cas, me paraît simple. Si les témoins les plus véridiques et les plus éclairés du monde venaient m'affirmer, ou que Jupiter est le vrai Dieu, ou que Dieu n'existe pas, ou que l'homme est sans péché, je n'hésiterais pas longtemps entre l'inconvénient de taxer d'erreur ces respectables témoins et celui de taxer d'erreur l'Écriture.

Le premier parti coûterait beaucoup moins à ma conscience et à ma raison; car ma conscience et ma raison possèdent de telles preuves de la divinité de l'Écriture, preuves extérieures et intérieures, objectives et subjectives, que raison et conscience se renieraient elles-mêmes le jour où elles admettraient la fausseté d'une doctrine enseignée par la Bible. Ni ma conscience ni ma raison ne sont très surprises, au contraire, lorsqu'elles se trouvent contraintes de reconnaître les illusions, les entraînements, les exagérations, les hallucinations de témoins fort estimables d'ailleurs.

Ce qui est opposé au vrai ne peut être vrai ; il n'existe pas de maxime plus certaine et plus essentielle. On en abuse, sans doute, lorsqu'on l'applique aux connaissances imparfaites de l'homme, aux notions scientifiques, par exemple. Ce qui ne rentre pas dans les cadres d'un système incomplet n'est pas nécessairement impossible pour cela. Mais la Révélation de Dieu a un autre caractère : n'exprimant rien d'inexact, ce qui ne s'accorde pas avec elle est condamné sans retour.

Me sera-t-il permis de le dire ? Il ne me semble pas indifférent que les superstitions soient combattues ici au nom de la foi. La raison a certes le droit de les attaquer ; l'effet néanmoins ne serait pas le même, si la réhabilitation des sorcelleries n'avait pour adversaires que des incrédules ou des rationalistes. Il faut qu'on voie le *faux surnaturel* battu en brèche par des hommes qui admettent pleinement le vrai ; il faut qu'on voie le diable du moyen âge rejeté par des hommes qui admettent pleinement le diable de la Bible. On ne renverse bien que ce qu'on remplace : les œuvres négatives ne durent pas. Voilà par où s'explique le spectacle étrange dont nous sommes témoins : les fables ridicules dont la philosophie avait fait justice reparaissent les unes après les autres ; les gens qu'elle a tués se portent à merveille. La foi seule, la foi appuyée sur la parole infaillible de Dieu, seule est capable de porter des coups mortels.

Qu'enseigne donc l'Écriture, au sujet du diable et des sorciers ?

Circonscrivons le débat. — Nous, qui croyons à l'Écriture, nous ne contestons ni l'existence du diable et de ses anges ; ni la réalité de certains prodiges opérés par le diable avec la permission de Dieu ; ni l'attente d'une époque nommée par l'Écriture les « derniers temps; » époque où les miracles de mensonge se produiront avec éclat. — Mais, voici ce que nous nions.

D'abord, la nature que vous attribuez au diable et à ses anges; ensuite, le caractère que revêt, selon vous, leur action ici-bas; enfin, les prodiges sans nombre que vous leur attribuez entre les temps apostoliques et les derniers temps. — Votre diable n'est pas celui de la Bible! Ridicule et rapetissé d'une part, indépendant de l'autre, véritable rival de Dieu, il n'y a point de place pour lui dans le christianisme. Vos tentations ne sont point celles de la Bible; au lieu de tentations, vous nous donnez des possessions, des sorts jetés, des maléfices exercés au moyen de formules magiques : vous matérialisez la religion. Vos prodiges ne sont pas ceux de la Bible : à une puissance exceptionnelle, dont la manifestation n'a été permise qu'en de solennelles occasions, vous substituez une puissance inhérente à Satan, journellement exercée, et dont les effets extraordinaires se montrent depuis la mort des apôtres beaucoup plus fréquents qu'ils ne l'étaient aux jours des prophètes ou au temps de Jésus-Christ.

Rien de plus grand, rien de plus terrible que l'histoire biblique du diable et de la magie. Aucun trait qui ne porte l'empreinte de la vérité divine, pas un mot pour l'imagination ou pour la curiosité. L'Écriture nous apprend ce qu'il nous importe de savoir; elle ne va point au delà; et sa sobriété, sur de tels sujets, n'est pas le moindre signe qui la distingue des livres écrits par les hommes.

L'Écriture nous laisse entrevoir l'époque où les anges, doués comme nous de libre arbitre, se sont partagés entre l'obéissance et la rébellion. Toutes les catégories angéliques sont représentées parmi ceux qui volontairement tombèrent. L'énumération des démons coïncide exactement avec celle des anges fidèles : les uns comme les autres se distinguent en autorités, principautés, puissances, trônes, dominations (*Éphésiens*, i, 21, et vi, 21 ; *Colossiens*, i. 16).

La sentence de Satan et de ses complices suivit immédiatement la chute. C'est précipités dans l'abîme, c'est sous les liens éternels de cette condamnation, qu'ils sont gardés dès lors pour la grande journée (II *Pierre*, ii, 4, et *Jude*, 6).

Quoique atteints par un irrévocable arrêt, lequel n'attend plus que la proclamation du jugement proprement dit, que son exécution finale, les démons ne sont cependant pas encore emprisonnés. De même que l'homme déchu n'a pas quitté la terre, de même Satan pénètre encore en la présence de l'Éternel (*Job*, i et ii), parcourant avec ses anges les airs qui environnent notre planète (*Éphésiens*, vi, 12).

Lorsqu'arriveront les derniers jours, Satan, précipité du ciel sur la terre, sachant qu'il ne lui reste que peu de temps, excitera des persécutions plus acharnées que jamais, accomplira des miracles de mensonge et remportera d'effroyables victoires (II *Thessaloniciens*, ii, 3 à 11 ; *Apocalypse*, xii, xiii, xvi, 14 ; xix, 19, 20 ; xx).

La seconde venue de Jésus-Christ, le commencement de son règne terrestre, seront marqués par la captivité de Satan, enchaîné pour mille ans (*Apocalyse*, xx, 1 et 2).

Délié une dernière fois, à la fin du règne de Christ, Satan soulèvera la masse incrédule contre le Seigneur et contre son peuple. Alors éclatera le triomphe suprême du Sauveur. Alors le jugement universel écrasera le grand ennemi. Alors, tandis que notre terre et nos cieux feront place aux nouveaux cieux, à la terre nouvelle où la justice habite, Satan disparaîtra pour toujours (*Apocalypse*, xx, 7 à 11 ; xxi, 1).

Quelles annales ! Descendre de là aux niaiseries sales et malsaines de la légende diabolique, quelle chute ! Ceux-là surtout en resteront froissés, qui auront appris et par la lecture de la Bible et par leur propre expérience, en quoi consiste l'action de ce prisonnier, redoutable jusque dans ses liens d'obscurité. Lui! un misérable jeteur de sorts, un niais distributeur de parchemins sentant le soufre? Allons donc!

Calomniateur, tentateur, voilà ce qu'il est.

Calomniateur (le mot de diable ne signifie pas autre chose), il accuse Dieu auprès des hommes et les hommes auprès de Dieu. Il dit à Ève : « Vous ne mourrez nullement, mais Dieu sait que le jour où vous mangerez de ce fruit, vos yeux seront ouverts et vous serez comme des dieux, sachant le bien et le mal. » Il dit à l'Éternel : « Étends ta main, frappe les os et la chair de Job, et tu verras s'il ne te blasphème point en face. » (*Genèse*, III, 4 et 5; *Job*, I, 9 à 11; II, 4 et 5.)

Tentateur, il s'attaque au premier, et même au second Adam; il excite David au dénombrement du peuple; il se charge de séduire Achab, de souffler un Esprit de mensonge dans la bouche de ses faux prophètes. C'est lui qui se tient debout à la droite de Jéhosuah, le souverain sacrificateur en prière. C'est lui qui met au cœur de Judas de livrer son maître. C'est lui « qui rôde autour de nous comme un lion rugissant, cherchant qui il pourra dévorer. » L'ennemi, terrible, le voilà. Sans lire dans les cœurs (ce qui n'appartient qu'à Dieu seul), il en sait assez pour développer les mauvais germes cachés en nous. « Ce n'est pas seulement contre la chair et le sang que nous avons à lutter, mais contre les principautés, contre les autorités, contre les dominateurs universels des ténèbres de ce siècle, contre les méchancetés spirituelles dans les airs. » (I *Chroniques*, XXI; I *Rois*, XXII, 21; *Zacharie*, III, 1; *Luc*, XXIII, 3; *Jean*, XIII, 2; I *Pierre*, V, 8; *Éphésiens*, VI, 11 et 12; II *Corinthiens*, II, 11.)

Telle est l'histoire biblique du diable et de ses anges. Jusqu'à la fin ils calomnieront, jusqu'à la fin ils tenteront, et leurs séductions redoubleront aux derniers temps.

L'histoire biblique de la magie ne s'éloigne pas moins des fables actuelles que l'histoire biblique du diable. A entendre nos amateurs de merveilleux diabolique, les sortilèges s'opèrent chaque jour par centaines, par milliers, et il en a toujours été ainsi. Mais que dit la Bible? Parcourez ces annales de l'humanité; relisez ces livres où la destinée des enfants d'Israël nous est décrite pendant quinze siècles; qu'y trouvez-vous? Les démons du moyen âge, ceux des tables, ceux du magnétisme, ceux dont les prodiges tombent sur nous plus nombreux, plus dru que les grêlons un jour d'orage! Non; pas la moindre trace de cette diablerie légendaire; point de baguettes divinatoires, point de loups-garous, point de maléfices, point de mauvais œil, point de *sabbat*. La magie de l'Ancien Testament se borne à la lutte engagée devant Pharaon. Dieu permit alors aux démons d'imiter quelques-uns de ses miracles, et pour mieux constater qu'ils ne possédaient qu'un pouvoir délégué, dépendant, Dieu voulut que leur sorcellerie accidentelle échouât à l'essai du prodige le moins considérable en apparence.

Le Nouveau Testament rapporte à son tour une manifestation de la puissance momentanée dont alors disposa le diable, par la volonté de Dieu. On vit au temps du Sauveur d'étranges malades : les démoniaques, inconnus aux autres siècles. On vit des personnes (une au moins), « ayant un Esprit de Python ». Paul chasse le démon par lequel la servante de Philippes était mise en état de deviner. Le même apôtre frappe de cécité le magicien Bar-Jésus, dont les sorcelleries, au reste, n'étaient peut-être qu'une imposture pure et simple, car le texte n'en affirme nullement la réalité. (*Actes*, xvii, 16 à 18; xiii, 6 à 11.)

Là s'arrête le surnaturel diabolique dans l'Écriture. Il s'y montre bien clairsemé, on en conviendra. S'il doit abonder plus tard, ce n'est qu'à la grande et terrible époque qui nous est annoncée sous ce titre les « derniers temps ». Alors éclateront les signes et les miracles de mensonge (II *Thessa-loniciens*, II, 3 à 13; *Apocalypse*, XIII, et XVI, 44).

Ainsi, trois explosions de prodiges exploités par Satan : trois, pas un de plus, en rapport frappant avec trois époques de grande crise religieuse. Au moment où Dieu va délivrer Israël de la servitude d'Égypte et se constituer un peuple à part, il donne au diable le pouvoir d'imiter quelques miracles; au moment où Dieu envoie son propre fils pour délivrer les hommes de la servitude du péché et se constituer un peuple de franche volonté, il donne au diable le pouvoir de déterminer certaines maladies par la possession et d'inspirer quelques magiciens; au moment enfin où Dieu se préparant à envoyer une seconde fois son fils, où Jésus se disposera à régner, après avoir arraché le peuple des croyants à l'angoisse des luttes suprêmes, le diable recevra une dernière fois, et d'une manière plus frappante, le pouvoir d'opérer des miracles de mensonge.

Je ne nie pas, d'une manière absolue, la possibilité de prodiges diaboliques, autres que ceux dont je viens de parler. Dieu, peut-être, a permis ce mode d'action, en des cas qui ne nous sont pas connus. Cela semblerait presque ressortir d'un passage du Deutéronome ainsi conçu : « S'il s'élève au milieu de toi un prophète ou un songeur de songes qui fasse devant toi quelque signe ou miracle, et que ce signe ou ce miracle dont il t'aura parlé arrive; s'il te dit aussi : Allons après d'autres dieux que tu n'as point connus et les servons, tu n'écouteras point les paroles de ce prophète ni de ce songeur de songes, car l'Éternel votre Dieu vous éprouve. » (*Deutéronome*, XIII, 1 à 5.)

Mais, alors même que se seraient manifestés quelques sortilèges, non rapportés par les écrivains sacrés; alors même qu'il s'en fût produit quelques-uns depuis les apôtres, une chose demeure certaine, c'est que la Bible ne laisse aucune place à cet immense déploiement de sorcellerie, à cette manifestation régulière de miracles diaboliques, qui caractérise les croyances dont je combats l'illusion. — Ma thèse ne va pas plus loin; telle qu'elle est, elle suffit.

On a pris un parti commode, afin de remédier à la sobriété significative de la magie biblique. De gré ou de force, on a introduit des sortilèges dans le texte sacré.

L'Écriture parle d'enchanteurs, de devins, de sorciers, elle met le peuple juif en garde contre ces gens-là; donc elle reconnaît la réalité des sorcelleries, des divinations et des enchantements! C'est-à-dire qu'il est défendu à l'Écriture de donner aux mots le sens que nous leur donnons tous! Quand nous parlons de magie, nous ne croyons pas que l'emploi de ce terme implique une profession de foi. Je mentionnerai fréquemment les sorciers dans ce livre, or je ne crois pas, cependant, qu'ils fussent plus sorciers que vous et moi. La Bible a fait ce que nous faisons; elle a appelé sorciers ceux que chacun désignait ainsi, de même qu'elle a parlé du lever et du coucher du soleil, au lieu de parler de la rotation de la terre. Et ce langage ne trompe personne. Les écrivains ne poussent-ils pas l'usage des termes reçus, jusqu'à sommer Israël de s'écarter *des autres dieux*! Ne lisons-nous pas au Psaume xcv : « L'Éternel est grand roi au-dessus de tous les dieux! » — Ainsi s'expriment les gardiens vigilants du monothéisme, et cela sans péril pour personne, faisant remarquer ailleurs que ces *dieux* ne sont que du bois, que ces *devins* et ces faux prophètes ne prophétisent que des mensonges.

L'explication fort simple que je viens de présenter restitue leur sens naturel, aux textes où l'on cherche à découvrir une confirmation expresse de la réalité des sortilèges. — Les voici :

« Vous n'userez point de divinations et vous ne pronostiquerez point le temps. Vous ne tondrez point en rond les coins de votre tête, et vous ne gâterez point les coins de votre barbe. Vous ne ferez point d'incisions dans votre chair pour un mort, et vous n'imprimerez point de caractères sur vous. Je suis l'Éternel! » (*Lévitique* xix, 26 à 28.)

Après avoir prémuni de la sorte les Israélites contre la tentation d'imiter les usages des devins, l'Éternel non seulement ordonne à son peuple d'éviter tout contact avec eux : « Ne vous détournez point après les devins, » mais prononce la peine de mort contre ceux qui iront trouver des devins et contre ceux qui se seront enrôlés parmi eux (*Lévitique*, xix, 31 ; xx, 6 et 27).

Le Deutéronome reproduit les mêmes défenses en les motivant. Il rattache les pratiques de sorcellerie aux abominations païennes dont Israël doit se tenir éloigné. « Quand tu seras entré au pays que l'Éternel ton Dieu te donne, tu n'apprendras point à faire selon les abominations de ces nations-là. Il ne se trouvera personne chez lui qui fasse passer au feu son fils ou sa fille, ni de devin qui se mêle de deviner, ni de pronostiqueur de temps, ni aucun qui usent d'augures, ni aucun sorcier, ni d'enchanteur qui usent d'enchantements, ni d'homme qui consulte les âmes, ni de diseur de bonne aventure, ni aucun qui interroge les morts; car quiconque fait ces choses est en abomination à l'Éternel, et à cause de ces abominations l'Éternel ton Dieu chasse ces nations-là devant toi. » (*Deutéronome*, xviii, 9 à 12.)

Voilà qui est parfaitement clair; les textes sacrés interdisent absolument l'imitation des coutumes cananéennes, au nombre desquelles figuraient en première ligne toutes les formes de la magie. Déduire de cette interdiction la réalité des prétendus prodiges opérés par la magie est d'autant plus impossible que l'évocation des morts y est rappelée à deux reprises. Or l'Écriture entière, ainsi que nous le verrons plus loin, proteste contre la prétention de s'emparer des âmes, de les ramener sur la terre et de leur adresser des questions. Dieu énumère ici les diverses variétés de sorciers philistins, tyriens ou jébuséens; il ne déclare nulle part que leurs prétentions fussent fondées.

L'histoire d'Israël, ne prouve que trop à quel point l'intervention de l'Éternel était ici nécessaire. L'idolâtrie et la magie, qui se présentent toujours de front au peuple juif, l'envahissent en même temps. Le second livre des Rois nous le montre asservi à Baal, prosterné devant toute l'armée des cieux. « Ils avaient fait aussi passer leurs fils et leurs filles par le feu, et s'étaient adonnés aux divinations et aux enchantements, et s'étaient vendus pour faire ce qui déplaît à l'Éternel, afin de l'irriter. » — « Manassé bâtit des autels à toute l'armée des cieux dans les deux parties de la maison de l'Éternel. Il fit aussi passer son fils par le feu, et il pronostiquait les temps, et observait les augures. Il établit un oracle d'âmes des morts et de diseurs de bonne aventure. » — Cela dura ainsi jusqu'au moment où Josias extermina à la fois « ceux qui avaient des âmes de morts, les diseurs de bonne aventure, les théraphims, les dieux infâmes, et toutes les abominations qui avaient été vues dans le pays de Juda et dans Jérusalem. » (II *Rois*, XVII, 16 et 17; XXI, 5 et 6; XXIII, 24.)

Les prophètes ne cessent de dénoncer les sorciers, non comme ayant un pouvoir réel, mais comme faisant partie du cortège de l'idolâtrie. « Que s'ils vous disent : Enquérez-vous des âmes des morts et des diseurs de bonne aventure qui gazouillent et grommellent, répondez : Le peuple ne s'enquerra-t-il point de son Dieu? Aller pour les vivants aux morts! » (*Ésaïe*, VIII, 19.)

Les prophètes, enfin, se prononçant sur la réalité des prestiges magiques dénoncés par eux, déclarent, à plusieurs reprises, que tout cela n'est qu'illusion et mensonge. « Ainsi, dit l'Éternel des armées, que vos prophètes qui sont parmi vous et vos devins ne vous séduisent point, et ne croyez point à vos songes que vous songez; parce qu'ils vous prophétisent faussement en mon nom. » — « Les théraphims ont dit fausseté, et les devins ont vu le mensonge; ils ont proféré des songes vains. » (*Jérémie*, xxix, 8 et 9; *Zacharie*, x, 2.)

Tels sont les principaux textes qui traitent de la sorcellerie. Je les cite, en faisant une réserve expresse pour la pythonisse d'Hendor, sur laquelle j'aurai à revenir et que nous ne trouverons pas plus sorcière que les autres, dans le sens surnaturel du mot. — On est parvenu à grossir la liste des passages relatifs à la magie, en donnant à certains termes une signification mystérieuse qu'ils sont loin d'avoir. Ainsi, les mages et les Chaldéens deviennent invariablement autant de sorciers; ainsi, les charmeurs de serpents se transforment en magiciens. Je puis rassurer ceux qui interprètent de la sorte le verset sixième du psaume LVIII et le dix-septième chapitre de Jérémie. Quand les auteurs sacrés parlent du « charmeur de serpents, fort expert en charmes » ; des basilics « contre lesquels il n'y a point d'enchantement », ils font allusion sans doute aux pauvres gens dont l'industrie fleurit encore en Égypte et que j'ai vus, moi-même, opérer sans le moindre sortilège.

Un autre terme mal compris, ou plutôt mal traduit, a aidé à la fréquente introduction dans l'Écriture, d'un surnaturel diabolique qui n'y paraît que de loin en loin. Si les auteurs sacrés avaient parlé de femmes « ayant un Esprit de Python », ils auraient semblé reconnaître qu'un démon particulier (celui du faux dieu Python ou Apollon) habitait dans ces femmes-là. Or le texte hébreu indique simplement *des maîtresses d'Obed*, des évocatrices d'âmes; l'action réelle d'un démon quelconque n'est aucunement impliquée chez elle par une telle désignation; elles sont nommées de leur nom populaire, comme les devins, comme les songeurs, comme les tireurs d'horoscopes. La Bible ne mentionne qu'une seule femme « ayant un Esprit de Python » ; c'est la servante de Philippes. Elle a un démon, en effet, puisque Paul l'en délivre, et il est naturel que ce démon divinateur porte chez un peuple grec le nom du dieu le plus célèbre par ses oracles.

On le voit, à mesure qu'on l'étudie avec attention, le rôle des sorciers se réduit de plus en plus dans l'Écriture. Il est fâcheux que nous en rencontrions si peu dans les livres des prophètes, tandis qu'on nous en montre tant dans les procédures du moyen âge, chez nos magnétiseurs et chez nos tourneurs de tables. Le contraste est accablant; aussi s'efforce-t-on d'y échapper; on en appelle à Joseph, à Balaam, aux exorcistes juifs; on essaye d'attribuer aux magiciens ce qui est dit des faux dieux. — Examinons ces derniers arguments.

Joseph, le fils de Jacob, aurait fait de la sorcellerie! Je ne sais si les interprètes qui semblent pencher vers cette opinion se sont bien rendu compte de l'énormité qu'ils soutiennent. — Joseph est placé par l'épître aux Hébreux (xi, 22) au rang des fidèles de l'ancienne alliance célèbres par leur foi : « Par la foi, Joseph, finissant ses jours, fit mention de la sortie des fils d'Israël et donna des ordres touchant ses os. » On parvient malaisément à concevoir comment ce pieux patriarche se serait adonné à des pratiques que Dieu déclare abominables; comment les *sorcelleries* de Joseph figureraient dans les livres de Moïse, à quelques pages des ordonnances qui punissent de mort quiconque aura le moindre rapport avec des sorciers.

Mais il y a plus, la Genèse (xl et xli) nous raconte en détail les procédés de divination employés par Joseph. Or ces procédés, dans la prison comme devant le Pharaon d'Égypte, sont ceux dont usait Daniel devant Nabucadnetzar : Joseph recourt à Dieu. De quelle manière explique-t-il les songes de ses compagnons de captivité? « Les explications sont de Dieu, » dit-il; pas question ni de coupe, ni d'opération magique d'aucun genre. Joseph ne s'y prend pas autrement avec le roi. « Ce sera Dieu qui répondra, et non pas moi sur ce qui concerne la prospérité de Pharaon. » Tel est son langage, telle est sa conduite dans les deux circonstances où il a été l'organe d'une divination. Et l'on voudrait en faire sinon un sorcier, du moins un prophète confirmant par son exemple les mystères de la sorcellerie? Et l'on prend pour prétexte ce fait, qu'il a désigné ainsi sa coupe : « N'est-ce pas la coupe dans laquelle mon seigneur boit, *et par laquelle très assurément il devinera?* »

De quoi s'agissait-il? Les frères de Joseph venaient de partir une seconde fois avec du blé. Pour avoir un motif de les retenir, surtout de garder avec lui Benjamin, Joseph avait fait mettre sa coupe dans le sac du plus jeune frère. Il envoie son maître d'hôtel chargé de les poursuivre, de les arrêter et de leur adresser ce reproche : « Pourquoi avez-vous rendu le mal pour le bien? N'est-ce pas la coupe dans laquelle mon seigneur boit et par laquelle très certainement il devinera? » (*Genèse*, XLIV, 4 et 5.)

Cela est facile à expliquer, même sans recourir à une traduction différente, d'ailleurs légitime : « *par laquelle il a voulu vous éprouver.* » La version ordinaire se présente à moi comme la chose la plus simple. Joseph veut effrayer ses frères; il charge le maître d'hôtel de rattacher à sa coupe une de ces mystérieuses traditions que l'imagination populaire avait certainement créées à son sujet. Sa parole sur ce point est une sorte de tour d'esprit [1] qui ne correspond ni

1. Ceux qui pourraient conserver encore quelque doute sur ce caractère très simple et très évident des paroles de Joseph, n'ont qu'à relire le verset quinzième du chapitre quarante-quatrième. Ils y trouveront le commentaire fourni par Joseph lui-même de son allégation au sujet de sa coupe : « Ne savez-vous pas, dit-il à ses frères épouvantés, qu'un homme tel que je suis devine infailliblement? » Ses frères sont des espions! ses frères ont volé sa coupe! cette coupe est un instrument de divination! lui, Joseph, devine infailliblement! tout cela appartient au même ordre d'idées.

aux faits, ni à sa pensée véritable, et n'a d'autre but que de troubler les hommes auxquels il s'adresse. De même, peu auparavant, il leur disait : « Vous êtes des espions; vous êtes venus observer les lieux faibles du pays. » (XLII, 9.)

Si la coupe de Joseph sert d'étai au système qui voit partout des magiciens dans l'Écriture, le grand sorcier Balaam est un appui plus essentiel encore.

A cela je ne vois qu'une objection, celle-ci : Dieu lui-même déclare, dans sa révélation infaillible, que Balaam était prophète : « Balaam fut repris de sa prévarication; une bête de somme muette se faisant entendre par une voix humaine, réprima la folie *du prophète*. » (II *Pierre*, II, 16.) — Balaam est prophète; c'est sa qualité. Elle ressort de sa conduite entière, des relations habituelles, familières en quelque sorte, qui existaient entre Dieu et lui, du peu de surprise qu'il éprouve lorsque l'Éternel lui adresse la parole.

Pour trouver cela étrange, il faut avoir oublié le mélange de vraie foi et de paganisme qui existait alors dans la Mésopotamie ainsi que dans les pays voisins. Cette famille de Taré et de Laban conservait la tradition du Dieu vivant, tout en se laissant peu à peu entraîner du côté des idoles et des marmousets. L'existence d'un prophète assyrien au temps de Moïse n'est pas plus singulière que celle d'un sacrificateur de l'Éternel, d'un Melchisédech, roi de Salem, au temps d'Abraham.

Il n'y a donc pas trace de magie dans le fait de Balaam. Balak tenait à se procurer, contre le peuple de Dieu, des malédictions prononcées par un prophète de Dieu. Il n'ignorait pas que le prophète était vénal et croyait, comme tous les païens, à la puissance des formules, à l'action d'un homme connu par ses relations avec la Divinité.

Que Balaam ait cédé ou essayé de céder; qu'il ait suivi Balak sur tous ses hauts lieux; qu'il ait consulté de nouveau l'Éternel, bien qu'il n'eût aucun doute sur son devoir; qu'il

en ait reçu cette autorisation d'aller, qui était un premier
châtiment: qu'il ait présenté jusqu'au bout le hideux spectacle d'un prophète dont la bouche profère des paroles
divines, tandis que le cœur se laisse entraîner aux convoitises
et finit par se corrompre jusqu'à l'idolâtrie proprement dite
(*Nombres*, XXXI, 8 et 16), c'est là, précisément, ce qui fait
le caractère unique ·de cette histoire, la profondeur de cette
chute que l'Écriture ne cesse de signaler et de condamner
entre toutes.

A défaut de Joseph et de Balaam, on s'empare des faux
prophètes et des faux dieux : les premiers étaient des devins,
les seconds étaient des démons; on n'en saurait douter,
quand on voit la place que les exorcistes occupaient dans la
société juive!

Écartons d'emblée les exorcistes. Il n'en est pas question
avant Jésus-Christ; l'exorcisme se montre à la même époque
que la possession. C'est un fait spécial, étroitement lié et à
la venue du fils de Dieu, et au déploiement exceptionnel de
surnaturel diabolique qui eut lieu alors. Nous y reviendrons;
pour le moment, il suffit de savoir que les exorcistes sont
aussi rares dans la Bible que les magiciens, et de remarquer, en outre, que le Nouveau Testament parle des exorcistes sans attester l'efficacité de leurs opérations. Il semblerait au contraire, d'après le récit que nous lisons au livre
des Actes (XIX, 13 à 16), que les démons ne reconnaissaient
aucunement la puissance de ces prétendus exorcismes. Les
fils de Scéva, essayant un peu de toutes les formules, ima-
ginèrent d'employer, comme l'apôtre Paul, le nom du Seigneur Jésus; or l'Esprit méchant leur dit : « Je connais
Jésus et je sais qui est Paul; *mais vous, qui êtes-vous?* »

Les exorcistes n'étaient donc pas grand'chose. Que pen-
serons-nous des faux prophètes? Faut-il les transformer en
magiciens possesseur d'une puissance mystérieuse, prédisant
l'avenir? La réponse se trouve partout dans l'Écriture. Je

citerai seulement deux textes. Ézéchiel écrit : « Il n'y aura plus désormais aucune *vision de vanité* ni aucune *divination de flatteur* au milieu de la maison d'Israël... Fils d'homme, tourne ta face contre les filles de mon peuple qui *prophétisent de leur propre mouvement.* » (xii, 23, et xiii, 17.) Zacharie écrit : « J'ôterai aussi du pays les faux prophètes et l'esprit d'impureté; et il arrivera que quand quelqu'un prophétisera dorénavant, son père et sa mère qui l'auront engendré lui diront : Tu ne vivras plus, car tu as proféré *des mensonges* au nom de l'Éternel... Et il arrivera en ce temps-là que ces prophètes seront confus chacun de sa vision, quand il aura prophétisé; et ils ne seront plus vêtus de poil de chameau *pour mentir*. Et il dira : je ne suis point prophète, mais je suis labourcur. » (xiii, 2 à 6.)

Que les faux prophètes de l'ancien peuple, et même ceux du temps des apôtres (*Actes*, xiii, 6) se prétendissent revêtus d'un pouvoir surnaturel, du pouvoir de révéler les choses célestes, de deviner l'avenir, d'opérer des prodiges, la chose n'est pas douteuse; mais que la Bible leur reconnaisse ce pouvoir, c'est une autre question. Il viendra une époque, je l'ai déjà dit, celle qui précède le retour de Christ, où se produiront les merveilles que les faux prophètes, et « le faux prophète » par excellence, recevront la permission d'opérer. En attendant, la sainte Écriture ne certifie les hauts faits des faux prophètes ni pour le passé ni pour le temps actuel.

Certifie-t-elle davantage les miracles des faux dieux? Proclame-t-elle, ainsi qu'on se plaît à le répéter chaque jour, que les divinités païennes étaient autant de démons, que leurs oracles étaient réels à titre de révélations diaboliques, que leurs prodiges étaient réels au même titre?

Fixons les termes du problème. Il ne s'agit pas de savoir si les cultes idolâtres procédaient du diable, dans le sens où tous les péchés, où toutes les erreurs viennent de lui; il s'agit de savoir si la personne de tel ou tel démon était fixée et localisée dans tel ou tel temple païen, si l'Apollon de Delphes était un démon, si la Diane d'Éphèse en était un autre, si un ou plusieurs démons occupaient les sanctuaires du Baal tyrien, des triades égyptiennes; il s'agit de savoir si, au lieu de chercher là des illusions et des fraudes grossières, nous devons y chercher des prestiges diaboliques, des prophéties diaboliques, des miracles diaboliques. Ceci donnerait au paganisme un caractère très particulier, très nouveau : une sorte de réalité, qu'en général, on lui a refusée jusqu'à présent. Cette population de démons fixée dans les centres idolâtres, cet effluve de surnaturel dont l'abondance contraste avec la maigreur du surnaturel biblique, tout cela constitue un dogme important, dogme que l'Écriture aura certainement révélé. Consultons-la.

Voici les textes qu'on cite en faveur de cette supposition : « qu'ils n'offrent plus leurs sacrifices aux diables avec lesquels ils ont paillardé ». « Jéroboam s'était établi des sacrificateurs pour les hauts lieux, pour les démons, et pour les veaux qu'il avait faits. » « Ils se sont mêlés parmi ces nations et ils ont appris leurs manières de faire; ils ont servi leurs faux dieux, lesquels leur ont été en piège, car ils ont sacrifié leurs fils et leurs filles aux démons. » « Que dis-je donc? Qu'une idole soit quelque chose? ou que ce qui est sacrifié à une idole soit quelque chose? Non, mais que ce que les gentils sacrifient, ils le sacrifient aux démons et non pas à Dieu. Or je ne veux pas que vous ayez communication avec les démons. Vous ne pouvez boire la coupe du Seigneur et la coupe des démons; vous ne pouvez participer à la table du Seigneur et à la table des démons. » (*Lévitique*, xvii, 7; II *Chroniques*, xi, 15; *Psaumes*, cvi, 35 à 37; I *Corinthiens*, x, 19 à 21.)

Maintenant, nous avons à déterminer le sens de ces passages. Ou ils signifient simplement que l'idolâtrie est une des œuvres du tentateur, ou ils signifient que les faux dieux étaient autant d'anges déchus.

La première interprétation, confirmée par les paroles mêmes de Paul : « Que dis-je donc? qu'une idole soit quelque chose? » l'est encore par les nombreuses déclarations qui classent les incrédules et les pécheurs au nombre des serviteurs ou des enfants du diable. « Vous êtes fils d'un père qui est le diable, disait Jésus, et vous voulez exécuter les désirs de votre père. » (*Jean*, viii, 44.) Qui donc a jamais pris cette parole au sens littéral. Comment ne pas y voir une figure, laquelle s'applique aux pratiques des religions païennes? La première épître de Jean (iii, 8 et 10) ne nous permet pas d'en douter : « Celui qui pratique le péché, écrit l'apôtre, vient du diable... En ceci se manifestent les enfants de Dieu et les enfants du diable. »

Rien de plus clair. L'argument qui prétendrait transformer les faux dieux en démons, sous prétexte que les adorateurs des premiers sont traités comme adorateurs des seconds, risque fort de n'être plus qu'une simple niaiserie. Personne, au surplus, n'hésitera à le qualifier ainsi, après avoir remarqué que l'Écriture entière, loin de prendre au sérieux les prétendus oracles, les prétendus miracles du paganisme (et quoi de plus sérieux que le vrai surnaturel diabolique!), ne cesse de mettre en lumière l'absolue inertie, l'impuissance totale des idoles. Voyez si la Bible laisse une place quelconque à l'action mystérieuse des démons revêtus du personnage des divinités mensongères?

Déjà le Deutéronome s'exprimait ainsi (xxxii, 17) : « Ils ont sacrifié aux idoles qui ne sont point dieux. » Jérémie développe cette pensée dans son chapitre dixième : « On coupe du bois de la forêt pour le mettre en œuvre avec la hache; puis on l'embellit avec de l'argent et de l'or, et on le fait tenir avec des clous et à coups de marteau, afin qu'il ne remue point. Ils sont façonnés tout droits comme un palmier, et ils ne parlent point; on les porte par nécessité, à cause qu'ils ne peuvent pas marcher. Ne les craignez point, car ils ne font pas de mal, et aussi il n'est pas en leur pouvoir de faire du bien... Tout fondeur est rendu honteux par les images taillées : car ce qu'ils font est une fausseté, et il n'y a point de respiration en elles. Elles ne sont que vanité et un ouvrage propre à abuser. » — Ce n'est pas ainsi que s'expriment ceux qui, découvrant des démons dans chaque temple païen, y supposent une incessante production de prédictions ou de sortiléges. Ces insultes prodiguées *au bois* doivent être bien imprudentes à leur avis! Mais que feront-ils des psaumes cxv et cxxv, des chapitres xl, xli et liv d'Ésaïe : « Leurs dieux ont une bouche et ne parlent point; ils ont des yeux et ne voient point; ils ont des oreilles et n'entendent point; des mains et ils ne touchent point; des pieds et ils ne marchent point, et ils ne rendent aucun son de leur gosier. » « Le menuisier étend sa règle et crayonne avec de la craie; il le fait avec des équerres et le forme au compas, et le fait à la ressemblance d'un homme, et le pare comme un homme, afin qu'il demeure dans la maison... Il plante un frêne et la pluie le fait croître; puis il servira à l'homme pour brûler; car il en prend et s'en chauffe; il en fait, dis-je, du feu et en cuit du pain. Il en fait aussi un Dieu et se prosterne devant lui... Nul ne rentre en soi-même et n'a ni connaissance, ni intelligence pour dire : « J'ai brûlé la moitié de ceci au feu » et même j'en ai rôti du pain sur les charbons; j'en ai rôti » de la chair et j'en ai mangé; et du reste en ferais-je une » abomination? adorerais-je une branche de bois? »

Et n'essayez pas de soutenir que ces railleries divines, ne s'appliquant aux idoles qu'en leur qualité de *branches de bois*, se concilient avec l'action surnaturelle du démon qui habite auprès de l'idole. Le prophète Élie ne vous laisse pas cette ressource. Écoutez ses défis aux prêtres de Baal : « Criez à haute voix, car il est dieu; mais il pense à quelque chose, ou il est après quelque affaire, ou il est en voyage ; peut-être qu'il dort et il s'éveillera ! » (I *Rois*, xviii, 27.)

La question me paraît résolue. Nous savons maintenant à quoi nous en tenir sur la place que la Bible réserve au surnaturel satanique. Dans ces annales, qui comprennent l'histoire du monde, depuis sa création jusqu'aux apôtres, nous ne voyons de prodiges attribués au diable et à ses anges, qu'en un très petit nombre de circonstances exceptionnelles où la lutte du bien et du mal se trouve plus solennellement engagée. Lors de la tentation du premier homme, Satan prend la forme d'un serpent ; lors de la sortie d'Égypte, les magiciens de Pharaon reproduisent plusieurs miracles ; lors de la première venue de Christ, les démoniaques paraissent, peut-être aussi quelques personnes devinant par le secours des mauvais Esprits ; aux approches de la seconde venue de Christ, les hommes seront sollicités à la révolte par les signes éclatants que le diable aura la permission d'accomplir.

Voilà tout ! Il est certes curieux de mettre en face d'un semblable récit la description des œuvres du diable, telles que le moyen âge l'a imaginée et telle qu'on ose la présenter aujourd'hui. Dans l'antiquité, les faux dieux changés en démons, les temples illustrés par une continuelle production de miracles et d'oracles sataniques ; les faux prophètes métamorphosés en magiciens ; les vrais phophètes associés parfois aux rites de la magie ; la magie incessamment et universellement pratiquée. Depuis l'ère chrétienne, une inondation prodigieuse de sorciers qui jettent des sorts, tuent, disposent des cœurs, assistent au sabbat, influent sur les destinées de l'humanité et multiplient les merveilles ; des exorcismes qui font figurer la suspension en l'air, le don des langues, la prévision de l'avenir, au nombre des marques régulières de la possession : un monde des Esprits en un mot, où le surnaturel devient la loi ordinaire, le fait commun et régulier !

Ces deux histoires ne sauraient être également vraies : il faut choisir.

Ici se présente une objection que je n'ai nul dessein de passer sous silence. — « Que faites-vous, s'écrie-t-on, des merveilles annoncées par Jésus-Christ? merveilles qui, désormais, devaient être le signe visible de son Église? Pour rendre les sorcelleries suspectes, vous niez les miracles; vous oubliez d'avertir vos lecteurs que l'ordre de choses où nous vivons depuis la mort du Sauveur, est tout imprégné de surnaturel. Or les deux surnaturels, le divin et le diabolique, se supposent réciproquement. »

Examinons la question. Voyons si le surnaturel divin et le surnaturel diabolique devaient survivre à l'époque apostolique. Voyons-le; mais avant tout, constatons ceci : lors même que la réponse serait affirmative, on n'aurait pas le droit d'en conclure que le rôle des démons, durant la période chrétienne, pût être en contradiction absolue avec leur rôle, et sous l'ancienne alliance, et pendant le ministère du Sauveur.

A cette réserve je tiens à en joindre deux autres. — En premier lieu, je n'affirme pas la cessation absolue des miracles depuis la disparition de l'apostolat, Dieu ne m'ayant pas fait le confident de ses desseins. Ce que j'affirme, c'est que la continuation des miracles ne saurait être prouvée par l'Écriture. — En second lieu, je conteste la corrélation obligée qu'on s'efforce d'établir entre les deux surnaturels; les miracles auraient continué (contre toute apparence), il n'en résulterait pas que les prodiges des démons eussent dû continuer aussi.

Et maintenant je suis à mon aise pour attaquer la théorie qui prolonge, d'une manière certaine, au delà des apôtres, la production des faits miraculeux. Il y a toujours eu et il y aura toujours deux systèmes en présence : le système qui circonscrit, et le système qui prolonge. Les uns veulent que

la Révélation se soit complétée à travers les siècles, par la
voie des interprétations infaillibles et de la tradition, les autres
soutiennent que la Révélation tout entière est dans la Bible,
qu'après elle, en dehors d'elle, Dieu ne révèle rien. Les uns
veulent que les miracles soient devenus une institution per-
manente, comme un attribut de l'Église; les autres soutiennent qu'en dehors des miracles de la Bible, de ceux qu'elle
prédit pour les derniers temps, il n'est rien d'authentique,
rien d'avéré. Personne ne s'étonnera si je déclare que le
second système est le mien.

On m'oppose, je le sais, les paroles du Sauveur au moment
de son ascension [1] : « Allez dans tout le monde; prêchez

---

1. On peut s'appuyer aussi sur la prédication de Pierre le
jour de la Pentecôte : « Ceux-ci ne sont point ivres comme vous
pensez, vu que c'est la troisième heure du jour; mais c'est ici
ce qui a été dit par le prophète Joël : Et il arrivera aux derniers jours, dit Dieu, que je répandrai de mon Esprit sur toute
chair, et vos fils et vos filles prophétiseront, et vos jeunes gens
verront des visions. et vos anciens songeront des songes; et
même en ces jours-là je répandrai de mon Esprit sur mes serviteurs et mes servantes, et ils prophétiseront; et je ferai des
choses merveilleuses dans le ciel en haut, et des prodiges sur
la terre en bas, du sang, du feu et une vapeur de fumée; le
soleil sera changé en ténèbres et la lune en sang, avant que ce
grand et notable jour du Seigneur vienne. » (*Actes*, i, 15 à 20.)
Mais si l'on veut bien relire en entier le chapitre second de Joël.
auquel Pierre emprunte sa citation, on s'assurera que le prophète y a réuni tous les signes qui doivent éclater dans les derniers temps, c'est-à-dire (car c'est le sens fréquent de l'expres
sion) dans la période entière qui s'étend de la première à la
seconde venue de Jésus-Christ. L'effusion des dons miraculeux
s'y trouve réunie à l'obscurcissement du soleil et au rétablissement des Juifs. Or, comme nous savons qu'une partie considérable de la prédiction ne s'applique pas au siècle apostolique, il
est également naturel de supposer que la partie qui s'accomplit
alors, ne s'applique pas aux siècles suivants. On aura beau
interroger la Bible, on ne découvrira nulle part la promesse de
l'universalité, de la perpétuité de la puissance miraculeuse ou
prophétique. à partir des apôtres.

l'Évangile à toute créature... Or, voici les signes qui accompagneront ceux qui auront cru : En mon nom, ils chasseront les démons ; ils parleront de nouvelles langues ; ils saisiront des serpents ; et quand ils auront bu quelque breuvage mortel, il ne leur fera point de mal ; ils poseront les mains sur des malades, et ils seront guéris. » (*Marc*, XVI, 17 et 18.)

Ou cette déclaration garantit *à jamais* le don des miracles *à tout chrétien* ; ou elle doit être comprise en ce sens : que les apôtres, plus favorisés que les anciens prophètes, n'auraient pas seulement le pouvoir de faire eux-mêmes des miracles, mais verraient cette faculté merveilleuse éclater au milieu de leurs prosélytes, comme la marque et comme le sceau divin de leur ministère.

Est-il permis d'adopter la première interprétation ? Je ne le pense pas. Si les miracles sont le signe du christianisme en général et non du ministère spécial des apôtres, il n'y a plus moyen de restreindre la portée des termes employés par Jésus-Christ. « Ceux qui auront cru ; » voilà ceux qui disposeront du surnaturel à leur gré. — La vérification est aisée ; que ceux qui ont cru boivent du poison, guérissent les malades, parlent les langues étrangères ! Personne, dans aucune église, n'a prétendu à ce don universel des miracles ; chacun a compris que nous rencontrions ici cette forme de langage très usitée dans la Bible : la généralisation apparente d'une proposition particulière.

Il n'y a, d'ailleurs, pas moyen d'en douter ; l'Écriture est ici, comme toujours, le commentaire infaillible de l'Écriture. A côté de la promesse de Jésus-Christ, le Nouveau Testament place sa réalisation ; il nous donne le tableau des Églises primitives. Qu'y voyons nous ? Le don de guérison, le don des langues octroyés à tous les chrétiens ? en aucune manière. Les dons miraculeux, tantôt plus fréquents, tantôt plus rares, ne sont nulle part universels. Ils ont précisément le caractère que j'indiquais tout à l'heure ; ils confirment, par la puissance extraordinaire dont quelques-uns des convertis sont revêtus, la divinité de la mission confiée aux apôtres.

Cela est si vrai, que l'épître aux Hébreux (II, 3 et 4) tire précisément, de ces faits merveilleux, la démonstration du ministère apostolique : « Comment échapperons-nous, si nous avons négligé un si grand salut, qui ayant été d'abord annoncé par le Seigneur, nous a été confirmé par ceux qui l'entendirent; Dieu rendant aussi témoignage avec eux par des signes et des miracles, et divers actes de puissance, et des distributions d'Esprit saint, selon sa volonté? »

Oui, ainsi, « Dieu rendait témoignage aux apôtres »; les miracles et les dons extraordinaires du Saint-Esprit signalaient cet office unique dans les annales du monde. Pour peu que l'on compare les instructions données par leur Maître aux apôtres, lors de leur premier envoi, avec celles qui se rapportent à leur envoi définitif, on remarquera que ce qui caractérise celui-ci, c'est que le don des miracles ne se renferme plus dans la personne des apôtres, comme il s'était renfermé autrefois dans celle des prophètes. Il arrivera, en ce temps-là, que « ceux qui auront cru » parleront des langues étrangères et guériront des malades; tandis qu'auparavant, c'était aux apôtres et aux soixante et dix seuls, que Jésus avait adressé cet ordre : « Guérissez les malades, purifiez les lépreux, ressuscitez les morts, chassez les démons. » (*Matthieu*, IX, 8; *Luc*, X, 9.)

Il y a plus. La perpétuité des dons miraculeux ne saurait être dans le passage de Marc, si l'universalité n'y est pas; non seulement parce que les deux idées sont étroitement unies, mais parce que seule, la seconde semble exprimée par le texte : (« ceux qui auront cru »). Or le Nouveau Testament, qui proteste contre l'universalité, proteste également contre la durée. Le lecteur attentif y voit l'affaiblissement progressif de l'action miraculeuse, laquelle se retire à mesure que les résultats acquis du ministère apostolique rendent cette confirmation moins nécessaire; tout indique qu'elle va disparaître. Parcourez le livre des Actes; vous y apercevrez d'abord des effusions générales de dons extraordinaires. Les premiers milliers convertis à Jérusalem, les amis de Corneille, les prosélytes de la Samarie reçoivent tous les dons surnaturels du Saint-Esprit; plus tard, on compte au sein des églises les fidèles qui possèdent de tels privilèges; l'église de Corinthe favorisée sous ce rapport (et qui paraît l'être à cause des erreurs dont elle se trouve menacée, bien plus qu'à cause d'une sainteté particulière), l'église de Corinthe, où des miracles plus nombreux qu'ailleurs attestent le ministère apostolique, distingue ceux de ses membres que revêtent le don des langues, le don de prophétie ou le don d'interprétation; les épîtres pastorales enfin, réglant l'état définitif des troupeaux, ne prévoient pas même la possibilité de ces manifestations glorieuses et passagères.

Le retrait des dons miraculeux est tellement marqué, que l'âge de chaque épître se reconnaît pour ainsi dire, au langage qu'elle tient à leur égard. L'épître de Jacques, une des plus anciennes, se rapporte aux premiers temps de l'Église. Aussi y trouvons-nous les traces d'un miracle habituel, opéré par les anciens : « Quelqu'un parmi vous est-il malade? Qu'il fasse venir les anciens de l'Église, et qu'ils prient pour lui en l'oignant d'huile au nom du Seigneur; et la prière de la foi guérira le malade. » (*Jacques*, v, 14 et 15.) L'onction d'huile guérissait miraculeusement, à cette époque, dans les églises auxquelles s'adressait l'apôtre; or plus tard, il n'est plus question de ce miracle régulier, Paul parle aux Philippiens de la maladie d'Épaphrodite; il donne des conseils à Timothée sur sa santé, il annonce qu'il a laissé Trophime malade à Milet, et nulle part il n'indique qu'on ait eu recours à la guérison par l'onction d'huile. Personne n'ignore ce qu'elle est devenue dans la suite; l'acte qui guérissait s'est transformé en un acte qui constate la

mort; l'onction d'huile s'est métamorphosée en extrême-onc-
tion! Rien ne démontre mieux que le miracle n'avait pas
duré.

Il n'était pas destiné à durer; la promesse de Jésus-Christ
concernait la prédication apostolique, non autre chose. En
voulez-vous une nouvelle preuve? Parmi les œuvres surnaturelles que doivent accomplir ceux qui auront cru, Jésus
place la guérison des démoniaques. Or il n'y a eu de démoniaques qu'à l'époque du Sauveur et des apôtres. Je me
réserve de le démontrer un peu plus loin. En attendant, je
prie le lecteur de remarquer que si l'on a donné le nom de
démoniaques à des convulsionnaires, à des épileptiques, à
des hallucinés, cela ne veut pas dire que l'hallucination, les
convulsions ou l'épilepsie soient là possession, telle que la
rapportent les Évangiles. Les Pères parlent de démoniaques,
ils en guérissent, qui en doute? mais leur discernement a
été en défaut sur ce point comme sur beaucoup d'autres.
Leurs possédés ne ressemblent pas à ceux que guérissait
Jésus; ils ne ressemblent pas davantage à ceux que définis-
sent les exorcismes catholiques, exorcismes d'après lesquels
la possession véritable se constate par le don des langues, la
connaissance de l'avenir et par la suspension en l'air. Aucun
de ces caractères, que je sache, ne se rencontrant dans les
démoniaques de Tertullien, ses démoniaques ne sont pas plus
réels aux yeux de mes adversaires qu'aux miens.

Je me confesse aussi sceptique que Jurieu, en ce qui
touche aux faits surnaturels mentionnés dans les écrits des
Pères. Miracles, possessions, apparitions, rien n'y manque,
je le sais; mais je sais aussi que les hérétiques faisaient alors
autant de miracles que les orthodoxes, que la doctrine de la
perpétuité des dons extraordinaires formait précisément un
des caractères particuliers du montanisme, que tout le monde
n'était pas crédule, et que le IVe siècle a vu Vigilance combattre les revenants avec cette même fidélité courageuse et

clairvoyante qu'il opposait aux images. Une réflexion très simple mettra le lecteur des Pères en garde contre leurs récits merveilleux. Les prodiges augmentent à mesure qu'on s'éloigne des apôtres : le Ier siècle n'en a point, le IIe siècle en a quelques-uns, le IIIe commence à en être inondé, et le IVe rapporte de la meilleure foi du monde des milliers d'actes miraculeux, en attendant que le moyen âge dépasse le IVe siècle.

Une progression aussi marquée en dit long, et sur la cessation réelle du surnaturel à la fin de l'époque apostolique, et sur la nature de ce surnaturel qui augmente à mesure qu'on s'écarte de la source, à mesure que les traditions s'interposent entre les fidèles et l'enseignement divin.

Qu'on ne m'en croie pas sur parole, qu'on parcoure les premiers Pères. Dans la longue lettre de Clément Romain, où sont rappelés tant d'incidents, on ne trouvera pas trace de miracles. Pas davantage dans Ignace, très disposé, cependant, à accueillir des opinions hasardées. Polycarpe reste également muet sur ce point. La première trace des prétentions surnaturelles se découvre chez Justin; et encore, est-ce peu de chose, comparé à Tertullien et aux Pères qui l'ont suivi! Un ou deux passages à peine apparaissent au milieu de ces nombreux traités, de ces apologies, de ces descriptions détaillées du culte et de la vie des chrétiens du IIe siècle. La sobriété de Justin est d'autant plus remarquable, que la mention des miracles ou des possessions ne se montre ni dans l'épître à Diognète, ni dans Tatien, ni dans Athénagore, ni dans Théophile. Il semblerait étrange, en vérité, que tant d'écrits, destinés à démontrer le christianisme, eussent évité de concert le grand argument des miracles, si les miracles, alors, avaient rempli le rôle qui, notons-le encore, bientôt après allait leur échoir. Irénée écrit son long ouvrage sans parler de faits miraculeux; ils ne lui viennent pas plus en aide, dans sa lutte avec les gnostiques, qu'ils n'étaient venus en aide aux autres apologistes, dans leurs premières luttes avec les Juifs.

Tels ont été les débuts des Pères. La question a marché depuis, et les prodiges se sont multipliés. Ici, tout nous rappelle donc le caractère exceptionnel du temps de Jésus-Christ et des apôtres. On s'expose à d'immenses erreurs en tout genre, quand on méconnaît cette vérité fondamentale : la période apostolique a possédé le monopole des miracles comme celui des infaillibles enseignements.

En fait de communications célestes, il importe de distinguer les époques. — A l'époque des patriarches et de Moïse, l'Éternel, ou s'entretenait lui-même avec eux, ou les dirigeait par des songes. A l'époque des prophètes, Dieu leur accordait des visions et leur dictait parfois sa parole : « Ainsi a dit l'Éternel. » Les apôtres n'avaient, en général, ni entretiens, ni songes, ni visions, ni dictées ; mais leurs écrits canoniques étaient la parole du Seigneur, et leur ministère se confirmait, et par leurs propres miracles, et par ceux qu'opéraient, en certaines occasions, de simples fidèles. Maintenant, nous possédons d'une part les livres de l'Ancien et du Nouveau Testament ; de l'autre, le Saint-Esprit qui nous les fait goûter et comprendre, lorsque nous implorons humblement ses secours. Il s'en faut donc que nous soyons déshérités ; jamais les hommes, au contraire, n'ont été en contact aussi direct avec Dieu. Seulement, prenons notre lot, notre lot magnifique, et ne dérobons pas celui des générations précédentes. En continuant la révélation infaillible ou les miracles après les apôtres, nous nous exposons aux plus graves aberrations ; autant vaudrait prétendre aux visions des prophètes ou aux entretiens des patriarches avec l'Éternel !

Un point me reste à éclaircir que j'ai dû écarter tout à l'heure, pour ne pas arrêter ma discussion. Parmi les manifestations surnaturelles que rapporte le Nouveau Testament, les démoniaques occupent une place importante. — Est-il certain que ce grand fait ait disparu avec les apôtres? qu'il ait été strictement contemporain de Jésus-Christ et de ses premiers disciples?

Tant qu'on en doute, on conserve le droit d'affirmer que le surnaturel a survécu au siècle apostolique, que rien ne distingue notre temps, soit de celui où l'Église fut fondée au milieu des miracles de ses membres et des prodiges de l'ennemi, soit de celui où le retour du chef de l'Église sera annoncé par de nouveaux prodiges sataniques auxquels répondront de nouveaux miracles. Entre ce commencement et cette fin de la période que l'Écriture appelle dans un sens général, « les derniers temps », n'existe-t-il pas, au contraire, un long intervalle qui est le nôtre, intervalle dépourvu des faits extraordinaires qui signalèrent les premiers jours, et qui signaleront les derniers temps proprement dits?

Rien ne le prouve mieux que la disparition des démoniaques. Or pour savoir s'ils ont disparu, il faut, avant tout, savoir ce qu'ils étaient : définir, c'est presque démontrer.

Il y a toujours eu, il y aura toujours des maladies pareilles à celles dont les démoniaques de l'Évangile étaient affligés : des sourds, des muets, des convulsionnaires, des épileptiques. Il y a toujours eu il y aura toujours des possessions morales, des péchés, des révoltes contre Dieu et contre sa Parole. Ce qu'il n'y avait pas eu avant Jésus et ce qu'il n'y a plus eu depuis la mort de ses apôtres, ce sont des maladies-possessions, des maladies complexes, où éclatent à la fois les deux conséquences de la chute : la mort physique et la mort morale.

Le fils de Dieu étant venu pour nous délivrer de l'une et de l'autre, je ne puis être surpris que cette double délivrance ait trouvé son expression frappante dans la guérison des démoniaques. Il importait, sans doute, que la maladie et le péché fussent présentés dans leur relation intime, au moment où venait celui qui triomphe de la mort et de l'enfer.

Mais les démoniaques étaient-ils bien ce que nous venons de supposer?

A entendre certaines personnes, on dirait vraiment que leur état avait le caractère constant de l'épilepsie ou de la folie! Ceux qui, parlant ainsi, ne veulent voir là qu'une maladie ordinaire, transformée en possession par les préjugés d'un siècle ignorant, n'ont probablement jamais ouvert les Évangiles. A côté de l'enfant auquel le démon inflige des crises épileptiques, à côté des hommes auxquels les démons infligent des manies violentes et dangereuses (*Matthieu*, VII, 28, et XVII, 15) les Évangiles nous montrent d'autres démons qui rendent leurs victimes aveugles, muettes, ou qui leur imposent divers maux. (*Matthieu*, IV, 24; IX, 32; XII, 22).

Les démoniaques ne sont pas simplement des épileptiques ou des fous; leurs déclarations au surplus, et par-dessus tout celles du Seigneur, ne permettent pas de s'arrêter un instant à cette hypothèse. Et d'un autre côté, ce ne sont pas des hommes uniquement tourmentés par un mal moral, par des tentations extraordinaires. — Comme pour faire compensation à l'interprétation des rationalistes, les chrétiens ont trop souvent introduit la leur, qui ne vaut pas beaucoup mieux. A leurs yeux, les démoniaques ne sont guère que de grands pécheurs, possédées par le diable, en ce sens que leur cœur lui appartient d'une façon plus qu'ordinaire. On est si fort disposé à supprimer ainsi le côté maladif et physique de la possession, que la tradition a transformé Marie de Magdala en représentante des grandes pécheresses : pourquoi? parce que Jésus l'avait délivrée de sept démons. Avoir eu sept démons! cela a paru le comble du péché, et Marie de Magdala (ou Madeleine), s'est dès lors confondue avec la femme de mauvaise vie qui arrosait les pieds du Sauveur de ses larmes et les essuyait avec ses cheveux.

Maintenons le vrai caractère des possessions. telles que rapporte le Nouveau Testament. La possession est une maladie, ou plutôt ce sont toutes sortes de maladies, accompagnées, en général, de l'action intérieure du démon. Les démoniaques ne ressemblent en rien aux prétendus possédés du moyen âge. On n'a pas le droit de les dire vendus à Satan, plus souillés que les autres habitants du pays.

Voyez, en effet, à qui s'adressent les pires reproches du Sauveur. Aux démoniaques? Non, aux scribes et aux pharisiens hypocrites; à ces hommes parfaitement exempts de la maladie des possédés, mais véritablement esclaves du diable. Jésus ne favorise pas un instant l'opinion funeste qui confondrait la possession matérielle avec la corruption morale. S'il dit à tel démoniaque guéri : « Va et ne pèche plus! » il adresse la même parole aux autres malades; il ne délivre jamais le corps sans rappeler la délivrance dont l'âme a besoin. Du reste, Jésus ne cesse d'appeler la lutte sur son véritable terrain; c'est d'échapper au péché qu'il s'agit, non à la possession : le tentateur, voilà l'ennemi. Être infirme par le fait de Satan ne serait rien; le mal c'est d'être, par Satan, entraîné à la révolte.

Lorsque le diable « entre en Judas », Judas ne devient pas un démoniaque; il achève de devenir un traître. Il vend son maître, il se désespère, il se tue; il n'éprouve ni crises épileptiques, ni mutisme, ni aucun des symptômes du mal étrange qui affligeait alors la Palestine.

La possession, sans être un signe particulier de péché, implique cependant l'idée d'un cœur encore mauvais, encore inconverti. Plusieurs textes l'attestent, notamment la parabole que rapporte Matthieu aux versets 43 et suivants de son chapitre xii. En d'autres termes, parmi les pécheurs du temps de Jésus-Christ, quelques-uns présentèrent en leur corps la manifestation visible de l'action du diable. Parfois même (et cela semble indiquer qu'une obsession morale accompagnait

la maladie), l'Écriture désigne sous ce nom : *Esprits impurs*,
les démons dont ils étaient possédés. (*Marc*, i, 23 et 27; iii,
30; vii, 25; *Luc*, ix, 12; *Actes*, v, 16.)

La distinction n'en subsiste pas moins; la maladie n'est
pas le péché. Et la preuve, c'est que la guérison n'est pas la
conversion. S'il y a des démoniaques convertis, Marie de Magdala entre autres, il en est, beaucoup, chez lesquels la délivrance de leur infirmité ne se montre accompagnée d'aucun
signe qui annonce le changement du cœur. Ceux-là se comportent exactement comme les autres malades, qui tantôt
s'attachent au Sauveur, tantôt ne répondent à son amour que
par l'ingratitude et la légèreté. Pour tous, malades ordinaires ou démoniaques, la guérison et la conversion restent
deux faits distincts, alors même que dans certains cas elles
sont des faits concomitants.

En essayant de caractériser les démoniaques [1], je crois
avoir prouvé qu'il n'y en a pas eu après les apôtres. On ne
parvient à en découvrir à d'autres époques qu'en dénaturant
l'incident extraordinaire qui a signalé et la venue du Sauveur
et la fondation de son Église.

Les uns, je l'ai dit, ne voyant guère dans la possession
qu'une action morale, transforment les démoniaques en
grands pécheurs, ce qui, assurément est un moyen d'en
trouver partout. Les autres ne voient guère là qu'une maladie
ordinaire, folie ou épilepsie; ce qui est encore un moyen de
retrouver des possédés avant et après Notre-Seigneur [2].

1. Ceux qui voudront étudier la question plus complètement
qu'il ne m'était permis de le faire ici, n'auront qu'à lire les
passages suivants : *Matthieu*, iv, 24; viii, 16 et 28; ix, 32 et 33;
x, 8; xii, 22; xv, 22; xvii, 18; *Marc*, iii, 15; ix, 28 et 38; xvi, 9
et 17. *Luc*, iv, 41; viii, 16, 28 et 29; x, 17, etc.

2. On sait qu'Origène remarquait déjà, dans son commentaire
sur le dix-septième chapitre de Matthieu, que les prétendues
possessions de son temps n'étaient que des maladies ordinaires,
de l'avis des médecins.

Quant à nous, après avoir, suivant les Évangiles, défini ce mal : une possession diabolique, laquelle occasionne diverses infirmités : nous sommes en mesure de le constater : rien de semblable n'apparaît à un autre moment que celui dont nous avons fixé l'époque.

Qu'on lise l'Ancien Testament. Les maladies diaboliques y paraissent-elles quelque part? Non, un seul fait, rappelant de loin les démoniaques, se présente dans l'histoire du roi Saül; Saül est tourmenté par un mauvais Esprit qu'envoie l'Éternel. Nous ne voyons pas, au reste, que l'analogie soit complète. Saül souffre par une action spéciale de l'ennemi, et selon la volonté de Dieu; mais il paraît souffrir dans son âme et non dans son corps; il est mélancolique et tourmenté, il n'est pas démoniaque.

Voilà le seul exemple qu'il soit possible de citer, durant un espace de quinze siècles, dans un recueil de plus de trente livres, où se trouvent décrits, en détail, tous les incidents de l'histoire du peuple de Dieu ! Une analogie lointaine, imparfaite, et rien au delà ! — Or les dix-huit siècles écoulés depuis les apôtres ne nous fournissent pas même ce fait unique, isolé et insuffisant, que l'on croit découvrir avant Jésus-Christ. Des épileptiques, oui; de prétendus possédés, oui encore ; mais des malades par possession, des sourds, des muets, des convulsionnaires, des aveugles par l'effet de la présence des démons, vous n'en découvrirez point.

Cette forme du surnaturel correspondait d'une manière trop évidente à la venue et à l'œuvre du Rédempteur, pour qu'elle ne fût pas appelée à disparaître avec les autres, plus que les autres peut-être. Tout annonçait, au surplus, qu'il en devait être ainsi. La mention des démoniaques va s'effaçant à mesure qu'on avance dans le Nouveau Testament; le mot de *démon* finit par ne plus guère être pris par les auteurs des épîtres et de l'Apocalypse que dans son sens grec de *demi-dieu*. Remarquons-le surtout, les textes nombreux, où se trouve décrite l'action du diable, ne renferment pas une allusion à l'action spéciale, qui, ayant marqué l'époque du Seigneur, devait se prolonger pendant le ministère de ses apôtres. Le Nouveau Testament nous a prédit que nous serions exposés aux tentations de Satan ; il ne nous a pas prédit que nous serions exposés aux misères des démoniaques ; le Nouveau Testament nous a fourni toutes les armes de Dieu pour combattre l'ennemi de nos âmes ; il ne nous a pas transmis le plus petit exorcisme. Le diable sèmera de l'ivraie dans le champ ; le diable enlèvera la Parole sainte de nos cœurs, de peur qu'ayant cru, nous ne soyons sauvés ; le diable fermera devant nous les voies du Seigneur, qui sont droites ; il mettra à profit notre irritation, nos passions diverses pour nous faire tomber ; il nous livrera un assaut redoutable « au mauvais jour » ; il tendra des pièges sous nos pas ; il rôdera autour de nous, semblable à la bête de proie qui veut déchirer : à cela se bornera son rôle (c'est bien assez, ce me semble !) jusqu'au jour où la réapparition momentanée de ses prodiges appellera le retour des miracles, et, en donnant le signal des dernières luttes, donnera celui de la prochaine venue de Christ (*Matthieu*, XIII, 39 ; *Luc*, VIII, 12 ; *Actes*, XIII, 10 ; *Ephésiens*, IV, 27 ; VI, 11 à 13 ; I *Timothée*, III, 6 et 7 ; I *Pierre*, V, 8).

Je viens d'indiquer les raisons qui me portent à contester la continuation, après les apôtres, du surnaturel satanique et du surnaturel divin.

Il me reste à soutenir une seconde thèse. — Quand bien même quelques miracles de Dieu ou quelques prodiges du diable se seraient produits depuis la fin du Ier siècle de notre ère, une chose demeurerait certaine, c'est que rien de commun n'existerait entre ces merveilles et celles que vous nous racontez. Vous avez trouvé le secret de tout rapetisser et de tout fausser ; votre diable, je le répète, n'a rien de commun avec celui de la Bible. Au lieu de l'ange tombé, de l'adver-

saire perfide et redoutable, vous nous donnez je ne sais quel
être ridicule, revêtu d'un costume traditionnel, occupé de
sorcellerie au moyen âge, descendu maintenant aux taqui-
neries que chacun sait, aux danses de pelles et de pincettes!
Tantôt satyre, tantôt lutin, ce personnage n'est pas Satan,
ne le sera jamais, ne l'a jamais été.

Pour croire à votre diable et à ses œuvres, il faudrait commencer par ne plus croire au diable dont nous parle l'Écriture, au diable que chacun de nous ne connaît que trop.
Qu'est-ce que le vôtre? qu'est-ce que ce diable asservi aux
volontés de l'homme, obéissant en esclave aux formules magiques; ce diable qui acquiert les âmes par contrat, et qui, par
le même contrat, auquel il appose sa griffe, s'engage à servir
pendant un temps le maître qu'il vient d'accepter? Qu'est-ce
que ce diable qu'on enferme dans les coffres, dans le corps
des bêtes, ce diable qu'on met en bouteille? Voici un démon
qui a mon anneau pour prison; je le charge de mes messages,
de mes affaires, il parcourt le monde entier à mon comman-
dement! Voici d'autres démons qui servent de montures aux
sorcières, et qui, chaque nuit de sabbat, se tiennent docile-
ment au faîte des cheminées pour les transporter à travers
les airs!

— Imaginations populaires! — dira-t-on; oui, mais imaginations populaires qui ne sont pas moins attestées que tout
le reste de vos récits; imaginations populaires que vous adoptez
pleinement. Et vous avez raison, car en les rejetant, vous
rejetteriez l'ensemble des témoignages sur lesquels repose la
croyance du moyen âge, témoignages en vertu desquels on a
torturé, brûlé, hommes et femmes par milliers. Tout se tient
dans vos diableries; le fait principal n'est pas mieux prouvé
que les détails. Les descriptions du diable sont les mêmes, ou
peu s'en faut, dans toutes vos relations authentiques, dans
tous vos certificats civils, ecclésiastiques et judiciaires, dans
tous vos aveux de sorciers. C'est toujours le même pauvre

hère trompeur et trompé, absurde et dégoûtant. C'est toujours le pied fourchu, le pied de bouc. La fameuse supérieure des Ursulines de Loudun, que vous prenez sous votre protection spéciale, voyait son démon Béhémot sous une forme hideuse, armé de formidables griffes, ouvrant une grande gueule, jetant feu et flammes par la bouche et par les yeux. L'uniforme officiel, queue, cornes et griffes, se retrouve dans les descriptions de chaque exorciste et de chaque sorcier.

Or, maintenant, dites-le-moi, connaissez-vous quelque chose de plus contraire aux déclarations de l'Écriture, de plus propre à précipiter les âmes sous l'empire de Satan? — Satan, lui, « se déguise en ange de lumière »; il n'a garde de se faire répugnant, effroyable pour mieux tenter. Je voudrais pouvoir citer la réfutation spirituelle qu'un homme d'un grand cœur et d'un grand esprit a opposée à votre diable traditionnel. Malheureusement, il a jugé bon de l'écrire en vers patois, lui qui en fait de si beaux en français. La conclusion c'est que le tentateur est fort peu tentant, lorsqu'il se présente sous la forme dont vous l'avez revêtu [1].

1. Toutes réflexions faites, je me décide à mettre ici ces vers. Peut-être mon livre tombera-t-il sous les yeux de quelques-uns de mes compatriotes du Midi; peut-être aussi notre patois, auxquels je vais appliquer une orthographe qui le rapproche du français, sera-t-il compris par tout le monde.

Te laïssés pas tenta dou diable,
Mè disi moussu lou cura;
Che saris un grand misérablè
Et per toujou saris dana.
— Per lou couneïsse coumé faïré?
— Es un animou tou pélous.
— Cavalïsquo! ah, bou diou, ma maïré!
— Cha lou bé negré et les yeous rous.
N'en sort dè fio quand vous regardo.
A d'arpioun d'un pan et démi,
La lengue en ferre d'alébardo.
— Teïsa vous, mé fasè frémi!
Séi pintouria d'aquello sorto,
Vous juré, mousou lou cura,

La forme, ai-je dit; que serait-ce si nous passions aux noms? Ne riez pas; les noms font partie intégrante de vos révélations officielles; ils font partie de vos procès-verbaux de torture et de bûcher; tout est faux, si les noms sont faux. Or, qui osera les supposer vrais? Écoutez!

Les procédures du moyen âge nous présentent le démon Séraphin, le démon Chat, les démons Peregrino, Dagon, Acarron, Putiphar, Incitif, Ramond, Béhémot, Asmodée, Orphaxad, Gonsang, Beelphegor, Beelzebuth, Delphon.

Dans cette nomenclature s'aperçoivent les différentes sources auxquelles on a puisé. Tantôt on a pris un nom générique : Séraphin; tantôt on a eu recours aux personnages bibliques les plus mal famés : à Dagon, à Putiphar, à Beelzebuth, à une idole, à une femme débauchée, au nom d'un Esprit déchu; tantôt on a copié les apocryphes, qui ont fourni Beelphegor et Asmodée; tantôt on a inventé des appellations de fantaisie : Chat, Peregrino, Accaron, Incitif, Ramond, Orphaxad, Gonsang, Delphon. Le tout sans oublier Béhémot, qui doit apparemment cet honneur aux proportions monstrueuses de l'animal qu'il désigne.

Voici la liste complète des démons qui ont joué un rôle dans la grande possession de Loudun; le lecteur se chargera du commentaire :

Léviathan, Béhémot, Isaacorum, Balaam, Sans-Fin, Achaos, Eajas, Cerbère, Béhérit, Grésil des Trônes, Amant des Puissances, Souillon, Cédon, Daria, Baruc, Allumette, Sabalon, Astaroth, Charbon d'Impureté, Lion d'Enfer, Pérou, Marou, Ennemi de la Vierge.

Il y a là des démons de l'ordre des anges, tels que Charbon

> Qu'aura beou tapas à ma porto,
> Jamaï per eou sarai tenta.
> Mais si tant poulido chatoulo
> Mé dit : Eh! migno, vene eici!
> Alors, la forço m'abandouno,
> Et dise leou : Vege m'aqui.

d'impureté; des démons de l'ordre des archanges, tels que Lion d'Enfer; des démons de l'ordre des chérubins, tels que Pérou et Marou. J'avoue qu'à première vue et sur l'étiquette du sac, je n'aurais pas supposé que ces deux derniers noms, un peu roturiers, ce me semble, appartinssent à la plus haute aristocratie infernale; mais le doute n'est pas permis sur ce point; les témoignages qui suffisaient pour brûler Grandier suffisent assurément pour établir le classement des anges déchus. Que personne ne se permette donc d'exprimer un doute sur ce catalogue, éprouvé au feu de cent exorcismes, nomenclature où se coudoient les désignations mythologiques, bibliques et macaroniques : les Cerbère, les Balaam, les Souillon, les Allumette et les Grésil des Trônes. — Cela est vrai...., comme la sorcellerie tout entière.

Après les Ursulines de Loudun, à leur imitation, les possessions se multiplièrent dans les couvents et même ailleurs. On y vit reparaître Beelzebuth, Astaroth, auxquels on joignit assez ingénieusement Barrabas; puis Guilmon, Carmin, et beaucoup d'autres. Ces démons racontaient volontiers leur histoire; l'un était entré en Judas Iscariote, l'autre avait été expulsé par le Sauveur du corps d'un démoniaque, un troisième avait travaillé à la destruction des richesses de Job.

Mais sans arrêter plus longtemps le lecteur sur un sujet de ce genre, il est encore une remarque que je crois utile de présenter. Ces noms de diables sont si peu réels, ils sont si bien créés par l'imagination, par les réminiscences ou par les fraudes de ceux qui en parlent, que la nomenclature se modifie selon les temps et selon les lieux. Les démons impurs qui, chez les Juifs, s'appelaient Haza et Lilith, portèrent au moyen âge quelques-uns des noms que j'ai énumérés, et firent place, après la découverte de l'Amérique, au nouveau démon Cocoto, désignation empruntée à l'un des dieux du nouveau monde. Les pays du nord n'ont garde de donner à leurs diables les mêmes noms et les mêmes formes que les pays du midi; comme toute cette fantasmagorie se passe dans l'homme et non hors de lui; comme elle ne possède qu'une réalité subjective, et que son objectivité est nulle, les conceptions varient avec les usages et avec les climats. Comparez les déclarations des sorciers brûlés en Suède avec celles des sorciers brûlés en France, vous trouverez, là, sans doute, un fonds commun de superstition qui s'était répandu dans toute l'Europe, mais vous y rencontrerez aussi des dissemblances significatives. Les sorciers suédois invoquaient un diable nommé Antesser; ils se rassemblaient dans un lieu nommé Blocula; au lieu de notre bouc méridional, ils voyaient paraître Satan sous l'apparence d'un homme vêtu de gris, portant une barbe rousse, des bas bleus, des souliers rouges, un chapeau pointu orné de touffes de rubans; ils faisaient le voyage aérien assis sur des chèvres et sur des moutons; au Blocula, le diable leur jouait de la harpe, leur donnait le secret de traire les vaches à distance, leur faisait présent d'un quadrupède et d'un oiseau blanc, dont ils devaient se servir pour prendre du gibier. Les meurtres d'enfants, les vœux et les paroles abominables, les actes dégoûtants se mêlent à tout cela en Suède, comme en France, comme partout; cependant, il est impossible de ne pas être frappé de ce diable Antesser, de cet homme gris dépourvu de griffes et de cornes, dont une paire de souliers rouges remplace le pied fourchu. Cette harpe, ce secret pour traire les vaches, ces oiseaux blancs pour la chasse impriment au sabbat septentrional un cachet que nul ne méconnaîtra.

Règle générale : Les témoignages relatifs aux scènes sataniques portent toujours l'empreinte des idées qui règnent autour des témoins. Les sorciers suisses se faisaient brûler en affirmant que le diable leur avait appris à faire mourir les vaches; les sorciers suédois se faisaient brûler en affirmant que le diable leur avait fourni des instruments de chasse surnaturels; les sorciers marins du Labour se faisaient brûler en affirmant que le diable les transportait sur les vergues des navires afin de ruiner le commerce.

Je reviens à mon point de départ, à l'ignoble puérilité du caractère qu'on attribue au diable dans les rêveries malsaines du moyen âge. Pour justifier ce type consacré, ce type qui, effectivement, ne peut être abandonné sans que des millions de témoignages authentiques ne succombent avec lui, on essaie d'invoquer un texte de l'Écriture. — L'apôtre Paul n'a-t-il pas parlé « des *malices* spirituelles qui sont dans les airs? » *Malices*, vous voyez bien! Il n'est pas étonnant que les démons se déguisent en lutins et s'adonnent aux espiègleries !

Répondre sérieusement à des arguments de cette espèce, on ne l'exigera pas de moi. Ceux qui ayant lu le dernier chapitre de l'épître aux Éphésiens, y auraient vu « des malices » dans le sens qu'on veut donner au mot; ceux qui n'auraient pas compris que la vraie traduction est « méchancetés » ; ceux qui n'auraient pas senti l'effrayante gravité de la guerre engagée avec ces méchancetés spirituelles contre lesquelles le Saint-Esprit nous ordonne de saisir « l'armure complète de Dieu : la ceinture d'airain de la vérité, la cuirasse de la justice, le bouclier de la foi, le casque du salut, l'épée de la Parole de Dieu » ; ceux-là peuvent être très érudits en sorcellerie, mais ils ignorent absolument ce que la Bible nous a révélé. — Discuter avec eux, ce serait perdre son temps.

A quiconque se sert de ses yeux pour voir et de son intelligence pour comprendre, je dirai : Considérez le diable et ses anges tels que nous les montre la Révélation divine, et voyez ensuite quelle confiance est due aux déclarations, aux aveux, aux procès-verbaux, aux sentences capitales d'autrefois, aux attestations et aux journaux des « spiritualistes » d'aujourd'hui. Si la Révélation divine ne trompe pas, le témoignage ancien et moderne se trompe, ou nous trompe, car il attribue aux démons les occupations que voici :

Certains vieux manoirs ont mauvaise réputation; or ce n'est pas sans cause. Les bruits, les coups, les apparitions s'y reproduisent incessamment. Quand on se hasarde à loger dans ces maisons suspectes, on s'y voit assailli de tant de vexations nocturnes, que force est bientôt de déguerpir.

Au presbytère de Cideville, les démons font un tapage véritablement infernal; ils ébranlent les planchers, imitent le rythme des airs qu'on leur indique, répondent aux questions en frappant un certain nombre de coups; puis, ils se permettent de donner d'autres coups sur la cuisse d'un maire, de faire danser les pincettes et les chenets d'un curé; ils distribuent des soufflets aux enfants élevés dans le presbytère, ce qui ne les empêche ni de jouer ensuite avec eux, ni de se laisser agacer du bout du pied. Il est vrai que ces gaietés-là ne sont pas sans danger pour le mobilier et pour la vaisselle!

A Guillonville, l'année 1849 se marque par des farces diaboliques non moins curieuses. Adolphine Benoît était en butte à d'étranges persécutions. « Tantôt des cordes, des chandelles, des chiffons, des corbeilles à pain, des chopines pleines d'eau et même de vieilles charognes se trouvaient subitement transportés sur son dos ou dans ses poches; tantôt les ustensiles de cuisine, casseroles, poêlons, cuillers à pot, venaient s'accrocher aux cordons de sa jupe ou de son tablier. D'autres fois, entrant dans l'écurie, les harnais des chevaux sautaient sur elle et s'entortillaient de telle façon qu'un secours lui était nécessaire pour s'en délivrer. Un jour, toujours en entrant à l'écurie, les deux colliers des chevaux vinrent se placer sur ses épaules. » Les étagères lui tombaient sur le dos, un sac l'enveloppait de la tête aux pieds, le trépied et la chèvre à scier le bois allaient se placer à califourchon sur son cou. Je passe le bonnet d'un jeune enfant enlevé et remplacé par une énorme cuiller à pot, son berceau assailli par les pelles, par les réchauds ; les médailles et les crucifix arrachés. Mon intention n'est pas de discuter les faits et les certificats très respectables sur lesquels s'appuient ces récits ; je ne veux que constater les fonctions attribuées au diable et supplier les chrétiens d'y réfléchir en présence de la parole de Dieu.

Le département de la Seine-Inférieure (c'est M. de Mirville qui nous l'apprend), a vu en vingt-cinq ans trois exorcismes capitaux ordonnés par l'évêque et couronnés par le plus complet succès. Tel presbytère restait inhabité à cause des Esprits qui l'occupaient ; l'ecclésiastique qui eut le courage de s'y établir, fut contraint de se défendre à coups de feu contre les lutins.

Aux États-Unis, le diable, des bruits et des grattements mystérieux, des *knockings* et des *rappings* par lesquels il avait débuté a passé aux ustensiles déplacés et replacés, aux dames décoiffées et recoiffées. Il s'est même lancé dans les illuminations magiques et dans les représentations à grand orchestre, faisant tantôt jaillir une flamme phosphorescente des murs d'un appartement, tantôt retentir soit à terre, soit dans les airs, une musique ravissante. Après cela, grouper des fantômes dans une chambre, suspendre des hommes dans l'atmosphère ou caresser les assistants au moyen de mains surhumaines et glacées n'a plus été qu'un jeu pour lui.

Je laisse les guéridons, les chapeaux, les *mediums* et les procédés par trop simples qui leur servent à mettre au compte *des Esprits* toutes les conceptions de leur propre esprit. Est-ce là, je le demande encore, le Satan de la Bible, le grand adversaire, le grand naufragé ? Qu'il profite d'une si incroyable méprise, cela n'est point douteux ; il n'y a pas d'erreur qui ne lui profite. Mais son œuvre, ici, consiste précisément à nous le faire croire occupé de badinages et de

niches ridicules; à cacher le Tentateur derrière le fabricateur de petits prodiges, qui se tient blotti dans le mobilier
et que deux planches clouées mettent en mouvement [1].

Signalons une autre contradiction entre la Bible et le surnaturel diabolique. On ne se contente pas de nous donner un
diable rapetissé, satyre ou lutin selon les siècles; on invente
un diable placé dans la dépendance des formules et des mouvements. On nous avait familiarisés avec lui, on nous avait
appris à nous divertir des espiègleries des Esprits déchus et
des âmes condamnées; ce n'est point assez, on tient à effacer
toute trace de spiritualité comme on a effacé toute trace de
grandeur. Un matérialisme éhonté, tel que le baron d'Holbach lui-même n'eût osé le rêver au dernier siècle, s'installe
maintenant chez nous, et c'est le parti *religieux* qui se
charge de le patronner !

L'idée fondamentale du moyen âge, de ses modernes
champions, c'est que l'action de Satan se lie à des faits matériels, à une formule, à un geste, à l'emploi de certaines
herbes, au choix de certaines heures du jour ou de la nuit.
Or l'invention du sortilège mécanique (auquel correspond le
miracle non moins mécanique, la magie des bonnes formules
annulant celle des mauvaises), une telle invention est le
comble de l'impiété.

Que les formules opèrent en vertu de leur puissance
intrinsèque, vous l'allez voir. Lisez les interrogatoires officiels de la première sorcière, de la première possédée venue,
vous y trouverez les fameux *pactes*. Madeleine Bavan et les
autres religieuses de Louviers déclarent qu'un magicien les
avait livrées au diable. « J'ai donné par écrit la propriété de
mon corps à ce Dagon, disait Madeleine Bavan; il existe

1. Voir le livre du marquis de Mirville, pages 227, 229, 325 à
327, 330, 335, 346, 352, 353, 356, 357, 372, 374, 375, 376, 379, 380,
381, 383, 391, 396, 397, 400, 401, 402, 405, etc.

I.   9

plusieurs actes, signés de mon sang, par lesquels je reconnais que mon corps lui appartient. »

Et ces pactes n'engageaient pas seulement le possédé, ils engageaient le démon. Une fois sa griffe apposée, le démon est tenu d'obéir à quiconque requiert l'exécution de ses promesses : sous aucun prétexte il ne peut s'en dispenser. Les pactes sont inviolables; quelques-uns durent même après la mort du contractant; qu'ils tombent alors entre les mains de la personne la plus étrangère à la sorcellerie, entre les mains d'un enfant; que l'enfant se serve de la conjuration ou du signe dont il ne comprend pas la valeur, il sera ponctuellement obéi. Il sera trop obéi parfois, témoin ce pauvre étudiant de Louvain, qui, resté dans le cabinet de son professeur (célèbre sorcier, cela va sans dire), eut l'imprudence de lire un gros livre ouvert sur la table. Sa lecture malencontreuse força le diable à paraître; mais, s'apercevant que l'étudiant n'en savait pas plus long, furieux de s'être dérangé pour rien, il le saisit à la gorge et l'étrangla.

Ce n'est encore rien. Dans le pacte il y a un consentement volontaire; la toute-puissance de la matière n'éclate pas suffisamment. Pour les théories auxquelles je m'attaque, et qui osent se dire chrétiennes, c'est trop de spiritualité; elles font un pas de plus. En vertu d'une formule, d'un mouvement, par le contact d'un objet magique, par le don d'un ruban ou d'une fleur, le sorcier disposant des corps et des âmes, les livre à l'empire de Satan! Le misérable père Surin, l'un des exorcistes de Loudun, subissant à son tour la contagion infernale, écrivait à un autre jésuite : « Le diable a fait pacte avec une magicienne, pour m'empêcher de parler de Dieu... Je suis contraint pour avoir quelque conception, de tenir le saint sacrement sur ma tête, me servant de la clef de David pour m'ouvrir la mémoire. »

On le voit, un matérialisme divin correspond au matérialisme satanique : ce que le pacte de la magicienne a opéré, le saint sacrement, placé sur la tête, le détruit momentanément. Les mêmes scènes se reproduisent dans le couvent de Louviers; là aussi, le mal était venu d'une magicienne, qui, ayant jeté un charme sur les religieuses, les avait transformées en suppôts du diable.

Les choses ne se passaient pas autrement. Chez les religieuses de Lille, qui furent possédées au commencement du XVIIe siècle, l'auteur du charme fit des aveux complets. Voici ce que déclara cette sœur Marie de Sains, célèbre jusqu'alors par ses vertus : « J'ai placé sous les accoutrements des nonnes, aux paillasses de leurs couchettes, un maléfice que le diable me confia et qui devait causer l'extermination de la communauté. Ce maléfice fut inventé au sabbat par Louis Gaufridi... Il avait été composé avec des hosties et du sang consacrés, avec des poudres de bouc, des ossements humains, des crânes d'enfants, du poil, des ongles, etc. » Et la nouvelle sorcière expose comment son philtre a donné à telle religieuse le dégoût de sa vocation, à telle autre des pensées déshonnêtes, à telle autre des sentiments de mélancolie ou de colère. Elle parle de maléfices « contraires à la confession ». Que sais-je, moi? il n'est pas une maladie physique ou morale que ne puissent infliger les charmes magiques!

L'*envoûtement* (opération bien connue destinée à assurer la mort d'un ennemi) n'était rien en quelque sorte, comparé aux opérations qui introduisaient le démon dans les cœurs et les souillaient instantanément. Qu'un bouquet soit jeté dans le couvent des Ursulines, les voilà contraintes d'éprouver et d'exprimer des sentiments tels que la plume se refuse à les reproduire! Que des charmes soient placés en diverses parties du monastère de Saint-Louis à Louviers, et les sœurs de Sainte-Élisabeth sont envahies à leur tour par une troupe d'Esprits impurs!

Le sort a été jeté; dès lors Satan (qui ne saurait le faire

autrement) s'empare des victimes qu'on lui abandonne ainsi. Des hommes meurent, des bestiaux dépérissent, des âmes sont dominées par les instincts les plus dépravés; rien de plus simple : on a jeté un sort !

Voici mieux encore : en dépit de la déclaration de Jésus, qui déclare que Satan ne chasse pas Satan (*Mathieu*, xii, 21 à 27), le diable est souvent « divisé contre lui-même ». Les sorts qu'il a jetés, c'est lui qui les lève; les sorciers expulsent les diables, leurs formules guérissent, leurs formules délivrent!

Je ne discute pas; je raconte. Si j'avais à discuter, j'engagerais les modernes champions du surnaturel dont il s'agit à remplacer les paroles par des actes. Ils les connaissent, ces fameuses formules dont est si grande la puissance; les magiciens même ne leur manquent pas : on nous assure qu'ils n'ont jamais été si nombreux; qui les empêche de faire opérer publiquement et en grand? Lorsque, d'un mot, ils auront créé ou supprimé des maladies et des possessions générales, ils nous auront ôté le droit de remarquer que certaines merveilles demeurent prudemment confinées dans les temps et dans les lieux où aucun contrôle n'est à redouter pour elles.

En attendant, nous supplions le lecteur de ne pas perdre de vue notre thèse, et de placer, en face des dogmes chrétiens, le dogme des sortilèges, le dogme des possessions par voie d'importation magique, ou d'attouchement.

C'est lorsque le berger a *touché* l'enfant, que la bourrasque commence à fondre sur le célèbre presbytère de Cideville; aussi, le curé a-t-il soin de se défendre à coups de bâton contre le berger-magicien, quand celui-ci s'efforce plus tard de le *toucher* lui-même, sous prétexte d'implorer son pardon.

M. de Mirville fait remarquer avec raison que partout la possession remonte à un importateur, à un magicien, à un sort jeté par lui. C'est le curé Picard à Louviers; c'est un autre curé dans le diocèse de Bayeux. La bergère du Cret, Isabeau Vincent, inocule la possession prophétique aux camisards. Les convulsions de Saint-Médard sont produites par le contact du tombeau du diacre Pâris. Ce que le parfum des roses avait opéré à Loudun, ce que le souffle avait opéré dans les Cévennes, ce que la terre et le marbre avaient opéré chez les jansénistes, la craie de M. Dupotet, l'eau magnétisée de Mesmer l'opéreront à leur tour. Autant de talismans qui servent de véhicule aux démons.

L'épidémie diabolique se concentre dans un point précis, dans une caverne, dans un désert. Elle s'élance de là, sur l'ordre d'un magicien, et, importée par lui, se communique de proche en proche. Un magicien avait jeté un sort sur cette guérite du camp de Boulogne que Napoléon fut obligé de faire détruire, parce que toutes les sentinelles s'y brûlaient la cervelle. Un magicien avait ensorcelé cette porte des Invalides que le maréchal Serrurier fit murer, parce que douze invalides s'y étaient pendus en quinze jours.

Les légions de mauvais Esprits s'accumulent dans certains coins de terre, dans les lieux fatidiques des païens, dans les hauts lieux des Juifs idolâtres. C'est là que s'approvisionnaient les sorciers anciens; c'est de là que le magnétisme transcendant fait venir, aujourd'hui encore, les démons qu'il emprisonne dans ses cercles magiques. C'est de là que nos médiums actuels tirent l'influence mystérieuse à laquelle ils servent d'intermédiaires?

La contagion est d'ailleurs facile à constater. Autrefois les possessions épidémiques se transmettaient de couvent de femmes en couvent de femmes; aujourd'hui les tables parlantes nous arrivent d'Amérique par le paquebot; l'importation a lieu par l'Allemagne, elle passe en Angleterre, puis en France comme le choléra morbus. On pourrait compter les étapes.

Ainsi, toujours un foyer, toujours un agent conducteur

des miasmes diaboliques, toujours une communication de
proche en proche. La théorie est aussi conséquente — et
aussi matérialiste — que possible : c'est la croyance du
moyen âge, renouvelée avec une parfaite sincérité [1].

Cette croyance a régné partout. Dans les pays désolés par
le vampirisme, on devient vampire en mangeant de la viande
que les vampires ont infectée.

Le mal diabolique se prend tellement par contagion matérielle, que les exorcistes sont exposés à subir eux-mêmes la
possession qu'ils travaillent à détruire chez les autres? Loudun
a vu le père Lactance, le père Surin, le père Tranquille,
successivement envahis par l'épidémie. On dirait de ces
médecins qui, à Barcelone, mouraient de la fièvre jaune qu'ils
y étaient allés étudier et combattre.

Impossible de mieux oublier le rôle du Tentateur, le caractère de ses attaques. Nous sommes à mille lieues de la Bible.
— Est-il possible de s'en éloigner encore? Il paraît bien
qu'on le peut, car M. de Mirville a retrouvé chez ses Esprits
fluidiques de Cideville la même propriété qu'on avait remarquée, jadis, chez les démons du bon temps. Leur présence
se manifestait par une sorte de colonne grisâtre; on voyait
cette vapeur serpenter en tous sens avec un sifflement léger,
puis se condenser visiblement et s'échapper comme un courant d'air par les fentes de l'appartement. Ce fut alors que
les témoins du prodige s'armant de longues pointes, infligèrent
aux ombres mystérieuses des blessures qui, en vertu d'une
solidarité diabolique, se retrouvaient le lendemain sur le
corps du berger.

En voilà assez, je l'espère. Toute ma surprise en lisant ces
choses, c'est que les hommes souvent aussi honorables que

1. Consultez les pages suivantes du livre de M. de Mirville :
108, 109, 117, 121, 129, 136, 137, 145, 163, 170, 201, 202, 203, 204,
205, 207, 286, 290, 320 325, 333, 366, 395, 407, 410, 426, etc.

distingués qui les écrivent, aient jamais tenu entre leurs
mains un livre qu'on nomme la Bible. Que les siècles qui ne
la possédaient ni ne la connaissaient aient été entraînés vers
ces superstitions matérialistes, je le comprends; mais aujour-
d'hui!

Aujourd'hui, on cite la Bible en faveur du matérialisme;
voilà le seul changement. Je pourrais en appeler à l'ensemble
des écrits sacrés, au parfum de spiritualité qui s'en exhale,
au culte en esprit et en vérité qu'a établi Jésus. J'aime.
mieux renoncer à tous mes avantages et m'enfermer dans
l'examen des trois ou quatre textes péniblement ramassés,
qu'on s'efforce de tordre afin de leur faire exprimer une
doctrine analogue à l'action magique des formules et des
sorts jetés, aux possessions par contact, aux délivrances par
sortilège ou par exorcisme.

On nous cite les mouchoirs de l'apôtre Paul, ces mouchoirs qu'on portait aux malades d'Éphèse et qui les guéris-
saient; on nous cite le bord de la robe du Sauveur qu'une
femme infirme toucha par derrière et qui la guérit.

Mais on l'oublie, la citation n'a une portée matérialiste,
qu'autant qu'on prend la peine de la compléter en écrivant
ceci entre les lignes : « Les mouchoirs de l'apôtre lui avaient
été dérobés, et ce n'était pas par son ordre qu'ils étaient
portés aux malades. Jésus-Christ ignorait la présence, l'action et la foi de la femme infirme qui touchait sa robe. » —
Sans cette addition nécessaire, les deux textes ne prêtent nul
appui à la théorie qui les invoque : en voici la pure et simple
interprétation.

Paul, accablé de travaux à Éphèse, ne pouvant sans doute
se rendre chez tous les malades pour leur imposer les mains,
leur envoie des mouchoirs; sa volonté de les guérir au nom
du Seigneur, la foi des malades et l'acte matériel coïncident
dans ce cas, comme dans tous les cas de guérison miraculeuse. Jésus, entouré par la foule qui le presse et qui,

(notez-le bien), touche ses vêtements sans qu'aucune vertu en sorte magiquement par voie de contact accidentel; Jésus, qui sait et voit toutes choses, aperçoit une pauvre femme infirme s'approchant par derrière et portant une main aussi humble que croyante à la frange de son habit; Jésus veut son rétablissement; le rétablissement s'opère. Ici encore coïncident la volonté de guérir, la foi du malade, et l'acte matériel.

Mais enfin, direz-vous, il y a un acte matériel! Assurément, et je vous ferai même remarquer qu'il y en a toujours ou presque toujours dans les miracles de la Bible. Jésus-Christ guérissait en posant ses mains sur la tête des malades, ou en leur laissant toucher ses vêtements; parfois il allait jusqu'à appliquer son doigt à la partie malade; tout au moins prononçait-il des paroles, ce qui est aussi un acte matériel. Lazare ne se levait du tombeau qu'au moment où venaient de retentir les mots : « Lazare, sors! » — A l'exemple de leur maître, les apôtres opéraient les miracles en parlant, en appliquant leurs mains sur ceux qu'ils voulaient enrichir des dons extraordinaires du Saint-Esprit ou délivrer des maladies et des démons; ils appliquaient des linges à défaut des mains. Qu'y a-t-il là d'étonnant? Faudra-t-il, pour éviter un matérialisme antichrétien, tomber dans un spiritualisme absolu que le christianisme ne condamne pas moins? Faudra-t-il raisonner à la façon de certains mystiques qui, désireux de perfectionner l'Évangile, retranchent la communion et le baptême; car, disent-ils, nous pouvons nourrir notre âme de Christ sans recourir à des symboles matériels, et le baptême intérieur qui purifie l'âme nous dispense du baptême matériel qui ne nettoie que le corps!

Je ne suis pas, grâce à Dieu, aussi spiritualiste que cela. Je sais que mon Sauveur touchait et se laissait toucher; je sais qu'il soufflait sur ses apôtres le jour où il leur communiquait le Saint-Esprit; je sais qu'Élisée donnait son bâton à

Guéhazi pour le mettre sur l'enfant de la Sunamite, et qu'il
le couvrait lui-même de son corps; je sais que Dieu avait
remis une baguette à Moïse, et que la mer Rouge ne s'ou-
vrait, que le rocher ne répandait ses eaux qu'au moment où
la baguette s'était abaissée... Mais tout cela, je le demande,
a-t-il quelque rapport avec l'action magique et la vertu
intrinsèque des formules, avec l'introduction des démons
par un acte purement matériel, avec la contagion propagée
par des objets infectés, par des bouquets imprégnés de
miasmes diaboliques?

Des combinaisons de matière ou des combinaisons de
mots, livrant à l'empire du mal ou en délivrant par leur
intrinsèque vertu! cela ne s'appuie sur aucune analogie dans
l'Écriture.

Un seul fait semblerait revêtir ce caractère; il ne le conserve pas longtemps aux yeux des lecteurs qui savent réfléchir. Un mort fut ressuscité parce qu'il avait été jeté dans la
fosse où se trouvaient les ossements d'Élisée. Qu'en devons-
nous conclure? Que les os des saints et des prophètes ont eu,
en eux-mêmes, la puissance de ressusciter les morts? ou que
Dieu a voulu honorer par un miracle spécial un de ses plus
fidèles serviteurs? Nous n'hésiterons pas à adopter la seconde
conclusion, si nous remarquons que les prophètes et les
saints ont été très nombreux, et que les résurrections par la
vertu de leurs os ne se sont jamais reproduites.

Ainsi le matérialisme aux abois perd l'un après l'autre ses
arguments favoris.

Il voudrait bien en découvrir un dans la déclaration de
Jésus-Christ : « Cette sorte de démon ne sort que par la
prière et par le jeûne. » — Voilà un procédé! s'écrie-t-on,
l'expulsion de certains démons apparaît ici en étroit rapport
avec certains actes d'abstinence et de dévotion. Un procédé!
oui certes, et même un procédé d'une application très générale. Les chrétiens ne sont puissants que par la prière et par

le jeûne, par la supplication et par l'humiliation (car Ésaïe
nous l'apprend, la partie essentielle du jeûne est là). —
Examinons l'incident. Les apôtres, mal affermis encore, ont
échoué, après l'accomplissement de plusieurs miracles,
devant une œuvre plus difficile : ils n'ont pu guérir la luna-
tique (MATHIEU, XII, 16). Jésus réprimande leur incrédulité,
cause de leur impuissance ; puis d'un mot, les ramène
(l'importance primordiale de la foi signalée) à cette autre
force : l'humiliation et la prière. S'en étonnera-t-on, comme
d'une révélation nouvelle? Y a-t-il rien là qui recommande
le matérialisme religieux..., à moins qu'on ne transforme
le jeûne en simple abstinence et la prière en récitation mécanique! — A cela je n'ai rien à dire.

Reste une dernière ressource. — On s'arme des récits de
l'Ancien Testament qui nous rapportent l'action spirituelle
de la musique. Tantôt Élisée se fait amener un joueur d'instruments avant de prophétiser, le jour de la bataille contre
Moab; tantôt les mélodies du jeune David délivrent Saül de
l'obsession du mauvais Esprit envoyé par l'Éternel! — J'ai
toujours été étonné de la surprise que causaient ces textes.
Prétend-on nier les rapports du physique et du moral? Con-
teste-t-on les effets moraux que peuvent produire certaines
harmonies? S'il en est ainsi, renonçons aux chants sacrés, à
ces chants qui n'agissent pas seulement sur nos âmes par le
sens des paroles, mais par la puissance des sons. N'avez-vous
jamais remarqué l'effet martial de certaines marches? Pas
une syllabe n'a été prononcée, et cependant tous les cœurs
sont électrisés, on brûle de voler au combat. S'il y a des airs
guerriers, il y a des airs religieux, il y en a qui élèvent
l'âme, il y en a qui l'apaisent. Ce n'est pas pour rien que
Jésus chantait le cantique avec ses disciples, que les apôtres
recommandaient aux Églises de s'édifier par des psaumes et
par des hymnes spirituels; ce n'est pas pour rien qu'il nous
est parlé du chant des anges, qu'il nous est annoncé que la

musique pénétrera dans une autre vie, qu'elle retentira éternellement en présence de Dieu.

Par elle-même, par elle seule, la musique ne chasse pas le diable, n'appelle pas le Saint-Esprit. Est-ce à dire qu'elle ne puisse contribuer, puissamment, sous la bénédiction d'en haut, à disposer le cœur de telle sorte que l'Esprit malin s'en retire et que l'Esprit-Saint y trouve accès? Certaines impressions physiques sont dangereuses pour notre âme; certaines impressions physiques nous font du bien. La magie, noire ou blanche, n'a rien à voir dans cette influence et dans ce résultat, parfaitement naturels.

La liste des textes que le matérialisme religieux a ramassés dans l'Écriture et qu'il cherche à interpréter en sa faveur est épuisée. Ceux qui désireraient se rendre un compte plus exact de la question feront bien d'ouvrir leur Bible et de lire les versets suivants : *Actes*, xix, 10; *Marc*, v, 25 à 34; *Matthieu*, xiv, 36; *Matthieu*, ix, 18; *Luc*, xiii, 13; *Matthieu*, viii, 15; *Matthieu*, ix, 29; *Jean*, xi, 43; *Marc*, xvi, 18; *Actes*, viii, 17; *Jean*, xx, 22; II *Rois*, iv, 29; II *Rois*, iv, 34; *Exode*, iv, 20; *Exode*, xvii, 5 et 6; II *Rois*, xiii, 21; *Matthieu*, xvii, 21; *Ésaïe*, lviii, 5; I *Samuel*, xvi, 14 à 23; II *Rois*, iii, 15; I *Samuel*, x, 5. On trouvera là tout ce qu'il est possible de m'opposer.

L'idée de charme magique a un corrélatif obligé, celle d'exorcisme. Comme le sort est jeté par une formule, une autre formule le détruit. Il ne s'agit pas, entendons-nous bien, de l'efficacité de la prière pour combattre Satan et ses œuvres; il s'agit d'une efficacité liée à tel ou tel arrangement de mots.

C'était ainsi qu'agissaient, d'après le témoignage de Josèphe (*Antiquités*, viii, 2), les exorcistes juifs que nous retrouvons dans le livre des Actes (ix, 13). Ils prétendaient chasser les démons et guérir les maladies au moyen de la

Cabale et des combinaisons de phrases ou de chiffres auxquelles ce livre attribuait un pouvoir mystérieux.

Quant à Jésus-Christ, il n'employait certes pas d'exorcisme; ses disciples n'en avaient pas reçu de sa bouche : ils chassaient les démons « par l'Esprit de Dieu ».

On a voulu trouver la preuve des succès obtenus par la *Cabale* et par les exorcismes, dans le 27e verset du xiie chapitre de Matthieu : « Vos fils, par qui chassent-ils Beelzebuth? » On voudrait que cette expression : *Vos fils*, désignât les exorcistes juifs dont parle Josèphe! Le Sauveur, à le prendre ainsi, proclamerait la puissance miraculeuse de ses adversaires! Il n'accomplirait lui-même qu'un miracle journellement opéré au moyen de formules! Il s'assimilerait aux magiciens cabalistes! En conférant avec solennité à ses disciples la puissance d'expulser les démons, il ne leur aurait rien accordé, rien qui ne fût à la portée des enfants incrédules de Scéva! — Voilà où l'on en vient, lorsqu'on détourne les textes de leur sens simple et précis. Jésus-Christ, par cette expression : « vos fils », désignait clairement et ses apôtres et ceux de ses disciples qui ne le suivaient pas habituellement (*Marc*, ix, 38). Vous m'accusez, semble-t-il dire, de recourir à Beelzebuth pour chasser Beelzebuth; vous m'accusez, moi, Fils de Dieu; mais vos fils, mes disciples, hommes comme vous; mes disciples, que vous ne pouvez transformer comme moi en êtres extraordinaires au service de Satan; mes disciples, qu'épargnent encore vos calomnies toujours concentrées sur moi seul; mes disciples viennent de parcourir vos campagnes, délivrant partout les démoniaques : « Vos fils, par qui chassent-ils Beelzebuth? C'est pourquoi ils seront eux-mêmes vos juges. »

L'Écriture n'autorise donc pas plus le matérialisme des exorcistes que celui des faiseurs de miracles ou des sorciers. L'action magique des mots récités, action que d'autres mots équivalents ne posséderaient pas, est absolument étrangère à la Bible. Ce n'est pas elle qui a fourni l'exemple de ces bénédictions si souvent rappelées à propos des Esprits frappeurs : « Mets en fuite, Seigneur, tous les Esprits malins, tous les fantômes et tout Esprit qui frappe, et défends l'entrée de cette maison. » Ce n'est pas la Bible qui nous a enseigné à expulser le démon des éléments, des lieux, des édifices.

On marchait sur la grande route qui menait là, dès l'instant où l'on a commencé à attribuer au baptême une vertu magique, une *opus operatum* ; dès l'instant où l'on a commencé à voir l'eau chassant le démon et le délogeant en quelque sorte des différentes parties du corps : « Sors de cette tête, de ces cheveux, de ces poumons, de ces membres ; sors, fuis, écoule-toi comme un liquide, *liquefactus!* »

De là aux exorcismes en faveur des meubles et des immeubles, aux exorcismes contre les hannetons ou contre les rats, il n'y a pas si loin qu'on l'imagine. Puisque le procédé d'expulsion existe, pourquoi ne l'appliquerait-on pas partout? Aussi ne suis-je pas de ceux qui s'étonnent en voyant l'évêque de Lausanne exorciser les rats qui désolaient le pays de Vaud. Le fléau était réel, et la famine qui en résultait n'était pas plaisante le moins du monde ; les insectes ont bien figuré parmi les plaies d'Égypte, la multiplication excessive des rats ne se montrait guère moins redoutable. Le principe des exorcismes une fois admis, il est fort simple que les évêques s'en soient servis contre des adversaires qui semblent ridicules. Ce qui est déplorable, c'est le principe ; ce sont ces rats-démons, dignes cousins des démons fixés dans les murailles ou dans les charpentes ; ce sont ces formulaires tout-puissants, proches parents des incantations de la sorcellerie.

Une fois lancé sur une telle pente, on ne peut s'arrêter. Viennent alors les médailles bénites, véhicules d'une sainte influence, comme le bouquet de Grandier était le véhicule d'une influence mauvaise; viennent les applications de reliques qui délivrent de leurs démons les filles de Bayeux. Elles ressentaient des douleurs insupportables dans la tête, dans les jambes, dans les bras; or, par l'effet de l'application des reliques, tout cela passait sur-le-champ d'une partie de la tête à l'autre, d'un bras à l'autre, ou d'une partie du même bras à quelqu'autre partie. Ces applications faisaient cesser la paralysie musculaire, l'occlusion des sens, la suspension des actes de l'intelligence. A Loudun, le saint sacrement placé sur la tête produisait les mêmes effets. Moquez-vous, après cela, de ce duc d'Albe, ambassadeur en France sous Louis XIV, qui cherchait à guérir son fils malade en lui faisant avaler à son insu des reliques réduites en poudre!

La vertu magique des objets sacrés et des paroles sacrées nous introduit dans un ordre d'idées où les serments prêtés sur des reliques deviennent plus obligatoires que des serments ordinaires prêtés devant Dieu; où l'on a soin de se procurer une châsse vide quand on veut, trompant son ennemi, prendre un engagement solennel avec l'intention arrêtée de le violer.

Ce matérialisme-là date de loin. L'antiquité païenne avait ses palladiums, petites statues dont la puissance intrinsèque gardait les villes: Apollonius de Tyane fabriquait des talismans contre les moustiques, contre les scorpions, contre les serpents, contre les inondations et les incendies. N'a-t-on pas imité ces exemples, lorsqu'on a attribué au pain bénit, à l'eau bénite la faculté de mettre en fuite les animaux destructeurs ou les démons? Voici une abbaye qui distribue du pain bénit, avec une instruction imprimée, pour le couper en petits morceaux et le répandre dans les endroits visités par les rats. Voici un pape, Étienne V, qui donne l'ordre de répandre de l'eau bénite dans les champs infestés de sauterelles ; « et il ne resta pas une sauterelle dans les endroits où l'eau tomba! » Voici des rituels qui contiennent des formulaires contre les orages, qui annoncent que l'eau bénite est propre à « mettre en fuite les démons et à chasser les maladies..., de telle sorte que tout ce que cette eau aura mouillé dans les maisons soit débarrassé de toute impureté, de tout mal, que l'Esprit pestilentiel n'y réside plus, etc. » (*Non illic resideat Spiritus pestilens.*)

A l'heure même où j'écris, on répand dévotement à Lyon et aux environs une *oraison au saint sépulcre de Jésus-Christ*, où je lis ce qui suit : « Quiconque portera cette oraison sur soi ne mourra point de mort subite, ne sera pas attaqué de la peste et ne périra pas par le feu. Toutes les personnes qui porteront sur elles cette oraison ne craindront aucun mal... Quiconque la portera sur soi ne sera pas condamné injustement; il ne mourra point sans confession et ne craindra ni ne sera accusé faussement. Si une personne était possédée du démon, mettez cette oraison sur elle, et à l'instant elle sera délivrée. Tous ceux qui la porteront dévotement sur eux peuvent être bien sûrs de voir Notre-Dame de Bon-Secours trois heures avant leur mort. »

Si rien n'est plus opposé à l'Écriture que la croyance aux amulettes, aux exorcismes, à tous les procédés matériels contre Satan, rien n'est plus profondément ancré dans le mauvais cœur de l'homme. Quiconque a parcouru le bel ouvrage de M. Layard (*Discoveries in the ruins of Nineveh and Babylon*) aura remarqué les curieuses images qui figurent de la page 512 à la page 520. Ce sont autant d'exorcismes juifs, remontant aux premiers siècles de notre ère, et découverts à Babylone. Chose frappante! En remuant aujourd'hui les ruines informes de l'antique Babel on ne retrouve guère que cela. Ces frêles poteries, recouvertes de la conjuration cabalistique, seules ont survécu à tant de monuments? Quel commerce d'exorcismes cela suppose? que de poitrines protégées par le mystérieux talisman! quelle

superstition! et quel éloquent commentaire au Talmud, que
les fouilles de M. Layard. Ne nous en étonnons pas; ceux
qui ont trouvé moyen de placer la tradition talmudique à
côté de la Bible, étaient bien capables de composer les formules dont nous allons citer quelques spécimens :

« Ceci est une lettre de divorce que je donne au diable et
à Satan, et à Nérig, et à Zachiah, et à Abitar de la montagne et aux monstres de la nuit (les noms des démons du
moyen âge, on le voit, n'étaient pas encore inventés dans
la colonie juive de Babylone)... J'annule les desseins de ces
diables et le pouvoir du chef des monstres de la nuit. Je vous
ordonne à tous, monstres mâles et femelles, de prendre la fuite.
Je vous ordonne, par le sceptre de celui qui seul est puissant,
de quitter ces habitations... Amen, amen, amen, selah! »

« Remède céleste pour guérir les maladies et pour chasser
les démons (la lettre de Lyon en fait autant)... Ce remède
garantira tous les enfants des hommes des charmes des
enchanteurs et en délivrera vos habitations... Cette amulette
met fin à *levatta*, qu'il soit vieux ou nouveau. Elle protège
contre les magiciens, au nom de Batiel et de Gatuel, et par
la protection d'un ange qui a onze noms : *ss. bb. hs. rig.
ccc. acs. cas. id. rih. hrih. ih. oini. hch. qph. ang. paa.
nsc. csc. ici. cvv. nha. ii...* par ces noms les captifs seront
délivrés de leur captivité et de tout *nidra*, de tout *levatta*,
de tout *patiki*, de tout *isarta*, aussi bien que tout autre
mauvais Esprit... Amen, amen, selah, amen, amen, amen,
amen, selah, hallelluiah, hallelleluiah, *V. V. V.* Prends
garde. *V. V. V. V...* »

« Même lettre approuvée, confirmée et scellée par l'autorité divine, dont l'efficacité se fera sentir à ceux qui la liront
à tous ceux qui habitent Pasikiah; pour préserver du *nidra*,
et de la sorcellerie, et des enchanteurs, et de ce *levatta*...,
et de tous les mauvais Esprits mâles et femelles, et du mauvais œil... »

Je me lasse de copier ces sottises anciennes et modernes. On courrait risque de devenir athée, à les considérer trop longtemps. Une matière peuplée d'Esprits; des Esprits qu'un talisman, une médaille ou une lettre mettent en fuite : un mécanisme soi-disant religieux qui fonctionne de lui-même! En vérité, si nos relations avec le monde invisible avaient un tel caractère, on finirait par donner raison aux ennemis les plus déclarés de la religion.

Il faut cependant que je triomphe de ma répugnance, pour signaler rapidement encore d'autres conséquences de ce matérialisme sans cesse renaissant dont je trace ici le portrait.

Une des plus remarquables est la fréquente insuffisance des exorcismes. Comme l'énergie des formules doit être proportionnée à celle de l'ennemi, il se trouve tel démon têtu qui défie les ingrédients préparés pour des Esprits moins forts. On a beau multiplier les conjurations, lire, et relire les prières spécifiques, entonner les chants doués d'une vertu reconnue, recourir même aux applications d'eau bénite et du crucifix, le diable ne cède pas; il passe d'un membre à l'autre, sans déloger pour tout de bon.

Ceci est le matérialisme à sa plus haute puissance. Tandis que l'Écriture dit au plus humble chrétien : « Résistez au diable, et il s'enfuira de vous, » le système matérialiste nous avertit qu'il y a des possessions contre lesquelles échouent les procédés habituels; il y faut des cérémonies particulières, des exorcismes d'une qualité rare. Dans son récit relatif au presbytère de Cideville, M. de Mirville rapporte l'embarras où l'on fut jeté par plusieurs échecs successifs : « Fatigués, et de plus extrêmement affligés de l'état de ce pauvre enfant et du fâcheux effet qui doit en résulter, pour la religion d'abord, et pour M. le curé de Cideville ensuite, MM. les ecclésiastiques, réunis à ce dernier, se

demandent un soir comment, les prières de l'Église ne
paraissant pas suffisantes, ils pourraient parvenir à se débar-
rasser de leur ennemi. »

Les prières ne paraissant pas suffisantes. Voilà le mot
décisif. Les prières ne suffisent pas; prenons des *broches* !
Prier, prier sans formule officielle, prier du fond du cœur,
exposer sa détresse à Dieu, réclamer un secours promis et
souverainement efficace, c'était bon pour le temps des premiers chrétiens. On a changé tout cela.

Aussi les livres sont-ils pleins d'exorcismes insuffisants.
Lorsque les bénédictines de Madrid furent possédées en 1628,
on passa trois années à multiplier en vain, et les conjurations,
et les récitations de formules, et les prières de quarante
heures. Un peu plus tard, à Loudun, le travail d'expulsion
ne prit pas moins de sept années ! Avec quelles péripéties,
chacun le sait. Et ce ne fut pas faute d'habiles gens, ni faute
de docilité de la part des démons, qui se prêtèrent à bien des
expériences. Mais il était plus aisé, semble-t-il, de les faire
disserter sur les querelles théologiques du jour, que de les
faire définitivement déguerpir. Plusieurs exorcistes mouru-
rent à la peine. Qui se serait attendu à cela, au moment où
l'apôtre Paul, annonçant à ses frères une victoire certaine sur
l'ennemi, écrivait : « Prenez l'armure complète de Dieu,
afin que vous puissiez résister dans le mauvais jour et tenir
ferme après avoir tout surmonté? » (*Éphésiens*, vi, 13.)

Il avait oublié, sans doute, de nous prévenir que l'armure
de Dieu n'est pas toujours suffisante, et que certaines possessions diaboliques ne cèdent pas aux prières des chrétiens ! Le
xve siècle n'a-t-il pas vu les démons établis chez les religieuses de Cambrai se rire non seulement des exorcismes
du clergé local, mais de ceux du pape lui-même? On avait
envoyé à Rome les noms de ces pauvres nonnes; le pape les
lut tout haut pendant la célébration de la messe... le mal
n'en persista pas moins !

Le matérialisme des prières insuffisantes vient donc confirmer le matérialisme des formules. Celui-ci a d'autres corollaires encore : le matérialisme qui fixe la demeure des démons dans certaines contrées, le matérialisme qui localise l'action de chaque démon dans certains membres du patient, le matérialisme qui donne aux démons une consistance fluidique.

Quant aux contrées servant de quartier général aux diables, il est assez fâcheux que pour nous préserver des dangers *géographiques* que nous courons sans nous en douter, la parole de Dieu ne nous les ait pas désignées. Je me rassure cependant un peu, en remarquant qu'aucun pays ne semble être jusqu'à présent beaucoup plus exposé que ses voisins, et que l'intensité des sorcelleries se modifie en général selon les temps, non selon les lieux.

M. de Mirville et l'école du moyen âge à laquelle il appartient trouvent moyen, cela va sans dire, d'invoquer quelques textes de l'Écriture en faveur de leur thèse. Ils citent ceux où les Esprits mauvais nous sont représentés comme cherchant du repos dans le désert, comme entraînant au désert les démoniaques, comme attendant Jésus-Christ lui-même au désert pour le tenter (*Matthieu*, xii, 43; *Luc*, viii, 27 et 29; *Matthieu*, iv, 1). Qu'en devons-nous conclure? Purement et simplement ce qui nous est dit : Que les démons évitent volontiers la présence des hommes, poursuivant le repos loin d'eux. Entre cette vérité mystérieuse et les prétendus foyers de démons, je n'aperçois pas le moindre rapport. Jean-Baptiste aussi habitait au désert; le Sauveur fréquemment allait y chercher la solitude avec son Père (*Luc*, iii, 2, et iv, 42).

On nous oppose encore deux textes. Il est écrit au livre des Juges (ix, 37) : « Une bande vient du bois de chênes des devins. » Il est écrit dans l'Apocalypse (xviii, 2) : « Elle est tombée, elle est tombée Babylone la grande ! elle est devenue

une habitation de démons et un repaire de tout Esprit
impur, et un repaire de tout oiseau impur et détesté. » Vous
le voyez, s'écrie-t-on, la Bible connaît des bois remplis de
sorcelleries et des villes peuplées de diables!

Ma réponse est simple. La citation du livre des Juges n'a
aucune valeur quelconque dans notre débat; qu'une forêt
eût pris nom de « bois des devins », cela peut s'expliquer
de cent manières, notamment par le fait que de prétendus
devins y avaient jadis exercé leur métier; encore aujourd'hui
nous avons des clairières de sorciers et des grottes des fées.
Cela prouve l'antiquité de la superstition, rien de plus. —
Que Babylone tombée devienne un repaire de démons, je ne
m'en étonne point. Dans quel désert iraient-ils chercher plus
volontiers le repos, sinon dans ce lieu, théâtre de leurs plus
éclatants triomphes? Les personnes qui citent ce texte ont
sans doute lu ceux qui le précèdent et ceux qui le suivent;
ils savent que, par Babylone, le Saint-Esprit entend la ville
impure et persécutrice « en qui a été trouvé le sang des prophètes et des saints, et de tous ceux qui ont été égorgés sur
la terre » (24). Ils ont compris que l'Apocalypse, en plaçant aussi sur ses ruines « les oiseaux impurs » de l'ancienne
loi, nous présente le symbole expressif d'une malédiction
terrible, exceptionnelle, annoncée dans les mêmes termes
par les anciens prophètes (*Jérémie*, L, 39; *Ésaïe*, XIII, 20
à 22).

On n'exigera pas que je m'arrête à réfuter la théorie qui
fixe chaque démon dans un membre : celui-ci dans la tête,
celui-là dans la jambe ou dans le bras. Les choses se passaient ainsi à Loudun : « Asmodée, Leviathan, Isaccarum
avaient des timbres de voix distinct, écrit M. le docteur Calmeil. Chaque Esprit contribuait plus ou moins à l'extravagance des actes auxquels se livraient les énergumènes; tel
démon agitait la face; tel autre poussait la langue jusque
sur le menton; celui-ci obligeait la fille à imprimer des

mouvements brusques à ses épaules, à se rouler sur le carreau; un autre la jetait dans des accès de fureur. » (*De la Folie*, t. II, p. 13.)

M. de Mirville pense, lui, que chaque homme pourrait bien avoir un démon attaché, sinon à chacun de ses membres, du moins à sa personne. Après avoir mentionné l'exorcisme du baptême, il ajoute (456) : « Est-ce que, par hasard, cet Esprit que l'on expulse au moment de la naissance serait le compagnon de naissance, ce *natale comes* des païens, ce démon engendré avec nous, δαίμων γενέθλιοσ, ce *pene nos natus* dont on a fait *pénate*, Esprit familier, doublure et *Sosie de tout notre être?*

A la manière dont la question est posée, on devine que la réponse ne sera pas douteuse. Ainsi, nous franchissons l'un après l'autre tous les degrés du matérialisme transcendant : puissance des formules, des amulettes et des médailles; efficacité variable de ces mécanismes; peuplades de démons fixées en certains lieux; office spécial des différents démons à l'égard des différents membres du possédé; association personnelle entre chaque homme et son démon familier! Il ne manquait plus que de doter les Esprits d'un corps qui se touche et qui se voie, d'un corps qui reçoive les blessures et qui les transmette aux magiciens par voie de solidarité fluidique! On n'a pas manqué de faire ce dernier pas.

Les Esprits étant « des intelligences servies par des fluides », on a soin de nous rappeler que Ravaillac « sentit *quelque chose* lui passer sur la figure et sur la bouche »; que la même sensation à peu près a été éprouvée par Châtel, par Jacques Clément et par Damiens. On nous prie de remarquer que Satan est entré dans Judas « après qu'il eut pris le morceau! » (*Jean*, XIII, 26.) Balak, ajoute-t-on, savait parfaitement ce qu'il faisait, lorsqu'il conseillait à Balaam de changer d'air et de lieu! (*Nombres*, XXIII 13.) Ceci nous ramène à la colonne grisâtre de Cideville, qui se condensait visiblement et cherchait à s'échapper par les fentes des cloisons, opération qu'elle n'accomplit pas assez vite, puisqu'elle eut le temps d'être *embrochée* à plusieurs reprises avant son départ. Le docteur Kerner n'avait-il pas vu la même colonne vaporeuse auprès du lit de sa visionnaire? Les « spiritualistes » américains n'aperçoivent-ils pas souvent quelque chose d'extraordinaire qui agit sur eux et autour d'eux?

Comme il est impossible d'en douter, on nous invite à tirer les conséquences.

Les fluides sont un instrument aux mains des Esprits. Bossuet a écrit que « Satan ressemble à une vapeur pestilente qui s'écoule au travers de l'air par une contagion insensible et imperceptible à nos sens ». Ce n'est peut-être qu'une image chez lui; mais chez les Pères, la croyance à la corporéité des Esprits est presque générale. Augustin, entre autres, donne aux anges des corps éthérés et des corps plus épais aux démons. Basile parle d'Esprits aériens. Déjà les anciens philosophes avaient tenu un langage analogue : on connaît les *ombres* des païens, le *char de l'âme* de Pythagore, l'*enveloppe éthérée de Platon*, et cette croyance encore existante chez toutes les nations de l'Orient, que nous avons tous un *ferver* ou compagnon mystérieux prototype, et, en quelque sorte, modèle de notre être. Pourquoi donc ne verrions-nous pas, aujourd'hui, la confirmation de ces théories devinées par tous les siècles et injustement décriées par le nôtre! (M. de Mirville, p. 200, 201, 233, 302, 309, 329, 330, 331, 332, 353, 384, 387, 388, 400, 401, 428 à 437, 443 à 456.)

Il y a là deux questions parfaitement distinctes : la corporéité des Esprits sur laquelle je n'ai rien à dire, et le matérialisme qu'on a jugé bon d'y joindre.

Sans m'occuper de la nature des Esprits, je proteste contre le principe qui rattacherait leur influence au changement d'air de Balaam, à la bouchée de Judas, aux sensations physiques des grands assassins, à la présence des colonnes grisâtres et vaporeuses. Laissons les Pères, qui platonisent, selon leur usage; attachons-nous à la véritable prétention matérialiste, à celle qui établit un rapport de dépendance entre certains procédés ou circulation de certains fluides, et l'action des Esprits.

« Ces Esprits, dit M. de Mirville, prennent très facilement possession de nos organes, de notre système nerveux surtout, avec lequel ils ont la plus intime relation, le fluide qui circule dans nos nerfs étant, selon Newton, identique à l'air que nous respirons, et ces puissances spirituelles étant les princes de cet *air* dans lequel elles résident [1]. Mais comme on les expulse de ces organes et de ce fluide nerveux, exactement comme le crucifiement du Christ les expulsait de l'atmosphère, l'espèce d'assimilation physiologique qui s'opère entre elles et nous n'est donc qu'une assimilation accidentelle, temporaire et toujours limitée par la permission divine. Malheur seulement à qui brave le péril et s'expose à de semblables visites ! » (436.)

Ainsi, possession satanique de nos organes et de notre système nerveux surtout, par le fluide où le diable réside ! Et, par voie de compensation, purification de l'atmosphère

---

1. Il est écrit en effet (*Éphésiens*, ii, 2) que Satan « est le chef de l'autorité de l'air » ; mais la même épître parle un peu plus loin (vi, 12) des « méchancetés spirituelles dans les lieux célestes », car tel est la véritable traduction du verset. Qu'en devons-nous conclure? Rien que de très simple. D'une part, l'air qui nous entoure est traversé en tous sens par Satan et par ses anges, comme il l'est aussi par les anges de Dieu ; d'autre part, Satan et ses anges, comparaissent aux cieux devant le trône de l'Eternel. C'est là que nous le montre le commencement du livre de Job. Le moment n'est pas encore venu où ils seront précipités du ciel sur la terre (*Apocalypse*, xii, 7 à 13). Jusqu'à ce moment la terre n'est pas habitée par eux, à la différence de l'air et du ciel.

au moyen du crucifiement du Sauveur, qui « fut élevé en croix *pour* mieux purger l'air des principautés qui le souillaient » ! Que cette seconde assertion soit empruntée à l'office du vendredi saint, je n'ai pas à m'en inquiéter. Je maintiens que tout cela est empreint d'un matérialisme à faire frissonner. Je maintiens que le Nouveau Testament n'a jamais parlé ainsi, ni de la croix de Jésus, ni des possédés; que les démoniaques de l'Évangile n'étaient ni suivis d'un fantôme, ni d'une colonne fluidique inhabile à s'échapper à temps par le trou de la serrure, et transmettant au sorcier servi par elle, les coups qu'elle recevait.

Or, là est le couronnement du système. Sans la *solidarité psycho-électrique* entre le fantôme et la personne qu'il représente, quelque chose manquerait aux croyances du moyen âge et à leur récente résurrection. M. de Mirville ne s'arrête pas à la corporéité gazéiforme de ses Esprits ou à leur association avec les fluides dont ils s'emparent; il s'exprime ainsi : « Quant à la solidarité, si complète entre l'agent et le berger, solidarité dont nous possédons encore de nombreux analogues, c'est ce que l'on pourrait appeler du magnétisme transcendant... Mais la vieille théologie, qui s'y connaissait encore mieux, professait l'identification absolue entre les Esprits et leurs clients, tous, et les anges eux-mêmes, ayant pour habitude de *revêtir l'image et la personne de ceux-ci* (Corn. à lapide). Nous reviendrons sur ce livre et sur cette solidarité psycho-électrique. »

M. de Mirville a tenu parole; il y est revenu. Il raconte les épreuves de ce curé, qui, luttant, il n'y a pas longtemps, contre les sept sorciers de sa paroisse, a tiré des coups de pistolet sur leurs fantômes; « et le lendemain, les sorciers, qui cependant n'avaient pas quitté leurs maisons, gardaient tous leur lit, avec des trous de balle dans les jambes! » Il emprunte au père Lebrun l'histoire de M. de la Richardière, lequel joua du couteau au lieu de se servir d'un pistolet, et qui donna cinq ou six coups au fantôme de son sorcier (de son berger, voulais-je dire) ; or le berger s'en trouva marqué, comme à Cideville !

Enfin, M. de Mirville expose sa théorie sur la répercussion des blessures que reçoit en même temps le fantôme impalpable et le persécuteur absent. Ce fait, qu'il rencontre si souvent, soit dans les mânes et lares de l'antiquité, soit dans les sorcelleries attestées par l'Église, M. de Mirville en fournit l'explication suivante, dont j'abandonne l'appréciation au lecteur : « Nous croyons que la répercussion à distance a lieu par l'extension dynamique de cette *force* (la force hémato-nerveuse) qui, blessée pendant cette extension, communique au corps éloigné et solidaire toutes les sensations qu'elle perçoit. » (383, 386, 387, 388, 389, 427.)

Après ceci nous devrions, semble-t-il, tirer l'échelle. Un matérialisme aussi grossier et aussi contraire de tous points aux déclarations de l'Écriture ne saurait laisser de doute sur la fausseté radicale des prodiges diaboliques anciens ou modernes qu'a pris sous sa protection le parti « religieux ».

Ils portent en eux, cependant, une marque d'erreur plus frappante encore. Ils ne sont pas matérialistes seulement, ils sont dualistes.

Le dualisme est le plus persistant des mensonges. On le retrouve au fond des religions et des philosophies païennes ; la grande invasion gnostique contre laquelle l'Église naissante eut à lutter était sa plus savante et plus subtile manifestation : ce démiurge distinct du dieu supérieur, ces éons, ces séries d'êtres subordonnés ont laissé dans l'esprit des hommes une empreinte qui jamais ne s'est effacée. Sans parler du manichéisme proprement dit, des hérésies analogues qui se sont produites à plusieurs reprises au nom des deux principes, on a le droit d'affirmer que la même erreur s'est installée dans le moyen âge et qu'elle y a régné. Ce n'était plus sans doute la théorie expresse que la légende des *Clémentines* place dans la bouche de Simon le magicien : c'était le culte du diable; c'était le diable posé en face de Dieu, gouvernant, disposant des biens et des maux, des vies, des santés, des affections, disposant des vivants et des morts; c'était le diable remplissant un rôle immense, absorbant l'attention populaire, le diable suspendant à son gré l'application des lois naturelles; c'était le diable rival de Dieu, Dieu lui-même, force est de le déclarer. Oui, Dieu partage l'empire avec Satan! Le révolté, le condamné, déjà chargé de chaînes d'obscurité (II *Pierre* ii, 4), celui que la Bible nous montre partout incapable d'accomplir le moindre prestige sans la permission expresse du seul souverain (*Job*, i, 11 et 12), celui-là est devenu maître et souverain à son tour; une sorte de religion du mal s'installe en face de la divine religion.

Personne ne se méprendra sur ma pensée. Je sais le rôle terrible réservé à Satan. Ce n'est pas moi, certes, qui le nierai; et, sans aller aussi loin que Voltaire, écho fidèle en cela des croyances dualistes du moyen âge; sans dire avec lui : « Satan, c'est le christianisme tout entier, » je me garderai bien de contester l'action immense que le grand ennemi exerce ici-bas. Seulement je proteste contre des paroles telles que celles-ci : « tout le christianisme est là. Le surnaturel est un monde à partie double, dont le côté terrible et le côté consolant se prouvent et se nécessitent l'un par l'autre. Lumières et ténèbres, Jehovah et Bélial, Jésus-Christ et Satan, voilà les deux camps, les deux étendards, les deux cités bien définis, bien opposés. » « C'est une lutte nouvelle entre les deux forces qui se partagent le monde, forces inégales sans doute, puisque l'une est divine et que l'autre est créée, mais forces temporairement opposées l'une à l'autre, et dont les progrès rivaux pèsent constamment, en sens inverse, sur les destinées de la terre. » (M. de Mirville, xvii, 448.)

Ceux qui tiennent ce langage dénaturent la puissance de Satan plus encore qu'ils ne l'exagèrent. Au lieu de nous parler de sa puissance de tentateur, laquelle trouve sa base dans les complicités volontaires de l'homme déchu, ils nous parlent de sa prétendue puissance miraculeuse, d'une puissance manifestée par la subversion des lois naturelles, par la mainmise, en dépit de Dieu, sur les créatures que Dieu a faites, et qui n'ont pas appelé le démon. On nous montre un Satan qui accomplit librement, de sa propre volonté, de sa propre autorité, les œuvres que l'Éternel s'est réservées; un Satan qui fait mourir et qui fait vivre; un Satan, qui incline les cœurs par la puissance magique de ses sortilèges!

M. de Mirville l'a senti, cette religion du moyen âge prête le flanc aux objections. Admettant, sans hésiter, le « pouvoir exorbitant que de telles doctrines confèrent aux puissances spirituelles, sur le bon comme sur le méchant, sur le fidèle comme sur celui qui ne l'est pas, sur l'innocent et sur l'enfant lui-même, il s'écrie : — Mon Dieu! tout cela est d'une vérité désolante; mais comprenez-vous mieux et la chute de l'homme, et la damnation des enfants non baptisés, et l'éternité des peines, etc., etc.? Quand donc voudra-t-on bien comprendre que cette responsabilité divine, pour laquelle on veut bien se montrer si inquiet, ne se trouve pas plus compromise, en définitive, par cette puissance des influences mystérieuses sur l'innocence et le bas âge, que par celle de toutes les influences humaines et naturelles sur ce même âge et sur cette même innocence? » (440.)

A cette condition, d'entasser pêle-mêle les sujets les plus dissemblables, il est aisé de raisonner ainsi. Qu'a à faire la prétendue damnation des enfants non baptisés, dont l'Écriture ne dit pas un mot, avec la chute l'homme qu'elle nous raconte? Qu'a à faire la prétendue influence magique du

diable, action indépendante à la fois de la volonté de Dieu et
du consentement volontaire de l'homme, avec l'exercice des
influences humaines ou diaboliques, corollaire naturel du
libre arbitre? — Je l'ignore; mais ce que je sais bien, c'est
que l'école du moyen âge, exagérant Satan après l'avoir rapetissé, contredit autant la Bible par l'énormité du pouvoir
qu'elle lui confère, que par la puérilité des malices qu'elle
lui attribue. — Écoutez encore M. de Mirville :

« Plus tard, nous espérons nous étendre sur l'immense
rôle rempli dans toute la nature cosmique et physique, par
ce *prince de l'air*, par ce *porte-lumière*, qui entoure notre
globe (*qui circumambulabat terram*), mystérieux agent que
la Bible appelle quelque part *le principe de toutes les
voies du Seigneur* (*principium viarum Domini Behe-
moth*), principe créé après l'engendrement du Verbe et de la
lumière, auxquels il fut dit à leur tour : « *Ante Luciferum
genui te,* » je vous engendrai avant Lucifer... Nous aurons
à nous préoccuper encore du rapprochement possible entre
ces grandes forces de notre nature cosmique et ces autres
forces spirituelles, que le grand apôtre appelle *les recteurs
et les soutiens de ce monde de ténèbres, rectores* (en
grec, κοσμωκρατόρης) *tenebrarum harum;* mais, encore une
fois, n'anticipons pas sur l'avenir. » (442.)

Oui, n'anticipons pas; en voilà certes assez pour aujour-
d'hui! Le moment n'est pas venu de demander où se trouvent ces textes incroyables? dans quelle portion de la Bible,
Béhémoth (je ne connais que le béhémoth, animal redoutable,
« qui mange le foin comme le bœuf », et que décrit le livre
de Job); dans quelle portion de la Bible, Béhémoth, transformé en Satan, est nommé « le principe de toutes les voies
du Seigneur »? dans quelle portion de la Bible Lucifer nous
est présenté comme ayant été créé après le Verbe, ce qui le
placerait à l'origine première des temps; qu'il ait été créé
après la lumière, ce qui le ferait naître à l'époque tardive de

la création terrestre des six jours? — Je ne me préoccupe que
de ceci : de l'invention ou de la restauration d'un Satan
gigantesque, premier des anges, plus qu'un ange, puisque sa
naissance est rapprochée de celle du Verbe et puisqu'il régit
à son gré les choses créées par l'Éternel! — Ce Satan, au
profit duquel on détourne les paroles « du grand apôtre »,
se trouve être le recteur et le soutien de notre monde! S'étonnera-t-on, dès lors, qu'il opère chaque jour les prodiges par
milliers?

Le Satan de la tradition, négation constante du Satan de la
Bible, possède un pouvoir absolu sur les éléments, dispose
souverainement des temps et des saisons, envoie les tempêtes, les tremblements de terre, les inondations, les incendies, détruit ou multiplie les biens de la terre, fait mourir les
hommes et les animaux, bouleverse les empires, règle nos
destinées, et gouverne (en vertu d'un acte magique) les sentiments de nos cœurs, y produisant par une formule ou la
haine la plus forte ou le plus tendre amour.

Examinons ce dernier fait; il n'en est pas de mieux
attesté, de plus indissolublement lié aux doctrines et aux
témoignages qui se rapportent à la sorcellerie. Quiconque a
consulté les aveux des sorciers en aura été frappé. Je ne
citerai pas la pauvre Marguerite, livrée à Faust par Méphisto-
phélès; une légende ne saurait suffire, bien qu'elle exprime
avec exactitude la croyance réelle et officielle du moyen âge.
J'aime mieux rappeler les paroles d'un homme qui fut brûlé
au commencement du XVIIe siècle. Le curé Gaufridi, dont
l'intelligence était étendue et cultivée, mais qui participait
aux croyances de ses contemporains, s'exprime ainsi devant
le parlement d'Aix : « J'appartiens au diable depuis bientôt
quatorze ans. Je me suis perdu en lisant un ouvrage qui
faisait partie de la bibliothèque du curé Gaufridi, mon oncle.
Aussitôt que j'eus porté les yeux sur ce livre fatal, le diable
parut en ma présence sous les traits d'un homme. *Ce démon*

s'engagea à rendre amoureuses de ma personne toutes les femmes que j'atteindrais de mon souffle... Plus de mille femmes ont été empoisonnées par l'attrait irrésistible de mon souffle, qui les rendait passionnées. La dame de la Pallud, mère de Madeleine, a été fascinée comme les autres; mais Madeleine a été prise pour moi d'un amour insensé... J'avoue que, trois jours après, je lui ai donné un diable nommé Emode, pour l'assister, la servir, la conserver, et, de plus, l'exciter à mon amour. »

Les faits de ce genre sont partout; ils forment le fonds même du surnaturel diabolique. On connaît l'histoire de ce pauvre jeune homme de la maison de Mailly, dont la Palatine parle dans ses *Mémoires* : un sachet lui avait été donné par mademoiselle de la Force. Subissant la puissance magique du sachet, il suppliait sa famille de consentir au mariage. Les refus le désespérèrent, il résolut de se noyer; mais à peine avait-il ôté le sachet pour se jeter à l'eau, que, le charme cessant, l'indifférence la plus glaciale succéda à la passion.

Où en serions-nous, je le demande, si Satan possédait sur nous un semblable pouvoir! Il ne s'agirait plus, comme nous y sommes appelés, de résister à ses tentations; il s'agirait d'éviter le contact d'un souffle, d'un sachet, d'un bouquet qui rendent amoureux ou qui font naître l'antipathie, car il y en a de cette espèce-là. Quelle dépendance, ridicule autant qu'odieuse! Existe-t-elle? (et elle existe, car si elle n'existe pas, il n'y a pas un mot de vrai dans les témoignages accumulés qu'on nous rappelle aujourd'hui,) il en résulte deux conséquences : d'abord, l'homme est livré en esclave au despotisme de la matière et du démon; ensuite l'Écriture, affirmant le contraire, est nettement contredite, c'est-à-dire rejetée.

Traduction soi-disant chrétienne, telle qu'elle se montre ici, d'un paganisme primitif, universel et indestructible; l'invention d'amulettes qui déterminent nos sentiments n'est pas

particulière à la tradition catholique; elle se retrouve
partout. — « L'Arabe, dit le général Daumas, concède à certaines vieilles femmes un pouvoir d'influence sur les ménages,
sur les amours; il admet les sorts propres à faire aimer, à
faire haïr un rival, à faire divorcer la femme que l'on désire. »
Revenant plus loin sur ces femmes expérimentées qui remplissent dans le Sahara le rôle qu'avait au moyen âge les
magiciens et les sorciers, le général Daumas ajoute : « C'est à
ces tolbas (savants) et à ces vieilles femmes qu'hommes et
femmes vont demander le philtre, composé d'herbes diverses
préparées avec des invocations et des pratiques effrayantes et
grotesques, qu'on mêle aux aliments de celui ou de celle
dont on veut se faire aimer. Ce sont eux qui, sur un papier
ou sur un os de mort pris au cimetière, écriront avec le nom
de votre ennemi des formules magiques, puis enterreront os
et papier qui ira rejoindre votre ennemi « le ventre rempli
« de vers ». Ils vous enseigneront les formules qu'il faut prononcer, en fermant un couteau, pour trancher la vie à votre
ennemi; celles qu'il faut jeter dans le fourneau où cuisent
les aliments du ménage où vous voulez porter le trouble. »
(*Mœurs et coutumes de l'Algérie*, 168, 265.)

Multiplier les exemples, les emprunter aux Chinois, aux
Indous, aux païens de l'antiquité ou aux nègres adorateurs
de fétiches qui habitent aujourd'hui l'Afrique, rien de plus
aisé, chacun le comprend. Mais le point essentiel pour nous,
c'est de constater que tel est bien le rôle certain du diable
auquel on nous somme de croire, et que ce rôle, au travers
des siècles, n'a pas changé un seul jour. Tous les sorciers,
sans exception, tiennent un langage analogue à celui d'Au-
petit, curé de Payas, qui fut brûlé vif à Limoges en 1568 :
« J'ai le don d'embarrer, de faire cesser les hémorrhagies et
de me faire aimer des filles. Il m'est arrivé de m'exercer à
faire périr les fruits, à faire mourir les hommes, les femmes
et les enfants. » Le sorcier Legros, une des victimes de la

grande possession du Labour, tenait le même langage au xviie siècle. Ses renseignements sur les poudres fournies par le diable sont on ne peut plus positifs. « Avec les poudres, on fait cent mille maux... Quand on les jette, on dit en basque : « Ceci pour les blés, ceci pour les pommes; vous viendrez » en fleur et non en fruit. »

Ces poudres qu'on fabriquait au sabbat avec un crapaud, un aspic et un chat écorchés, n'étaient pas seulement bonnes pour tuer; elles pouvaient, à l'occasion, servir de contre-poison à ceux qu'avait maléficiés l'attouchement des sorciers. Le maléfice que le diable remettait quelques années après, à Lille, à la sœur Marie de Sains était composé d'une façon plus hideuse encore; aussi avait il la puissance de livrer au démon, en même temps que celle d'exterminer; les uns périssaient, les autres subissaient les tortures physiques et la flétrissure morale de la possession. Je n'ose pas indiquer, même par allusion, les détestables inclinations que créait et que développait le seul voisinage du maléfice.

Récapitulons. Voilà donc des attouchements matériels qui suffisent à Satan pour détruire, pour stériliser, pour tuer, et aussi pour communiquer ou des passions ardentes ou d'effroyables vices. Par la vertu de ce pouvoir sans égal, Satan dispose des corps et des âmes, rend malade et guérit; oui, il guérit, car ses guérisons ne sont pas moins constatées que ses maladies, et si les poudres diaboliques infligent des possessions, elles en délivrent également! J'aurais pu compléter l'énumération en y faisant entrer le prodige diabolique le plus universellement admis, celui qu'on retrouve chez les anciens et chez les modernes, chez les chrétiens, chez les juifs, chez les païens et chez les musulmans : le mauvais œil, cette influence funeste exercé par un seul regard et à laquelle personne n'est en état de se soustraire. J'aurais pu mentionner encore ces magiciens qui ont pour spécialité de déchaîner les ouragans et que les lois romaines ou féodales désignent sous le nom de *missores tempestatum*, *tempestarii*.

Je m'arrête, me bornant à renouveler ma question fondamentale : — Sommes-nous ici sur le terrain évangélique? Le surnaturel du moyen âge se concilie-t-il avec les déclarations de l'Écriture? — Non. Selon l'Écriture, un Seul envoie la maladie et la guérison, un Seul gouverne l'univers et dispose de nous; un Seul : Dieu. — « L'Éternel est celui qui fait mourir et qui fait vivre, qui fait descendre au sépulcre et qui en fait remonter; l'Éternel appauvrit et enrichit, il abaisse et il élève » (I *Samuel*, II, 6 et 7). Ainsi s'exprime la Bible. Depuis qu'on a inventé deux dieux, il est naturel que Satan ait participé à la puissance qui n'appartient qu'au Créateur. Le principe du mal s'est posé en face du principe du bien; nous ne sommes plus à l'école des apôtres, nous sommes disciples de Zoroastre! « *Et nunc intelligite!* s'écrie M. de Mirville. Et maintenant comprenez que, au-dessous de toutes ces rêveries, s'agite un monde occulte, dont l'action bienfaisante ou malfaisante décide, à votre insu, de vos intérêts les plus chers. l'histoire n'étant, suivant un des penseurs les plus distingués de notre époque (Schlegel), que la lutte incessante des nations et des individus contre les puissances invisibles. » (313.)

Et nunc intelligite! dirai-je à mon tour. Ou la Bible est fausse et votre surnaturel est vrai, ou la Bible est vraie et votre surnaturel est faux, en dépit des témoignages qui viennent le confirmer. Jésus-Christ a dit : « Pas un passereau ne tombe en terre sans la volonté de votre Père céleste; les cheveux même de votre tête sont comptés » (*Matthieu*, X, 29 et 30); et vous osez, vous et vos témoins, nous parler d'un diable aux mains duquel nous sommes abandonnés, d'un diable qui nous tue et qui nous guérit! Vous nous racontez les cures miraculeuses que Satan opérait déjà dans les temples des idoles! Vous nous citez la phrase de Galien, qui reconnaît que les guérisons du temple d'Esculape sont bien autrement nombreuses que celle des médecins! Vous déclarez que le *diable* guérit encore aujourd'hui par l'entremise des magnétiseurs! Où donc en sommes-nous? Qui faudra-t-il croire : Jésus-Christ, ou votre longue, votre persévérante tradition?

La contradiction n'est pas accidentelle et partielle, elle est constante et fondamentale; votre surnaturel, vos témoignages, nous l'avons vu, sont parvenus à s'inscrire en faux contre les mots mêmes, par lesquels le Sauveur démontrait aux pharisiens que Satan ne saurait chasser Satan (*Matthieu,* xii, 26). Partout vous nous montrez le diable fournissant les moyens de chasser le diable. Vos magiciens possèdent souvent des recettes pour préserver ou délivrer les hommes des mauvais génies!

— Mais enfin, dira-t-on, il est certain que Satan et ses anges agissent ici-bas, qu'ils y ont un rôle et une influence énormes, Satan est nommé le prince de ce monde; Satan a l'empire de la mort, cela est écrit. Donc, il faut prendre son parti, ou de le nier absolument comme les incrédules, ou de l'admettre réellement comme la tradition catholique, au risque de lui attribuer un pouvoir presque divin... à moins qu'on n'aime mieux supposer que Satan fait le mal par ordre de Dieu, et que Dieu, par conséquent, est l'auteur du mal!

L'objection ne saurait embarrasser ceux qui ont ouvert leur Bible. Il ne me sera pas difficile de montrer, d'une part, que Dieu ne cède à personne la moindre parcelle de sa souveraineté absolue, de l'autre, que l'action mauvaise de Satan lui appartient tout entière. S'agit-il de puissance, d'actes de puissances, Satan ne fait rien que par la permission, que par la volonté de Dieu. S'agit-il d'influence et de tentations morales, Satan poursuit son œuvre propre dans les conditions où se meuvent nécessairement les êtres doués de libre arbitre. Expliquons-nous.

Que Dieu seul soit souverain, l'Écriture le proclame à chaque page : « L'Éternel est roi à jamais; » « Dites parmi les nations : l'Éternel règne; » « l'Éternel règne; que la terre s'égaye et que plusieurs îles s'en réjouissent! » « L'Éternel règne; que les peuples tremblent! » Tel est le cri que font entendre successivement tous les prophètes. Je me suis contenté de citer quelques psaumes (x, 16; xcvi, 10; xcvii, 1; xcix, 1); chacun pourra compléter mes citations.

On m'oppose les textes où Satan est nommé *prince de ce monde!* Je lis, en effet, dans l'évangile de Jean : « Maintenant est le jugement de ce monde; maintenant le prince de ce monde sera jeté dehors... Je ne vous parlerai plus guère, car le prince de ce monde vient; mais il n'a rien en moi... Le prince de ce monde est déjà jugé » (xii, 31; xiv, 30; xvi, 11). La signification de ces versets est claire. Dans un sens, Satan ne mérite que trop le titre de prince de ce monde; s'il n'a aucune puissance, il a beaucoup d'influence. Quant à la puissance, Dieu règne, Dieu a toujours régné seul; quant à l'influence (ceci est une conséquence forcée du libre arbitre et de la chute), Satan règne presque seul encore. Après sa défaite, pas avant, après son expulsion finale, le règne de Dieu sera en possession de tous les cœurs comme il n'a cessé d'être en possession de toutes les lois naturelles et de tous les événements. Quand la terre actuelle aura fait place à cette « nouvelle terre où la justice habite », l'influence ne se montrera plus, ainsi qu'il arrive trop souvent aujourd'hui, séparée de la puissance; alors, seulement alors, Dieu sera « tout en tous ».

Prince de ce monde! Satan l'est, en ce sens que le monde l'adore, que le monde lui obéit (or « nul ne peut servir deux maîtres »), que le monde est composé de *ses enfants.* L'Écriture parle des enfants du diable, elle parle de ses sujets. « Vous êtes d'un père qui est le diable, disait Jésus aux Juifs, et vous voulez exécuter les désirs de votre père. »

« En ceci, ajoutait le disciple bien-aimé du Sauveur, en ceci
se manifestent les enfants de Dieu et les enfants du diable :
quiconque ne pratique pas la justice n'est point de Dieu. »
(*Jean*, viii, 44; I *Jean*, iii, 10.) — Non seulement le diable
a pour enfants et pour sujets tous ceux qui s'adonnent au
péché; non seulement il est leur prince et leur père, mais il
leur donne parfois son nom. Le Seigneur désigne ainsi
Judas : « Ne vous ai-je pas élus, vous douze? et l'un de
vous est un diable! » (*Jean*, vi, 70.)

Satan, « menteur dès le commencement », cherche à insinuer que sa puissance ici-bas a le caractère de la souveraineté; Satan voudrait nous apprendre à douter de cette
parole : La terre appartient à l'Éternel, avec tout ce qu'elle
renferme. C'est ainsi que, dans la grande scène de la tentation, Satan montre à Jésus les royaumes de la terre et lui
dit : « Je te donnerai tout le pouvoir et la gloire de ces
royaumes; car elle m'a été livrée, et je la donne à qui je
veux. Si tu adores prosterné devant moi, toutes ces choses
t'appartiendront. » Or Satan, dont les mensonges ne sont
jamais qu'une vérité faussée, a quelque raison de prétendre,
effectivement, qu'il possède les royaumes de la terre et qu'il
les donne à ses adorateurs. Bien que ne pouvant pas disposer d'un fétu sans l'ordre de Dieu, cette sympathie, qui
attire vers le mal la masse des hommes inconvertis, fait qu'ils
obéissent réellement aux ordres du diable, qu'ils subissent
ses tentations, qu'ils recherchent et adoptent souvent ses
esclaves et ses séides pour chefs. Les vraies chances de parvenir sont là. Tous les méchants ne feront pas leur chemin,
tous les chrétiens ne resteront pas en route; mais, en règle
générale, n'ayant pas à franchir des barricades d'impopula-
rités et de scrupules, les premiers arriveront plus vite que
les seconds. Ainsi comprise, la déclaration de Satan se justifie, elle se justifiera jusqu'à la fin : La gloire de ces
royaumes m'a été livrée, et je la donne à qui je veux.

On s'appuie sur les textes qui appellent Satan, *prince de ce monde*. A-t-on réfléchi aux textes qui lui attribuent l'*empire de la mort?* — Il est écrit : « Jésus a participé aux mêmes choses afin que, par le moyen de la mort, il rendît impuissant celui qui a l'empire de la mort, c'est-à-dire le diable. » (*Hébreux*, ii, 14.) Qu'est-ce à dire! renoncerons-nous à croire que l'Éternel seul fait mourir et fait vivre? Jamais. Nous nous bornerons à comprendre que le tentateur fait mourir, en faisant pécher; nous mourons par lui, car il a contribué à la chute, par conséquent à la condamnation : tu mourras de mort. L'empire de la mort est l'empire du péché; aussi le même vainqueur : Jésus, triomphe-t-il à la fois de Satan, du péché et de la mort. Se représenter Jésus luttant avec Satan sur le terrain de la puissance, serait se faire une idée étrangement rabaissée du Fils de Dieu. Quoi, le Créateur terrassant la créature, la créature déchue et depuis longtemps condamnée! — La puissance de Satan ne hasarde jamais une résistance sur ce terrain, sans être, par la main des anges fidèles (*Apocalypse*, xii, 7 et 8), brisée à l'instant comme verre. Sur le terrain de l'influence, toutefois, il n'en va plus ainsi. Détruire l'empire moral et du péché et du tentateur, dans le cœur des hommes corrompus, doués du libre arbitre; les affranchir de l'esclavage du diable sans porter atteinte à leur nature essentielle, un tel acte exige le déploiement royal, complet, du pouvoir et de l'amour divins. Le Fils de Dieu vainqueur de Satan, dans ce sens-là, c'est le sujet de l'admiration de l'univers, c'est le mystère sur lequel les anges eux-mêmes se penchent sans parvenir à voir jusqu'au fond.

Je ne nie ni ne diminue Satan, le lecteur peut s'en assurer, je lui restitue son vrai rôle. Tentateur, il possède un pouvoir immense, pouvoir de même nature que celui dont un homme corrompu fait usage pour corrompre ses parents, ses voisins, ses contemporains, et pervertir peut-être maintes générations successives. Aucune autre puissance ne lui a été donnée. Les anges sont des anges, non des dieux; et je ne pense pas qu'on nous propose une théorie en vertu de laquelle la révolte aurait doté le diable d'un pouvoir que comme ange fidèle il n'aurait jamais possédé. Laissons à Milton, laissons aux autres poètes, le personnage fantastique d'un premier ange, placé sur les confins de la divinité et transformé en adversaire. La Bible ne nous tient pas un langage pareil, elle nous parle d'anges déchus immédiatement frappés d'une irrévocable sentence (*Jude* 6; II *Pierre*, ii, 4); elle nous les montre libres encore d'habiter le ciel, de parcourir les airs, de rôder sur la terre et d'y exciter les hommes au mal. Ils savent que l'abîme les attend, et craignent sans cesse d'y être précipités (*Luc*, viii, 31; *Matthieu*, viii, 29). Chassés du ciel aux derniers jours par les anges fidèles, ils descendront sur la terre, en fureur et pour peu de temps; recevant alors la faculté d'accomplir des miracles de mensonge, comme ils en ont accompli dans les autres grandes crises religieuses de l'humanité, jusqu'au moment où, enfin, la sentence finale recevra son accomplissement. — Telle est l'histoire biblique de Satan et de ses anges; je la rappelle, parce qu'on ne se lasse pas de la dénaturer. On n'y trouve pas la moindre trace d'un archange quasi-divin, devenu tout à fait divin par sa chute, et, grâce à ce fait, participant à l'incommunicable puissance du Créateur.

Les anges fidèles n'accomplissent point de miracles, ils exécutent les ordres de Dieu, en vertu de la toute-puissance de Dieu. Les anges fidèles ne sont doués ni de la toute-présence ni de la toute-science, ils vont d'un lieu à l'autre; ils reçoivent des commandements et y obéissent : « Il donnera charge de toi à ses anges; » « Le Fils de l'homme enverra ses anges, qui cueilleront de son royaume tous les scandales; » « Crois-tu que je ne puisse pas maintenant prier mon père, qui me donnerait plus de douze légions d'anges? »

« Le pauvre mourut, et il fut porté par les anges dans le sein d'Abraham; ». « Ne sont-ils pas tous des Esprits administrateurs envoyés pour servir en faveur de ceux qui doivent hériter du salut? » (*Psaumes*, xci, 11; *Matthieu*, xiii, 41; xxvi, 53; *Luc*, xvi, 23; *Hébreux*, i, 14.)

Qu'on se rassure : la chute n'a pas eu le pouvoir d'élever les anges révoltés au-dessus de la condition des anges fidèles. Rien n'est mieux établi par la Bible que l'entière subordination de Satan, dans ce qui n'est pas l'action morale, nécessairement libre : la tentation. Satan n'accomplit aucun acte surnaturel, grand ou petit, sans la volonté de Dieu. Satan ne touche ni à la vie, ni à la santé, ni aux biens de qui que ce soit, sans la permission de Dieu.

« Déclarez les choses qui doivent arriver ci-après, est-il écrit (Esaïe, xli, 23), déclarez les choses qui doivent arriver ci-après, et nous saurons que vous êtes des dieux. Faites aussi du bien ou du mal. » Personne, si ce n'est Dieu, n'inflige une épreuve ou n'envoie une délivrance,

Lisez le livre de Job, il vous prouvera cette impuissance et cette dépendance absolue de Satan. Écoutez le langage de l'ange déchu : « Est-ce en vain que Job craint Dieu? N'as-tu pas mis un rempart tout autour de lui, et de sa maison, et de tout ce qui lui appartient? Tu as béni l'œuvre de ses mains, et son bétail a fort multiplié sur la terre. Mais étends maintenant ta main, et touche à ce qui lui appartient. » Satan reconnaît que la prospérité de Job est venue de l'Éternel, et que son épreuve ne peut venir que de l'Éternel. Aussi n'accomplit-il qu'une mission divine, lorsque cette parole lui est adressée : « Voilà, tout ce qui lui appartient est en ton pouvoir; seulement ne mets pas ta main sur lui. » Dieu ordonne l'épreuve. Il en fixe les limites infranchissables. Quand une aggravation de douleur est jugée nécessaire par sa sagesse, afin d'épurer l'âme déjà pieuse de Job et de confondre l'adversaire, Dieu donne un nouvel ordre et pose

une nouvelle limite : « Voici, il est en ta main. Seulement
ne touche point sa vie. » (i, 9 à 11 ; ii, 6.)

Les malheurs de Job procédèrent de l'Éternel. Satan
n'accomplissait, en les infligeant, que la volonté du Souverain. Et il en a toujours été ainsi. Quand Saül, troublé par
le malin Esprit, tombait dans ces accès de mélancolie d'une
origine surnaturelle, le malin Esprit qui le tourmentait était
« envoyé par l'Éternel ». (I *Samuel*, xvi, 14 et 15 ; xviii, 10 ;
xix, 9.) Quand la maladie diabolique vint signaler la grande
lutte engagée par Jésus-Christ avec le péché, les démons
manifestèrent à plusieurs reprises leur entière dépendance ;
s'ils possédaient les démoniaques, c'est que Dieu l'avait
permis. Aussi les malins esprits que le Sauveur avait expulsés
chez les Gadaréniens implorèrent-ils l'autorisation d'opérer
une possession nouvelle, la possession des pourceaux : cette
forme particulièrement humiliante devait manifester leur
subordination. (*Marc*, v, 12.) Quand l'apôtre Paul fut soumis
à une affliction satanique, il y fut soumis par le Seigneur :
« Afin, dit-il, que je ne m'élève pas par l'excellence des révélations, il m'a été donné une écharde en la chair, un ange
de Satan pour me souffleter, afin que je ne m'élève pas. »
(II *Corinthiens*, xii, 7.) L'apôtre déclare que son écharde lui
a été « donnée », donnée dans un dessein d'amour ; le diable
n'était là qu'un instrument. Les miracles de mensonge
réservés aux derniers jours n'auront lieu que par l'expresse
volonté de Dieu. Le faux prophète « égare ceux qui habitent
la terre, à cause des signes qu'il lui a été donné de faire devant
la bête. » (*Apocalypse*, xiii, 14.) *Il lui a été donné* ; Satan
et ses agents ne possèdent aucun pouvoir ; ils n'accomplissent
aucun prodige, n'infligent aucune douleur qui ne soient com-
mandés par l'Éternel.

Essayez d'un système quelconque où les épreuves procè-
dent d'un autre Dieu, vous tomberez dans le dualisme ; or
derrière tout dualisme se cache le désespoir. Ce sont des

malheurs sans consolation, ceux que nous envoie une puissance ennemie, ceux dont la Divinité tutélaire est incapable de nous défendre. D'où vient le frisson qui parcourt nos veines, lorsque nous lisons cette épouvantable thèse d'athéisme : la scène pauvre dans *Don Juan*? De ce que, l'auteur de l'épreuve n'étant pas indiqué, la nature divine et bienfaisante de l'épreuve ne saurait être signalée non plus.

« — Je suis un pauvre homme, monsieur, retiré tout seul dans ce bois depuis dix ans, et je ne manquerai pas de prier le ciel qu'il vous donne toutes sortes de biens.

— Eh! prie le ciel qu'il te donne un habit.... Il ne se peut pas que tu ne sois bien à ton aise.

— Hélas! monsieur, je suis dans la plus grande nécessité du monde.

— Tu te moques : un homme qui prie le ciel tout le jour ne peut pas manquer d'être bien dans ses affaires. »

Effroyable logique, digne en tous points de ce don Juan « qui ne croit qu'en deux et deux font quatre, en quatre et quatre font huit ». Le pauvre, par malheur, ne semble pas beaucoup plus fort que lui, et s'il refuse noblement de jurer pour gagner un louis d'or, il demeure presque écrasé sous la charité hautaine de son interlocuteur : « — Va, va, je te le donne pour l'amour de l'humanité. »

L'humanité trônant au-dessus de Dieu; voilà bien le dernier mot de l'athéisme : Dieu laisse dans la misère qui le prie, l'homme s'attendrit et jette un secours! — L'Évangile met sous nos yeux une autre conclusion : « C'est celui que le Seigneur aime, qu'il corrige... Il le fait autant qu'il est avantageux, pour que nous ayons part à sa sainteté. Or toute correction semble d'abord être un sujet, non de joie, mais de tristesse; mais ensuite, elle rend un fruit paisible de justice à ceux qui ont été exercés par son moyen. » (*Hébreux*, XII, 6 à 11.)

J'ai parlé de l'épreuve; je n'ai pas parlé de la tentation. La distinction est fondamentale, on l'oublie trop. Dieu, l'auteur du mal? Qui l'oserait prétendre? « Que nul, quand il est tenté, déclare saint Jacques (1, vers. 13, 14), ne dise : C'est de la part de Dieu que je suis tenté; car Dieu ne peut être tenté par aucun mal, aussi ne tente-t-il personne; mais chacun est tenté, étant attiré et amorcé par sa propre convoitise. » Dieu ne permet la tentation, qu'en tant qu'il veut le libre arbitre et des anges et des hommes, avec toutes ses conséquences nécessaires. Dans ce sens, il faut que les tentations existent, car les influences réciproques doivent s'exercer, car la lutte contre le mal doit être réelle et non fictive. Dans ce sens, il a fallu que le premier Adam fût tenté; il a fallu (ce sont les propres termes de l'Écriture) que le second Adam, Jésus, fût tenté pareillement; il faut, qu'après le règne terrestre du Christ, Satan délié sorte une dernière fois pour égarer les nations qui sont aux quatre coins de la terre. (*Apocalypse*, xx, 7 et 8.)

Mais autre chose est de vouloir les conséquences du libre arbitre et les conditions réelles de notre lutte ici-bas, autre chose est de vouloir un seul acte mauvais. Le mal appartient sans partage aux créatures, de même que la souveraineté appartient sans partage au Créateur.

L'affirmer ne suffit pas : prouvons-le.

Une distinction profonde sépare la tentation et l'épreuve. Que l'épreuve puisse devenir une source de tentations [1], nul ne le niera; tout devient tentation pour nos mauvais cœurs : la misère nous pousse au murmure, la prospérité nous pousse à l'orgueil. Il n'en reste pas moins certain que l'épreuve, en elle-même, n'est pas une tentation. La tenta-

---

1. Cela est si vrai, que le même mot grec est employé souvent par le Nouveau Testament pour désigner les tentations et les épreuves.

tion proprement dite, c'est l'excitation au mal. Or celle-ci, qui provient de nos affections corrompues, de l'ennemi qui les tient en éveil, ne vient jamais de Dieu. Non seulement Dieu ne tente personne, mais il est « impossible » que Dieu tente; ainsi s'exprime l'Écriture.

Jésus, dans la prière par excellence qu'il nous enseigne, s'exprime ainsi : « Ne nous amène pas en tentation; mais délivre-nous du méchant. » Dans la parabole du semeur, Jésus montre ceux « qui n'ont point de racine en eux-mêmes, qui croient pour un temps, et qui, à l'heure de la tentation, se retirent ». Au jardin de Gethsémané, pendant ses insondables souffrances, Jésus s'écrie, plusieurs fois : « Priez, afin que vous n'entriez pas en tentation. » Quelques années plus tard, l'apôtre Paul écrivait : « Aucune tentation ne vous a assaillis, qui ne fût une tentation humaine. Or Dieu est fidèle, et il ne permettra pas que vous soyez tentés au delà de ce que vous pouvez; mais avec la tentation il fera aussi l'issue, pour que vous la puissiez supporter. » (*Mathieu*, VI, 13; *Luc*, VIII, 13; XXII, 40; I *Corinthiens*, x, 13.)

Ce donc, que Dieu envoie, ce n'est pas la tentation; c'est l'issue. Dieu ne permet pas que la tentation excède certaines limites. Dieu écoute cette prière : « Ne nous amène pas en tentation, délivre-nous du méchant! »

Rien ne m'étonne comme la légèreté avec laquelle, oubliant ces vérités capitales, on s'évertue à métamorphoser la tentation en grâce divine! Cela me rappelle les gens qui, dans leur exaltation mystique, chantent des cantiques à la gloire de « l'heureux péché » sans lequel nous n'aurions pas eu de Sauveur! — Tâchons d'être moins raffinés. Simples dans nos sentiments et dans notre langage, gardons-nous d'appeler le bien mal et le mal bien. Laissons la *felix culpa* là où elle est; nous ne la découvrirons pas dans la Bible, pas plus que la *bienheureuse* tentation.

L'épreuve n'est pas une bénédiction en soi, elle n'est pas

une grâce spéciale que nous puissions demander à Dieu, le suppliant de ne point nous envoyer la délivrance. L'Écriture nous invite à faire exactement le contraire. Ce qui n'empêche, d'ailleurs, ni l'épreuve d'être propre à nous perfectionner, ni nous-mêmes de glorifier le Seigneur par son moyen, tellement que nos prières à son sujet doivent se terminer ainsi : « Que ta volonté soit faite, et non pas la mienne! » Aucun chrétien ne s'avisera de prier de la sorte au sujet de la tentation; il en réclame la cessation absolue, immédiate, inconditionnelle, car il sait qu'elle est mauvaise, immorale de sa nature, et radicalement contraire à la volonté de Dieu.

Notre Père céleste, sans doute, tire le bien du mal; mais le mal reste mal. La tentation ne revêt pas un caractère respectable, par cela qu'elle peut contribuer à l'affermissement des hommes que le secours du Seigneur en a fait triompher. S'il est écrit que « toutes choses contribuent au bien de ceux qui aiment Dieu », (*Romains*, viii, 28), il n'en résulte pas que toutes choses soient bonnes.

Quant à l'épreuve, elle ne renferme aucune souillure intrinsèque; elle a, au milieu d'une race déchue, son rôle à remplir. C'est ce feu du fondeur dans lequel s'affine l'argent, et dont parle le psaume soixante-sixième (10; voir aussi *Esaïe*, xlviii, 10, et I *Pierre*, i, 7). C'est cette lutte de Jacob avec l'Éternel, lutte étrange dans laquelle l'homme reste vainqueur, bien que le doigt de Dieu marque à la fin, en blessant sa hanche, que l'homme n'était certes pas le plus fort (*Genèse*, xxxii, 25).

Objecterait-on que Dieu permet, en fait, la tentation aussi bien que l'épreuve; que, par conséquent, il faut reconnaître ou que la tentation n'est point un mal, puisque Dieu la veut, ou que l'épreuve échappe aussi à son empire, puisqu'il se passe sur la terre des choses qu'il ne veut pas?

Ceux qui parlent ainsi oublient que Dieu a voulu le libre

arbitre des anges et des hommes. Nulle part, n'éclatent avec tant d'évidence sa sagesse et sa grandeur. Il lui était facile, assurément, de créer des anges automates, des hommes machines, des êtres qui auraient fait le bien comme les abeilles font leur miel. Or, Dieu a mieux aimé créer des individus doués de la faculté de choisir; il a fait plus, il les a rendus solidaires, il a établi entre eux la possibilité des contacts et des influences réciproques, il leur a préparé la lutte réelle, il les a appelés à respirer l'air libre; il a préféré pour eux les périls de la vie morale à la docilité du mécanisme. Dieu n'a pas voulu, sa gloire y était intéressée, d'un monde où on l'aurait adoré forcément. Et, nous le sentons tous, s'il y a quelque chose d'inférieur à la révolte, c'est l'obéissance inconsciente et nécessaire.

Une fois sur ce terrain, on voit les difficultés se résoudre l'une après l'autre. Dieu n'a pas voulu le mal; Dieu a voulu le libre arbitre, qui est un bien. Arrière le système dualiste! arrière le système qui fait Dieu auteur du mal! Souverain unique, absolu; seul maître des lois de la création, des événements grands ou petits, une chose seule échappe à son empire, et y échappe par sa volonté : le mouvement des affections. Dire que Dieu ait voulu, autrement que comme conséquences du libre arbitre décrété par lui, et la chute des anges, et la chute des hommes, et les crimes qui souillent la terre, et les tentations de Satan, personne n'aura cette audace. La crucifixion même du Sauveur, si elle expie nos transgressions, n'est-elle pas la plus effroyable de toutes? Est-il, en ce sens, permis de prétendre que Dieu l'ait voulue, qu'il ait voulu la perversité des pharisiens, l'incrédulité du peuple, la lâcheté de Pilate, la trahison de Judas?

Je m'arrête; il est des mystères en présence desquels nous devons nous incliner humblement, il est des voiles que nos mains profanes ne sont pas faites pour soulever. J'ai dû me borner à dire ce qui était nécessaire pour empêcher que le mal fût imputé à Dieu, ou que le diable fût appelé à partager sa toute-puissance.

Oui, Dieu ne veut pas les crimes; et cependant le plus grand des crimes est devenu dans ses mains le moyen de notre salut. Oui, Dieu ne veut pas la tentation; et cependant il la rend parfois utile à nos âmes. Oui, Dieu ne veut pas les sectes; et cependant il est écrit : « Il faut qu'il y ait même des sectes parmi vous, afin que ceux qui sont approuvés soient manifestés. » (I *Corinthiens*, xi, 19.) L'homme s'agite et Dieu le mène, a-t-on dit! On aurait pu ajouter : « L'homme pèche, et Dieu le mène. » Ni les péchés des hommes ni les tentations de Satan ne sont amnistiés pour cela.

La tentation a précédé la chute, puisqu'elle a contribué à la déterminer; mais avant la chute, mais avant la tentation, il y avait le principe admirable posé par l'Éternel : le libre arbitre humain et angélique. Je dis le libre arbitre, non la liberté. Ceux qui ont réfléchi savent distinguer entre ces deux termes, aussi différents qu'une faculté est différente d'un sentiment. Passé l'heure du choix primitif, passé cette heure où le libre arbitre et la liberté coexistaient pleinement, le premier seul a survécu : les créatures qui ont choisi Dieu, perdent, cela est évident, leur liberté par la puissance même de leur amour; celles qui ont choisi la révolte, perdent leur liberté par la domination des affections corrompues. En d'autres termes, leur sentiment est lié; les unes sont « esclaves de la justice », les autres sont « esclaves du péché », ainsi s'exprime l'Écriture. Les unes et les autres néanmoins, conservent la faculté, après avoir perdu l'indépendance du sentiment. Les âmes les plus pieuses optent parfois pour le mal, les âmes les plus endurcies optent parfois pour le bien. L'homme qui ne veut pas marcher, ne marche pas; or il peut marcher, car ses jambes sont prêtes à le servir : la faculté subsiste; accidentellement, il fera un pas ou deux.

Une chose demeure certaine (je n'insiste que sur ce point, car ce n'est pas ici le lieu de traiter à fond le problème de la liberté et du libre arbitre); une chose demeure certaine, c'est qu'entièrement, c'est qu'également libres, une partie des anges, la totalité des hommes ont usé de la faculté de choisir, et que le mal dont ils sont devenus les esclaves volontaires a été leur fait, non celui de Dieu. L'homme a usé de son libre arbitre, le jour où il a livré sa liberté à Satan; il use de son libre arbitre, le jour où, la grâce brisant ses chaînes et le rendant capable de dire oui sans lui ôter la faculté de dire non, il passe du service de Satan à celui de Dieu. Son libre arbitre, caractère indélébile de la créature morale, ne l'abandonne jamais. Il peut devenir esclave; il ne saurait devenir machine.

Le mal ne peut s'imputer à Dieu, nous l'avons démontré. Gardons-nous (ce serait commode!) de le porter tout entier au compte de Satan. Nous sommes les premiers coupables; la base de la tentation, Jacques le déclare, se trouve en nous : « Chacun est tenté, étant attiré et amorcé par sa propre convoitise. » Existe-t-il une conscience qui se refuse à le confesser, qui ose arguer du pouvoir de Satan, comme d'une sorte d'excuse vis-à-vis de Dieu? Le Satan de la tradition, à la bonne heure! Ce Satan-là contraint matériellement, jette des sorts, *possède* par la vertu des maléfices. Mais le vrai Satan ne servira de circonstance atténuante à qui que ce soit. Son action, immense, redoutable, et dont je ne veux en rien diminuer la funeste grandeur, son action s'adresse à des êtres doués de libre arbitre, à des êtres que la grâce divine, incessamment mise à leur service, rend capables de vaincre l'ennemi.

Le dualisme, si triste caractère des croyances du moyen âge, se manifeste encore sur d'autres points. — Le diable de la tradition n'est pas seulement un rival avoué de Dieu, disposant de nos vies et de nos destinées, modifiant ou suspendant les lois naturelles, dispensant aussi bien les épreuves que les tentations; il usurpe, l'un après l'autre, tous les attributs de la Divinité.

Dieu s'est réservé l'avenir de la manière la plus formelle. Si la Bible admet la possibilité de quelques miracles sataniques voulus par l'Éternel, les *prophéties sataniques*, la Bible le déclare, sont absolument impossibles. « Que si tu dis en ton cœur : Comment connaîtrons-nous la parole que l'Éternel n'aura point dite? Quand ce prophète-là aura parlé au nom de l'Éternel et que la chose qu'il aura prédite ne sera point ni n'arrivera point, cette parole sera celle que l'Éternel ne lui a point dite. » (*Deutéronome*, xviii, 21 et 22.) Les vrais prophètes, ceux de l'Éternel, seuls, prophétisent réellement l'avenir. « Faites-nous entendre ce qui est prêt à arriver; déclarez les choses qui doivent arriver ci-après, et nous saurons que vous êtes des dieux. » « Déclarez et faites approcher, et même que l'on consulte ensemble : Qui est-ce qui a fait entendre une telle chose dès longtemps auparavant? Qui l'a déclarée dès lors? n'est-ce pas moi, l'Éternel? Or il n'y a point d'autre Dieu que moi. » (*Ésaïe*, xl, 22 et 23; xlv, 21.)

Les magiciens et les faux prophètes, cela va de soi, n'ont jamais renoncé à la prétention que l'Écriture condamne ainsi. Pas un devin, pas un oracle, pas un sorcier, pas une tireuse de cartes, pas un Esprit des tables qui ne lise dans l'avenir. Il n'y a qu'une difficulté : lire juste; or les prédictions des magiciens et devins sont partout qualifiées de mensonges par les auteurs sacrés. « Les téraphims ont dit fausseté et les devins ont vu le mensonge, » s'écrie Zacharie (x, 2); et Jérémie décrit en termes saisissants sa propre lutte avec un des hommes qui, de son temps, annonçaient les choses à venir : « Hananja, fils de Hazur, prophète, qui était de Gabaon, me parla dans la maison de l'Éternel en

présence des sacrificateurs et de tout le peuple, disant :
Ainsi a dit l'Éternel des armées, le dieu d'Israël : J'ai rompu
le joug du roi de Babylone; dans deux ans accomplis je
ferai rapporter ici tous les vaisseaux de la maison de l'Éternel, que Nébucadnetzar, roi de Babylone, a emportés de ce
lieu... Alors Jérémie le prophète lui dit : Ainsi soit-il!
Qu'ainsi fasse l'Éternel!.... Toutefois, écoute maintenant
cette parole que je prononce, toi et le peuple l'entendant...
Le prophète qui aura prophétisé la paix, quand la parole
de ce prophète sera accomplie, ce prophète sera reconnu
pour avoir été véritablement envoyé par l'Éternel. Alors
Hananja le prophète prit le joug de dessus le cou de Jérémie
et le rompit, disant : Ainsi a dit l'Éternel, entre ici et deux
ans je romprai ainsi le joug de Nébucadnetzar... Mais la
parole de l'Éternel fut adressée à Jérémie... Va, et parle à
Hananja en disant : Tu as rompu les jougs qui étaient de
bois, mais au lieu de ceux-là fais-en qui soient de fer...
Puis Jérémie le prophète dit à Hananja le prophète : Écoute
maintenant, ô Hananja! l'Éternel ne t'a point envoyé, mais
tu as fait que ce peuple s'est confié au mensonge... Et
Hananja le prophète mourut cette année-là. » (*Jérémie,*
xxviii.)

Le chapitre suivant nous parle du châtiment qu'encourut
un autre homme, lequel se mêlait de prophétiser, quoique
l'Éternel ne l'eût pas envoyé. Seuls, les envoyés de l'Éternel
ont le monopole absolu de la prophétie, parce que, seul, l'œil
de Dieu pénètre dans les profondeurs de l'au delà.

Ni les rois idolâtres, tels qu'Achab, n'ont manqué de s'en-
tourer de soi-disant prophètes; ni ceux-ci n'ont hésité à prédire ce qui leur semblait probable, surtout ce qui devait être
agréable au souverain. Mais en vain chercherait-on dans la
Bible un seul exemple de prédiction diabolique confirmée
par l'événement. En vain Hananja brise des jougs de bois;
en vain Tsidkija, fils de Kénahana, se fait des cornes de fer;

en vain s'écrie-t-il : « De ces cornes-ci Achab heurtera les
Syriens jusqu'à les détruire! » ces prétendus voyants ne
voient quoi que ce soit. Au lieu de la victoire prédite, Achab
fut rencontrer la mort, « et on lava son chariot au vivier de
Samarie, et les chiens léchèrent son sang, selon la parole
que l'Éternel avait prononcée ». (I *Rois*, XXII.)

Il n'y a point eu, il n'y aura point de prédiction ici-bas,
en dehors des paroles inspirées des prophètes. Si la servante
de Philippes procurait beaucoup de profit à ses maîtres « en
devinant », il n'en résulte pas que ses prédictions fussent
plus vraies que ne l'avaient été celles des devins et des faux
prophètes de l'ancienne alliance. Ses oracles, comme les
leurs, méritaient ce nom : oracles de mensonge.

Il ne faut d'ailleurs que réfléchir un instant, pour comprendre à quel point est impie la curiosité qui prétend
pénétrer les secrets de Dieu, malgré Dieu. Serons-nous plus
forts que lui? Connaîtrons-nous l'avenir en dépit de sa volonté? supposerons-nous par hasard que les anges savent les
choses futures; que Satan savait sa chute avant d'être tombé,
qu'il se savait révolté, condamné, précipité dans l'abîme?
— En vérité, la théologie qui de Satan fait un dieu, aboutit
à de singulières conséquences!

Aux prédictions réalisées se reconnaîtront, dit la Bible,
les prophètes de l'Éternel. L'école du moyen âge nous
déclare, au contraire, que les annales de la magie abondent
en prédictions réalisées. M. de Mirville ne raconte pas une
de ses histoires de sorcellerie, de possession, de somnambulisme ou d'Esprits, sans faire remarquer que l'avenir a
été prophétisé de la manière la plus exacte. Cette parfaite
exactitude est même son argument favori. Moins prudent
que certaines tables de ma connaissance, qui ont grand soin
d'établir leur faillibilité, il semble marcher dans la certitude
d'une croyance inébranlable, à laquelle les événements ne
sauraient infliger aucun démenti.

Ici, entendons-nous bien : il ne s'agit ni des divinations auxquelles suffit la perspicacité, ni de celles qu'amènent les coïncidences fortuites, ni de celles qu'opère la science. Quand le bureau des Longitudes annonce les éclipses ou le retour des comètes, il ne prophétise en aucune façon; quand un politique expérimenté annonce la guerre, quand un agriculteur prévoit une mauvaise récolte, il n'y a pas trace de prédiction : il y a des conclusions tirées de faits connus, en vertu des lois connues du monde physique et moral.

Autre est la prétention de la sorcellerie. Selon elle, les démons, sachant l'avenir, le révèlent aux hommes dans la dépendance desquels ils se trouvent placés. C'est ainsi qu'aujourd'hui, à entendre M. de Mirville, certains somnambules deviennent les organes d'une prophétie diabolique presque infaillible; c'est ainsi que les Esprits des tables et des médiums ne manquent jamais de voir à l'avance les choses qui doivent arriver !

On ne saurait contredire plus résolument la doctrine constante des Écritures. Les Écritures condamnent le dualisme. Le dualisme, s'étourdissant sur ce malheur, énumère avec complaisance les prédictions des sorciers, des magnétisés ou des médiums, sans cesse confirmées par l'événement. On ferait un gros volume des prophéties de magiciens dont la réalisation est *authentiquement attestée*. Nous savons pour notre part à quoi nous en tenir, quant à la valeur du témoignage; et ces milliers de divinations merveilleuses que rapportent les annales du passé ne valent pas, à nos yeux, la plus petite divination actuelle, dont nous pourrions nous-mêmes vérifier l'accomplissement, comme nous pouvons constater chaque jour, par exemple, celui de la grande prophétie biblique, concernant la durée et la dispersion du peuple juif.

Au lieu de nous présenter des prédictions accomplies, ne pourrait-on nous en faire quelques-unes pour l'année pro-

chaine ou pour le mois prochain? Voyons, que vos innombrables Esprits se mettent à l'œuvre. Déjà, ils nous auraient
rendu grand service, s'ils avaient daigné annoncer en 1852
la mauvaise récolte de 1853 : nous nous serions arrangés en
conséquence. Qu'ils réparent ce fâcheux oubli; qu'ils écrivent et publient en 1854, l'histoire de 1855. Qu'ils nous
prédisent d'avance, par le menu, mois par mois, jour par jour,
les événements heureux et funestes, ou même, simplement,
les degrés du baromètre, du thermomètre et de l'hygro-
mètre à Paris. Je ne leur demande pas de *faire* le temps
(ils le pourraient!) qu'ils le prophétisent, je me tiens
content.

L'occasion est belle, on en conviendra, de défendre leur
témoignage contre nos blasphèmes; de prouver que les prodiges historiques ont eu plus de réalité que notre scepticisme
ne leur en reconnaît. Rassemblez vos Esprits les plus capables, vos magnétiseurs les plus infernaux, n'oubliez pas vos
bergers (celui de Cideville vous sera sans doute fort utile);
écrivez les éphémérides que je sollicite; daignez quitter le
passé pour l'avenir, le huis clos pour la publicité. Ceci ne
vous paraîtra qu'un jeu. Les prédictions consignées dans vos
ouvrages sont bien autrement étonnantes et détaillées. Les
gens qui voient d'avance tous les accidents petits ou grands
dont ma famille sera le théâtre, peuvent bien voir d'avance
la chaleur, la pluie, l'orage et les révolutions.

Mais, non, on aimera mieux s'abstenir des prédictions qui
ont une date certaine et dont le public apprécierait la réalité.
On continuera à nous faire confidence (après coup) des sur-
prenantes prophéties qui se sont produites avant tel ou tel
événement. Eh! messieurs, pourquoi tant attendre? Prédisez
avant. Nous avons la faiblesse de tenir à ce que vos prophéties précèdent de quelques bons mois les faits auxquels elles
se rapportent. Nous pouvons ainsi comparer l'annonce et l'accomplissement, faire la part des prévisions naturelles, celle

des coïncidences fortuites, et voir s'il reste quelque chose pour la divination.

Ce qui nous rend soupçonneux, faut-il l'avouer? c'est que vos magiciens ne font pas fortune. Nous n'apercevons pas qu'ils spéculent à la Bourse avec un bonheur particulier. Or ils devraient jouer à coup sûr. C'est bien le moins qu'ils sachent le cours de la rente *fin du mois*. Quoi, de pauvres somnambules mettront leur clairvoyance à mon service en échange de quelques écus, et ils négligeraient d'en faire usage eux-mêmes pour gagner un million! Serait-ce scrupule consciencieux? crainte d'abuser de leur supériorité? Un tel sentiment m'étonnerait chez les agents du diable; à plus forte raison chez le diable lui-même.

Ceci, prenez-y garde, réduit à fort peu de chose et vos anecdotes les mieux attestées, et vos prédictions du moyen âge et vos prédictions contemporaines : celles des nécromanciens, celles des tables parlantes, celles même que de graves historiens ont pris la peine de nous transmettre. Je ferais plus de cas d'un petit journal, publié aujourd'hui, nous annonçant les événements qui prendront place l'année prochaine, entre le 1ᵉʳ janvier et le 31 décembre; ou, tenez, ceux d'un seul mois, ceux d'un seul jour, que du récit des prédictions illustres, accompagnement obligé des grands sinistres, des grands personnages, et des grandes conflagrations.

Pasquier me raconte que Catherine de Médicis, désireuse de savoir si tous ses enfants seraient rois, consulta un magicien qui les lui montra, l'un après l'autre, accomplissant autour d'un cercle autant de tours que leurs règnes devaient durer d'années. Des chroniqueurs contemporains me racontent qu'une nécromancienne a prédit la fortune de Napoléon. La même femme annonça que Bernadotte serait roi. Je le veux bien; mais encore un coup, qu'on nous prophétise une bonne fois l'avenir, à nous contemporains, de telle sorte que ces prédictions ne nous soient pas exclusivement communiquées, *après* leur prétendue réalisation.

En résumé, Dieu seul connaît l'avenir, de même que Dieu seul ressuscite les morts. Les partisans de la sorcellerie ne citeront jamais ni une résurrection ni une prophétie diaboliques, véritablement incontestables.

Et combien Dieu, en nous interdisant l'accès de l'avenir, se montre miséricordieux envers nous! Figurez-vous ce que serait notre vie, si, par un moyen quelconque, au lieu de nous abandonner aux mains de notre Père céleste, de manger notre pain quotidien, de nous rappeler la grande parole évangélique : « A chaque jour suffit sa peine! » (*Matthieu*, VI, 34), nous parvenions à savoir ce que nous réserve le lendemain!

Le caractère dualiste des croyances que je combats s'achève en ceci, qu'après avoir attribué à Satan le pouvoir de gouverner nos destinées, de protéger ou de briser nos vies, de suspendre l'application des lois naturelles et de lire dans l'avenir, on lui attribue, en outre, le pouvoir de disposer de nos âmes par delà le tombeau.

Ici encore, la théorie traditionnelle sur le diable s'inscrit en faux contre l'enseignement des Écritures. Elle nous montre les morts évoqués au nom du démon, forcés d'obéir à ses ordres, contraints de se présenter sur la terre. C'est par milliers que les morts, à l'heure où j'écris, sont sommés de comparaître en Amérique, et de venir non seulement en Amérique, mais chez nous, répondre aux questions tour à tour les plus impies ou les plus niaises!

La Bible, elle, répudie de pareilles imaginations. « Et j'entendis une voix du ciel, me disant, Écris : Bienheureux les morts qui désormais meurent dans le Seigneur! Oui, dit l'Esprit : car ils se reposent de leurs travaux, et leurs œuvres les suivent. » (*Apocalypse*, XIV, 13.) La première épître aux Thessaloniciens (IV, 14 nous parle de ceux « qui dorment en Jésus ». Ils ne sont donc pas livrés comme un jouet aux caprices des tourneurs de tables, des sorciers et des démons. Recueillis dans ce repos qui sépare la mort de la résurrection et qui, relativement au corps, non à l'âme, mérite le nom de sommeil ; en possession du bonheur auquel personne ne peut les arracher ; (Jésus n'a-t-il pas dit au brigand sur la croix : « Aujourd'hui tu seras avec moi dans le paradis ! ») (*Luc*, XXIII, 43.) Les bienheureux ne dépendent ni du diable ni d'aucun de ses agents.

On se rejettera peut-être sur les méchants. Ceux-là, s'écrie-t-on, appartiennent au diable, il est donc naturel que le diable puisse les rappeler sur la terre après leur mort et les interroger par l'intermédiaire des magiciens ! — La Bible ne se prête pas plus à ces évocations-là qu'aux précédentes. Non seulement nous n'en voyons pas un seul exemple dans l'Ancien et le Nouveau Testament, mais nous voyons en revanche des textes inconciliables avec l'exercice d'un semblable pouvoir. Le mauvais riche de la parabole, étant en enfer, demande que « quelqu'un des morts » aille vers ses frères pour les avertir et les empêcher de venir, eux aussi, dans ce lieu de tourment. Il sait si bien qu'il ne peut en sortir lui-même, qu'il sollicite l'envoi d'un bienheureux, de Lazare. Que répond Abraham ? — « Ils ont Moïse et les prophètes, qu'ils les écoutent. » — Le mauvais riche insiste : « Non, père Abraham, mais si quelqu'un allait de chez les morts vers eux, ils se convertiraient. » — C'est en vain, le principe fondamental reste maintenu : Dieu ne permettra jamais, sous aucune forme, que des révélations apportées par les morts viennent s'ajouter aux révélations suffisantes que contient sa Parole (*Luc*, XVI, 22 à 31).

Jugez, d'après cela, s'il existe un atome de vérité, dans les milliers d'évocations et d'apparitions que nous rapporte l'histoire légendaire ! Que penser de ces prétendues âmes venant à tour de rôle nous fournir des détails sur ce qui se passe dans l'autre monde? Celle-ci a été enlevée au paradis par la puissance d'une incantation ou par le mouvement d'une baguette magique! celle-là a été arrachée à l'enfer par une table mise en rotation! — Jésus-Christ ignorait sans doute ce va-et-vient perpétuel établi entre les morts et les vivants, lorsqu'il présentait à ses disciples les graves instructions que nous venons de citer et, qui, bien qu'enfermées dans une parabole, ne peuvent pas ne point correspondre à l'absolue vérité.

Les partisans des apparitions ont une dernière ressource : la pythonisse d'Hendor. Ceci est leur grand cheval de bataille. N'y a-t-il pas là une magicienne, une évocation proprement dite? Un saint, un prophète n'est-il pas contraint, obéissant aux prestiges diaboliques, de revenir sur la terre?

J'ai toujours admiré la confiance avec laquelle on cite cet exemple. Son isolement dans la Bible devrait inspirer quelque doute. Quoi! les morts seraient à la discrétion d'un tour de baguette, et l'Écriture entière ne nous rapporterait que ce seul cas d'apparition? — Tel quel, il exige un sérieux examen. Prenons le texte du récit :

« Saül consulta l'Éternel; mais l'Éternel ne lui répondit rien, ni par les songes, ni par l'urim, ni par les prophètes. Et Saül dit à ses serviteurs : Cherchez-moi une maîtresse de revenants, et j'irai vers elle, et je m'enquerrai par son moyen. Ses serviteurs lui dirent : Voilà, il y a une maîtresse de revenants à Hendor. Alors Saül se déguisa et prit d'autres habits et s'en alla, lui et deux hommes avec lui; et ils arrivèrent de nuit chez cette femme. Et Saül lui dit : Je te prie, devine-moi par les revenants et fais monter vers moi celui que je te dirai. Mais la femme lui répondit : Voici, tu sais ce que Saül a fait, et comment il a exterminé du pays les maîtres de revenants et les devins; pourquoi donc dresses-tu un piège à mon âme pour me faire mourir? Et Saül jura par l'Éternel, et lui dit : L'Éternel est vivant; il ne t'arrivera aucun mal pour ceci. Alors la femme dit : Qui veux-tu que je te fasse monter? et il répondit : Fais-moi monter Samuel. Et la femme, voyant Samuel, s'écria à haute voix, en disant à Saül : Pourquoi m'as-tu déçue? car tu es Saül. » (I *Samuel*, XXVIII, 6 et suiv.)

Pourquoi m'as-tu déçue? tu es Saül! Étrange exclamation! Cette femme ne s'attendait donc pas à voir rien paraître! Or, tandis qu'elle prépare son petit manège ordinaire de ventriloquie, avant même qu'elle ait prononcé l'incantation, voici comme un dieu montant de la terre! voici le vieillard Samuel, couvert de son manteau! — Dans la terreur que lui cause un événement aussi imprévu, elle n'a pas un moment d'hésitation : son hôte, le roi, doit être Saül; un tel miracle ne se ferait pas, si ce n'était pour lui; peut-être (et la parole de la femme semble exiger cette hypothèse), peut-être sait-on en Israël que Samuel reviendra sur la terre pour adresser à Saül un suprême avertissement. Quoi qu'il en soit, la *maîtresse de revenants* n'agit pas comme une femme habituée à « faire monter » les morts; son succès l'épouvante. Puisqu'il y a apparition, il y a autre chose ici que ses misérables simagrées : il y a le doigt de l'Éternel.

Quelle grande scène, en effet, et comme elle est bien en harmonie avec la sagesse de notre Dieu! Un roi, le premier roi d'Israël, s'égare jusqu'à consulter les devins; son péché même le trouvera, le châtiera. Dieu, restituant pour quelques instants Samuel à la terre, met en sa bouche ce terrible discours : « Pourquoi me consultes-tu, puisque l'Éternel s'est retiré de toi, et qu'il est devenu ton ennemi? Or l'Éternel a fait selon qu'il en avait parlé par moi; car l'Éternel a déchiré le royaume entre tes mains, et l'a donné à ton serviteur, à David... Et même l'Éternel livrera Israël avec toi entre les mains des Philistins, et vous serez demain avec moi, toi et tes fils. »

Remarquez-le, Samuel ne s'occupe ni de la devineresse, ni de ses prétendus enchantements. Ce qui l'a fait monter, c'est la seule volonté de Dieu, accédant au désir de Saül : cette volonté souveraine qui, plus tard, fera paraître Elie et Moïse sur la sainte montagne pour s'y entretenir avec Jésus transfiguré. Saül seul, et non la devineresse, a « troublé » Samuel dans son repos.

On a introduit dans ce récit une foule de choses qui n'y sont pas : sûr moyen de les y trouver ensuite. On a supposé des incantations, qui ne semblent pas même avoir été commencées ; on a supposé une femme habituée à l'apparition des morts, au lieu d'une femme qu'épouvante la première apparition dont elle se trouve témoin ; on a supposé je ne sais quelle communication reçue par elle, je ne sais quel avis donné par Samuel, qui lui aurait dévoilé le nom de Saül. Ce n'est pas encore assez : on a supposé que l'ombre de Samuel et non Samuel en personne avait paru cette nuit-là ! Partout on parle de l'*ombre* de Samuel : expression adoptée, sur laquelle on a bâti toute la théorie des revenants et des fantômes.

Le texte, positif, souvenons-nous-en, ne fait pas la moindre allusion à l'ombre du prophète. Les ombres ne figurent ni dans ce passage ni dans aucun autre passage de la Bible ; le prophète lui-même est venu. Il importe d'autant plus de le remarquer, que les amateurs de revenants ont grand soin de les transformer en fantômes. Reculant devant la révoltante pensée d'un trouble réel imposé aux âmes des morts, ils croient tout concilier en déclarant que leurs apparitions ne sont que des apparitions d'ombres..., comme celle de Samuel.

Jésus-Christ, à les entendre, aurait confirmé lui-même la croyance aux fantômes, rassurant les apôtres, après sa résurrection, par cette parole : « Touchez-moi et voyez ; car un Esprit n'a pas de la chair et des os, comme vous voyez que j'ai. » Les apôtres, à leur tour, auraient donné une nouvelle sanction à la même doctrine ou à une doctrine analogue, lorsque, refusant d'admettre le récit de la servante Rhode, qui affirmait que Pierre avait été délivré de la prison, ils répondaient : « C'est son ange. » (*Luc*, xxiv, 37 à 43; *Actes*, xii, 15.)

L'explication est fort simple. Dans le second cas : les apôtres s'expriment comme de pauvres Galiléens encore remplis de préjugés, dont l'ignorance, dès qu'ils sont abandonnés à eux-mêmes, fait ressortir leur infaillibilité, sitôt qu'ils écrivent les livres ou les lettres que Dieu destine au canon [1]. Dans le premier cas, notre Sauveur voyant que ses disciples, fidèles en cela aux idées qui régnaient chez le peuple juif, s'obstinent à le prendre pour un Esprit, leur fait remarquer qu'un Esprit n'a ni chair ni os. Comment aurait-il dû s'y prendre avec eux? Fallait-il qu'il entamât une dissertation sur la non-existence des Esprits? Non, il fallait, allant au plus pressé, prouver que leur opinion, fausse ou vraie, était en tout cas inapplicable. C'est ainsi qu'agit Jésus, et c'est ainsi que chacun de nous agit tous les jours. Si quelqu'un, vous rencontrant le soir au coin d'un cimetière, s'imaginait voir un revenant, vous ne lui démontreriez pas par *a* plus *b* que les morts ne reviennent pas; vous lui diriez : Prenez ma main; regardez mon visage; écoutez ma voix, et voyez si je suis un fantôme! Ce langage, naturel,

1. L'erreur des apôtres ne consiste pas ici à parler de l'ange de Pierre, pas plus qu'elle ne consiste, dans l'autre cas, à supposer l'existence d'Esprits. Il est écrit en effet : « Gardez-vous de mépriser aucun de ces petits, car je vous dis que, dans les cieux, leurs anges regardent continuellement la face de mon Père qui est aux cieux; » les petits (c'est-à-dire les disciples, et non les enfants) ont donc des anges qui s'emploient pour leur bien. Ces mêmes anges sont appelés des Esprits, « des esprits administrateurs ». (*Matthieu*, xviii, 10, et *Hébreux*, i, 14.) L'erreur des apôtres consiste à supposer des anges-fantômes et des Esprits-fantômes, qui représenteraient les personnes absentes ou mortes.

légitime, ne renferme pas la plus petite trace d'accommodation à l'erreur.

Les morts ne reviennent pas, ai-je dit. J'aurais pu me borner à faire appel au bon sens et à la conscience de mes lecteurs. J'ai préféré leur présenter la preuve par excellence : les déclarations de l'Écriture. Il n'aura d'ailleurs échappé à personne que le but des apparitions qui remplissent les annales de la superstition, est le plus souvent d'une sacrilège puérilité. Viennent-ils, ces morts, avertir les âmes, les diriger, les ramener vers Dieu, remplir en un mot la mission que le mauvais riche aurait voulu confier à Lazare? En aucune façon. Ils viennent se faire voir, ou répondre aux questions d'une curiosité impie autant qu'oiseuse !

Faute d'un message sérieux à apporter, l'affection qui les unit à tel ou tel vivant, les ramène-t-elle ici-bas? D'où vient donc, alors, que les êtres le plus tendrement aimés ne reparaissent presque jamais, tandis que les étrangers obtiennent aisément des rendez-vous de ce genre? Certes, l'objection morale est forte, et je comprends Augustin mettant toutes les apparitions en doute, par cela seul que sa mère n'était pas revenue auprès de lui.

Les apparitions, du reste, sont un emprunt fait à l'antiquité païenne : on sait que ce n'est pas le seul. Consultez Jamblique ; il vous dira comment on s'y prend pour évoquer les trépassés, de quelles herbes, de quels parfums, de quelles formules on se sert. Bien avant Jamblique, Homère nous montre le devin Tirésias préparant une fosse pleine de sang afin d'appeler les mânes. Dans Eschyle, l'âme de Darius, évoquée, vient déclarer à la reine Atossa tous les malheurs qui la menacent. Virgile décrit à son tour ces lugubres cérémonies. Horace, dans ses *Satires*, y fait allusion. Les nécromanciens dont parle Lucain possèdent déjà l'habileté de ceux du moyen âge ; pour faire apparaître un mort, ils emploient magiquement un de ses os. Nous sommes donc ici en plein paganisme. A lui seul appartient l'honneur d'avoir inventé tant de sataniques pratiques, tant d'âmes errantes et lamentables, tant de mânes en disponibilité!

A l'aspect de cette invasion générale et croissante du paganisme, je comprends que Salvien se soit tristement écrié : « Le démon est partout, *ubique dæmon.* » Le dualisme tout entier vient en effet se résumer dans une véritable religion du diable, dans une doctrine où l'ignoble peur du diable va jouer un rôle prépondérant. C'est un des signes qui distinguent le plus profondément le christianisme traditionnel du christianisme biblique.

Il est une peur du diable que tout chrétien doit éprouver ; j'entends la peur de céder à ses tentations et de se voir, par lui, séparé de l'amour de Christ. Mais il est une peur dégoûtante, honteuse, dégradante, anti-évangélique. Cette peur, qui, presque seule a régné pendant le moyen âge, ne jette pas dans les bras du Sauveur ; elle fait chercher un bon directeur ; elle fait multiplier les pratiques ; elle dicte les legs pieux destinés à préserver l'âme des tourments de l'enfer. La conception religieuse à laquelle elle se rattache repose tout entière sur l'efficacité intrinsèque des actes matériels. Comme Satan s'assure les âmes par une signature apposée au fatal parchemin, quiconque n'a pas signé se sent tranquille, à la condition d'être en règle sous le rapport des sacrements. Impossible de renverser plus complètement la bonne nouvelle du salut par la foi ; impossible de contredire plus ouvertement la grande parole du Sauveur : « Il faut que vous naissiez de nouveau. »

Dans quel sens avaient-ils peur du diable, ces donateurs qui enrichissaient les églises et les couvents, ces croisés, ces pénitents, ce peuple habile à combattre les prodiges de la

qui ne retrouvaient à leur lit de mort que le souvenir d'un
démon armé de fourches et chargé de les punir? Commencez
par la duchesse de Berri, fille du régent, et finissez par
Voltaire; vous frémirez en découvrant à quels traits fonda-
mentaux, à quelles notions vulgaires, ineffaçables, le christianisme s'était réduit pour tous les esprits !

On n'avait pas, impunément, passé tant de centaines d'années à transformer les grands hommes en magiciens et les
sorciers en suprêmes directeurs des affaires de ce monde.
Après avoir partagé la souveraineté entre Dieu et Satan, on
avait fini par ne plus voir que le règne de Satan. Satan était
devenu la divinité redoutée, mais réelle. L'adoration frisson-
nante des dieux méchants est plus naturelle à l'homme qu'on
ne le pense, et les *vézidis* ont toujours abondé ici-bas.
Apaiser Satan, éviter le courroux de Satan, se soustraire
aux coups, aux maléfices de Satan, telle était la préoccupation universelle. Les imaginations n'étaient remplies que de
l'énumération, que de la description de la hiérarchie diabolique. Les uns lui attribuaient un empereur, Beelzebuth;
sept rois, Baal, Pursan, Byleth, Paymon, Bélial, Asmodée,
Zapan; vingt-trois ducs; dix comtes; onze présidents; plusieurs centaines de chevaliers; six mille six cent soixante-
six légions formées chacune de six mille diables; soit, en
tout, quarante-quatre millions quatre cent trente-cinq mille
six cent soixante diables. Les autres, prenant toujours le
nombre six pour multiplicateur cabalistique comptaient
différemment : ainsi, ils reconnaissaient parmi les Esprits
des ténèbres soixante-douze princes (6×12), et sept millions quatre cent cinq mille neuf cent vingt-six démons
($1\,234\,321 \times 6$). M. Louandre, auquel j'emprunte ces
détails, fait remarquer que ce dernier chiffre présente, tant
à gauche qu'à droite, les quatre nombres qui constituent la
tétrade de Pythagore et de Platon.

Éperdues en présence d'une si formidable armée d'enne-

diges diaboliques, on ne sait, le plus souvent, de quelle manière les distinguer. Les deux surnaturels se confondent incessamment.

On nous dira que les faits extraordinaires sont de Dieu quand ils s'opèrent au nom de l'Église, qu'ils sont du diable quand ils s'opèrent par la main des hérétiques. Le croisé qui traverse les flammes en tenant la vraie lance fait un miracle; le protestant cévénol qui traverse les flammes en chantant un psaume accomplit une œuvre de Satan.

C'est commode; ce l'est presque trop! — « Montrons, écrivait en 1833 l'auteur anonyme de *la Religion constatée universellement*, montrons que l'on peut aussi s'assurer de laquelle des deux classes d'Esprits surhumains émane un événement de ce genre. L'une étant composée des génies de la vérité et de la vertu, l'autre des génies de l'imposture et du vice, il faut considérer en tout phénomène surnaturel l'aspect moral du fait. On doit examiner les doctrines et les mœurs de la personne dont les invocations l'ont obtenu, le but pour lequel il a été opéré, les effets qu'il a produits, en un mot toutes les circonstances significatives en morale. » (19 et 20.) Le marquis de Mirville, qui a reproduit les doctrines et souvent l'argumentation de l'ouvrage que je viens de citer, adopte la même règle. Parle-t-il des actes surnaturels attribués aux camisards, il s'exprime ainsi : « Misson avait vu des *prodiges*, et il en avait fait des *miracles*. » Parle-t-il des actes surnaturels attribués aux jansénistes, il leur refuse pareillement le caractère miraculeux. Aborde-t-il l'histoire de Jeanne d'Arc, il éprouve un extrême embarras; d'un côté l'arbre des fées n'a pas bonne façon, et le clergé a approuvé, en général, une condamnation dont on s'est efforcé de faire porter l'entière responsabilité sur l'évêque de Beauvais; d'autre part, comment transformer en sorcière la libératrice du sol français. M. de Mirville, essayant de tourner la difficulté, rappelle que les diables de Loudun ont été forcés

de travailler à la conversion des pécheurs. Pourquoi les diables de Jeanne d'Arc n'auraient-ils pas été employés, malgré
eux, à une œuvre non moins excellente? « Nous ne consen-
tirons jamais, écrit-il, à ranger parmi nos ennemis des
voix si bienfaisantes et si *l'arbre des fées* était pour quelque
chose, non pas dans les inspirations de Jeanne d'Arc, mais
dans la transmission de ces influences, au lieu de donner à
cet arbre fortuné le feuillage et la couleur des arbres de
Dodone, nous nous le représenterions plutôt sous la forme
auguste et sacrée des vieux chênes de Mambré. Telle serait
donc notre conclusion à l'égard de Jeanne d'Arc : *Dieu
d'abord, et avant tout sa miséricorde sur la France*; puis
les instruments ordinaires de ses inspirations, les Esprits ou
les saints, et enfin ces Esprits servis à leur tour peut-être
par nous ne savons quelles influences endémiques, élémentaires et locales... »

On ne saurait s'en tirer mieux. *Les influences endémiques, élémentaires et locales* seront ce qu'elles pourront :
diaboliques au besoin, comme le pensent les prélats et les
hommes pieux qui condamnent l'héroïne! Qu'importe, si ces
diables ont été enrôlés comme ceux de Loudun, et s'il n'est
pas prouvé, d'ailleurs, que Jeanne « ait pris son fait sous
l'arbre des fées! »

Les influences endémiques ont au surplus beaucoup de
manifestations diverses, et, décider toujours de leur caractère satanique ou divin reste assez malaisé. M. de Mirville
attribue au diable celles qui agissent chez la plupart des
magnétiseurs, chez tous les tourneurs de tables et chez tous
les médiums. A plus forte raison range-t-il dans la même
classe les extases des Suédois protestants. Quant aux merveilles sans nombre du paganisme ancien et moderne, cela
va de soi (133, 141, 183, 205, 214 à 218, 239, 240, 245).

La difficulté commence lorsqu'on rencontre des cas où l'orthodoxie des faiseurs de prodiges ne permet guère de leur

appliquer le jugement sommaire auquel ont droit les hérétiques. La baguette divinatoire, diabolique aux mains d'Aymar
et consorts, deviendra-t-elle divine aux mains des nombreux
curés qui l'ont fait tourner pieusement? Les œuvres les plus
extraordinaires (et à mon sens les plus apocryphes) du magnétisme animal, passeront-elles de la catégorie des prodiges
sataniques à celle des miracles divins, lorsque la dévote
société d'Avignon les accomplira?

Tant que les magnétiseurs illuminés opèrent en pays héré-
tique : en Allemagne, en Suède surtout, ils sont qualifiés
d'instruments du diable, bien qu'ils s'imaginent, appelant
sur les malades l'action des anges, écarter celle des démons.
Je les abandonne pour ma part à M. de Mirville, car je
repousse de toute la puissance de ma foi chrétienne des
révélations fournies par l'état d'extase, ou confirmées par les
écrits insensés d'un Swedenborg. Mais voici venir des associations catholiques entées sur celle de Stockholm : celle de
Paris, que présidait la duchesse de Bourbon; celle de Lyon,
celle d'Avignon. On y exécute des prodiges admirables. Est-
ce encore la puissance du grand adversaire?

M. de Maistre, qui possède en ce genre toutes les audaces,
n'a pas hésité à formuler une réponse dont on se sert encore
aujourd'hui. Selon lui, il y a deux illuminismes, le mauvais
et le bon, le diabolique et le divin. « Pour lui, écrit M. de
Mirville, l'illuminisme était l'initiation ou l'entrée dans cette
route, simple d'abord, mais bientôt à deux voies, une bonne
et une mauvaise, l'une remplie de fleurs, l'autre parsemée
d'écueils. »

Par ce moyen, très commode, on parvient à soustraire les
théosophes catholiques aux anathèmes qui grondent sur les
autres magnétiseurs illuminés. Ne commencent-ils pas leurs
séances par la prière? Ne chantent-ils pas le *Veni Creator*?
N'invoquent-ils pas la Vierge, les saints, et ils s'adressent
ensuite « à l'âme du monde », « au fluide créateur », ne

faut-il point leur pardonner ces appels, qu'on trouve téméraires cependant, lorsqu'ils se produisent en dehors de l'Église, dans une forme non consacrée?

L'intelligence sincère de M. de Mirville éprouve toutefois une gêne marquée, lorsqu'il tente de placer les miracles d'Avignon dans une catégorie privilégiée. Il se contente de ne les pas condamner, et c'est déjà quelque chose. « Si vous nous demandez, écrit-il, quelles sont nos conclusions et notre opinion personnelle sur ce dernier magnétisme spiritualiste, nous vous répondrons une fois de plus, que, ne jugeant même pas aujourd'hui le magnétisme vulgaire, nous n'aurons pas la prétention de juger le magnétisme ultra-spiritualiste... Si jamais l'Église condescend aux demandes réitérées qui lui sont faites d'un jugement doctrinal sur ces matières, nulle part elle ne pourra trouver des matériaux plus importants, des principes au fond plus catholiques, et surtout, le cas échéant, un auteur mieux disposé à l'acceptation respectueuse de ses censures ou de son approbation. » (297 à 311.)

Il n'y a donc encore, de la part de l'Église romaine, ni censure ni approbation. — Quant au magnétisme vulgaire, M. de Mirville se fait illusion, s'il croit ne l'avoir pas classé avec la sorcellerie et les Esprits frappeurs : c'est-à-dire sous l'étiquette diabolique. Et pourtant la confusion est telle, les œuvres de Satan et celles de Dieu se ressemblent si fort aux yeux du matérialisme dualiste, que nous voyons M. de Mirville lui-même pratiquer avec succès le magnétisme, ce qu'il ne fait pas sans doute au moyen des anges déchus! (278 et 279.)

Démêler entièrement les deux surnaturels est chose impossible. J'ai déjà cité des sorcières béates et des béates sorcières. Il serait aisé de multiplier ces exemples : M. Calmeil parle (tome I, page 232) d'une fille de Salamanque, qui, au commencement au xvie siècle, donna beaucoup d'embarras au roi d'Espagne, au pape et à l'inquisition. Était-elle sainte? était-elle possédée? Personne ne put le dire. On examina longtemps, et puis on finit par laisser tomber la procédure. L'Église n'eut pas assez de lumières pour distinguer entre l'action de Dieu et celle de Satan. Il demeura certain qu'elle voyait continuellement Jésus et la Vierge, qu'elle leur parlait, qu'elle s'arrêtait au seuil de toutes les portes, se rangeant comme pour céder le pas à quelqu'un qui l'aurait accompagnée, assurant que Marie la pressait de passer la première, en qualité d'épouse de Dieu, son fils! Continuellement en extase, elle faisait des miracles, et elle continua à en faire, à la grande satisfaction du peuple espagnol.

L'exemple de Madeleine de la croix est plus frappant encore. L'œuvre de Dieu et celle du diable sont mélangées en elle, de son propre aveu. Dès l'âge de cinq ans, le démon se présente à elle sous la forme de Jésus crucifié; il lui ordonne de se crucifier elle-même, et elle obéit. A sept ans, le démon l'emmène dans une grotte et lui fait embrasser la vie des ermites. Il la prend pour sa fiancée, car il conserve toujours la forme du Sauveur; il l'entoure de plusieurs diables qui ont les formes des Esprits bienheureux. Mais bientôt elle fait un pacte formel avec un chérubin déchu, Balban, qu'elle connaît pour ce qu'il est, et qui lui fournit les moyens de passer pour sainte, et qui la remplace comme abbesse du couvent de Cordoue, quand elle fait des voyages à travers les airs. Tout cela finit par un exorcisme et un emprisonnement; mais les signes de la possession, ceux de la sainteté se ressemblent à tel point, que pendant les longues années de son pacte avec Balban, elle ne cessa d'être regardée comme béate. Ses miracles étaient cités en tous lieux; le peuple, les rois, les inquisiteurs, les légats du pape eux-mêmes imploraient humblement sa bénédiction, et les langes de Philippe II furent bénits par elle.

Si une possédée a passé, demi-siècle durant, pour une

sainte, ne semble-t-il pas qu'on aurait dû tenir pour saintes les possédées qui, en divers lieux, injuriant leur magicien, offrent de lui rompre le cou?

L'indignation que les diables de Loudun manifestaient contre le diable n'est guère propre à faire cesser la confusion dont nous nous plaignons. — Cette confusion est partout. Les historiens reconnaissent que les démons, souvent, faisaient réussir l'épreuve du fer rouge, tandis que d'autres fois Dieu y manifestait sa puissance; ils remarquent qu'on ne peut pas se fier à l'épreuve du surnagement, parce que le démon s'en mêle. Si beaucoup de personnes sont guéries par un secours divin, quelques-unes aussi le sont par des secrets superstitieux. Voyez les pieuses cérémonies auxquelles les premiers tourneurs de baguette avaient recours, comparez-les aux procédés magiques que d'autres employèrent plus tard, et dites-nous si le succès ne semble pas venir tantôt du ciel, tantôt de l'enfer!

Le bon père Lebrun s'efforce de sortir de là par la théorie des pactes implicites. C'est en vertu de ces pactes, ignorant leurs conventions avec Satan, que maints ecclésiastiques et dévots faisaient tourner la baguette. Plusieurs d'entre eux ayant renoncé au diable, et s'étant signés, perdirent sur-le-champ la puissance de faire tourner la baguette ou mouvoir la bague. Voici un de ses récits :

« Le cardinal Cajetan fit un jour une expérience à dessein de rompre, pour l'utilité des fidèles, le pacte diabolique. Ce cardinal dit, qu'ayant pris une bague attachée à un fil, il protesta que le verset qu'on récite en cette occasion il ne le disait point en intention de faire mouvoir la bague suivant la convention du diable, mais qu'il le disait pour louer Dieu suivant l'intention du Psalmiste. Et enfin il dit qu'ayant récité le verset, la bague qu'il tenait suspendue dans le verre ne remua point. » (*Histoire critique des pratiques superstitieuses*, III, 447.)

Cela nous paraît fort simple assurément, et nous en savons assez déjà sur les phénomènes mixtes pour ne pas douter de leur cessation absolue, dès l'instant où la volonté confiante, énergique, n'est plus là. En tout cas, nous assistons à un curieux spectacle : les deux surnaturels se distinguent si mal, qu'une foule d'hommes pieux et intelligents poursuivent depuis des siècles un classement à jamais impossible. C'est le juste châtiment du dualisme! Comment voulez-vous qu'on s'habitue à l'idée que le diable guérit, que le diable délivre du diable, que le diable fait prêcher la conversion!

Nul n'a clairement fixé la limite des souverainetés rivales, de leurs prodiges semblables en tout. Nul n'a décidé si les révélations des Esprits sont fausses ou vraies. Sur ce point comme sur tous les autres, on nous laisse dans le doute le plus complet. M. de Mirville seul semble admettre la vérité à peu près constante des prophéties diaboliques, puisqu'il ne cesse d'en appeler à leur parfaite réalisation. En général, on n'en sait pas si long; on nous abandonne éperdus en présence d'une action miraculeuse peut-être céleste, peut-être infernale; en présence de prédictions peut-être fausses, peut-être vraies.

Or la conséquence forcée, la voici : nous avons grand peur du diable, mais nous n'avons pas pour lui de haine. Cet adversaire si puéril et si puissant, dont les atteintes contagieuses ne peuvent être évitées, dont les actes se confondent avec ceux du Créateur, ne saurait nous inspirer l'horreur qu'excite le véritable Satan. Nous désirons ne pas souffrir par lui sur la terre, ne pas être tourmentés par lui dans l'éternité; mais son empire n'est pas assez distinct, pas assez effroyable, pour que nous attachions un prix immense à ne jamais y mettre les pieds.

On se familiarise avec le diable de la tradition. Je n'en veux d'autre preuve que la manière dont son nom figure dans les conversations. Non seulement on parle du diable, incessamment, sans qu'aucune pensée sérieuse s'éveille au fond des cœurs, mais le diable a son rôle, pas trop repoussant, dans nos pièces de théâtre : je citerai *Faust*, *Robert le Diable*, *Freyschutz*, etc., etc., etc.

Que signifie cela? — Que le vrai diable est parvenu à se faire oublier; que, non content d'avoir introduit sur la terre un faux Christ, il y a introduit un faux Satan; et que le second mensonge ne complète que trop bien le premier. A une rédemption qui est devenue l'effet magique du baptême, le résultat de la participation au culte d'une certaine Église, celui de l'accomplissement de certains rites, correspond une action diabolique qui n'est plus la tentation morale, mais la possession matérielle, opérée par épidémie miasmatique et par contact, ou bien la perdition consentie par contrat. Les apôtres avaient proclamé l'amour de Dieu, la glorieuse liberté des rachetés de Christ, l'obéissance volontaire de quiconque saisit le pardon gratuit offert à la foi; la tradition a remplacé cela par le plus odieux, par le moins élevé des sentiments : la peur du diable-châtiment. — L'Évangile dit : « Résistez au diable, il s'enfuira de vous! » La tradition dit : « Délivrez-vous par des moyens mécaniques, par des formules, d'un ennemi qui vous attaque par les mêmes moyens. »

Quelle conception du christianisme! Qui nous rendra sa sereine lumière? Qui nous rendra sa sainte confiance et ses sanctifiantes terreurs? Ah! retournons à Celui qui a brisé la tête du serpent, à Celui qui viendra, bientôt, remporter une dernière victoire. Cherchons vers Jésus la force de résister à Satan, au Satan de la Bible, et non au Satan de la magie ou des fluides, au Satan qui fait grêler, qui préside au sabbat, qui apparaît sous la forme tantôt d'un bouc, tantôt d'un chat noir et cornu.

On se plaint du matérialisme, on se plaint du panthéisme; on nous dénonce les gens qui ne croient pas au surnaturel;

on se lamente, et avec raison, sur l'incrédulité d'un siècle
qui, se moquant du diable, le met à côté de Croquemitaine;
on décrit éloquemment une maladie trop réelle; cela fait,
quel remède nous apporte-t-on pour la guérir? Le retour
aux sorcelleries du moyen âge, aux apparitions, aux démons
ridicules! Et l'on s'imagine que le matérialisme ancien guérira le matérialisme moderne! Et l'on s'imagine que le dualisme ramènera le monde vers Dieu!

Quand je me demande d'où a pu sortir cette conception
antichrétienne qui a si profondément corrompu les âmes,
qui a engendré l'incrédulité, qui l'a presque justifiée;
je trouve avant tout les tendances naturelles de l'homme
déchu, de l'homme obstinément païen, lequel, ne supportant
ni la grandeur, ni la spiritualité, ni la souveraineté du Dieu
de la Bible, ne supporte pas davantage l'idée d'une tentation
purement morale, d'une lutte qui n'a d'autre théâtre que le
cœur. — Mais comment l'homme révolté est-il parvenu, sans
rompre ouvertement avec la révélation divine, à satisfaire
son désir payen, en remplaçant la vérité par des superstitions
empreintes de puérilité, de matérialisme et de dualisme? —
A côté de cette révélation, il a placé les traditions juives et
chrétiennes; à côté des livres saints, il a placé les apocryphes. Là est l'origine de chacune des doctrines que nous
combattons, doctrines que la Bible condamne en termes
exprès.

Avant de puiser toutefois, dans les apocryphes et dans la
tradition, on a cherché dans la Bible elle-même quelque prétexte aux nouvelles croyances. Deux ou trois gros contresens
ont fourni ces prétextes-là. J'ai déjà rappelé la transformation des mages en magiciens, des hommes appelés devins, en
devins véritables, en sorciers effectivement armés du pouvoir
d'opérer des prodiges. Je citerai encore les textes où Osée, où
d'autres prophètes parlent de *consulter le bois*, textes dans
lesquels on s'efforce de découvrir autre qu'une allusion aux

idoles païennes, aux baguettes des prétendus sorciers. Si l'Écriture, s'écrie-t-on, n'a pu nommer le bois sans lui attribuer un pouvoir réel, sans y supposer l'habitation fluidique des mauvais Esprits, il est de même évident qu'elle n'a pu employer cette expression : « Achab *s'était vendu* pour faire ce qui déplaît à l'Éternel, » sans reconnaître la réalité des pactes avec Satan ! — Achab a signé un parchemin, puisqu'il s'est vendu !

Il faudrait encore mentionner la fameuse légende sur l'union des anges avec les femmes. Que de fables en sont sorties ! Quelle belle occasion d'introduire ici-bas des êtres fabuleux ! Et cependant, le texte de la Genèse (vi, 2) est aussi simple, aussi clair que possible : « Les fils de Dieu, voyant que les filles des hommes étaient belles, prirent pour leurs femmes de toutes celles qu'ils choisirent. » Or les chapitres précédents ont été précisément consacrés à deux énumérations : le chapitre cinquième renferme celle des fils de Dieu, de la race fidèle dont Seth fut le père, et dont il est dit : « Alors on commença d'appeler du nom de l'Éternel; » le chapitre quatrième renferme celle des fils des hommes, de la race sortie de Caïn. Tant que les deux races demeuraient distinctes, il y avait espoir; mais dès que les fils de Dieu eurent commencé à prendre leurs femmes parmi les filles de Caïn, le grand châtiment devint nécessaire, et le déluge fut annoncé.

Voilà ce qu'on a pu découvrir dans la Bible. On le voit, même en faussant le sens naturel de ces textes, ils ne fournissent pas grand'chose. — Le faux surnaturel avait besoin d'une autre base; les apocryphes et la tradition la lui ont fournie.

Déjà, le diable du moyen âge fait son apparition dans le livre de Tobie. Il dispose de la vie des hommes, car il étrangle les sept premiers maris de Sara. On connaît Asmodée, le démon voluptueux, véritable type du Satan qui préside au sabbat.

On sait également que les procédés matériels pour se préserver du diable figurent dans le même livre; l'ange Raphaël instruisit Tobie à mettre le cœur d'un poisson sur des charbons ardents, l'assurant que cette fumée chassait toute espèce de démons.

La tradition ne pouvait manquer d'achever ce qu'avaient si bien commencé les apocryphes. Si nous consultons d'abord la tradition juive, nous verrons la cabale imaginer des combinaisons de lettres ou de nombres, au moyen desquelles les rabbins évoquent les anges ou les âmes des morts, comme plus tard, la sorcellerie évoquera les démons. Les procédés diffèrent peu : ce sont des formules, des prières douées d'une vertu spéciale, des crânes retirés du cimetière et placés au milieu d'un nuage d'encens. Les rabbins assurent que des patriarches, des prophètes, d'anciens rois se sont montrés sur la montagne de Garizim. Ils affirment que les génies des montagnes (dont nous avons retrouvé la mention perpétuelle dans les talismans découverts à Babylone), étaient des créatures que Dieu avaient laissées imparfaites le vendredi soir, et, qu'étant prévenu par le jour du sabbat il n'avait pu achever !

La tradition rabbinique? que ne nous montre-t-elle point! Nous y voyons Adam marié une première fois à une sorcière nommée Lilith, la mère des diables. Cette mégère (*Calmeil, 1 — 142*) refusa de se soumettre aux volontés de son époux. Les conseils qui lui furent transmis par les anges, de la part de Dieu, ne changèrent rien à sa rébellion. Un jour enfin, après avoir conformément aux règles de la cabale, invoqué le nom de Jéhovah, elle prit son vol et disparut dans les airs. Lilith (ou la sorcière) était l'épouvantail des Juifs. Une épidémie décimait-elle les enfants, le peuple affirmait que c'était Lilith, transformée en spectre aérien, qui les mettait à mort. Les anciens de la synagogue confirmaient sur ce point l'opinion du peuple. Aussi, les nouvelles accouchées

avaient-elles soin de faire inscrire sur les murs intérieurs de
leur habitation les noms de trois anges, réputés favorables à
l'enfance. On écrivait en même temps sur le dehors de la
maison le nom d'Adam et d'Ève, et un peu plus loin on mettait ces mots : Hors d'ici Lilith ! — La terre, au surplus, était
peuplée de sorcières affiliées à la secte de Lilith ; elles ne
cessaient de rôder dans le silence des nuits, visitant les
familles à leur insu, caressant les enfants, et finissant par les
étouffer.

Le Talmud ne se borne pas à parler de Lilith, il décrit
aussi les lamies à corps de serpent et les lamies type de nos
vampires. On rencontre donc là les principaux éléments du
surnaturel diabolique qui s'est développé plus tard. Ce que
la tradition juive avait ébauché, la tradition chrétienne l'a
complété.

Dès le second siècle, *le Pasteur*, d'Hermas, métamorphose
nos bons et nos mauvais instincts en autant d'Esprits qui
cherchent à nous gagner. Les *Clémentines* nous présentent
toute une série de révélateurs diaboliques faisant face à la
série des prophètes : Ève est à la tête de cette infernale
révélation ! Bientôt paraissent et les possédés, et la contagion magique qui livre au diable les âmes et les corps. A la
légende de Simon le magicien en succède une foule d'autres. Les Pères du iiie et du ive siècle, ouvrant à l'envi
la porte aux prodiges sataniques, vivent dans l'atmosphère
du surnaturel ; non dans celle que pénètre l'action incessante
du Dieu qui convertit, qui guérit et qui exauce ; mais dans
celle des miracles proprement dits, des signes, des merveilles
inconciliables avec les lois du monde physique : merveilles
que les chrétiens accomplissent contre Satan, et que Satan
accomplit contre les chrétiens. A partir de ce moment, les
démons inspirant les oracles, gouvernant le vol des oiseaux,
se glissant dans les entrailles des victimes, déploient partout,
cela va sans dire, le pouvoir dont les mensonges ont si

longtemps séduit le monde païen. Le char, lancé, roulera jusqu'au bas de la pente : personne ne songera à l'arrêter. Gerson lui-même ne demandait-il pas qu'une correction sévère fût infligée à ceux qui, de son temps, mettaient en doute les prodiges de Satan!

Je m'arrête. J'ai suffisamment indiqué l'origine de tant de folies, et je ne saurais mieux terminer ce long chapitre qu'en invitant le lecteur à réfléchir sur l'opposition fondamentale, sans réserve, que je viens de signaler entre le Satan de la tradition et le Satan de l'Écriture. Repousser du pied ce hideux amas de croyances, non moins odieuses que puériles, mon lecteur le fera; mais, ne se bornant pas là, j'en ai l'espoir, comparant avec ce fatras les révélations de la Parole Dieu, il en saisira mieux la souveraine beauté.

C'est vraiment chose admirable que de la suivre ainsi, à travers les siècles. A sa droite et à sa gauche, sous un drapeau ennemi et sous sa propre bannière, s'agitent une foule de grossières erreurs; paganisme, livres apocryphes, tradition juive et tradition chrétienne, on ne sait à qui donner la palme de l'absurdité. Les philosophies ne s'en tirent pas mieux; les pouvoirs magiques, l'âme du monde, jouent leur rôle dans les plus brillants systèmes. Socrate a son démon familier, et les néoplatoniciens viennent aboutir à l'extase, en attendant que les philosophes unitaires du xixᵉ siècle inventent les Esprits des tables tournantes et des crayons. Or, au milieu de ces folies, les écrivains bibliques parcourent leur longue carrière de quinze cents ans! Ils franchissent les temps éclairés et les temps obscurs; ils écrivent en Arabie, en Judée, dans la Babylonie, dans la Grèce ou à Rome; et dans ces situations si diverses, ces hommes si divers eux-mêmes ne dévient pas un instant de la voie royale, de la voie droite et divine. Pas une idée fause, pas une superstition ne se glisse dans les pages sacrées, de la Genèse à l'Apocalypse, de Moïse à Jean. Les anges, les démons, la sainteté divine, la perversité humaine, la voie miséricordieuse du salut, le surnaturel céleste ou diabolique, tout se déploie, tout se révèle successivement : rien ne se modifie, rien ne se contredit.

En présence d'un pareil spectacle, il vaut la peine de se recueillir.

CHAPITRE VI

EXPLICATION NATURELLE DU PRÉTENDU SURNATUREL

Pour plusieurs de ceux qui m'ont suivi jusqu'ici, la question est résolue. Ce que nous avons dit du témoignage, surtout ce que nous avons dit de la Bible, leur a sans doute paru décisif. Forcés d'opter entre le surnaturel de l'Écriture et le surnaturel qu'on nous somme d'admettre en vertu des assertions d'une multitude de témoins; ne connaissant aucun moyen de concilier deux faits qui, sur tous les points, se contredisent et s'excluent, ils n'hésitent pas à déclarer les preuves du christianisme plus fortes à leurs yeux que celles de la sorcellerie.

Nous convient-il, toutefois, d'en rester là? je suis loin de le penser. La Bible n'est un argument que pour ceux qui y croient, et ceux même qui y croient ont droit à une complète démonstration. Tant qu'il reste une considération grave à présenter, un devoir me reste à remplir. Ce n'est ni dans un temps comme le nôtre, ni dans une discussion comme celle-ci qu'il est permis de s'arrêter devant l'inconvénient d'avoir trop raison. — Or un des côtés du problème demeure irrésolu. Nous rejetons l'explication surnaturelle des prodiges rapportés par l'histoire, produits autour de nous.

C'est très bien, mais en possédons-nous l'explication naturelle?

Nous la possédons, et je vais l'indiquer.

Lorsque nous nous plaçons en présence de l'immense quantité de faits extraordinaires que certifient les témoignages anciens et contemporains, nous découvrons sans peine qu'une forte proportion de ces faits trouve son explication et dans la fraude des uns et dans la crédulité des autres. Je n'ai pas à m'appesantir là-dessus, je n'ai pas à y revenir, je n'écris pas pour exposer compendieusement ce que tout le monde sait.

La difficulté, la vraie, ne se rencontre qu'après avoir retranché les fraudes proprement dites, les grossières erreurs.

Voici des faits, très nombreux, qui, sincèrement affirmés, ne peuvent pas ne point avoir une réalité objective, ou du moins subjective. Là se montre, en général, l'insuffisance des solutions qu'ont coutume d'indiquer les adversaires du surnaturel.

Un seul principe ne saurait rendre compte de tous les phénomènes, de même qu'un seul remède ne saurait guérir toutes les maladies. Remède unique à tous les maux, explication unique de tous les prodiges, ce serait commode! Par malheur, nous n'avons pas à nous préoccuper du commode; nous avons à chercher le vrai.

Or essayez d'expliquer tous les faits par l'excitation nerveuse! Vous n'y parviendrez pas. Cependant, l'excitation nerveuse produisant des merveilles de force, de souplesse, d'insensibilité, de développement physique et intellectuel, en élucide un fort grand nombre.

Essayez d'expliquer tous les faits par l'action de certains fluides! Vous n'y parviendrez pas davantage. — Cependant, les fluides sont un pas de plus vers la solution complète, car ils rendent compte de divers phénomènes absolument incompréhensibles sans eux; en particulier de ceux du magnétisme animal, des tables tournantes, et donnent aussi le mot de maints accidents mystérieux qu'enregistrent les histoires de sorcellerie et de possession.

Essayez enfin d'expliquer tous les faits par l'hallucination, à ses différents degrés : hallucination d'un sens ou hallucination complète, hallucination individuelle ou hallucination collective! Vous prouverez trop et trop peu; vous dépasserez le but, ce qui est une manière de le manquer. Personne ne croira que l'hallucination ait régné universellement, exclusivement, durant tant de siècles. Cependant, l'hallucination rend compte de bien des choses; elle a joué, elle joue un rôle plus important qu'on ne le pense d'ordinaire; la plupart des prodiges qu'on nous rapporte : aveux des sorciers, musiques qu'on entend, lumières qu'on voit semblent être autant d'hallucinations.

Nous aurons à le démontrer.

Faire d'abord la part de la fraude et de la crédulité grossière; considérer ensuite l'excitation nerveuse, l'action fluidique et l'hallucination, montrer que les effets qu'elles produisent sont précisément ceux qui constituent le merveilleux; prouver ainsi que les explications naturelles et suffisantes ne font pas défaut aux phénomènes soi-disant surnaturels, tel est le plan de ce chapitre.

Dans les chapitres spéciaux réservés aux diverses manifestations du surnaturel apocryphe, j'aurai à compléter ma solution, en revenant avec détail sur l'application des principes que je me borne à indiquer maintenant.

Écartons, en premier lieu, ce qu'il y a de moins sérieux dans la question. — Une crédulité ignorante, une fraude plus ou moins pieuse, rendent compte de beaucoup de faits. Il est même probable que nous ne leur ferons jamais une assez grosse part. Faute de connaître les circonstances réelles des événements, nous sommes sujets à voir des prodiges, là où nous ne découvririons rien moins que cela, si nous savions comment les choses se sont passées. Je me rappelle qu'au moment où je revenais au Caire, après mon excursion en Nubie, il n'était bruit que du miracle du Dosch, lequel venait d'avoir lieu selon l'usage, afin de célébrer la naissance de Mahomet : le cheval portant son dévot cavalier, avait opéré le trajet prescrit, foulant aux pieds les Fellahs couchés en rang serré sur le parcours. J'eus l'indiscrétion de demander alors, insistant pour le savoir, s'il était vrai, à un degré quelconque, que les fidèles ne se ressentissent pas des suites de leur dévouement? Or j'appris qu'il y avait des morts et des mourants, que la cérémonie s'était terminée dans le sang, qu'on s'était hâté d'emporter les victimes, d'étouffer leurs hurlements de douleur;... et qu'il en était toujours ainsi!

Cela n'empêche pas, bien entendu, que le miracle ne réussisse chaque année, et que de nombreux témoins, ravis d'enthousiasme, ne soient prêts à en faire serment. J'ai cité cet exemple; il me permettra de passer outre et d'en appeler aux souvenirs personnels de chaque lecteur.

Qui de nous, au surplus, n'a pas sa provision d'anecdotes très fantastiques et très avérées, dont il ne croit pas le premier mot? Nous avons tous entendu parler de la bête des Cévennes qui donna tant de mal aux patrouilles du Gard, vers le commencement de la Restauration; nous n'ignorons pas qu'elle dévorait les femmes, en ayant soin de poser à part les épingles qui attachaient leurs vêtements : il y avait là l'étoffe d'une belle légende, de quelques bons procès de sorcellerie. Nous, sceptiques, nous nous sommes contentés d'en rire : et nous avons bien fait.

Il ne faut pas être un grand philosophe pour comprendre que, porté comme il l'est au merveilleux, poussé dans le même sens par les contes de nourrice, par les autres sottises dont on a bercé son enfance, l'homme manque rarement de supposer une cause surnaturelle partout, où faute d'enquête suffisante, la cause naturelle n'apparaît pas clairement. La fraude, souvenons-nous-en, a joué un grand rôle dans la production des merveilles. J'en ai cité plusieurs preuves; j'en présenterai bientôt une plus illustre : la prétendue possession des Ursulines de Loudun, et l'assassinat judiciaire de Grandier. En attendant que j'examine cette affaire avec toute l'attention qu'elle mérite, je rappellerai deux ou trois anecdotes curieuses, destinées à montrer, qu'indépendamment de l'intérêt religieux qui de tout temps et en tout pays a été le grand fabricateur de prodiges, d'autres intérêts ont travaillé à cette triste fabrication [1].

Un homme, raconte Erasme, voulant effrayer sa nièce, la dégoûter du monde et la faire entrer au couvent, s'avisa de se déguiser en fantôme et de pénétrer dans sa chambre ainsi affublé. La nièce eut quelque soupçon; elle ne recourut pas aux exorcismes, mais au bras vigoureux d'un individu, armé d'un solide bâton; le fantôme en eut vite assez, implora sa grâce et l'obtint.

Lebrun rapporte une histoire à peu près pareille. Cette fois il s'agit d'un père qui essaye de ramener son fils au bon chemin. La tapisserie, coupée, livre passage à un spectre; une voix sépulcrale retentit à l'oreille du jeune homme plongé dans sa lecture :

« — Corrige-toi! corrige-toi! » — crie-t-elle. Il se corrigea, dit-on; mais il aurait pu devenir fou, et le père jouait gros jeu.

Encore deux récits, empruntés au même auteur :

« Une servante de la rue Saint-Victor étant descendue dans la cave, en remonta avec une frayeur sans égale, en s'écriant qu'elle venait de voir une âme entre deux tonneaux.

1. Parfois aussi un simple hasard, une mauvaise plaisanterie ont pu y contribuer.

On se moqua d'elle. Les plus hardis y descendirent, mais en remontèrent aussi promptement et avec autant de frayeur que cette pauvre servante. Tout aussitôt le bruit courut par tout le quartier qu'un esprit revenait dans cette cave, et il se trouva plus de vingt témoins *de visu* qui tous le rapportèrent comme la chose du monde la plus assurée. Tant de témoignages étaient bien capables d'embarrasser des esprits faibles. Néanmoins, admirez les effets du hasard et de la faiblesse humaine! Le chariot de l'Hôtel-Dieu ayant versé près de cette maison, où l'on disait que l'Esprit revenait, et les corps étant tombés sur le pavé, il en passa un par le soupirail de la cave, lequel tomba entre deux muids et y demeura tout droit. Voilà ce qui donna lieu à cette fausse croyance. »

« Les locataires d'une maison située à Lyon, dans la place des Terreaux, furent obligés d'en sortir, ne pouvant plus résister aux frayeurs que leur causait toutes les nuits la vue d'un spectre épouvantable qui faisait la ronde de toutes les chambres en poussant des hurlements affreux. Déjà plusieurs années s'étaient écoulées que personne n'osait non seulement habiter dans cette fatale maison, mais même en approcher, tant la peur était universellement répandue. Les propriétaires avaient presque renoncé au droit qu'ils y avaient, quand cette nouvelle vint aux oreilles d'un soldat du régiment d'Artois. C'était un jeune homme intrépide, et qui bien loin d'avoir peur des Esprits, disait sans cesse qu'il ne serait jamais plus satisfait que lorsqu'il en pourrait voir. Il y avait de quoi contenter son envie. On lui proposa une grande récompense... Il porte dans la maison une bonne provision de vin, de tabac et de chandelles, et attend de pied ferme l'arrivée du spectre. Déjà le jour était près de paraître, et il désespérait de rien voir, quand il entendit tout à coup un bruit effroyable et des mugissements furieux. Il se tient sur ses gardes, met le pistolet à la main, et sans s'émouvoir il regarde tranquillement avancer l'Esprit. La contenance du soldat effraya le reve-

nant; il n'était pas accoutumé à trouver de pareilles sentinelles, et celui qui faisait peur aux autres eut pour le coup
peur à son tour : il s'enfuit. Le soldat le poursuit; il descend les montées, l'autre en fait de même, lui tenant toujours le pistolet dans les reins. L'Esprit se jette enfin dans
une trappe qui était au bout de la montée d'un caveau par
où il avait fallu passer. Notre intrépide n'hésite point de s'y
jeter après lui. Quel fut son étonnement d'y rencontrer, au
lieu d'une assemblée de sabbat, une fort bonne compagnie et
quelques-uns de sa connaissance ! Le spectre se démasque sur-
le-champ, se dépouille du lugubre vêtement dont il était revêtu,
et se jette aux pieds du soldat qui lui faisait une frayeur
inconcevable avec son pistolet. Vous êtes impatient, monsieur,
d'apprendre le dénoûment de cette aventure : c'étaient de
très honnêtes faux monnayeurs qui pour travailler en sûreté
à leur petit commerce, s'étaient avisés de ce stratagème. »
(*Histoire des pratiques superstitieuses*, IV, 417 à 424.)

Le soldat but et mangea avec eux le reste de la nuit, et
dès le matin, leur conseilla de chercher un gîte ailleurs,
disant que, pour lui, il allait découvrir tout le mystère, et se
faire payer la rétribution promise. — Combien de maisons
délivrées de leurs fantômes, si elles avaient été visitées par
des soldats d'Artois le pistolet au poing !

Il y a donc une déduction énorme à faire dans le surnaturel. Une foule de miracles, de possessions et d'apparitions
ne méritent pas l'honneur de la discussion sérieuse. J'en
dirai autant des pressentiments en général, et aussi de beaucoup de rêves et de soi-disant prophéties.

Quant aux pressentiments, comme ils sont bâtis, à notre
insu, sur la connaissance que nous avons des faits; comme
nous pressentons ce que le raisonnement nous montre probable ou du moins possible; comme nous oublions d'ailleurs,
(je l'ai déjà dit), les quatre-vingt-dix-neuf pressentiments non
réalisés pour ne nous rappeler que celui qui a paru l'être;

comme nous complétons, instinctivement, la prévision d'après l'événement; il en résulte que rien n'est moins merveilleux. Ne l'oublions pas, au reste, l'impression même produite par certains pressentiments n'en assure que trop souvent la confirmation ultérieure. M. Brière de Boismont rapporte (223) la lettre d'une personne qui eut le bon sens de ne pas mourir, après un rêve détaillé, lequel lui annonçait sa mort dans les vingt-quatre heures. Voici comment la lettre se termine : « Si j'avais été assez faible pour croire à cette idée, je serais mort en effet. »

Pressentiments et rêves, c'est tout un. Notre âme, en proie à des préoccupations dont peut-être nous n'avons pas conscience dans cet état, enfante un grand nombre d'images plus ou moins saisissantes, qui troublent notre sommeil et notre veille. Parmi ces images, quelqu'une se rencontre parfois, qui coïncide à peu près avec les événements : celle-là se raconte, se transmet, s'embellit, et finit par devenir un des arguments sur lesquels s'appuie la théorie des rêves et des pressentiments [1].

Si nous passions en revue les songes les plus fameux, nous leur trouverions le caractère que je viens d'indiquer. Cela est tellement puéril au fond, que le problème du surnaturel, réduit à de tels éléments, ne mériterait pas l'attention des gens sensés.

---

[1]. Je fais, au sujet des songes, la même réserve que j'ai faite au sujet des miracles. Je ne soutiens pas (car je n'en sais rien) que Dieu n'ait jamais opéré de miracles depuis les apôtres et n'ait jamais envoyé de songe surnaturel; je soutiens d'abord, que la continuation de ces faits n'est aucunement annoncée par l'Écriture; ensuite, que les récits qui nous sont parvenus portent avec eux leur réfutation. Il est d'ailleurs évident que Dieu se sert de nos songes pour nous avertir et nous ramener au droit chemin, comme il se sert de toutes les pensées de notre intelligence, de tous les sentiments de notre cœur et de tous les événements de notre vie.

J'entends parler d'un pasteur écossais, qui, s'éloignant de chez lui, voit en songe sa maison en flammes et son enfant exposé à périr. Il se hâte de retourner sur ses pas; l'incendie venait d'éclater en effet; le pasteur s'élance dans les flammes et en arrache son jeune fils. J'admets l'entière vérité du fait; mais on ne nous dit pas si ce même ministre n'a pas eu avant et après, des centaines de songes non moins précis, passés sous silence, parce que rien n'est venu les confirmer. On ne nous dit pas si la négligence connue d'un domestique, la fréquence des incendies antérieurs, la violence du vent, telle autre circonstance ne facilitaient pas la prévision. Quant à l'enfant retiré du feu, l'incident n'ajoute rien à la valeur du songe. Impossible que la maison brûlât sans que l'enfant courût le danger d'y périr; impossible que son père rêvât d'incendie sans que cette image ne se présentât en première ligne à son esprit.

Les songes dont la renommée est historique s'expliquent plus naturellement encore. Que le roi Jacques, sachant son fils à Londres pendant la peste, ait vu en rêve ce fils avec une croix sanglante sur le front, ait ensuite reçu la nouvelle de sa mort, rien là qui ne soit parfaitement simple. Que Calpurnie, femme de César, ait vu en rêve son mari percé de coups de poignard la veille du jour où il devait périr au sénat, ceux qui savent à quels dangers croissants, à quelles menaces le dictateur était en butte n'auront garde de s'en étonner.

On cite souvent, d'après les écrivains de l'antiquité, l'aventure de deux amis lesquels, arrivés à Mégare, y furent logés séparément. A peine endormi, l'un des deux voit apparaître l'autre qui d'un air navré l'appelle à son secours, qu'il y va de la vie, leur hôte ayant formé le projet de l'assassiner! Le dormeur persuadé qu'un songe l'abuse, s'obstine à ne pas bouger. L'image et les supplications se renouvellent; notre dormeur se levait enfin lorsque pour la troisième fois, le malheureux ami se présente, mais pâle, sanglant et défi-

guré : « — Malheureux, s'écrie-t-il, tu n'es point venu
quand je t'implorais! c'en est fait. Venge-moi. Au lever du
soleil, tu rencontreras à la porte de la ville un chariot rempli
de fumier; arrête-le, ordonne qu'on le décharge; tu trou-
veras mon corps caché dessous. »

A ce récit, je n'ai rien à objecter, sauf que l'autorité de
Cicéron ne prouve en aucune manière ni la réalité du fait ni
surtout l'exactitude des circonstances qui seules lui prêtent
le caractère du merveilleux. Il est possible que deux voyageurs aient logé à Mégare, il est possible que l'un d'eux,
secrètement frappé par certains incidents, ait éprouvé une
inquiétude qui s'est traduite en songe. Ce qui serait étonnant, c'est que les grands crimes pussent se perpétrer sans
que ni les préparatifs, ni les physionomies, ni la mauvaise
renommée des meurtriers fissent naître à l'avance aucun
vague pressentiment. — Resterait le char de fumier; mais
je réclame une enquête, et jusqu'à ce qu'elle ait eu
lieu dans les formes, je tiens cet embellissement pour apocryphe.

Si les pressentiments ne sont qu'un raisonnement (parfois fondé), qu'à notre insu nous faisons d'après les faits qui
nous sont connus; si les songes ne sont que les pressentiments chez l'homme endormi; je ne crains pas d'ajouter que
les prédictions colportées dans le monde ne sont que ces
mêmes pressentiments, revêtus d'une forme plus prétentieuse.
Il n'y a, dans tout cela, qu'un seul phénomène : un phénomène qui doit son apparence extraordinaire à l'omission de
ses perpétuelles bévues, d'abord; ensuite, à la forme inconsciente que revêt ici le procédé d'argumentation.

Les prédictions célèbres ne sont que des pressentiments
fort naturels, tels qu'il doit en naître parfois dans un esprit
observateur et sagace. Le duc de Saint-Simon, que j'aime à
citer à cause de son incontestable loyauté, rapporte, en l'ad-
mirant fort, une prétendue prophétie de Vittement. C'était à

l'époque où commençait à poindre la fortune de Fleury. Il venait de recevoir le chapeau de cardinal. Prévoir qu'ancien précepteur du roi, auquel il inspirait une confiance absolue, Fleury deviendrait premier ministre et conserverait longtemps ce poste n'était pas chose bien difficile. Nul besoin d'être sorcier pour s'exprimer comme Villement : « Sa toute-puissance, dit-il à Bidault, durera autant que sa vie, et son règne sera sans entrave et sans trouble. Il a su lier le roi par des liens si forts, que le roi ne les peut jamais rompre. Ce que je vous dis là, c'est que je le sais bien. Je ne puis vous en dire davantage; mais si le cardinal meurt avant moi, je vous expliquerai ce que je ne puis faire pendant sa vie. »

Les prophéties de Savonarole sur l'entrée des Français en Italie ne me frappent pas beaucoup plus. « Il avait toujours assuré la venue du roi, écrit Philippe de Commines, disant qu'il était envoyé de Dieu pour chasser les tyrans d'Italie, et que rien ne pourrait résister ni se défendre contre lui. Avait dit aussi qu'il viendrait à Pise, et qu'il y entrerait, et qu'en ce jour mourrait l'État de Florence. Et ainsi advint, car Pierre de Médicis fut chassé ce jour. » — Prévoir l'invasion française et ses conséquences sur l'État toscan, rien là de malaisé. Remarquons, d'ailleurs, que d'autres prophéties de Savonarole, relatives à la réforme de l'Église par l'épée, n'ayant pas été confirmées par l'événement, sont restées dans l'ombre, selon l'usage.

On raconte que l'archevêque de Vienne annonça à Louis XI la mort de Charles le Téméraire. Au moment où Louis XI entendait la messe, à l'église de Saint-Martin de Tours, l'archevêque embrassa le roi, et lui dit : « Sire, Dieu vous donne la paix et le repos. Vous les avez si vous voulez, *Quia consummatum est.* Votre ennemi, le duc de Bourgogne, est mort; il vient d'être d'être tué, et son armée desconfite. » J'ignore si l'anecdote n'a pas été arrangée après coup; l'addition de deux ou trois petits mots plus précis ne fait point

mal en pareil cas. Ce qui demeure certain, c'est qu'au point
où se trouvaient les choses entre Charles le Téméraire et les
Suisses, ses anciens vainqueurs, il était permis de deviner
que la lutte désespérée de Nancy (dont on connaissait le
moment probable) ne se terminerait pas sans entraîner la
ruine et probablement la mort d'un prince aussi vaillant,
aussi fier que le duc de Bourgogne.

Les prédictions relatives à la révolution française ont
abondé. Comment en aurait-il été autrement? Tout le monde
sentait venir la grande tempête. Louis XV lui-même allait
répétant : « Ceci durera bien autant que moi! » Quand le
mont Vésuve commence à trembler, personne n'ignore à
Naples que l'irruption va sévir. Je ne saurais donc m'émerveiller, quand on me rappelle que le père Beauregard prê-
chait à Notre-Dame, en 1776, un sermon contenant ces
paroles : « Oui, vos temples, Seigneur, seront dépouillés et
détruits, vos fêtes abolies, votre nom blasphémé, votre culte
proscrit. Mais qu'entends-je, grand Dieu! Que vois-je! Aux
saints cantiques qui faisaient retentir les voûtes sacrées en
votre honneur, succèdent des chants lubriques et profanes.
Et toi, divinité infâme du paganisme, impudique Vénus, tu
viens ici même prendre audacieusement la place du Dieu
vivant, t'asseoir sur le trône du Saint des saints, et recevoir
l'encens coupable de tes nouveaux adorateurs! » — Il serait
étrange, on l'avouera, qu'en cherchant bien, parmi les décla-
mations oratoires d'un temps où les convulsions sociales
étaient universellement pressenties; d'un temps où l'Église
catholique, en particulier, voyait se dresser devant elle le
terrible bilan de son passé; on n'eût pas découvert quelques
phrases qui pussent, après coup, s'ajuster avec la réaction
irréligieuse, avec les saturnales révolutionnaires, avec les
détestables parodies de la déesse Raison.

Je ne connais qu'une prédiction digne de ce nom, celle de
Cazotte... Resterait à savoir ce qu'il faut en croire et

jusqu'à quel point La Harpe a brodé sur le thème vrai des pressentiments de l'illuminé. Je me défie énormément des prophéties qui n'ont pas *date certaine*, que la publicité n'a pas enregistrées et paraphées en quelque sorte, avant l'événement. Lorsqu'on les publie après, on est sujet à les arranger. S'il m'est permis d'exprimer ici toute ma pensée, je dirai que Cazotte a probablement prophétisé en termes généraux, tout comme le père Beauregard. Peut-être a-t-il déclaré aux philosophes et aux grandes dames qui l'entouraient que la catastrophe nationale les écraserait tous; peut-être même a-t-il parlé de poison en s'adressant à Condorcet, lequel professait du penchant pour ce genre de suicide; peut-être a-t-il parlé de conversion en s'adressant à La Harpe! mais les fameux détails, ceux qui font le surnaturel du discours : les vingt-deux coups de rasoir de Chamfort, Vicq d'Azir se faisant ouvrir les veines six fois en un jour pendant un accès de goutte, voilà ce que l'auteur a certainement ajouté à l'époque où il a rédigé ses souvenirs. Ceux des convives de Cazotte qui avaient survécu n'auraient eu garde de contester pour si peu de chose. Or ce peu de chose, c'est tout, et les pièces publiées en temps utile échappent seules au soupçon de tels embellissements.

Débarrassons-nous par conséquent, une fois pour toutes, de ce merveilleux de mauvais aloi qui ne repose en réalité sur rien. Celui-ci a menti effrontément; celui-là a enjolivé honnêtement; un autre a donné une forme saillante aux prévisions générales; un quatrième a rencontré une de ces coïncidences fortuites qui demeurent dans la mémoire des peuples. Quelle valeur cela a-t-il? aucune. L'explication de pareils prodiges est trouvée depuis longtemps : la crédulité humaine a d'infatigables complaisances. Qui donc l'ignore?

S'il est nécessaire d'expliquer des merveilles, ce ne sont pas celles-là. Il en est qui appellent à plus juste titre l'attention des penseurs. Nous allons concentrer sur elles notre examen. Placé en face des problèmes véritables, nous essayerons d'en donner la solution; non une solution *telle quelle*, mais une solution solide et sensée.

Les solutions *telles quelles* ont toujours couru le monde. Elles ont contribué à consolider les superstitions : une erreur mal attaquée est une erreur affermie. J'en citerai un seul exemple : le rôle immense que le système des *petits corps* a joué dans l'explication naturelle des prodiges. Ce système, très digne d'intérêt comme pressentiment vague du fluide nerveux dont on nous conteste encore l'émission, et dont les tables tournant sans contact achèvent de démontrer la réalité, ce système, dis-je, n'en est pas moins puéril comme solution du problème du surnaturel.

Lisez le dialogue de Plutarque sur la cessation des oracles, vous y verrez des philosophes qui exposent le plus gravement du monde que certains atomes ont la propriété de faire prédire l'avenir. La terre laisse échapper un écoulement de *petits corps* qui produisent cet effet. De même que la terre donne naissance aux plantes, de même elle exhale des vapeurs qui communiquent la faculté de deviner. La vapeur est-elle subtile et abondante? elle agite la prêtresse et lui dicte de bons vers. La vapeur a-t-elle moins de force? l'enthousiasme diminue et le mérite des vers baisse aussi. Les corpuscules deviennent-ils encore plus rares? il faut se contenter de vile prose. Disparaissent-ils entièrement? les oracles se taisent.

C'était donner beau jeu, convenons-en, à ces rieurs qui, demandant quelles forces avaient donc les atomes prophétiques, invitaient les philosophes à leur dire quel rapport existe entre le poumon d'un taureau et la victoire ou la défaite d'une armée?

Le système des petits corps ne s'est pas découragé; il a traversé les siècles, et peut-être a-t-il dû sa persistance à la grande vérité latente qui lui servait de base à son insu.

Quoi qu'il en soit, et tout fluide mis à part, impossible de ne pas s'étonner de l'aplomb avec lequel les cartésiens rendent raison des faits extraordinaires. C'était le moment où la baguette divinatoire faisait ses plus illustres exploits; elle tournait sur les métaux précieux, elle tournait sur les sources, elle tournait sur la trace des meurtriers. Rien de plus simple, à entendre ces messieurs! Pourquoi les petits corps qu'exhale un louis d'or ne mettraient-ils pas un bâton en mouvement? Pourquoi ne serait-il pas resté sur les bords du Rhône (en dépit du mistral), des corpuscules exhalés par l'assassin que poursuivait Aymar : corpuscules qui avaient pour effet d'agiter sa branche de coudrier?

De là aux corpuscules émis par la lune ou par les astres, et à leur influence sur notre destinée, il n'y a pas extrêmement loin. Les amulettes, les talismans se justifieront de la même manière; les possessions sataniques par voie d'infection matérielle ou de miasmes rentreront pareillement dans la théorie.

Si j'ai rappelé en quelques mots celle des explications naturelles qui a eu le plus de succès, c'est que je tiens à établir un contraste absolu entre la simple solution qu'entrevoit notre temps, et les tentatives désespérées dont les siècles précédents furent témoins.

Parmi les faits réellement extraordinaires que nous allons examiner, figurent en première ligne ceux qu'explique l'excitation nerveuse.

Je dis l'excitation nerveuse, et non le fluide nerveux, ou tout autre fluide. Indépendamment de l'action fluidique, il y a, dans un état de vive excitation, des manifestations de vigueur, de souplesse, de sensibilité et aussi d'insensibilité, qui frappent d'étonnement. Ceci n'étant pas contesté, je ne m'y arrêterai guère.

On sait l'histoire de l'attaque d'Oran par les Espagnols.

Dans l'entraînement de l'assaut, les murailles furent escaladées ; or le lendemain, aucun des vainqueurs n'aurait pu,
de sang-froid, exécuter le même tour de force. Une explosion partielle de poudre ayant eu lieu dans l'arsenal de X....
ville de la Suisse française, la terreur s'empara des ouvriers ;
ils se précipitèrent vers une ouverture, et la franchirent
tous. Or l'ouverture était si petite, que plus tard, essayant
d'y repasser, aucun d'eux n'y parvint.

Les physiologistes, les médecins les plus circonspects
admettent que l'excitation morale est capable d'agir puissamment sur la santé. Elle opère des cures presque instantanées ; elle modifie parfois jusqu'à la forme extérieure de
tel ou tel membre.

Nos facultés et nos sens sont susceptibles d'un développement qui semble miraculeux. Cabanis parle de maladies
singulières dans lesquelles les organes des sens deviennent
sensibles à des impressions qu'ils ne perçoivent pas dans
leur état ordinaire. « Il est de ces malades qui distinguent à
l'œil nu des objets microscopiques ; d'autres qui voient assez
nettement dans la plus profonde obscurité pour s'y conduire
avec assurance. Il en est qui suivent les personnes à la
trace, comme un chien, et reconnaissent à l'odorat les objets
dont ces personnes se sont servies ou qu'elles ont seulement
touchés. J'en ai vu dont le goût avait acquis une finesse
particulière et qui désiraient ou savaient choisir les aliments
et même les remèdes qui paraissaient leur être véritablement
utiles, avec une sagacité qu'on n'observe pour l'ordinaire
que chez les animaux. » (Septième mémoire : *De l'influence
des maladies sur la formation des idées et des affections*.)

Rien là de surnaturel. Le développement accidentel des
sens est un fait d'expérience journalière. Le tact, chez
l'aveugle, acquiert une sensibilité inouïe ; s'il marche dans
une chambre, il sentira la muraille à un pied de distance
et s'arrêtera toujours à temps. L'asile de Lausanne abrita

longtemps un aveugle de naissance, qui, en même temps sourd-muet, ne pouvait être averti de rien, ni par la vue ni par l'ouïe ; et cependant, l'approche des gens lui causait une sensation si vive, qu'il les *voyait* et les *entendait* venir dès le corridor.

Saint André décrit les accidents causés par la piqûre de la tarentule : cette adresse, cette agilité, cette danse incroyable. Or d'autres observateurs l'ont remarqué, les effets manifestés chez ceux qui croient avoir été piqués, ne sont pas moins extraordinaires que les phénomènes produits par une réelle morsure.

Pas de faits mieux constatés que certains jeûnes, qui, dans l'état ordinaire auraient entraîné la mort et qui, dans l'état d'extase, n'occasionnaient aucun trouble funeste. M. Brierre de Boismont parle d'une jeune fille extatique, laquelle, pendant cinq semaines (et seulement dans les derniers jours), ne prit d'autre nourriture que de la corne de cerf : le visage resta coloré, le pouls naturel. Le général Daumas donne de curieux détails sur une secte qui existe en Kabylie. « Dans le pays des Béni-Raten, un marabout célèbre, Cheikh-el-Madhy, prétend conduire ses disciples à la sainteté de la manière suivante. Chacun d'eux est rigoureusement enfermé dans une petite caverne ou cellule qui lui permet à peine quelques mouvements, à peine la position droite. Sa nourriture est diminuée progressivement pendant quarante jours, jusqu'à ne point dépasser le volume d'une figue ; il en est même dont la subsistance pour vingt-quatre heures ne consiste pas dans une cosse de caroubier. À mesure qu'ils subissent cet entraînement hors de la vie matérielle, les disciples acquièrent la seconde vue ; il leur vient des songes d'en haut ; enfin la relation mystique finit par s'établir entre le marabout et eux lorsque leurs rêves coïncident, lorsqu'ils rencontrent les mêmes visions. » (*Mœurs et Coutumes de l'Algérie*, 216.)

Les faits de ce genre ne sont donc pas miraculeux. Il me suffit de l'avoir indiqué. Je laisse par conséquent de côté, et la fameuse fille de Grenoble, qui passe pour n'avoir pas mangé pendant quatre ans; et le bénédictin qui traversait, dit-on, tous les carêmes, sans boire ni manger; et les différents saints ou possédés dont les abstinences ont été célèbres. Chacun saura faire la part des erreurs du témoignage en pareille matière, et celle du phénomène physiologique. Pas une des merveilles tant vantées dont ces deux observations, très simples, ne puissent avoir raison.

Expliquer par l'excitation certains développements extraordinaires, soit de l'intelligence, soit du sentiment, est plus facile encore. L'extase, à ses différents degrés, ne produit pas seulement une force, une souplesse étonnantes, l'acuité excessive des sens, la suspension momentanée des besoins du corps, un état anormal, enfin, de l'être physique; elle imprime à l'être moral une physionomie absolument nouvelle. L'histoire des camisards, celle des adhérents du diacre Pâris renferment d'inconcevables circonstances, sur lesquelles nous aurons à revenir. Dès les premiers siècles de notre ère, on avait vu prophétiser Montan; ses deux compagnes, Maximille et Priscille, s'exprimaient d'une façon saisissante, manifestant un enthousiasme qui semblait sincère, prononçant parfois des phrases en langue étrangère, s'élevant, en un mot, au-dessus du commun niveau.

Les *revivals* américains présentent, je dois l'avouer, quelques traits qui appartiennent à la même catégorie. Pénétré de respect pour la plupart des pasteurs à l'initiative desquels on doit les *camps-meetings*, je n'en suis pas moins tenu de protester contre des procédés qui, ouvrant la porte à l'excitation matérielle, amènent une confusion entre l'action de la foi et celle des nerfs. Jésus-Christ et les apôtres n'ont jamais agi de la sorte; rien n'est plus étranger à l'Évangile que les *procédés*, quels qu'ils soient. Je ne saurais que condamner l'usage de ces réunions prolongées, où une sorte de mise en scène religieuse, où la durée du discours, où la fréquence des prières et des chants, où l'aspect même d'un campement immense et d'une vaste forêt, où la contagion des sentiments et des sensations, finissent par amener des pleurs, des soupirs, des convulsions où les assistants (les femmes surtout) tombent parfois à la renverse en criant : *Gloire! gloire!* — Je n'aimerais pas mes frères des États-Unis, je ne rendrais justice ni à leurs magnifiques travaux évangéliques et missionaires, ni à leur vivante orthodoxie, ni au glorieux établissement de leurs Églises séparées de l'État et distinctes du monde, si je craignais de signaler le scandale de certains réveils. L'Écriture ne nous montre pas d'extatiques; quand Paul parlait à Corinthe, à Éphèse, personne ne se trouvait mal, personne ne criait, personne ne se roulait sur le sol. Il n'y avait rien pour l'imagination ou pour les sens, dans cette simple et tendre prédication de la bonne nouvelle; aussi l'émotion des auditeurs ne présentait-elle rien d'artificiel dans sa cause, rien de bizarre dans ses résultats.

Je n'ai cité, au reste, les réveils du nouveau monde que pour montrer jusqu'où peut aller l'influence de l'état nerveux sur les dispositions morales de l'homme. Quant à ses facultés intellectuelles, elles sont capables de recevoir, en pareil cas, un prodigieux développement. Les extatiques déclarent eux-mêmes qu'ils ont deux âmes, qu'une voix étrangère les fait parler, qu'ils reçoivent tout à coup des idées qui leur étaient inconnues, des termes dont ils ne possédaient pas l'usage. Des ignorants dissertent alors sur la politique, sur les intérêts sociaux, sur la philosophie, sur la religion. Leur horizon s'est élargi, leur langage s'est épuré, ils sont devenus éloquents : la paysanne habituée au patois parle français, l'homme illettré s'exprime en latin !

Y a-t-il là quelque chose de surnaturel? Non certes. Il y

a un état physiologique où des trésors de réminiscences que
le patient ne savait pas posséder, quoiqu'il les possède en
effet, s'ouvrent tout à coup. La paysanne aura entendu
parler français; les locutions d'une langue qu'elle ignore se
seront gravées dans cet arrière-fond de la mémoire inconsciente, où rien, jamais, ne s'efface réellement; exaltée ou
malade, elle se trouvera en possession de la langue française.
Le négociant qui a fait à peine ses premières classes, qui
jamais n'a su le latin, se trouvera en possession de la langue
latine, mettant dans l'embarras son savant médecin, auquel
il ne s'adressera plus autrement.

Je tiens ce dernier fait du médecin même qui l'a observé.
Pour l'autre, les exemples en sont multipliés presque à l'infini. On connaît en particulier l'histoire de cette servante
anglaise qui, pendant sa maladie, se mit à réciter des versets
de la Bible en hébreu. On chercha, et on finit par découvrir
qu'ayant été au service d'un pasteur, elle avait entendu,
souvent, lire à haute voix la Bible hébraïque. Or, sans en
avoir jamais compris ni retenu une syllabe, il se trouva que
tout s'était logé dans l'armoire secrète qui conserve nos
moindres impressions et nos moindres souvenirs; armoire
fidèle dont nous ne possédons pas la clef..., mais un jour
viendra où nous l'aurons, et alors seront résolus les angois-
sants problèmes que pose sans cesse la folie des uns, l'affaiblissement des autres, l'extinction graduelle des facultés chez
les vieillards, chez les mourants : l'apparente destruction de
l'homme intellectuel et moral!

Si nous observions mieux ce qui se passe en nous, nous
arracherions à l'incrédulité matérialiste ses plus redoutables
arguments.

On le voit : bien des merveilles se transforment en incidents naturels, dès que nous savons tenir compte de l'excitation nerveuse. Ce qui se présente à nous comme un résul-

tat direct du bruit, du mouvement, de l'extase, de la maladie, ne doit être porté ni au compte des miracles divins ni à celui des prodiges sataniques.

Il est des personnes qui donnent à cette première explication une étendue presque illimitée. A les entendre, l'excitation nerveuse rendrait compte de tout ! Je ne saurais partager cette manière de voir, et sans nier l'importance de l'explication, je ne peux la croire universelle. Le magnétisme animal fournit un grand nombre de faits, auxquels elle ne s'applique qu'imparfaitement. La dépendance du magnétisé à l'égard du magnétiseur, la même action exercée à distance (si elle est réelle, ainsi que semblent le prouver plusieurs documents et notamment le rapport de M. Husson); les phénomènes biologiques et la passivité automatique qui la caractérise, la rigidité, l'insensibilité physique produites à volonté; la pénétration des pensées surtout, ce grand fait dans lequel viennent se condenser tous les actes de clairvoyance somnambulique; l'ensemble du magnétisme, en un mot, et des expériences qui s'y rattachent, exige, selon moi, l'intervention d'un fluide. Ceux qui refusent de l'admettre se condamnent, ou à fermer systématiquement les yeux sur beaucoup de faits incontestables, ou à les expliquer d'une manière forcée et insuffisante, au moyen de l'excitation nerveuse.

Je l'avoue néanmoins, à défaut des tables tournantes, dont le soulèvement sans contact met décidément en lumière l'action d'un fluide ou d'un agent physique quelconque, on pourrait à la rigueur s'en tenir à la seule excitation nerveuse. Mais la science vient de faire un grand pas, et nous ne pouvons plus raisonner comme si nous ignorions les soulèvements sans contact et les autres phénomènes des tables tournantes. Nous sommes donc en possession d'une seconde explication, qui s'adapte, avec une justesse admirable, à un très grand nombre de soi-disant prodiges.

L'action fluidique constatée, en quoi consiste cette action ?
Que sont précisément les fluides dont je parle? Y en a-t-il
plusieurs ou plutôt, n'y en aurait-il pas *un seul*? N'est-il pas
même possible que les divers fluides impondérables ne
soient que des transformations ou des manifestations diverses
du fluide unique! L'agent physique, qu'on désigne sous le
nom de fluide, ne se trouve-t-il pas déjà au fond de la simple
excitation nerveuse, et les deux explications ne coïncident-elles
point, la seconde n'étant que le développement plus étendu
et plus extraordinaire de la première? On n'exigera pas que
je réponde à ces questions. Je ferais preuve d'une présomp-
tion impardonnable, si je prétendais résoudre le grand problème posé depuis longtemps devant les penseurs, problème
qu'étudie avec un soin tout nouveau la science contemporaine.
Rappeler en quelques mots l'opinion qui tend à prévaloir sur
ce point, je me bornerai à cela.

Dans le travail de M. Arago que renferme l'*Annuaire* de
1853, je lis la phrase suivante : « Des effets analogues ou
inverses (il s'agit des expériences de Mesmer et du rapport
publié par Bailly, Franklin et les autres commissaires de
l'Académie des sciences), des effets analogues ou inverses
pouvaient évidemment être occasionnés par un fluide subtil,
invisible, impondérable, par une sorte de fluide nerveux, ou
de fluide magnétique, si on le préfère, qui circulerait dans
nos organes. Aussi les commissaires se gardèrent-ils de parler
d'*impossibilité*. Leur thèse était plus modeste; ils se contentaient de dire que *rien ne démontrait* l'existence d'un
semblable fluide. » (437.)

Voilà bien le point de départ. Dès le premier jour, l'action
fluidique était reconnue possible; mais rien ne la démontrait
encore.

Tout le monde, au reste, n'était pas de cet avis, et l'illustre
Jussieu ne tarda guère à se séparer de ses collègues, en se
basant sur ce que « plusieurs faits bien vérifiés, indépen-

dants de l'imagination et pour lui hors de doute, suffisaient pour lui faire admettre l'existence ou la possibilité d'un fluide ou agent qui se porte de l'homme sur son semblable... quelquefois même par un simple rapprochement à distance. »

Aux yeux de Jussieu, le fluide en question s'identifierait avec le calorique vital. Qu'importe? nous en sommes à démontrer son existence, non sa nature.

Son influence ne semblait guère douteuse ni à Laplace ni à Cuvier. Selon l'un d'eux (*Calcul des probabilités*, 348), « il est très peu philosophique de nier les phénomènes magnétiques, par cela seul qu'ils sont inexplicables dans l'état actuel de nos connaissances... »; selon l'autre (*Anatomie comparée*, tome II, 117), « les effets obtenus sur des personnes déjà sans connaissance avant que l'opération commençât, ceux qui ont lieu sur les autres personnes après que l'opération leur a fait perdre connaissance, et ceux que présentent les animaux, ne permettent guère de douter que la proximité de deux corps animés, dans certaines positions et avec certains mouvements, n'ait un effet réel, indépendant de toute participation de l'imagination d'une des deux. Il paraît assez clairement aussi que les effets sont dus à une communication quelconque qui s'établit entre leurs systèmes nerveux. »

Je ne dépasserai pas, pour ce qui me concerne, les limites tracées par Cuvier. Il y a *une communication*; l'imagination n'y est pour rien, et la meilleure preuve (preuve que Cuvier ne connaissait pas), c'est que la matière inerte est mise en mouvement par cette communication, si puissante sur les hommes et sur les animaux. Quant à la définir, personne n'est encore en mesure de le faire. Les théories ici ne sont que de pures hypothèses, comme il faut en essayer lorsqu'on veut découvrir une loi. Disons-en donc un mot, à titre d'hypothèse, et non autrement.

Un des systèmes les plus curieux, les plus hardis, est

celui du baron de Reichenbach. Il croit avoir trouvé un
fluide qui n'est ni le calorique, ni l'électricité, ni le magnétisme terrestre; ce fluide a le caractère d'une véritable force
cosmique positive et négative tout ensemble, circulant dans
tous les corps, et nous arrivant en outre du soleil, en incom-
mensurable quantité. Sa *lumière odylique*, car tel est le
nom que lui donne l'auteur, est appelée à jouer un rôle
immense : à renouveler la face du monde et à lui amener
enfin son âge d'or.

Ceci est le roman; mais la réalité est déjà bien assez grande
et assez belle. Le fluide général annoncé par Mesmer semble
faire son chemin, en dépit des répugnances. Plusieurs physiologistes distingués et prudents, sans faire route avec
M. de Reichenbach et avec M. Grégory, se demandent si le
fluide nerveux n'expliquerait pas (autant que ces mystères
peuvent s'expliquer), la transmission à nos différents muscles
des commandements de notre volonté. En effet, le problème
n'existe pas seulement hors de nous, dans notre action fluidique sur les autres hommes et sur les objets inanimés; il
existe en nous. Nous portons dans notre propre sein la question des questions. Comment s'accomplissent ces mouvements musculaires que je n'ai pas voulus, et qui sont nécessaires pour atteindre le résultat final que je veux seul? Qui
donc adresse à mes muscles *les ordres de détail*, lorsque
j'écris ces lignes, ou lorsque ma main se promène sur les
touches d'un piano?

On commence à répondre : que, peut-être, le fluide nerveux, partant du cerveau, court le long des nerfs comme
l'électricité le long des fils du télégraphe, et va contracter
les différents muscles comme l'électricité fait mouvoir l'ai-
guille indicatrice, M. John Herschell a exposé en détail cette
théorie (*A preliminary discourse on the study of the
natural philosophy*). Je place une rapide analyse de ses
paroles sous les yeux du lecteur.

Parmi les effets remarquables de l'électricité, mis en lumière par les recherches de Galvani et de Volta, il n'en est pas de plus frappant peut-être que son influence sur le système nerveux des animaux. L'origine du mouvement musculaire est un de ces profonds mystères dont on ose à peine espérer de parvenir jamais à trouver l'explication. Depuis longtemps toutefois, les physiologistes soupçonnent la présence d'un fluide qui va du cerveau aux muscles en parcourant les nerfs. Or n'est-il pas probable que le fluide nerveux, s'il existe, est identique avec le fluide électrique? Sans doute il semble étrange que l'équilibre électrique soit troublé dans l'organisation animale composée entièrement de conducteurs; mais nous avons l'exemple de la torpille et des autres poissons du même genre qui, composés de conducteurs aussi, n'en donnent pas moins un choc dont la nature électrique ne saurait guère se contester, quoiqu'il ne se dégage pas d'étincelle et qu'aucune tension électrique ne puisse être constatée. Avant la pile de Volta, l'effet produit par le contact de la torpille restait absolument inexplicable; maintenant, on a remarqué de frappants rapports de structure entre les deux appareils, celui de la torpille étant composé de lames que sépare une substance fluidique. Il est donc prouvé que l'économie animale comporte la production d'une tension électrique en dépit des conducteurs. Dès lors, comment ne pas être frappé de ce fait, que l'électricité voltaïque, transmise le long des nerfs d'un animal, même après sa mort, produit une action musculaire très marquée? Comment ne pas se laisser aller à des suppositions sur le rôle du cerveau, appareil disposé, semble-t-il, pour produire cette forme de fluide électrique qu'on observe chez la torpille? Comment ne pas croire que le fluide ainsi produit fait mouvoir nos muscles et sert d'intermédiaire entre eux et la volonté?

Cette hypothèse, que développe Herschell, a été modifiée

par un célèbre physiologiste allemand, le docteur Muller. Il distingue entre l'électricité et le fluide nerveux, tout en faisant agir ce dernier d'une manière qui rappelle la description d'Herschell. Selon lui, les fibres primitives des nerfs se rattachent toutes au cerveau pour y recevoir les directions de la volonté. Placées à côté les unes des autres, elles peuvent être comparées aux touches d'un piano sur lesquelles appuieraient successivement nos pensées, donnant ainsi naissance aux vibrations ou courants du principe nerveux dans un certain nombre de fibres, et par conséquent aux mouvements musculaires qui y correspondent.

Je ne prétends ni que les choses se passent de la sorte ni que le problème soit résolu; je crois au contraire que sa solution reculera toujours devant nous. Quand vous aurez substitué la répartition des impulsions entre les touches du clavier nerveux à la répartition des ordres entre les différents muscles, vous n'aurez pas rendu beaucoup plus facile la compréhension du phénomène. Ce qui ressort néanmoins de tout ceci, c'est que les hommes intelligents sont à la poursuite de l'action fluidique et qu'ils ne conçoivent pas sans elle les opérations de l'être humain.

Les études sérieuses amènent à reconnaître un fluide nerveux ou une force particulière, analogue à ces autres forces de la nature, qui portent aujourd'hui les noms d'électricité, de lumière, de chaleur, de magnétisme, de capillarité, de pesanteur. Il semble que ce fluide nerveux aurait ses deux pôles, étant doué d'une puissance pour attirer et pour repousser. Il semble, qu'à l'exemple de l'électricité animale (laquelle serait positive en général chez les hommes et négative chez les femmes, selon le docteur Muller), le fluide nerveux, abondant chez les personnes douées d'un tempérament énergique, s'accumulerait principalement chez elles quand leur volonté se concentre fortement.

Le lecteur saura dégager ce qui est hypothétique et retenir

ce qui, dès à présent, est certain. L'hypothèse, c'est la nature précise du fluide ou de la force, c'est la définition de son rôle comme intermédiaire entre notre volonté et nos muscles, c'est son identité ou sa parenté avec les autres fluides impondérables. Mais, sans rien affirmer sur de tels sujets, sans devancer d'un seul pas la marche des recherches physiologiques; sans attribuer surtout aux fluides une nature exceptionnelle qui les suspendrait entre la matière et l'intelligence en évitant de les assimiler franchement à la première; il est permis de déclarer que l'action fluidique, évidente, donne le mot de plusieurs faits étranges, classés jadis par l'ignorance dans le domaine du surnaturel. Il est remarquable d'ailleurs, que le génie de Descartes ait deviné en partie cette grande loi, et qu'en essayant la théorie des esprits animaux, il ait montré comme un pressentiment de l'action fluidique.

Celle-ci nous fournit, avons-nous dit, l'explication naturelle de plusieurs faits extraordinaires.

Et en effet, si nous commençons par la fin, c'est-à-dire par le phénomène des tables tournantes, nous trouverons qu'au moyen du fluide nerveux leurs divers mouvements cessent d'être miraculeux ou diaboliques. Si mon cerveau, agissant à la façon d'une bouteille de Leyde, émet et dirige un courant fluidique le long de mes nerfs, si les autres membres de la chaîne en font autant, il est évident que nous ne tarderons pas à former à nous tous une sorte de batterie électrique, dont l'influence se fera sentir conformément à notre pensée : nous imprimerons une rotation, nous opérerons, même à distance, d'énergiques soulèvements.

Prenez maintenant ces phénomènes du magnétisme animal qu'on retrouve partout dans les anciens procès de sorcellerie et qui ont fait brûler tant d'innocents! vous serez frappé de voir avec quelle précision ils s'ajustent à la théorie de l'action fluidique. Je parle ici du magnétisme animal dans son acception la plus générale, je parle de l'état particulier où nos sensations et nos facultés subissent une modification si étrange; or il me paraît impossible de nier que si un état se produit quelquefois par le seul effet de la maladie, il se produit très souvent aussi par l'effet d'une puissante volonté. En vain voudrait-on échapper à une démonstration qui ressort de partout, en vain se rejetterait-on et vers le somnambulisme naturel pour échapper au somnambulisme artificiel, et vers les idiosyncrasies pour échapper à l'action des magnétiseurs; ce qu'on admet n'est pas mieux prouvé que ce qu'on rejette, n'est pas moins mystérieux, il faut en convenir. Je le dirai avec Cuvier : une influence qui franchit les distances, qui se fait sentir à ceux qui l'ignorent absolument, que les animaux subissent comme les hommes, cette influence ne saurait être sérieusement contestée.

Avec elle nous concevons les accidents de la biologie dont j'ai déjà dit quelque chose d'après la *Quartely Review* [1]. Voici un homme transformé en automate; il accepte passivement toutes les sensations que lui transmet une volonté dominatrice. L'émission du fluide nerveux explique seule ce qu'on cherche à mettre sur le compte de la simple suggestion. Que le premier venu essaye de suggérer des sensations à la personne biologisée, qu'on essaye même de parvenir à l'état biologique sans la présence et l'action d'un homme doué de beaucoup de force magnétique, les résultats seront nuls. Mais que la magnétisation ait lieu (et elle a parfois lieu sans passe, personne ne l'ignore), aussitôt les courants fluidiques du magnétiseur iront éveiller chez la personne biologisée toutes les sensations de la vue, de l'ouïe, du goût, de l'odorat et du toucher; elle sera impressionnée comme si ses yeux voyaient, comme si ses oreilles entendaient, comme si ses doigts touchaient. Cela doit être, car nous ne jugeons des

1. Tables tournantes.

faits extérieurs que par notre impression subjective, et si l'impression subjective est produite, il devient impossible que nous mettions en doute la réalité des faits extérieurs.

Beaucoup d'hallucinations anciennes et modernes trouvent peut-être là leur explication. Il en va de même pour d'autres phénomènes que les inquisiteurs déclaraient décisifs en matière de possession. Ainsi l'insensibilité physique des accusés était telle, que Laboureur, avocat du roi au bailliage de Dijon, disait au xvie siècle qu'il était inutile de leur donner la question (*Traité des faux sorciers*). Ils échappaient souvent ainsi à la torture, mais non pas au bûcher, témoin cette femme dont parle le démonographe Boquet, qui, trouvée par son mari dans un état d'insensibilité cataleptique, fut dénoncée aux juges et périt malgré ses protestations.

Si la catalepsie peut amener, comme dans ce cas, la suppression absolue des sensations, ne nous hâtons pas d'en conclure que l'action fluidique n'y est pour rien. Nous ignorons, en effet, le rôle que joue le fluide nerveux en nous, indépendamment de toute influence étrangère, et nous savons que les magnétiseurs produisent à volonté cet effet chez les personnes soumises à leur action.

J'en dirai autant du phénomène le plus intéressant, peut-être, parmi ceux du magnétisme : de la pénétration des pensées. Si elle peut se manifester en l'absence des provocations extérieures, elle se manifeste aussi par l'effet de celle-ci ; or c'est là, précisément, ce qui constate la réalité de l'action fluidique. Qui ne serait frappé de l'analogie qui existe entre le phénomène biologique et celui dont je parle maintenant? — Voici une personne magnétisée par moi dont l'intelligence semble entrer en contact direct avec la mienne ; mes pensées deviennent ses pensées, ses lèvres servent à exprimer ce que j'ai senti ! Ne touchons-nous pas ici du doigt les courants du fluide qui, dirigés par la volonté du magnétiseur, vont provoquer chez le magnétisé chacune des impressions qu'il éprouve lui-même ou le rendre sensible aux impressions et aux idées d'une tiers?

Quoi qu'il en soit du procédé (sur la nature précise duquel on se rappelle que je n'affirme rien), deux choses demeurent certaines : la pénétration des pensées a lieu, elle a lieu très particulièrement en vertu d'un acte de volonté, et en vertu de la magnétisation. Il est donc infiniment probable que l'action fluidique lui donne naissance. Et remarquez avec quelle simplicité s'explique dès lors toute la partie surnaturelle du magnétisme.

Un somnambule décrit l'habitation, raconte les circonstances diverses de la personne avec laquelle il est mis en rapport; il définit sa maladie, il indique les moyens de médication. Que s'est-il passé? Le magnétiseur l'a mis dans un état particulier où le contact intellectuel s'opère soit avec lui-même, soit avec l'individu qui interroge le somnambule. On a beau chercher, on ne découvre pas un seul acte authentique de clairvoyance divinatrice qui dépasse ce que je viens de mentionner. L'histoire du magnétisme, celle des anciennes possessions ne rapportent rien ou presque rien qui ne puisse s'expliquer par la pénétration des pensées.

En dehors de la clairvoyance divinatrice qui se réduit constamment à cela, il y a encore cette clairvoyance particulière, laquelle semble se manifester par la vue à distance, à travers les corps opaques et sans le secours des yeux. Ceux qui, se donnant beaucoup de peine pour contester absolument ces faits, se reconnaissent forcés d'admettre en même temps des faits analogues dans le somnambulisme naturel, choisissent une bizarre position. Le somnambulisme naturel qui suit de loin son médecin, qui le voit entrer dans telle et telle maison, qui signale exactement son approche; le somnambule naturel qui marche hardiment sur les toits les yeux fermés, qui les yeux fermés achève un tableau ou corrige l'écriture d'un manuscrit, est-il moins extraordinaire que le somnambule

magnétisé qui entre en contact avec les objets éloignés et qui
n'a pas besoin du secours des yeux pour lire un livre? Je ne
saurais le penser. Il serait donc tout au moins imprudent,
selon moi, de déclarer impossibles de tels phénomènes. S'ils
sont réels, ce que je suis loin d'affirmer, ils grandissent singulièrement le domaine de l'action fluidique et restreignent
d'autant celui du surnaturel. Il en résulte que les faits
même les plus prodigieux des anciennes procédures de sorcellerie peuvent s'expliquer par l'état particulier où nous
met le fluide nerveux : tantôt le nôtre, tantôt celui d'un
étranger qui agit sur nous.

Tout cela est fort mystérieux sans doute; le contact particulier que paraissent établir certaines influences fluidiques,
contact entre les intelligences, contact visuel avec les objets
éloignés, à travers les corps opaques et sans le secours des
yeux, révèlent des lois naturelles qui nous frappent d'étonnement. Mais il n'est pas plus surprenant de voir une pensée
fluidiquement communiquée à autrui, que de voir une pensée
électriquement transmise en une minute de Londres à Édim-
bourg, où elle se charge elle-même de se donner un corps
par l'écriture et par l'impression.

Nous voici maintenant en état de nous rendre compte de
bien des choses. Les bénédictines de Madrid, taxées de possession au xviie siècle, semblaient deviner ce qui se passaient
loin d'elles et lisaient dans la pensée les unes des autres; leur
supérieure, dona Thérèse, connaissait, dit-on, bien qu'ab-
sente, le sujet de leur entretien. D'autres possédées s'assou-
pissaient subitement ou prononçaient avec exaltation de longs
discours dont elles ne conservaient pas le moindre souvenir
une fois la crise terminée. L'emploi de quelques phrases
latines n'était qu'un effet très naturel de la même crise [1].

---

1. Si quelqu'un cherchait à s'emparer de mes paroles pour
dépouiller le don des langues de son caractère miraculeux, je

Dans un temps où l'usage de cette langue était universel, dans une église où le culte se célébrait en latin, il était naturel que les religieuses eussent conservé certaines réminiscences latentes dont la manifestation s'opérait ensuite sous l'influence de l'excitation nerveuse ou de l'action fluidique. Un accès de

l'engagerais à relire, dans le chapitre second des *Actes*, le récit de la Pentecôte. Il verrait que toutes les circonstances, sans exception, y repoussent l'assimilation dont il s'agit. Que se passe-t-il en effet dans les cas d'exaltation nerveuse, d'extase d'ivresse ou de maladies? 1° L'homme n'est pas en possession de lui-même, il est violemment excité; or rien de semblable chez Pierre et ses compagnons. 2° Les langues sont parlées le plus souvent d'une manière partielle, imparfaite et même inintelligible; or les prosélytes réunis à Jérusalem comprennent si bien les disciples, qu'ils s'écrient : « Comment les entendons-nous chacun dans le langage où nous sommes nés? » Enfin et surtout, le phénomène nerveux ne se compose que de réminiscences; or les disciples parlent des langues dont ils n'ont jamais entendu prononcer un seul mot : Parthes et Mèdes et Élamites; et ceux qui habitent la Mésopotamie, la Judée et la Cappadoce, le Pont et l'Asie, la Phrygie et la Pamphylie, l'Égypte et les quartiers de la Lybie qui est près de Cyrène; et nous qui sommes des étrangers romains, juifs et prosélytes, crétois et arabes, nous les entendons parler des grandes choses de Dieu! » — Ces Galiléens qui possèdent subitement et parfaitement tant d'idiomes avec lesquels ils n'ont jamais eu le moindre contact, ne ressemblent guère assurément à des extatiques qui se souviennent. On ne prend pas assez garde, quand on essaye ces rapprochements, plus ridicules encore qu'impies, à ceci : que les phénomènes de développement et de réminiscence ne se produisent que dans un état de maladie ou de somnolence; qu'ils n'amènent le plus souvent qu'une imitation très imparfaite des langues étrangères; que dans le cas même où la forme est parfaite, grâce à d'anciens rapports avec les langues en questions, le fond demeure incohérent et se ressent de la crise pathologique subie par la personne qui parle ainsi. On oublie de mettre en présence de ces constants caractères ceux que revêtaient la prédication des premiers disciples; ils n'étaient ni malades ni somnambules, et s'ils avaient extravagué en langues étrangères, je ne pense pas qu'ils eussent converti beaucoup de gens!

I.   15

fièvre, l'ivresse du haschich ou celle du vin produisent parfois des effets analogues. Le maréchal de Villars, racontant les merveilles opérées sous ce rapport par les camisards, ajoutait : « Nous avons vu le duc de la Ferté autrefois, quand il avait un peu bu, parler anglais devant les Anglais. J'ai ouï dire : J'entends bien qu'il parle anglais, mais je ne comprends pas un mot de ce qu'il dit... Cela eût été difficile aussi à comprendre, car jamais il n'avait su un mot d'anglais. » Le latin, le grec et l'hébreu des prophètes cévenols ressemblaient probablement à cet anglais-là. Les causes de l'exaltation nerveuse étaient seules infiniment dissemblables.

Non seulement l'extase ou l'ivresse peuvent, éveillant des souvenirs dont on n'a jamais eu conscience, fournir la facilité de parler (plus ou moins bien) une langue qu'on n'a jamais sue, mais elles modifient les impressions et les intervertissent parfois complètement. Tel mangeur de hachisch entendra en espagnol un discours qui lui est adressé en italien : tel enfant malade se plongera tout à coup dans les études classiques qu'il avait à peine entamées et dont il avait l'horreur; il traduira en latin ce qu'on lui dit, n'emploiera plus que cette langue, et la parlera avec une inconcevable pureté.

Il faudrait être aveugle pour ne pas apercevoir la grandeur des mystères encore insondés que recèle notre système nerveux. Le mot de beaucoup de merveilles se trouve là, non ailleurs. Que l'on considère l'excitation nerveuse pure et simple, ou que l'on y joigne l'action du fluide nerveux dont l'existence devient incontestable par le soulèvement sans contact des corps inertes, il est toujours certain que l'explication naturelle du surnaturel en ressort clairement. Franchissez tous les degrés : du développement des forces et des facultés à l'insensibilité physique, à la pénétration des pensées, à l'emploi des langues étrangères, vous n'entrerez pas un seul instant sur le terrain des miracles. J'admire la puissance déployée par cet homme dont le regard dompte les bêtes

féroces; je suis frappé de la lucidité de ce somnambule qui
touche en quelque sorte du doigt l'altération intérieure des
organes dont il veut opérer la guérison; mais, dans ces
prodiges du système nerveux, je ne vois que l'application
d'une loi physique.

Avant de faire un nouveau pas, le plus considérable de
tous, il importe que nous nous rendions compte du chemin
parcouru. Jusqu'où nous sommes-nous avancés? Quels sont
les prodiges dépouillés, par nos explications, du caractère
qu'une ignorance superstitieuse leur attribuait? Que nous
reste-t-il à expliquer?

Nous avons commencé par mettre hors de cause, et par
exclure en quelque sorte de notre examen, l'immense recueil
des possessions frauduleuses, des apparitions préparées, des
merveilles par coïncidence, des anecdotes arrangées après
coup, des pressentiments, des songes et des prédictions dont
les faits les plus connus et les raisonnements les plus élémentaires ont fourni les faits.

Abordant, ce déblai opéré, l'étude des phénomènes vraiment extraordinaires; j'ai montré qu'une première et notable
partie de ces phénomènes s'explique par la simple excitation
nerveuse; que cette excitation enfante des prodiges d'audace,
de force et de souplesse; qu'elle développe les sens au delà
de toute imagination; qu'elle produit des effets médicaux,
modifiant assez l'organisme, pour que l'homme puisse endurer
sans inconvénient grave des jeûnes fort prolongés; qu'elle
donne de l'éloquence; qu'elle provoque, enfin, des réminiscences telles, qu'on se souvient de ce qu'on croit n'avoir
jamais su.

De là, j'ai passé à l'action fluidique. J'ai prouvé que, quelle
que soit sa parenté mal définie encore avec l'excitation nerveuse ordinaire, elle constitue un fait physique de la plus
haute importance, fait qu'il n'est plus permis de mettre en

doute depuis les expériences des tables tournantes. Sous son étiquette viennent se ranger d'abord, des phénomènes qui sont communs à cette catégorie et à la précédente : les réminiscences, l'emploi des langues étrangères qui s'y rattache; les accidents de rigidité et d'insensibilité absolue; puis, les opérations caractéristiques du magnétisme animal et de la biologie, communication des sensations, pénétration des pensées, contact intellectuel ou fluidique sous toutes ses formes plus ou moins certaines de vue intérieure, de vue à distance, de vue sans le secours des yeux.

Voilà où nous en sommes; le surnaturel apocryphe est bien réduit, mais il n'est pas supprimé. Plusieurs prodiges anciens et modernes se refusent à entrer dans l'une ou l'autre des catégories dont je viens de présenter l'énumération. Parmi les prodiges anciens, je citerai le plus considérable de tous : la sorcellerie avec ses voyages au sabbat, ses transformations en loups, ses merveilles sataniques confessées par des centaines et des milliers de malheureux qui savaient les conséquences de leurs aveux. Parmi les prodiges modernes, je citerai tel miracle éclatant, contemplé par une population entière; je citerai les musiques célestes qu'entendent les *spiritualistes* américains, les flammes qu'ils voient, les suspensions de meubles et d'hommes dont ils sont témoins. — Ceci demande une explication nouvelle, explication qui nous sera fournie par la théorie de l'hallucination.

Rien de plus essentiel que cette théorie. Si quelques-uns des adversaires du surnaturel l'ont exagérée, cela venait principalement de ce que, méconnaissant l'action fluidique et admettant la valeur constante du témoignage, ils étaient forcés de généraliser outre mesure une explication, laquelle, pas plus que d'autres, n'a le privilège de s'appliquer à tout. Celui qui tient pour vraies les prédictions des sorciers, par cela seul qu'elles sont attestées, aura mauvaise grâce à les

expliquer ensuite par l'hallucination. Celui qui taxe d'absurdité absolue le magnétisme animal, ne sera pas fort avancé,
lorsqu'en présence de ses clairvoyances, il aura prononcé
solennellement le mot d'hallucination. Celui qui se moque
du fluide nerveux, ne gagnera pas grand'chose à invoquer
l'hallucination, quand on lui montrera les soulèvements sans
contact des tables tournantes. — Mais pour nous, qui avons
eu soin de réduire le témoignage à sa juste valeur et qui
avons fait la part de l'action fluidique, l'hallucination se présente comme le complément, comme le couronnement admirable des explications naturelles. L'hallucination vient remplir exactement le vide que les précédentes explications
avaient laissé.

Ne me risquant pas à définir moi-même l'hallucination, je
laisserai ce soin à un des hommes qui l'ont étudiée avec
le plus de science et de sagacité, à M. Brierre de Boismont :

« Les signes sensibles, dit-il, forment les matériaux exclu-
sifs des hallucinations, tout ce qui détermine une impression forte sur l'esprit peut, dans des circonstances données,
produire une image, un son, une odeur, etc. Ainsi, lorsqu'un
homme s'est longtemps livré à des méditations profondes, il
voit souvent la pensée qui l'absorbait se revêtir d'une forme
matérielle; le travail intellectuel cessant, la vision disparaît,
et il se l'explique par des lois naturelles. Mais si cet homme
vit à une époque où les apparitions d'Esprits, de démons,
d'âmes, de fantômes, sont une croyance générale, la vision
devient une réalité...

La concentration prolongée de la pensée sur un objet finit
par déterminer un état extatique du cerveau dans lequel
l'image de l'objet ne tarde pas à se produire et à affecter
l'esprit, comme si elle était réellement perçue par les yeux
du corps. C'est à cette disposition mentale qu'il faut rapporter les visions des hommes célèbres. Leurs hallucinations

n'avaient souvent aucune influence sur leur raison, surtout lorsqu'elles se liaient aux croyances générales de l'époque et qu'elles avaient lieu pendant l'extase que nous avons appelée physiologique. » (*Des hallucinations*, 5 et 14.)

M. Calmeil vient à son tour nous présenter, avec l'autorité de son talent, de précieux détails sur la nature de ce grand phénomène :

« L'halluciné porte en partie le monde dans son propre cerveau ; il réalise jusqu'à un certain point la supposition des Berkeleistes qui prétendent établir qu'il n'est pas positivement nécessaire que l'existence de l'univers soit réelle pour qu'on l'aperçoive tel qu'il se montre à nos sens. Il est certain que du moment où l'encéphale et l'âme sont réunis, on ne saurait plus assurer qu'il existe positivement hors de nous des animaux, des plantes, des particules odorantes ou sapides, des ondes sonores, des matières résistantes, froides, chaudes, lisses, polies, parce que la vue, l'odorat, le goût, le toucher, sont affectés de telle ou telle manière... Il est . bien constaté que les hallucinés peuvent être affectés par des sensations de la vue, de l'ouïe, du goût, de l'odorat, du toucher... Presque tout ce que l'on rapporte des évocations, des apparitions, des obsessions, des revenants, des spectres, des ombres, des simulacres, des génies familiers, des fantômes, des mânes, des lares, des farfadets, des lutins, des follets, des vampires, des visions fantastiques, des Esprits incubes et succubes, a pris naissance dans le cerveau de certains hallucinés... Parmi les hallucinations de l'ouïe dont on trouve la description dans les livres ascétiques, il en est un certain nombre qui ont lieu pendant le ravissement extatique... Le Tasse fut poursuivi par les hallucinations les plus cruelles ; souvent il entendait, ainsi qu'il s'en plaint lui-même dans ses lettres, des bruits sourds, des tintements prolongés, des bruits de cloches et d'horloges qui le glaçaient d'épouvante. Un des amis de ce grand poète qui fut admis à

assister un jour à l'entretien que le Tasse croyait avoir avec
un être invisible auquel il adressait des paroles aussi élo-
quentes qu'élevées, ne tarda pas à remarquer que Torquato
était alors tellement absorbé en lui-même qu'il ne paraissait
point entendre, quoiqu'il l'appelât avec intention... Dans
ses transports extatiques, Catherine de Sienne croyait recevoir la visite du Sauveur qu'elle appelait son divin époux. »
(*De la folie*, 1, 4 à 13.)

Telle est l'hallucination, phénomène qui parfois, sous
l'influence des superstitions régnantes, acquiert beaucoup
d'étendue et de généralité. Il est loin, nous le prouverons,
de se renfermer dans les maisons d'aliénés ; des hommes
fort sains d'esprit, des hommes éminents, peuvent subir
son empire ; une foule entière peut le subir pareillement.
Sans adhérer en rien aux théories extravagantes de Berkeley
dont M. Calmeil vient de faire mention, sans penser le moins
du monde avec Kant : que notre sensation seule ait une réalité logique, parce que nous ne sommes pas en mesure de
démontrer, du moyen d'arguments en règle qu'elle correspond à un fait extérieur ; il est évident que le côté subjectif
de l'homme doit être pris en considération et que la physiologie doit tenir compte des cas exceptionnels où l'impression
personnelle se produit dénuée de toute objectivité. « Les
filets nerveux, écrit Malebranche, peuvent être remués de
deux manières, ou par le bout qui est hors du cerveau, ou
par l'extrémité qui plonge dans la masse... Si ces filaments
sont remués dans le cerveau, n'importe par quelle influence,
l'âme aperçoit quelque chose au dehors. »

J'ignore quelle est la valeur scientifique de cette explication dont je ne me porte pas garant. Je l'ai citée, parce
qu'elle exprime d'une manière saisissante les deux origines
de nos sensations, l'origine externe et l'origine interne. La
seconde ne saurait être niée, elle agit seule quelquefois ; mais
ce n'est pas au philosophe de *la Vision en Dieu* que je vou-

drais m'adresser pour la définir. Celui qui contestait toute action de l'âme sur le corps, celui qui refusait à l'homme la faculté de rien connaître si ce n'est par son union avec l'Être qui sait tout, devait être enclin à outrer la part du subjectivisme. Or il m'est avis que nous devons tâcher de ne pas ressembler à Marphurius qui disait à Sganarelle :

« — Changez, s'il vous plaît, cette façon de parler. Notre philosophie ordonne de ne point énoncer de proposition décisive, de parler de tout avec incertitude, de suspendre toujours son jugement; et, par cette raison, vous ne devez pas dire : Je suis venu; mais : Il me semble que je suis venu.

» — Il me semble!

» — Oui.

» — Parbleu! il faut bien qu'il me semble, puisque cela est.

» — Ce n'est pas une conséquence, et il peut vous sembler que la chose soit véritable. »

Ce n'est pas une conséquence! Marphurius a raison, et pour peu qu'on omette les caractères particuliers qui établissent une distinction palpable entre les hallucinations et les sensations véridiques, il est évident que nous devons tous parler comme lui. Sganarelle sera un sot quand il s'écriera : « Quoi! je ne suis pas ici et vous ne me parlez pas? » Marphurius agira en homme sensé quand il lui répondra : « Il m'apparaît que vous êtes là, et il me semble que je vous parle; mais il n'est pas assuré que cela soit! » Et si Sganarelle pense trancher la question avec son bâton, s'il s'imagine avoir réfuté le philosophe, si commettant cette inconséquence de prendre les coups pour incontestables, il se donne les airs de railler en ces termes : « Vous ne devez pas dire que je vous ai battu, mais qu'il vous semble que je vous ai battu, » il n'aura prouvé qu'une chose, c'est qu'il est brutal autant qu'ignare.

Pour que l'hallucination ne compromette en rien la certitude, il faut qu'elle soit décrite avec fidélité, non pas certes comme étant l'attribut exclusif des malades et des aliénés, mais comme étant produite chez les hommes sensés et bien portants par l'empire exceptionnel d'une idée dominante, d'un ébranlement nerveux extraordinaire. Dans ces termes, la théorie de l'hallucination est inoffensive aussi bien que fondée. Citons des exemples.

Chacun de nos sens peut être victime de l'hallucination, surtout l'ouïe et la vue. Je commence par cette dernière. Rien n'est plus fréquent que les visions d'anges et de démons. Le cardinal de Brienne voyait son lit rempli de scorpions. Le poète Harrington voyait continuellement sortir de son corps des abeilles, des mouches et des oiseaux. Ben Johnson le savant, assistait à de terribles combats entre les peuples de l'antiquité. Cardan, dont le fils était impliqué dans une affaire capitale, contemplait une tache sanglante dont les dimensions croissaient sans cesse. La *Revue britannique* (juillet 1830) a parlé des visions qui assiégeaient le malheureux Bachzko, de Kœnigsberg, pendant qu'il se livrait à ses travaux politiques, il y a cinquante ans : un nègre à figure hideuse s'asseyait en face de lui, un monstre à tête de chouette le considérait chaque nuit entre ses rideaux, des serpents s'enlaçaient à ses genoux. Deux siècles plus tôt, le mystique anglais Pordage assistait avec l'inspirée Jane Leade et ses autres disciples à une scène grandiose : les puissances de l'enfer passèrent en revue devant eux, placées sur des chars que traînaient des lions, des ours, des dragons et des tigres ; venaient ensuite les Esprits inférieurs avec des oreilles de chat, des griffes, des membres tordus et contrefaits. Nous avons là un exemple d'hallucination collective ; je prie le lecteur de s'en souvenir.

Les hallucinations de la vue sont perpétuelles en Suède ; pas de jour où l'on n'y voie les fantômes qui hantent cer-

taines maisons, les revenants qui visitent les vivants et qui
s'entretiennent avec eux. On les voit si bien, qu'il n'y a pas
à en douter. Les possédés du moyen âge voyaient aussi dans
leur corps les diables qui, sous diverses formes, s'y tenaient
cachés.

Et je ne parle pas de fous, je tiens à le dire dès à présent,
quoique je sois appelé à y revenir. Je ne citerai pas les
aliénés célèbres dont les hallucinations remplissent les livres
de MM. Esquirol, Lélut, Brierre de Boismont, etc. Je m'attache aux gens en possession de leur raison entière et qui,
sous l'influence d'une forte impression, voient, entendent,
touchent des objets imaginaires. Ils sont certains d'avoir vu,
entendu et touché; ils l'ont fait souvent, se rendant bien
compte de leurs sensations.

Je laisserai donc de côté M. Berbiguier, surnommé le
fléau des farfadets, et ses trois volumes remplis d'hallucinations. Je me contente de rappeler en passant l'hallucination
célèbre de Charles VI. Je ne fais qu'une allusion rapide aux
visions de Kotter qui eurent tant de retentissement au commencement du xviie siècle : cet ange qui vint à plusieurs
reprises lui annoncer les malheurs de l'Allemagne et qui
l'obligea, par ses menaces réitérées, à faire sa déclaration
publique devant les magistrats de Sprotaw; ces trois soleils
et ces trois lunes qui remplissaient les cieux; ces troupes
couvertes d'armures splendides qui s'attaquaient avec achar-
nement. — J'aime mieux rappeler, en terminant sur le premier point, les hallucinations de la vue auxquelles les camisards étaient sujets. Les yeux ouverts et dirigés vers le ciel,
leurs inspirés contemplaient des armées d'anges, des millions
de bienheureux revêtus de robes blanches, des combats
livrés par les milices célestes aux armées de Louis XIV.

Ceci m'amène à passer aux hallucinations de l'ouïe, non
moins fréquentes chez ces pauvres persécutés. Compan, un
de leurs prophètes, entendait distinctement les cantiques qui

retentissent devant le trône de Dieu ; il chantait même mélo-
dieusement pour s'unir à ces saintes harmonies. Ces hallucinations de l'ouïe n'étaient pas le privilège d'une ou deux
personnes : en certaines occasions, tout le monde y participait.
Voici ce que déclare Charras (*Théâtre sacré des Cévennes*) :
« Encore que beaucoup de gens se soient moqués des
chants de psaumes qui ont été entendus en beaucoup d'endroits comme venant du haut des airs, je ne laisserai pas
d'assurer ici que j'en ai plusieurs fois ouï de mes propres
oreilles. J'ai entendu plus de vingt fois cette divine mélodie
en plein jour et en compagnie de diverses personnes, dans
des lieux écartés des maisons, où il n'y avait ni bois, ni creux
de rochers, et où, en un mot, il était impossible que quelqu'un fût caché. On avait bien considéré tout, et ces voix
célestes étaient si belles, que les voix de nos paysans n'étaient
assurément pas capables de former un pareil concert. » — On
le sait aussi, l'égarement produit par l'extase était poussé
chez quelques-unes des femmes cévénoles à un tel point
qu'elles se penchaient vers leur propre ventre en disant :
« Écoutez mon enfant qui prophétise. »

On pourrait donner pour pendant à leurs hallucinations
celles de Charles IX, qui, depuis la Saint-Barthélémy, avait
perdu le sommeil, à cause des voix déchirantes qui retentissaient à son oreille. Ce qu'il y a de plus étrange (et
ce qui prouve à quel point le phénomène est contagieux),
c'est que Henri de Navarre, le futur Henri IV, ayant
été mandé auprès de lui, entendit distinctement les mêmes
cris.

Nul besoin de fanatisme pour éprouver ce genre d'hallucination. Lord Herbert n'était rien moins que fanatique ; or
il hésitait à imprimer son ouvrage contre le christianisme,
lorsqu'un bruit venu du ciel l'y décida.

Quelle différence y a-t-il entre son impression et celle qui
poursuivait partout le Tasse lorsque, sous la dictée des

anges, le poète écrivait les beaux vers que conserve la bibliothèque de Ferrare?

Sur les hallucinations du goût, je dirai peu de chose. Les expériences biologiques dont j'ai parlé plus haut en offrent des exemples nombreux. La personne, fort sensée d'ailleurs, qui, dans cet état particulier, éprouve toutes les sensations d'un somptueux repas et déguste tour à tour diverses espèces de vin, tandis qu'on ne lui a remis qu'un verre rempli d'eau pure; cette personne est en proie à une hallucination aussi parfaite que possible.

Les mêmes expériences nous font assister aux hallucinations de l'odorat. Toute biologie à part, chacun en connaît plus d'un exemple. Je sais une dame qui, ayant donné l'hospitalité à M. X***, qu'elle supposait grand fumeur à cause des habitudes de sa famille, fut, durant la nuit, obsédée de cette idée que son hôte, placé dans une chambre voisine, se livrait à sa passion dominante, et que certaines robes, mal protégées par une faible cloison, allaient être imprégnées des vapeurs du tabac. La préoccupation devint si vive, qu'elle sentit distinctement la funeste odeur, et qu'elle la fit remarquer à son mari. Le matin, elle se hâte de sonner sa femme de chambre : « Marianne, allez à la porte de M...., priez-le bien poliment de ne pas fumer! » M. X***, stupéfait, répond que jamais pipe ou cigare n'a effleuré ses lèvres.

Les hallucinations de l'odorat s'allient fréquemment à celles de la vue; l'apparition d'un saint ou d'un ange est accompagnée des parfums les plus suaves; celle d'un démon provoque la sensation d'une épaisse fumée de soufre.

Les hallucinations du toucher, réelles aussi, sont beaucoup moins fréquentes que celles de la vue et de l'ouïe. Les sorcières et les magiciens, pour me borner à eux, sentaient le contact du diable velu qui les transportait au sabbat. Ils percevaient le mouvement rapide du vol; le vent froid de la nuit leur fouettait le visage; battus parfois pendant le trajet, l’impression des coups était aussi douloureuse, aussi distincte que si de véritables verges se fussent exercées sur leurs épaules [1].

L’hallucination générale, qui trompe à la fois tous les sens, ne se présentant guère que dans les cas de folie, je ne m’y arrêterai pas. Ces cas-là, bien qu’intéressants en eux-mêmes et propres à faire comprendre ce qui se passe chez les gens sensés, doivent être écartés d’une étude dont ils compromettraient les résultats. Si j’ai dit un mot du Tasse, de Charles VI, de tel autre personnage illustre dont la raison était égarée, j’ai fixé essentiellement mon attention sur les hallucinations que provoquent, dans l’intelligence la plus saine d’ailleurs, une superstition, une préoccupation vive, une idée régnante, une disposition extatique [2].

Bodin, le grand publiciste français du xvie siècle, parle, dans sa *Démonomanie*, de cet halluciné qui, à force de se livrer à la contemplation religieuse, devint sujet à des sensations dont il demeurait ravi : un être surnaturel frappait à sa porte, entrait, lui tirait familièrement les oreilles ; et, se présentant sous diverses formes (sous celle, entre autres, de rayon lumineux), lui donnait, de la part de Dieu, de graves avertissements.

Bosroger (*la Piété affligée*) fournit des détails analogues sur les religieuses de Louviers, possédées de son temps :

1. Qu’on ne m’accuse pas de tomber ici dans un cercle vicieux et de prouver maintenant l’hallucination par la sorcellerie, pour expliquer plus tard la sorcellerie par l’hallucination. Si je parle ici de l’hallucination du toucher chez les sorcières, c’est chez celles qu’on a pris soin de surveiller nuit et jour, et qui, par conséquent, n’avaient pu aller au sabbat. Or celles-là éprouvaient, sur leurs membres incapables de mouvement, toutes les impressions de la course à travers les airs et des mauvais traitements infligés par la colère des démons.

2. J’ai emprunté et j’emprunterai encore beaucoup de citations au docteur Brierre de Boismont et au docteur Calmeil, *passim*.

« La sœur Barbe de Saint-Michel a vu plusieurs fois, en sa cellule, grand nombre de chandelles allumées... Je passe sous silence les flambeaux allumés contre la grille de l'église, à l'époque des communions de cette religieuse. Je laisse à part tous ces fantômes, et ces hommes qui paraissaient, la persécutaient, et, après lui avoir donné beaucoup d'inquiétude et de peine, prenaient la fuite par les cheminées... La sœur Marie de Saint-Nicolas aperçut deux formes effroyables : l'une présentait un vieil homme avec une longue barbe; l'autre forme était seulement comme une tête fort grosse et fort noire, que cette fille envisagea en plein jour... Les diverses apparitions faites à la sœur Anne de la Nativité commencèrent dès l'année 1642; c'est une chose étonnante comme quoi ce maudit ennemi se montrait presque à tout moment à cette pauvre fille, en de terribles et affreuses figures; comme quoi, en cet état, il se tenait toute la nuit en sa cellule, immobile devant elle; comme il marchait le premier partout où elle voulait aller, même dans le chœur, où il faisait toute sorte de bouffonneries pour la divertir... Il la frappait rudement, et la tourmentait à tout moment... Un jour, pendant la sainte messe, un crucifix se montra à elle, qui lui dit : Ma fille, mon épouse, ma bien-aimée, je viens à vous pour vous délivrer de votre affliction... La première fois qu'elle alla à la chapelle pour sa neuvaine, et qu'elle commença sa prière en s'humiliant, il se présenta devant elle un soleil si beau et si ravissant, qu'elle assure n'avoir rien aperçu sur la terre de si charmant. Elle entendit une voix qui sortit de cette lumière... Durant les jeûnes, elle apercevait devant elle des viandes les plus exquises et des formes humaines qui l'excitaient à manger, et partout où elle allait, elle sentait l'odeur des viandes... »

La sœur Marie du Saint-Sacrement a publié elle-même le récit de ses souffrances. Il faut voir dans quelles perpétuelles hallucinations vivaient ces pauvres nonnes : « Les cinq sens de nature, » comme dit Sancho Pança, sont tantôt successivement tantôt simultanément compromis. Elles voient, elles entendent, elles touchent, elles sentent, elles goûtent ce qui n'a aucune réalité objective. Le tout aboutit à deux bûchers! Or, malgré cette fin tragique, le caractère général de la possession de Louviers est tel, que personne aujourd'hui n'oserait la prendre au sérieux, et que je n'ai pas dû hésiter un instant à la citer comme incontestable exemple d'hallucination.

Celle-ci se produit toujours dans le sens des idées régnantes. On voyait des diables au moyen âge; maintenant on entend les Esprits, leurs révélations, leurs concerts; on assiste à ces déplacements de meubles qui semblent être leur principale manie aujourd'hui.

Les hallucinations des mystiques ont naturellement un caractère particulier. Que n'ont pas vu et entendu Jean Rothe, Bœhme et Kuhlman! Ce dernier passait de l'enfer au ciel; tel jour il était entouré de millions de démons, tel autre il contemplait Jésus entouré de ses saints. Pendant sa vie entière il vit à sa gauche un cercle lumineux qui l'accompagnait partout.

La fameuse religieuse de Kent, Élisabeth Barthon, parcourait les régions éthérées; elle recevait les ordres de la vierge Marie, qui lui dit d'entrer au couvent. Elle aurait continué longtemps de la sorte, sans cette imprudence, d'annoncer un jour que les anges lui avaient prédit la mort de Henri VIII. Le colérique monarque lui fit couper la tête.

Mais ce qui contribue plus que rien au monde à fixer le caractère des hallucinations, c'est leur nature épidémique et collective. En présence d'un pareil fait, on perd le droit de tout rejeter sur le compte de la maladie ou de l'aliénation mentale. Si l'illusion complète et absolue des sens se propage ainsi, il faut en conclure qu'elle ne dépend pas nécessairement d'un état pathologique, que l'impression des idées dominantes lui donne naissance, et qu'elle reparaîtra, parconséquent, chaque fois qu'une idée nouvelle sera parvenue à s'emparer avec force des esprits.

A l'époque où tout le monde croyait aux spectres, tout le monde en voyait. Dans la peste de Néocésarée, tout le monde vit des fantômes entrer dans les maisons; comme en Égypte, du temps de Justinien, tout le monde vit des hommes noirs, sans tête, voguer sur la mer dans des barques d'airain. Pendant une épidémie qui dépeupla Constantinople, tout le monde vit circuler par la ville des démons, lesquels donnaient la mort, en passant d'une habitation à l'autre.

J'emploie ce mot : tout le monde, pour indiquer la généralité des hallucinations qui, envahissant des populations entières, ne trouvaient pas de contradicteurs, et auxquelles l'histoire a conservé ce caractère, ne les attribuant pas à des individus, mais à des cités. Il reste bien entendu, d'ailleurs, que je dis ceci sous toute réserve de mon opinion à l'égard du témoignage. Je garde cette persuasion que beaucoup d'anecdotes sont fausses, que beaucoup sont exagérées. Je crois que dans les cas où une fausse sensation a été incontestablement éprouvée d'une manière collective, bien des gens s'y sont prêtés avec cette inconsciente mauvaise foi qui s'accommode aux impressions générales et maintient, après coup, avec force, ce qui n'a d'abord été que vaguement perçu.

Comment douter au reste du caractère épidémique des impressions et des hallucinations? Le maréchal de Villars n'a-t-il pas parlé d'une ville où toutes les femmes et toutes les filles se mirent à prophétiser au contact de quelques prophétesses cévénoles? Thucydide n'a-t-il pas rapporté l'invasion générale de spectres qui accompagna la grande peste d'Athènes? N'est-il pas certain que, dans d'autres épidémies, la croyance aux apparitions terribles qui annonçaient la mort se propagea de proche en proche avec une immense rapidité?

Les hallucinations qui transforment les nuages en troupes armées combattant les unes contre les autres, ont pris souvent, à l'époque des luttes nationales, une allure contagieuse. Pline dit que, pendant la guerre des Romains contre les Cimbres, on fut effrayé à diverses reprises du cliquetis des armes et du son des trompettes qui paraissait venir du ciel. Pausanias écrit que longtemps après Marathon, on entendait encore chaque nuit sur le champ de bataille le hennissement des chevaux et le choc des armées; tous les curieux ne distinguaient pas le bruit, tandis que ceux qui traversaient la plaine sans dessein prémédité l'entendaient parfaitement. Au combat de Platée, l'air retentit d'un cri épouvantable que les Athéniens attribuèrent au dieu Pan; les Perses en furent si effrayés, qu'ils prirent la fuite, et on prétend que c'est à cette circonstance qu'est due l'origine du mot *frayeur panique*. « Un peu avant la fête de Pâques, dit Josèphe, il arriva une chose que je craindrais de rapporter, de peur qu'on ne la prît pour une fable, si des personnes qui l'ont vue n'étaient encore vivantes et si les malheurs qui l'ont suivie n'en avaient confirmé la vérité. Avant le lever du soleil, on aperçut en l'air dans toute la contrée des chariots pleins de gens armés qui traversaient les nues et qui se répandaient autour de la ville comme pour l'enfermer. Le jour de la Pentecôte, les sacrificateurs étant la nuit dans le temple intérieur pour célébrer le service divin, entendirent du bruit, et aussitôt après une voix qui répéta plusieurs fois : Sortons d'ici! »

Les chroniques de tous les peuples sont pleines de ces merveilles dont je ne garantis assurément pas la réalité. Cependant, il me semble démontré que, si les prodiges eux-mêmes n'existaient pas, l'illusion a souvent existé, plus ou moins générale; or tel est le fait sur lequel j'insiste.

Lorsque Antiochus se prépara à porter la guerre en Égypte, on vit dans le ciel des hommes vêtus de drap d'or, armés de lances, courant à cheval; on distinguait les casques, les boucliers, les épées nues et les lances; des chevaliers armés de toutes pièces s'entrechoquèrent dans un ciel sanglant. Sous le règne de Charles VI, sous celui de Charlemagne, on vit dans les nuées de grandes mêlées de sorciers. A la bataille d'Antioche, les croisés virent venir à leur secours saint Georges, saint Démétrius et saint Théodose. M. Amédée Thierry raconte qu'à l'attaque du temple de Delphes par les Gaulois, ces barbares furent effrayés par l'apparition de trois héros ensevelis dans les environs de la ville.

« On se demandera peut-être, ajoute M. Brierre de Boismont (auquel j'emprunte ces récits), comment des réunions considérables d'hommes ont pu être ainsi les dupes de la même illusion. Indépendamment des raisons que nous avons données et parmi lesquelles l'ignorance, la peur, la superstition, la maladie jouent un rôle important, il ne faut pas oublier l'influence contagieuse de l'exemple. Il suffit d'un cri pour effrayer une multitude d'hommes. Un individu qui croyait voir des choses surnaturelles, ne tardait pas à faire partager sa conviction à ceux qui n'étaient pas plus éclairés que lui. » (*Des hallucinations*, 116.)

Dans les épidémies de possession, il arrivait souvent qu'une religieuse croyant entendre une musique céleste ou diabolique, ses compagnes ne tardaient pas à l'entendre aussi, très distinctement. Il arrivait plus souvent encore que les dégoûtantes images créées dans l'imagination d'une des religieuses prenaient successivement possession de toutes les autres. Il faut lire (ou plutôt il ne faut pas lire), dans Delancre (*Tableau de l'inconstance des mauvais anges*), les détails sincèrement fournis, par ce terrible conseiller, sur les sorciers du Labourd. Des familles entières vivent en présence de spectacles quotidiens dont la crédulité la plus robuste n'admettra certes point la réalité. Tous ces gens-là voient, entendent, touchent; ils ne sont pas plus sûrs de leur propre existence que des faits épouvantables qui s'accomplissent incessamment autour d'eux.

Voilà donc une vérité établie : les hallucinations collectives, épidémiques, remplissent l'histoire. C'est un point fondamental, que je prie le lecteur de ne pas perdre de vue. Toute la fantasmagorie du surnaturel apocryphe s'écroule, en présence de cette simple remarque, qui établit la véritable nature des hallucinations et en fait sentir l'importance. Aussi, M. de Mirville a-t-il soin de protester « contre la doctrine des *hallucinations collectives*, contre cette erreur, véritablement monstrueuse, établie, propagée aujourd'hui dans toutes nos écoles médicales, et dont l'adoption définitive serait suivie bientôt du renversement le plus complet de toute l'histoire d'abord et de la religion ensuite. » (97).

Il résulte des faits que je viens de rappeler (en particulier du grand fait des visions diaboliques, qui gagnaient en même temps une foule de personnes dès qu'un procès de sorcellerie avait donné le signal de l'épidémie, et qui disparaissaient dès que la cessation des poursuites avait replacé les imaginations dans leur état normal); il résulte de ce fait que les hallucinations collectives ne sont pas réelles, mais qu'elles se produisent sur une échelle formidable. Quand vous aurez mesuré, aussi large que possible, la part des erreurs du témoignage, il vous restera encore assez d'incontestables illusions épidémiques pour qu'on ne puisse mettre en doute le phénomène dont j'ai parlé.

Si M. de Mirville ne s'élevait que contre les définitions qu'en donnent les médecins, je pourrais être de son avis. Les uns rangent, dirait-on, les hallucinés au nombre des fous et nous somment de considérer Socrate comme une cervelle détraquée! Les autres semblent admettre que l'hallucination est à peine un accident, qu'elle se concilie avec notre état normal, que nous pouvons avoir des sensations illusoires tout en conservant intact notre bon sens!

Personne, j'espère, n'aura confondu avec une opinion semblable celle que je viens de soutenir. Tout en établissant avec force la distinction profonde qui sépare la folie de l'hallucination, je n'ai certes pas songé à prétendre que cette dernière fût un acte sensé et qu'un homme de sang-froid y soit sujet. C'eût été sacrifier l'autorité de la raison. Si rien, en effet, n'établit une ligne de démarcation entre nos sensations véridiques et nos sensations mensongères, toutes les croyances se trouvent ébranlées du même coup.

L'halluciné, qui n'est pas un fou, est un homme soumis à l'ébranlement nerveux le plus profond; les illusions collectives sont avant tout des épidémies nerveuses, combinées avec une erreur dominante en matière de surnaturel.

L'hallucination ainsi conçue, je me charge de démolir les sorcelleries anciennes et modernes. Pas un de ces récits merveilleux dont il reste la moindre parcelle, lorsqu'on en ôte les fraudes, les exagérations, les erreurs du témoignage, les complaisances presque inconscientes de plusieurs des assistants; lorsqu'on tient compte des sensations individuelles ou collectives que produisent certaines superstitions dont un état particulier d'excitation nerveuse centuple la puissance sur les personnes impressionnables.

Quant au risque prétendu que nos explications feraient courir au surnaturel biblique, je le répète pour la dixième fois, nous ne croyons pas à la Bible à cause de ce surnaturel, mais à ce surnaturel à cause de la Bible. L'attestation qui accompagne les révélations divines est autrement claire et solide que celle qu'on voudrait emprunter aux miracles et aux visions; le témoignage de Jésus-Christ, auquel vient se joindre subsidiairement le témoignage de notre conscience, imprime au recueil de l'Ancien et du Nouveau Testament un caractère de certitude qui nous frapperait comme l'évidence même, n'étaient les résistances intéressées du mauvais cœur. Si nous en étions réduits à prouver l'Écriture par les miracles, on pourrait, avouons-le, nous objecter et les erreurs perpétuelles des témoins les plus sincères, et l'action des causes naturelles qui semblent parfois produire des effets merveilleux, et l'hallucination d'autant plus probable que la croyance en cause agissait plus fortement sur les esprits. Il faut savoir regarder ces objections en face et reconnaître qu'aucune ne serait absolument irréfutable, dans le cas où, malheureusement, nous serions forcés de prendre pied sur le terrain mouvant des miracles transformés en preuve actuelle et principale. En vain ferions-nous remarquer le calme habituel des scènes bibliques, la distance infinie qui les sépare des scènes de désordre nerveux au milieu desquelles le surnaturel apocryphe prend toujours naissance, on aurait le droit de répondre que les récits ayant été arrangés après coup, les choses ne se sont point passées de la façon qu'on les raconte. — L'homme, au contraire, lequel, partant d'une réalité historique unanimement proclamée par les adversaires qui se respectent, va droit à la personne, droit au constant enseignement de Jésus-Christ; l'homme qui, recueillant des lèvres de Jésus le mot décisif : IL EST ÉCRIT! l'homme qui interrogeant son propre cœur, reconnaît l'éclatante divinité des Écritures; cet homme-là contemple les miracles bibliques dans toute leur majesté : sa foi se meut dans une sphère telle, que le rôle des hallucinations ici-bas ne saurait la troubler un seul instant.

La théorie que j'ai exposée ne porte donc atteinte ni à la crédibilité générale de nos perceptions, ni à l'autorité du livre de Dieu. Elle s'appuie, au reste, sur tant d'observations concordantes qu'elle se fera universellement accepter. Il ne s'agit pas, en effet, d'un phénomène isolé qui ne se rattacherait à rien dans notre expérience psychologique. Si l'hallucination était un accident, si nous n'apercevions aucun des symp-

tômes qui la précèdent, qui la préparent ou qui l'expliquent,
je comprendrais qu'on s'en défiât. Mais il n'en va point ainsi.
A côté des hallucinations dont l'origine est matériellement
insaisissable, des perceptions erronées qui proviennent uniquement de l'homme intellectuel et moral, il en est d'autres
dont le point de départ se trouvant dans une première sensation physique, offrent en quelque sorte un fil conducteur à la
science qui veut étudier ce grave sujet.

M. Brierre de Boismont s'appuie sur cette différence, pour
distinguer profondément entre l'hallucination et l'illusion.
Selon lui, la première semble partir du point d'origine du
nerf pour venir former l'image au dehors, tandis que la
seconde paraît suivre une marche inverse : l'hallucination est
subjective, l'illusion objective; l'une est un produit purement cérébral, l'autre a pour base un objet matériel (108,
109, 123, 124).

Qu'une telle distinction soit ou non fondée, il demeure
certain que les illusions nous acheminent très naturellement
vers les hallucinations. Après avoir compris que le travail de
l'imagination développe et dénature une sensation réelle
fournie par l'appareil nerveux, nous n'avons nulle peine à
comprendre que la même faculté crée de toutes pièces la
sensation entière, qu'elle le fasse chez des gens fort sensés
d'ailleurs, préoccupés de quelque idée dominante. Dans l'illusion, les objets extérieurs subissent une transformation prodigieuse; c'est une pierre, c'est un morceau de tapisserie qui se
métamorphosent en fantômes; c'est un nuage qui devient
régiment de cavalerie; c'est une douleur intérieure qui se
fait serpent ou crapaud; c'est la tête d'esturgeon servie sur la
table du roi Théodoric, qui prend la forme du sénateur Sym-
maque injustement immolé. Dans l'hallucination proprement
dite, l'obsession mentale revêt un corps sans qu'aucun incident réel y donne prétexte. — Trouve-t-on que cela soit
beaucoup plus inconcevable?

Quelques nouveaux rapprochements achèveront de nous mettre sur la voie.

Le célèbre peintre Reynolds prenait en sortant de son atelier, lorsqu'il y avait travaillé longtemps, les réverbères pour des arbres, les hommes et les femmes pour des buissons agités. L'image du tableau qu'il exécutait, demeurait si fortement empreinte dans son cerveau, que, s'assimilant toutes les sensations de l'artiste, elle transformait les rues de Londres en paysage champêtre.

M. Andral vit pendant toute une journée, à côté de lui, le cadavre d'un enfant dont l'aspect l'avait fortement impressionné le matin. Newton fut très surpris lorsque après avoir fixé le soleil dans une glace, dirigeant ses regards vers une partie obscure de l'appartement, il aperçut la reproduction exacte du spectre solaire.

L'action d'une forte pensée ne s'est jamais manifestée avec plus d'éclat que dans les fameuses expériences de Digby et de ses confrères, sur la palingénésie ou résurrection des plantes. Je n'oserais en parler, tant elles sont extraordinaires, si les savants anglais du xviie siècle, s'en occupant avec sérieux, n'avaient prétendu obtenir la reproduction des moineaux, après avoir obtenu celle des fleurs. Comme il est impossible de supposer chez eux, ou une fraude grossière et concertée, ou une complète ignorance, il faut bien admettre une hallucination collective causée par la vivacité de la pensée qui, les hantant, obtenait en eux sa réalisation.

Ils prenaient une fleur, ils la brûlaient, ils en ramassaient les cendres dont ils tiraient des sels par le moyen de la calcination. Ils plaçaient ces sels dans une fiole de verre, y mêlaient certaines substances et faisaient chauffer le tout. On voyait alors s'élever une tige, des feuilles, une fleur. — C'est admirable, n'est-ce pas? Par malheur, la plante ainsi produite ne survivra jamais à l'expérience. Dès que la chaleur cesse, le

spectacle s'évanouit, et l'on ne retrouve au fond de la fiole
que ce qu'on y a mis en commençant : on y a déposé des
cendres, on trouve des cendres. Il est vrai que pendant un
moment tout le monde a vu la tige, les feuilles et les fleurs;
on l'a vu et revu bien des fois; on a pu décrire, on aurait
pu dessiner; les procès-verbaux en font foi.

Le père Kircher, savant jésuite, s'est efforcé d'expliquer
à sa manière cette palingénésie végétale. A l'entendre, la
vertu séminale de chaque substance est concentrée dans ses
sels; dès que la chaleur les met en mouvement, ils s'élèvent et circulent comme un tourbillon dans la fiole; les sels,
devenus libres de s'arranger, prennent la même situation
et forment la même figure que la nature leur avait donnée
primitivement; les corpuscules qui étaient au pied de la
plante y reprennent place; ainsi font aussi ceux qui com-
posaient la tige, les feuilles et les fleurs. On conçoit que
rien n'est plus simple!... à moins que les membres de l'académie royale de Londres ne fussent soumis alors, comme de
simples mortels, à la loi des hallucinations.

Les liaisons d'idées, à leur tour, facilitent l'intelligence
d'une pareille loi. D'où vient que passant en hiver au pied
d'un mur où j'ai senti au printemps l'odeur des violettes,
je perçois la sensation complète de leur parfum? D'où
vient que la vue seule de l'Océan rend à certaine personne
la sensation complète du mal de mer? Le renouvellement
exact et parfait des sensations physiques a donc lieu sans
aucune cause objective, par la seule puissance d'une idée qui
a été réveillée dans notre esprit. Une Revue anglaise racon-
tait dernièrement que certain homme lequel, étant enfant,
s'était confessé pour la première fois, après avoir mangé
beaucoup de gâteaux sucrés, n'avait pu retourner à confesse,
pendant une douzaine d'années, sans retrouver dans sa
bouche le goût des mêmes gâteaux. Une dame qui devait
prendre du gaz exhilarant éprouva, tandis qu'on ne lui pré-

sentait que de l'air atmosphérique, tous les effets du gaz dont l'idée la préoccupait exclusivement.

Nous avons mentionné les illusions et les liaisons d'idées; disons un mot des rêves, qui n'étant certes pas sans analogie avec les hallucinations, contribueront à éclairer notre sujet.

Les hallucinations et les rêves se tiennent. C'est en rêve que la plupart des sorcières allaient au sabbat; les loups-garous étaient éveillés, et cependant qui osera prétendre que le second phénomène diffère essentiellement du premier? Je rêve pendant la nuit que je vois, que j'entends, que je touche, que je goûte; je m'imagine en plein midi que j'éprouve les mêmes sensations; elles sont également fausses, également réelles dans les deux cas.

Également réelles, c'est trop dire peut-être. Les sensations de l'homme éveillé, qui s'examine, dont l'hallucination s'encadre dans l'ensemble des impressions de la journée sans que rien s'élève entre ce souvenir et les autres, sans qu'il y ait dans l'état général de l'observateur un changement analogue à celui qui s'opère quand il passe du sommeil à la veille, les sensations de l'homme éveillé semblent plus positives et par conséquent plus étonnantes. Mais cela n'empêche pas que les songes ne soient fort extraordinaires aussi et ne puissent servir à l'étude des hallucinations, puisqu'ils appartiennent avec elles à la catégorie des perceptions sensibles auxquelles la pensée seule donne naissance.

Pendant mes rêves, je visite différents pays, je m'entretiens avec diverses personnes, je vole à travers les airs, je tombe dans un précipice : or l'impression est si forte qu'elle suffit pour me réveiller.

Pendant mes rêves, mon imagination s'empare du moindre incident extérieur pour le métamorphoser et le grandir. C'est exactement le procédé que nous avons remarqué dans les illusions. J'entends un léger bruit; cette impression fait à

l'instant partie de mon songe et s'adapte complaisamment
aux idées qui m'occupent, quelles qu'elles soient.

Les associations d'idées et les réminiscences opèrent dans
les rêves comme dans la veille. Il y a plus, la limite entre
ces deux états n'est pas tellement infranchissable que je ne
puisse continuer à voir de mes deux yeux après mon réveil
l'objet terrible dont l'apparition m'avait empêché de dormir
plus longtemps. Abercombrie, dans son ouvrage sur les
facultés intellectuelles, raconte qu'un médecin distingué fut
réveillé en sursaut par la vue d'un gigantesque babouin. Il
se leva et se dirigea vers la table qui se trouvait au milieu
de l'appartement. Il était alors très éveillé et reconnaissait
parfaitement les objets placés autour de lui. Près de la
muraille, au bout de la chambre, il aperçut le babouin
exécutant les mêmes grimaces que pendant son rêve.

La transition entre le rêve et l'hallucination se fait ici
toucher au doigt; ce n'est pas le seul signe auquel elle se
manifeste. Chez les magiciens et chez les sorcières du moyen
âge, les hallucinations de la veille et les rêves du sommeil
étaient absolument identiques : gouvernés par la croyance
traditionnelle, la société du diable avait acquis à leurs yeux
une réalité tangible qui les poursuivait incessamment.

Tout comme les hallucinations épidémiques et collectives,
les rêves épidémiques et collectifs se produisent à l'occasion. Quelqu'un vient-il à parler des récents exploits des
vampires dans quelque village reculé de la Hongrie, aussitôt, bon nombre d'habitants voient en rêve maints parents
sortir des tombeaux pour leur sucer leur sang.

Le passage est moins infranchissable qu'on ne le dit entre
la veille et le sommeil. Des hommes se rencontrent, qui ont
fait en rêve des œuvres remarquables. La fameuse sonate
de Tartini connue sous le nom de *sonate du Diable* fut
ainsi composée. Tartini, après avoir essayé en vain de terminer son travail s'était endormi ; sur quoi le diable arrivant,

exécuta sur le violon un morceau que l'artiste écrivit de mémoire à son réveil.

L'hallucination ou le rêve se combinant ici avec le développement des facultés, on rencontre à la fois les deux effets qu'une idée dominante a coutume de produire. — Ce serait la peine, convenons en, d'étudier les merveilles de notre organisation, avant de s'extasier sur celles du surnaturel apocryphe. Avec l'homme tel quel, avec ses illusions, ses associations d'idées, ses rêves et ses hallucinations, avec les déploiements de mémoire, d'habileté et de force que provoque en lui l'action d'une idée régnante, il n'est pas nécessaire d'aller chercher si loin l'explication des prodiges attestés par l'histoire.

Notez d'ailleurs qu'en étudiant les rêves plus complètement que je n'ai pu le faire ici, on découvrirait bien d'autres phénomènes, non moins étranges, qui mettent sur la voie d'un mode d'existence où l'homme donne corps à ses pensées en dehors de toutes les conditions ordinaires de la sensation. Le sommeil somnambulique fournirait plus d'une observation de ce genre.

Les expériences biologiques n'en fourniraient pas moins. L'hallucination ne saurait être assurément plus complète : je vois, je touche ce que vous m'ordonnez de toucher et de voir.

La folie elle-même aurait beaucoup d'enseignements à nous donner. Et pourtant il y a entre elle et l'hallucination des différences fondamentales. Rien n'a plus contribué à discréditer l'explication naturelle de la sorcellerie que d'y voir figurer une théorie qui classe au nombre des fous Jeanne d'Arc, Socrate et tous les grands hommes qui ont eu des hallucinations. Si, aujourd'hui, nous prétendions que les « spiritistes » américains sont des aliénés à interdire, au lieu de constater que le phénomène qui éclate parmi eux rentre dans les lois ordinaires de notre nature et n'a jamais manqué de se produire chez des hommes sains d'esprit, toutes les fois que certaines préoccupations ont régné avec une violence exceptionnelle; si nous proposions de les soumettre à un traitement médical, nous donnerions raison contre nous aux champions du surnaturel.

C'est là que sont arrivés les systèmes, fort savants d'ailleurs, qui ont paru insinuer que parce que les fous ont des hallucinations, tous ceux qui ont des hallucinations sont des fous! Soutenir cette thèse, c'était donner trop beau jeu aux adversaires : — Quoi, s'écrient-ils, votre grande explication, votre fameuse découverte se borne à cela! Vous avez découvert que les fous ont des hallucinations, que l'un se croit roi, que l'autre se voit théière ou grain de blé, que celui-ci entend le tic-tac d'une montre dans sa tête, que celui-là reçoit d'une main invisible des coups de bâton ou des soufflets! Nous le savions depuis longtemps; mais nous hésiterions, malgré son démon familier, à loger Socrate dans une des cellules de Bicêtre; nous ne pensons pas que les cent mille sorciers ou possédés qu'autrefois on voyait paraître tout à coup dans tel ou tel pays, fussent privés de leurs facultés intellectuelles.

A une telle objection, je ne vois pas ce que nous aurions à répliquer. Plaçons-nous donc sur un meilleur terrain et montrons la distinction profonde qui sépare le fou de l'halluciné.

Cette distinction ne consiste pas en ce que l'halluciné ne déraisonnerait que sur un point, étant parfaitement sensé sur le reste. La même chose a lieu chez beaucoup de fous. Avec eux vous pouvez entamer tous les sujets, moins un; ils vous étonneront par la lucidité de leurs souvenirs, par la netteté de leurs argumentations; mais touchez-vous au point sensible? immédiatement, cette intelligence calme et solide fait place au plus complet égarement.

Il en résulte que si l'hallucination n'était qu'une folie partielle, elle n'en serait pas moins une folie. Or, elle ne l'est
en aucune façon, et voici pourquoi.

Le caractère essentiel de la folie, c'est que les facultés
elles-mêmes se trouvant altérées, les fausses perceptions ne
sauraient être redressées par la démonstration même la plus
évidente de leur vanité. Prenez cet homme, fort raisonnable
à d'autres égards, qui, se croyant grain de blé achète tous
les œufs à la ronde et en fait d'immenses omelettes à cette fin
de détruire les poules qui pourraient le manger! Éssayez de
lui faire voir qu'un grain de blé n'achète pas des œufs, ne
tire pas une bourse de sa poche pour les payer, vous ne pro-
duirez pas la moindre impression. — Avec un halluciné, le
résultat différera du tout au tout. Chez lui les facultés sont
entières; seulement, l'action d'idées mensongères, jointe à
celle d'une extrême excitation, fausse momentanément leur
exercice régulier. Ses impressions revêtant, dans cet état
spécial, une réalité objective, il croit voir ou entendre ce qui
n'existe que dans son imagination, mais reste accessible au
raisonnement, sur l'objet même de son hallucination. Faites-
lui toucher du doigt l'illusion dont il est dupe, prouvez-lui
que ses sensations ne peuvent pas correspondre à des faits
extérieurs à lui, il réfléchira, et se rendra. — Une pauvre
possédée du moyen âge, à laquelle on aurait fait voir que ses
ennemis avaient tout arrangé pour simuler chez elle des
apparitions de démons, pour lui donner la conviction de ses
relations avec Satan, pour la perdre en un mot, aurait
renoncé à ses hallucinations, à moins que celles-ci ne l'eussent rendue absolument folle. Un Américain, auditeur habituel des concerts célestes, confessera et repoussera son
hallucination, si vous lui démontrez que les voisins n'ont
rien entendu, que les sons ne sont parvenus qu'aux oreilles
des initiés, que, parmi ceux-ci, plus d'un n'a perçu aucune
sensation distincte, n'a éprouvé que la contagion nerveuse

I.   16.

de l'extase générale, n'a réussi à se persuader lui-même,
qu'à force de travailler, par esprit de corps, à persuader les
adversaires.

Il n'y a pas ici une différence légère; il y a une distinction
fondamentale. Le caractère essentiel de l'hallucination n'est
pas celui de la folie.

Aussi voit-on des hallucinés, et en grand nombre, qui se
défient de leurs sensations, les analysent, et parviennent à
les rejeter. Le docteur Brewster rapporte plusieurs exemples d'hallucinations contrôlées de la sorte par ceux qu'elles
obsédaient. Bien plus, M. Brierre de Boismont cite des cas
où l'halluciné n'attend pas la fin de la sensation mensongère
pour lui faire son procès, et pour conclure, de l'impassibilité
des personnes qui l'entourent, que le spectacle qui le frappe
est dépourvu de réalité.

Nous touchons ici à l'extrême limite de l'hallucination :
au point où elle mérite à peine de conserver son nom, car
la sensation que l'on suspecte ne saurait entièrement subsister.

Nous voilà bien loin de la folie! L'hallucination se présente à nous comme un phénomène compatible avec la pleine
raison. Que dis-je? elle semblerait être parfois l'attribut de
certaines âmes d'élite, chez lesquelles le mouvement des
idées prend une plus grande activité. Dion a ses visions
comme Socrate. Impossible de parler ici d'esprits égarés ou
même d'esprits faibles; il faut se borner à dire que les
grands hommes eux-mêmes subissent les conséquences des
idées fausses, et qu'au nombre de ces conséquences, figurent
dans quelques cas les hallucinations. Partout où se rencontrent, d'une part, une organisation nerveuse et impression-
nable, de l'autre une préoccupation intense fixée sur de
grossières erreurs au sujet du monde surnaturel, on voit les
sensations erronées gagner de proche en proche, commençant
par les femmes pour finir par les hommes, mais conservant

toujours ce double caractère : de se concilier avec la parfaite intégrité des facultés intelligentes et d'en compromettre gravement l'exercice sur un point donné.

Bien loin de déclarer l'hallucination bonne en soi, rien à mon avis n'est si humiliant pour l'espèce humaine, que la coïncidence chez les mêmes individus de la vie intellectuelle la plus complète et des plus grossières illusions. Hallucinations des grands hommes, hallucinations des philosophes, hallucinations des extatiques, hallucinations des ignorants et des superstitieux; hallucinations qui se produisent dans les ténèbres du moyen âge, et hallucinations qui se produisent en plein xixe siècle comme un défi à ses lumières et comme un démenti à son orgueil : tout cela n'est ni raisonnable ni glorieux, bien que tout cela laisse subsister l'intégrité de la raison.

Un dernier mot, avant de quitter le sujet.

S'il est certain que l'hallucination (celle qui nous occupe) soit profondément distincte de la folie, il n'est pas moins certain que la folie a ses hallucinations, et que l'étude de celle-ci jette beaucoup de lumière sur celles-là. L'halluciné n'est certes pas un fou; toutefois, du fou à l'homme sensé, il n'y a pas si loin qu'on le pense. Nous devrions toujours nous rappeler la parole de Corvisart, montrant Charenton à l'empereur : « Sire, entre ces cerveaux malades et le vôtre, il n'y a pas l'épaisseur d'une feuille de papier. »

Il faut donc examiner avec soin ce qui se passe dans les cerveaux malades et tenir grand compte des phénomènes produits par un état morbide quelconque. Indépendamment de l'affection spéciale qu'on nomme ivresse; affection qui, sous l'influence des spiritueux ou du haschish, fait naître une foule de rêves et d'hallucinations; la fièvre, l'hypocondrie, les maladies nerveuses, les maladies inflammatoires fournissent de curieux exemples de sensations trompeuses. Je ne

puis mieux terminer qu'en constatant ce fait, qu'en plaçant
les illusions dont la cause est purement physique en face de
celles dont la cause est essentiellement morale. Ces dernières
seules nous ont occupés; mais nous nous en ferions peut-
être une idée inexacte si nous négligions entièrement les
autres. Nous pourrions imaginer, entre les deux catégories,
une séparation plus profonde qu'elle ne l'est en réalité; nous
risquerions d'oublier que l'hallucination des gens sensés et
bien portants n'a lieu, elle aussi, que par l'action des idées
fausses qui troublent l'intelligence et de l'ébranlement nerveux qui trouble le corps. Arrêtons-nous donc, un instant
encore, à l'hallucination des malades et à celle des aliénés.

M. Brierre de Boismont décrit de nombreux malades chez
lesquels la fièvre s'est montré accompagnée, pendant l'état
de veille, des visions les plus effrayantes et les plus distinctes.
Il ajoute ceci : « L'hypocondriaque, par son état moral,
véritable lentille convergente où tout vient aboutir, est nécessairement prédisposé aux hallucinations et aux illusions.
Cette étude de tous les instants, dont rien ne peut interrompre la fixité, est une cause favorable à leur production.
Aussi est-il ordinaire d'entendre ces malades se plaindre
des détonations, des sifflements, des trios musicaux, des voix
extraordinaires qui passent dans leur cerveau... Plusieurs
croient sentir le mouvement d'une couleuvre, d'un poisson,
sous une ou plusieurs parties de leur corps. » (198.)

La catalepsie, l'épilepsie, l'hystérie, ne marchent pas non
plus sans un cortège d'images nées dans le cerveau et dont
la réalité ne saurait être mise en doute. Tel pauvre convulsionnaire, cité par le docteur Gregory, ne subissait en général
ses attaques qu'après l'apparition d'une vieille femme en
manteau rouge, laquelle, s'avançant vers lui, le frappait de
sa canne sur le crâne.

La meilleure preuve qu'il y a des hallucinations causées
par la maladie, c'est qu'il y en a qui sont venues avec elle,

qui s'en vont avec elle, et que supprime une purgation ou une saignée (Voir les pages 235 et suivantes).

La meilleure preuve qu'il y a des hallucinations indépendantes de toute maladie, c'est qu'il y en a qu'aucune médication ne guérira. Qui voudrait mettre à l'hôpital les hallucinés de la sorcellerie, ceux du *spiritisme*? qui voudrait essayer en pareil cas de la diète, des douches et des ventouses?

M. Brierre de Boismont lui-même, auquel on peut reprocher de n'avoir pas établi une séparation assez nette entre les hallucinés et les fous, a trop de sagacité pour ne pas protester contre une confusion que tendrait à favoriser la disposition des matières dans son livre où surabondent les exemples d'aliénation mentale. « Par quelles lésions, écrit-il, expliquerez-vous les fausses sensations de l'enfant à qui la frayeur fait apercevoir des diables, des assassins, des voleurs, et celles de l'homme raisonnable qui voit passer devant lui des paysages, des villes, des troupes d'hommes, sans être dupe de ces formes fantastiques? Attribuez-vous ce phénomène psychologique à quelques gouttes de sang en plus ou en moins, à un éréthisme nerveux? » (476.)

L'explication ne serait pas meilleure pour l'homme qui est dupe de ses sensations mensongères, pour la collection d'hommes qui subit la même hallucination contagieuse, qui la contemple des heures durant, qui la voit reparaître à plusieurs reprises.

Concluons donc, en reconnaissant deux catégories d'hallucinations : celles qu'engendre directement, exclusivement une cause physique ; insanité, ivresse, maladies diverses ; celles qu'engendre une cause morale ; terreur, préoccupation, superstition, état nerveux qui prépare et accompagne l'extase.

Cette seconde catégorie est tellement réelle, que les idées régnantes déterminent presque toujours le caractère de l'hallucination. Chaque époque a ses hallucinations à elle. Les sales visions qu'apercevaient toutes les possédées du moyen âge, le fangeux milieu dans lequel se mouvaient alors tous les hallucinés sans exception, s'expliquent par la nature des images que mettaient en circulation les croyances traditionnelles et les légendes dorées. Depuis que l'esprit des hommes a reçu une autre pâture, les apparitions ont pris un autre caractère, et j'ose affirmer que celui-là, grâce à Dieu, ne reparaîtra jamais.

Au moyen âge même, les croisades ont leurs hallucinations particulières, où chevaliers célestes, saints et démons portant la lance et l'écu, jouent un rôle essentiel.

Aujourd'hui personne ne voit plus les guerriers bardés de fer ni les dégoûtantes scènes du sabbat; on voit des spectres fluidiformes, des locomotions extraordinaires, un surnaturel doublé de physique, de mécanique et de chimie.

Les hallucinations septentrionales, chacun le sait, ne ressemblent pas à celles des pays chauds. Les hallucinations des campagnes ne ressemblent pas à celles des villes; les hallucinations des marins ne ressemblent pas à celles des paysans.

Les hallucinations générales et épidémiques, celles qui servent le mieux à expliquer le prétendu surnaturel, ne se présentent guère, chacun le sait encore, que dans les moments où les commotions sociales, les systèmes philosophiques et religieux, les croyances reçues impriment aux âmes une secousse violente. Alors même, elles ne s'attaquent guère qu'aux personnes sujettes à de vives impressions, lesquelles, sans être ni folles ni malades, sont en proie à une préoccupation qui passionne leur cœur, asservit leur pensée, ébranle nerveusement tout leur être. Aussi a-t-on observé que Shakespeare, ce grand philosophe sans le savoir, ne présenta jamais, comme voyant et entendant les spectres ou les sorcières, que des personnages agités par une excessive émotion.

Nous sommes maintenant en possession d'une théorie suffisante. L'hallucination aura raison des faits surnaturels que
la fraude ou la crédulité vulgaires, la simple excitation nerveuse, l'action fluidique enfin, n'auraient pas suffi à expliquer. Abordant plus tard l'étude spéciale des faux miracles
et des faux sortilèges, nous les verrons s'effacer l'un après
l'autre, et cela sans que la certitude historique ou religieuse
soit compromise à aucun degré, sans que la certitude scientifique elle-même s'en trouve ébranlée. L'hallucination ne
pourra pas plus être opposée à nos expériences que les erreurs
du témoignage ne peuvent être opposées à notre foi. La foi
ne repose sur aucun témoignage d'homme; les expériences
où le merveilleux n'apparaît pas ne se prêtent à aucune
hallucination; le fait est pratiquement démontré. On a le
droit de prétendre que les expérimentateurs n'ont pas pris
des précautions suffisantes, qu'ils se sont trompés, qu'ils ont
mal observé les faits ou qu'ils en ont tiré des conclusions
excessives; on n'a pas le droit, parodiant vis-à-vis d'eux le
fameux mot : « C'est votre léthargie! » de répondre à chacune de leurs affirmations : « Vous avez cru voir; mais tout
s'est passé dans votre esprit! *c'est votre hallucination!* »

L'hallucination (j'entends celle de l'homme sain de corps
et d'esprit) demeure en général l'apanage des sujets où le
merveilleux joue un rôle. Si elle se montre ailleurs, c'est en
tout cas sous l'influence d'états nerveux qui se rattachent
d'une manière plus ou moins directe à l'extase. Pour
l'homme plongé dans un état pareil, la sensation causée par
les choses extérieures ne dépasse ni en netteté, ni en intensité, ni en durée, celles que produisent les hallucinations du
sommeil et surtout celles de la veille. Ce que les sorciers,
ce que les loups-garous de certaines époques ont vu, entendu,
touché ou fait, garde à leurs yeux une évidence qui n'admet
pas la contestation. Et cependant, la nature purement subjective de ces incidents ne saurait être mise en doute,

puisque les enfants dévorés par les loups-garous se portent à merveille, puisque les sorcières passent dans leur lit le temps qu'elles consacrent à leurs voyages au sabbat, puisqu'il suffit d'un procès de sorcellerie pour multiplier les sorciers en frappant les imaginations, puisqu'il suffit d'interrompre les procès pour supprimer les sorciers en donnant un autre cours aux idées, puisque les visions changent, s'affaiblissent ou disparaissent au gré des modifications que subit la pensée dominante.

Ici se terminent les recherches dont le surnaturel en général a formé l'objet. Le sujet était neuf, quoiqu'il soit, à le bien prendre, aussi vieux que le monde. — Il s'agissait de s'orienter dans un labyrinthe de faits, de témoignages, de théories, de croyances; il s'agissait de démêler le vrai du faux et de rejeter le second sans compromettre le premier. Jusqu'à présent les ennemis du surnaturel apocryphe avaient maltraité le surnaturel biblique, les adversaires des diableries traditionnelles avaient nié l'existence du diable. On nous donnait à choisir entre l'acceptation en bloc de toutes les traditions superstitieuses, et le rejet en bloc de tout ce qui est miraculeux ou prodigieux.

Poser la question dans ses véritables termes, tel a été mon premier soin. La résoudre : la résoudre et non l'esquiver, tel sera le but d'un travail subséquent. Je connais beaucoup de protestations sensées contre les fables du moyen âge; seulement, les protestations ne sont pas des démonstrations. Le plus souvent, on se contente tantôt de se moquer, tantôt de s'indigner; on s'écrie qu'il y a à prendre et à laisser; que le merveilleux existe sans doute, mais qu'on l'a exagéré; qu'il y a eu des sorciers, mais non pas tant qu'on l'affirme; que des apparitions se sont produites, mais non pas toutes celles dont on parle; que les âmes des morts, que les démons peuvent bien jouer un rôle dans le *spiritisme* contemporain, mais que les gens raisonnables ne sauraient admettre tout ce qui s'en dit.

J'ai brisé avec ces banalités d'une prudence qui ne sait trop à quoi s'en tenir : au lieu de tirer des moyennes, j'ai posé des principes. Je ne me suis pas contenté de répéter vaguement : « Il y a tant de choses que nous ne comprenons point ! le surnaturel est si immense ! notre capacité est si petite ! » Renonçant à l'humilité de commande, moins humble qu'elle n'en a l'air, je me suis demandé si Dieu ne nous aurait pas fourni les moyens de résoudre le problème, et si la modestie qui les repousse ne ressemblerait pas à de l'orgueil.

En conséquence, j'ai abordé les questions fondamentales : avant tout, la grande question du témoignage. J'ai montré que sa valeur, très réelle dans les matières qui appartiennent à notre compétence, devenait presque nulle dans celles qui touchent au surnaturel. Interpellant mes contradicteurs, je les ai mis au défi d'accepter comme réel tout ce qui est suffisamment attesté. J'ai énuméré les motifs particuliers de suspicion qui nous commandent la défiance, vis-à-vis du merveilleux dont on veut nous imposer l'acceptation.

Après avoir indiqué la contradiction qui existe entre ce genre de témoignage et la raison, j'ai signalé une autre contradiction, que les chrétiens doivent tenir pour décisive et que les hommes étrangers à la foi tiendront eux-mêmes pour très importante. Ce que les témoignages affirment en fait de surnaturel, l'Écriture le dément. L'Écriture ne nous autorise à croire ni à la prodigalité inouïe des miracles sataniques ou divins, ni à la continuation probable des miracles après les apôtres, ni à un Satan puéril et ridicule, ni à un Satan rival de Dieu et partageant sa souveraineté, ni au matérialisme grossier des possessions par contact, ni au dualisme, ni à l'ensemble d'une tradition qui vient se résumer honteusement dans la peur du diable, dans la terreur de ses châtiments prétendus et dans l'oubli de ses tentations trop réelles. Où les témoignages disent oui, la Bible dit non, et réciproquement. Il est nécessaire d'opter. Nul n'a le droit de recevoir en même temps le surnaturel de l'Évangile et le surnaturel de la tradition.

Il me restait un devoir à remplir. Condamné par la raison, impossible aux yeux de la foi, le surnaturel apocryphe n'en conservait pas moins certaines apparences propres à troubler encore la raison et la foi. J'ai tenu à prouver que, n'ayant de surnaturel que le nom, les plus simples explications pouvaient en rendre compte. Laissant de côté les fraudes proprement dites, les grossières crédulités, j'ai montré de quelle façon les faits extraordinaires viennent se ranger sous trois chefs : l'excitation nerveuse, l'action fluidique, l'hallucination.

Ce que j'ai indiqué en termes généraux, j'essayerai de le montrer en détail. Les principes étant établis, passant à l'application, nous verrons défiler devant nous les formes diverses du surnaturel apocryphe : faux miracles, faux sortilèges, merveilles du magnétisme, enfin les tables parlantes et leurs Esprits, à l'occasion desquels on a ressuscité tout le reste.

DEUXIÈME PARTIE

DU SURNATUREL

APOCRYPHE

CHAPITRE PREMIER

LES FAUX MIRACLES

Il y aurait un livre entier à écrire sur ce sujet. Qu'on se
rassure ; je ne l'écrirai pas. Je n'ai garde d'oublier que le
point essentiel de notre discussion est le surnaturel satanique, bien plutôt que le surnaturel divin. Je ne dirai donc
que ce qui est strictement nécessaire pour désavouer les
miracles catholiques, jansénistes, voire protestants, dont on a
surchargé l'histoire ecclésiastique depuis la mort des apôtres.
Si je les passais sous silence, je donnerais un encouragement
indirect à la sorcellerie, qui, pour vivre, a besoin d'une
atmosphère saturée de merveilleux. Les prodiges du diable
ne trouvant créance qu'à la faveur des prodiges d'une autre
nature, il leur en faut, et beaucoup : laissés seuls, ils ne
pourraient subsister.

Au surplus, je le sais par ma propre expérience, il est
nécessaire que l'esprit des chrétiens soit enfin débarrassé de
ces manifestations extraordinaires dont il reste troublé. Tant
que nous admettons vaguement la continuation des signes
qui avaient accompagné et sanctionné la première prédication de l'Évangile, impossible que nous ne nous posions pas
maintes questions plus angoissantes les unes que les autres :

Pourquoi la prédication du même Évangile n'est-elle plus accompagnée chez nous des mêmes signes? Pourquoi semblent-ils accordés aux ennemis de l'Évangile? Pourquoi les époques où l'Évangile a été le plus oublié ont-elles été les plus favorisées sous ce rapport? Pourquoi partagent-elles un tel privilège avec les bouddhistes, avec les branches diverses du paganisme?

De là à se demander s'il y a quelque chose ici-bas qui mérite le nom de vérité, si les mots de vérité et d'erreur correspondent à des réalités; de là à englober tous les miracles dans une suspicion universelle et à mettre ceux de la Bible dans la même catégorie que ceux de la tradition, il n'y a pas aussi loin qu'on voudrait le croire. Achevons donc d'écarter un cauchemar qui nous obsède. Ce que nous avons commencé sur le terrain des principes, complétons-le sur celui des faits.

Mais ici se présente une difficulté. De quels faits devons-nous parler? Quels sont ceux qui appartiennent au présent chapitre? Rien n'est moins correctement classé que les prodiges divins et les prodiges sataniques. Chacun, rangeant parmi les premiers les merveilles de ses amis, repousse au rang des derniers les merveilles de ses adversaires. Selon les catholiques, les actes extraordinaires des protestants et des jansénistes viennent du démon; selon les jansénistes, les actes extraordinaires des ultramontains viennent du démon; selon les protestants, les actes extraordinaires des catholiques viennent du démon. Chacun réserve les miracles pour soi seul, n'accordant à ses adversaires que des prodiges sataniques. Cela est fort simple, car chacun le comprend : la vérité seule a droit aux miracles, si miracles il y a.

Comment vais-je donc m'y prendre? Opérerai-je un classement protestant, comme d'autres opèrent un classement catholique? Non. Je ne refuserai les miracles de personne; je prendrai de toutes mains. Ce qu'une communion quelconque tient pour miraculeux, je l'examinerai. Nous arriverons de la sorte à étudier successivement et à rejeter impartialement les miracles protestants, les miracles·jansénistes, les miracles mystiques et les miracles catholiques. On me pardonnera de ne pas grossir ma tâche en y joignant l'énorme contingent des miracles *orthodoxes* de l'Église orientale, malgré l'intérêt de circonstance que le conflit turco-russe peut leur donner [1].

· Ce qui me frappe d'abord, c'est la prodigalité surprenante avec laquelle les miracles auraient été accordés à partir de la période apostolique. Jusqu'alors la sobriété avait été le constant caractère des merveilles divines ; mais une fois qu'il n'y a plus ni prophètes ni apôtres, les bondes des cieux semblent lâchées et le déluge va commencer. Je l'ai déjà fait remarquer ailleurs, la première génération des Pères ne parle d'aucun miracle ; la seconde génération commence à en citer ; la troisième en voit partout, et l'inondation, à mesure qu'on s'éloigne des apôtres, va croissant, jusqu'au moment où le retour à la lumière évangélique et à la civilisation réduit graduellement le chiffre de ces prodiges par trop nombreux.

Ils ne sont pas seulement nombreux, ils ont des dimensions gigantesques. Il y a, entre eux et les miracles de l'Écriture, la même différence qu'entre les évangiles apocryphes et les Évangiles canoniques. Les apocryphes ne croient jamais en dire assez ; il leur faut des merveilles immenses ; il leur en faut dans la première enfance du Sauveur, il leur en faut chez sa mère, chez Joseph, chez son grand-père et chez sa grand'mère ; ils mettent en jeu les animaux, les arbres, et en fin de compte, ils nous donnent une légende à la place d'un évangile, un thaumaturge au lieu du Fils de Dieu.

____

1. 1855.

Ce que nous ressentons en parcourant les apocryphes, le récit des miracles opérés depuis lors nous le fait éprouver à bien plus forte raison. Nous nous trouvons en présence d'une fabrication de prodiges qui s'accomplit partout, au Nord, au Midi, à l'Orient, à l'Occident, sans mesure comme sans but : fabrication irrégulière et fabrication régulière, car il y a des centres de production qui opèrent ou toute l'année ou à jour fixe, avec autant de facilité que de précision.

Or que penser, lorsqu'on rapproche d'une semblable profusion, les divines annales de ces grands prophètes dont la vie est à peine marquée par quelques révélations, et qui n'ont peut-être pas opéré un seul miracle de leurs mains ! Où sont les miracles d'Abraham, de Job, de Samuel, de David, de Salomon, d'Esdras, de Néhémie? Où sont ceux de Jean-Baptiste, dont il est dit qu'il est « plus qu'un prophète? » (*Matthieu*, xi, 9.) Et comme Jésus-Christ lui-même nous paraît pauvre en miracles, si nous le comparons à la moindre des béates, au moindre des saints !

Jésus ! c'est ici le juge au tribunal duquel je traduirai vos merveilles incessantes et vos irréfragables témoignages. Tandis qu'aujourd'hui, le premier exorciste venu suspendra son homme en l'air pendant deux heures, Jésus a refusé de faire dans le ciel un signe que les Juifs réclamaient avec instance. Et l'apôtre Paul, quel reproche adressait-il à ces mêmes Juifs? « Les Juifs demandent des miracles. » (I *Corinthiens*, i, 22.) Les Juifs étaient animés de l'esprit qui allait envahir l'Église et dont la tradition talmudique, toute pleine de prodiges, porte l'incontestable empreinte. Dieu ne s'est jamais accommodé à un tel esprit; il a donné aux apôtres le pouvoir de faire quelques miracles; il a même signalé leur ministère par ce signe particulier : que les simples fidèles recevaient quelquefois des dons extraordinaires dans la mesure jugée utile, et dans les lieux où l'établissement de l'Évangile exigeait une semblable manifestation. Mais le miracle pour le miracle, le miracle tel que le demandaient les Juifs, tel que n'ont cessé de le demander les hommes de la tradition : le miracle en permanence, Dieu ne l'a jamais voulu. A nous, par conséquent, serviteurs de Dieu, de tenir maintenant, et à plus forte raison, le langage que tenait Paul : « Les Juifs demandent des miracles ; pour nous, nous prêchons Christ crucifié qui est un scandale aux Juifs. »

Annoncer Christ crucifié, voilà la grande et perpétuelle mission de l'Église ; la foi en Christ crucifié, voilà le vrai miracle. Un pécheur converti, un orgueilleux devenu humble, une âme agitée qui a trouvé la paix, un mort qui a trouvé la vie, que voulez-vous de plus merveilleux ? Si des signes extraordinaires ont dû accompagner la fondation du christianisme, le christianisme doit se maintenir sans eux : le miracle des conversions lui suffit. J'entends les conversions véritables, celles qui portent des fruits, celles qui nous donnent non des hommes hypocrites ou affectés, mais des hommes simples, dévoués, sans uniforme de dévotion, sans formules apprises, des hommes qui respectent assez la vérité pour avoir horreur de l'intolérance chargée de la protéger, des hommes qui se renoncent eux-mêmes, qui savent réserver une large part aux pauvres et dont la main droite ignore ce que fait la main gauche, des hommes qui ne font jamais fléchir le devoir devant l'intérêt, même pieux, des hommes qui sacrifient au besoin leur popularité, leur juste et noble ambition, plutôt que de sacrifier une seule injonction de leur conscience, une seule règle posée par la Parole de Dieu.

La religion, qui n'a jamais cessé d'enfanter de tels hommes, de les enrichir en les dépouillant, de les fortifier par la foi au pardon gratuit, parfait, en leur ôtant toute estime pour leurs propres œuvres et pour leurs propres forces ; la religion, qui a résolu le problème de la vertu sans orgueil et de l'humiliation sans écrasement ; qui fait des

« hommes nouveaux, » sans faire des stoïciens ou des ascètes; qui les sépare du monde quant au mal, sans les séparer du monde quant aux devoirs sociaux et aux légitimes intérêts; la religion, qui nous unit à Christ, sans nous dévaster le cœur, sans en arracher les affections que Dieu lui-même y a mises; cette religion-là ne sera jamais dépourvue de miracles.

Et quels miracles, grand Dieu, a-t-on prétendu substituer à celui-là! Miracles au profit de l'erreur, miracles contre l'Évangile, miracles en l'honneur de la persécution, miracles au nom de la résistance armée! Et il y a des protestants qui croient sérieusement que Dieu a imprimé le sceau de ses révélations à des doctrines que condamne partout le Nouveau Testament? Et il y a eu, dans les Cévennes, des chrétiens, qui, répondant à la persécution par la révolte, défendant leur foi l'épée à la main, ont donné ce sanglant commentaire aux paroles des saints livres : « Celui qui s'oppose à l'autorité, résiste à l'ordonnance de Dieu. » — « Les armes de notre guerre ne sont pas charnelles! » (*Romains*, xiii, 2. — II. *Corinthiens*, x, 4.) Et il existe des catholiques qui acceptent froidement cette pensée : Dieu a glorifié l'inquisition par des miracles; Dieu a sanctionné les longues infamies qui préparèrent et suivirent la révocation de l'édit de Nantes, en envoyant aux camisards une possession diabolique!

Tout ce qu'il y a d'élevé en nous proteste contre de telles doctrines. La question des miracles se compliquant d'une question de morale, le sacrifice de notre conscience est le dernier que nous prétendions faire à la légende dorée des diverses communions.

Celle du protestantisme se trouve naturellement la moins riche, par cela seul que vivant, en présence de l'Écriture, il repousse la tradition. Le protestantisme, cependant, ne s'est pas toujours montré si fidèle à son principe, qu'il n'ait participé quelquefois, sur ce point comme sur d'autres, aux opinions qui régnaient autour de lui. Le protestantisme compte donc un certain nombre de miracles, parfaitement prouvés, cela va sans dire : le témoignage ne faisant jamais défaut en pareil cas.

S'est-on bien rendu compte des embarras où l'on se jette, quand on admet le déploiement de surnaturel qui passe pour avoir éclaté avec tant d'abondance et par épidémies successives depuis la disparition des apôtres? Est-il bien certain qu'on se rassure suffisamment en attribuant aux démons tous les miracles qu'il serait incommode d'attribuer à Dieu, lorsque, d'ailleurs, ils ne se distinguent par aucun caractère spécial? Je doute que les consciences délicates se tranquillisent à si bon marché. Elles ont besoin d'apercevoir un lien direct, un rapport exclusif entre la vérité et les miracles; elles ont besoin de reconnaître à des marques visibles le surnaturel dont l'origine est infernale.

Or je leur rappelle que Montanus et les autres hérétiques ne tarissaient pas en miracles et en prédictions. Aucun parti n'a jamais succombé faute de signes merveilleux, et l'on pourrait presque appliquer aux miracles le mot de Pascal : « Il est plus aisé de trouver des moines que des raisons. » La sainte Épine janséniste réfutait vigoureusement les miracles non moins éclatants des jésuites. Il se faisait des miracles en faveur de madame Guyon et des *maximes des saints*, il s'en faisait en faveur de la condamnation prononcée à Rome.

Quiconque a feuilleté les œuvres de Swedenborg sait qu'au milieu de ce fatras abominable on rencontre telle prédiction dont il semble difficile de contester l'accomplissement, telle apparition mieux démontrée que celles des saints les plus en renom. Les swedenborgiens conversent encore aujourd'hui avec les anges et vivent dans le surnaturel comme les poissons dans l'eau.

Je ne cite ici que pour mémoire les miracles des irvingiens et ceux des mormons. Dans un autre siècle, ils auraient pu avoir du succès. Aujourd'hui on s'est aperçu que les premiers possédaient non le don des langues, mais le don beaucoup moins extraordinaire de faire entendre une série de sons inarticulés; on s'est aperçu que les seconds, éprouvant le besoin de recommander au monde la religion nouvelle contenue dans la Bible de Joë Smith, racontaient toujours leurs prodiges antérieurs, sans opérer jamais par-devant témoins des prodiges actuels.

Nous sommes donc libres de passer outre, ce qui du reste ne changera guère les termes du problème. A défaut des irvingiens et des mormons, voici venir les juifs, les musulmans et les païens : tous ont abondé en miracles. Ceux des musulmans ont la même certitude, ni plus ni moins, que toute la légende chrétienne; leurs amulettes guérissent et préservent; leurs derviches, leurs marabouts font la pluie et le beau temps; ils possèdent même au Maroc, sur les bords de l'Ouad-Noun, une montagne qui parle.

Et les païens! que de merveilles, à commencer par le gymnosophiste indien Calanus, qui, en montant sur le bûcher, prédit la mort prématurée d'Alexandre le Grand, et qui ne se contenta pas d'expressions vagues, mais fixa le lieu et le moment : dans trois mois, à Babylone! Jamblique, l'ennemi du christianisme, n'a-t-il pas rapporté une foule de miracles, sans compter ceux qu'il fit? Plotin, Porphyre, tous les Alexandrins, sont-ils restés inactifs sous ce rapport? Et le bouddhisme est-il resté en arrière? Gôtama, le fameux Bouddha, qu'adorent trois cent millions d'hommes peut-être, a opéré plus de miracles qu'il n'y a de grains de sable au bord de la mer. Encore aujourd'hui Ceylan est témoin des hauts faits de ses disciples; au moyen de *la prière des trois refuges* ou au moyen des *trois réflexions*, les moines des couvents bouddhistes acquièrent un pouvoir surnaturel; leurs pratiques, leur ascétisme, la répétition de leurs formules obtiennent des résultats incroyables, à moins toutefois qu'un rayon de lune ne vienne détruire l'effet des pieuses incantations!

Je m'arrête. Il serait fatigant et inutile de faire le tour du monde pour constater les prodiges qui s'y accomplissent sous toutes les latitudes; chaque peuple, chaque culte a les siens, et les voyageurs n'abordent pas aux rivages d'une île nouvelle, perdue dans l'Océan, sans y découvrir quelque forme du surnaturel.

Ce fait mérite réflexion, car la comparaison impartiale des preuves à l'appui ne serait pas toujours aussi défavorable qu'on veut bien le prétendre aux miracles païens ou musulmans.

Cela dit, j'entre en matière, et comme *sévérité* bien ordonnée commence par soi-même, je ferai d'abord justice des miracles protestants.

Ma discussion, qui d'ailleurs ne sera pas forcée de s'étendre beaucoup, aura pour objet principal l'histoire des prétendus prophètes camisards. En dehors de ce fait considérable, je ne vois rien qui vaille la peine d'être sérieusement réfuté. Que certaines jeunes filles aient eu des visions; qu'une extatique protestante du xviie siècle, Christine Poniatovi, ait mérité une place à côté de Thérèse; que Jung Stilling ait mêlé plusieurs révélations divines au mystique et trop piquant récit de sa vie aventureuse, il n'y a pas à s'en étonner. L'explication est dans le caractère des personnes, or cette explication suffit.

On a plusieurs fois risqué parmi nous la narration d'un miracle proprement dit; mais pour les hommes élevés à l'école de la Bible, qui ont remarqué sa céleste sobriété, qui connaissent ses déclarations et qui ont observé la marche historique des traditions toujours environnées d'un cortège de prodiges, les anecdotes de ce genre ont peu de charme. Plus ils croient au surnaturel biblique, plus ils se défient du surnaturel apocryphe. Aussi, arrive-t-il constamment qu'après s'être échauffé au sujet d'un miracle, on finit par le laisser là. C'est ce qui est arrivé au récit qui remplissait, il y a vingt ans, les colonnes du *Christian Observer* et de plusieurs autres journaux. Une dame paralysée s'était levée à la voix du pasteur qui le lui commandait au nom de Jésus-Christ, et avait retrouvé l'usage de ses membres. La biologie a démontré depuis que l'impossibilité d'agir résulte, en certains cas, d'une idée purement subjective, et qu'en modifiant l'idée on supprime l'impossibilité. La science ne s'est point contentée de cette observation, trop spéciale peut-être, et qui ne semble pas s'appliquer très bien à un état durable du corps; elle a constaté qu'une vive excitation nerveuse, telle que doit la produire l'attente d'un acte miraculeux, est capable d'amener des effets physiques très étendus [1]. Dès lors nous ne nous trouvons plus en présence d'un miracle, mais d'une révolution naturelle, qui d'ailleurs (est-il besoin de le dire), n'aurait pu s'accomplir sans la permission de Celui dont les bénédictions se découvrent dans chacun des événements de notre vie.

1. Encore ici je dois protester en passant contre toute assimilation qu'on tenterait d'établir entre cette guérison et les miracles de la Bible. On pose très mal la question lorsqu'on nous demande si tel ou tel miracle biblique ne pourrait pas s'expliquer aussi par une impression morale amenant une révolution physique. On n'oublie que deux choses : d'abord que les miracles qui comportent l'explication sont environnés d'autres miracles qui ne la comportent pas; qu'à côté de la guérison des paralytiques et des convulsionnaires, l'Écriture nous présente la résurrection des morts, la vue donnée aux aveugles-nés, les eaux jaillissant du rocher, la mer Rouge s'ouvrant, les premiers-nés d'Égypte périssant tous en une nuit; ensuite, et surtout, que nous ne croyons pas à la Bible à cause des miracles qui y sont, mais aux miracles à cause de la Bible qui les atteste; en sorte que les signes divins qu'elle rapporte se trouvent placés sous la garantie des preuves incomparables sur lesquelles s'appuient l'Ancien et le Nouveau Testament.

Avant d'aborder l'examen rapide de la prophétie cévénole, je tiens à signaler un fait analogue lequel s'est passé de nos jours à l'autre bout de l'Europe. La Suède a vu naître, en 1841 et 1842, une sorte d'épidémie dotée d'un nom significatif : *le mal de prédication*. Le signal paraît avoir été donné par une jeune fille de seize ans : Lisa Andersdocter, qui, tout à coup, se sentit comme forcée d'entonner des cantiques, et qui bientôt joignit des prédications à ses chants. Elle tombait souvent dans des extases ou vertiges ; elle prétendait que le Saint-Esprit lui inspirait immédiatement chaque parole, sans qu'elle pût rien y ajouter ou en ôter. Bientôt Lisa eut une foule d'imitateurs, surtout parmi les jeunes garçons. En vain le gouvernement et le clergé s'opposèrent-ils à la contagion ; leur intolérance, qui peut-être était une des causes principales du mouvement, ne parvint pas à l'arrêter. Le peuple prenait en général le parti des inspirées ; elles trouvaient même parmi les pasteurs un certain nombre de partisans, qu'on appelait, à cause de cela, *Læsareprester*.

Je n'ai nulle envie, on peut m'en croire, de contester ce qu'il y a eu de respectable dans les sentiments des prédicantes suédoises. Je sais que dans ce pays, où les habitudes de formalisme et de persécution se sont maintenues en même temps que l'organisation épiscopale, la vie religieuse a été gênée dans ses développements. Or il arrive souvent que, ne pouvant s'épancher régulièrement, elle se précipite dans des voies anormales. Mais, quelles que soient la sincérité et la piété des illuminés suédois, l'illumination n'en est pas moins un fait déplorable, qui doit être répudié sans hésitation. On cite, bien entendu, la prophétie de Joël : « Vos fils et vos filles prophétiseront ; » or nous avons vu ailleurs qu'elle est inapplicable ici. On vante les visions et les prophéties des illuminés ; ils parcourent le ciel et l'enfer, ils prédisent les événements futurs, y compris leur propre mort; or je ne serai pas démenti si j'affirme que l'événement a presque toujours condredit la prédiction. En un mot, il n'y a rien là qui soit miraculeux; en premier lieu, parce qu'il n'y a rien là que l'excitation nerveuse n'ait produit en tout temps chez tous les extatiques; en second lieu, parce qu'il n'y a rien là qui ne soit en opposition directe avec l'Écriture, laquelle n'attribue nulle part à la prédication évangélique les caractères d'une maladie gagnant de proche en proche, s'attachant surtout aux jeunes filles et produisant des spasmes et des convulsions [1].

Ceci m'amène aux camisards. Nulle part plus que chez eux, ces tristes symptômes ne se sont manifestés avec persistance et avec éclat.

Je le reconnais sans embarras. Plus je suis pénétré de sympathie pour leur foi et d'admiration pour leur dévouement, plus j'ai besoin de repousser bien loin les erreurs graves qui furent le fait des hommes et non de la cause. Ne souffrons jamais que l'on confonde dans l'histoire des chrétiens ce qui appartient à leur péché avec ce qui appartient à l'Évangile.

Je sais bien qu'il existe deux systèmes; l'un se croit obligé

---

1. Je n'affirme pas l'exactitude de tous ces détails, car ils sont donnés par des adversaires. En tout cas, mes observations ne portent que sur les *inspirés* de la Suède. Quant au réveil religieux qui, grâce à Dieu, s'est produit aussi dans ce pays, réveil que certaines circonstances, la persécution entre autres, ont pu faire confondre avec les phénomènes de l'extase qui semblent s'être manifestés en même temps, il en est reste profondément distinct. Aux yeux d'une Église engourdie, formaliste et intolérante, tout ce qui remue paraît également suspect; elle se plait à dénoncer pêle-même les extatiques et les chrétiens. Raison de plus pour que nous nous attachions à répudier cet incident de l'*inspiration*, qui, à quelque degré qu'il se soit produit, risquant de s'associer à la belle œuvre de régénération spirituelle commencée en Suède, pourrait la compromettre dans l'opinion et même la dénaturer réellement.

de tout louer ou du moins de tout excuser lorsqu'il s'agit d'amis et de coreligionnaires; l'autre se sent tenu de condamner énergiquement tout ce qui est blâmable. Ce dernier système est le mien; je ne le crois pas seulement plus sincère, je le crois plus habile. Il est des choses que nous ne devons pas laisser dire à nos adversaires. Sachons prendre les devants, prouvons que nos principes sont des principes et qu'aucune considération ne peut les faire fléchir. Ainsi nos éloges auront de la valeur, ainsi nos attaques seront prises au sérieux, ainsi nous inspirerons du respect à nos ennemis eux-mêmes, ainsi nous exercerons sur notre propre Église une surveillance salutaire. L'Église n'est forte qu'autant qu'elle est fidèle : quiconque lui passe un défaut lui enlève un moyen de succès. Tel était le sentiment des apôtres; les vices des païens ou des juifs les affligeaient sans doute, mais c'était aux torts et aux erreurs des chrétiens qu'ils réservaient l'expression publique de leur plus vigoureuse désapprobation. Ils étaient jaloux d'eux « d'une jalousie de Dieu ». (II, *Corinthiens*, xi, 2.)

Cette jalousie, la même, me porte à désavouer bien haut le prophétisme cévenol, comme je me suis attaché, toujours, à désavouer les fautes, parfois graves, des réformateurs et des Églises de la Réforme. Je n'ai qu'une crainte en pareille matière, c'est d'être trop indulgent. Loin de me croire intéressé à inventer des réformateurs infaillibles, un protestantisme impeccable, je me crois intéressé à appeler crime ce qui est crime, erreur ce qui est erreur, afin d'avoir le droit d'appeler vérité ce qui est vérité. Je n'ai garde d'oublier que l'Écriture seule est infaillible, que Jésus-Christ seul est sans péché, que telle est la doctrine fondamentale d'une communion qui ne s'attache à aucune tradition et à aucun homme, qui ne reconnaît d'autre règle que la Bible, d'autre chef que le Sauveur. Les membres même les plus distingués de la famille protestante, les presbytériens d'Écosse et les huguenots de France se sont égarés. Confessons-le avec candeur. Les atroces persécutions infligées aux premiers ne justifient ni les prises d'armes des covenantaires ni les affectations de costume, de doctrine et de langage où plusieurs s'étaient laissé entraîner. La longue patience des martyrs français sous François Ier et sous Henri II ne sanctifia pas leur appel à la force sous les règnes suivants. L'abominable iniquité du régime établi par Louis XIV, sans provocation et sans prétexte d'aucun genre, n'excuse ni la révolte ni les extases religieuses des camisards. Ils ont été victimes d'une oppression inouïe et raffinée; qui le nie? Les premiers coupables ont été le roi, madame de Maintenon, Letellier, Louvois, le père Lachaise, les évêques qui réclamaient l'extermination des hérétiques, ceux qui, comme Bossuet et Fénelon, se contentaient de l'approuver; qu'importe cela? La nature intrinsèque d'un acte mauvais ou d'une fausse doctrine peut-elle être changée, parce qu'il y a eu des provocations; parce que des circonstances existent dont on doit tenir compte dans l'appréciation morale des personnes?

Les personnes, ici, ont beaucoup mieux valu que les actes et que les doctrines. Je défie l'ennemi le plus déclaré des camisards de considérer sans admiration et sans attendrissement, leur amour pour Dieu, leur fermeté au milieu des tortures, cet héroïque courage qui a tenu en échec la fortune et les armées de Louis XIV. Qu'on visite leurs galériens; qu'on aille voir leurs prisonnières de la tour de Constance; qu'on assiste aux assemblées du désert qui ont survécu, Dieu merci, aux prédications des prophètes et aux campagnes de Cavalier; qu'on suive le ministère de Brousson et des autres pasteurs, tous destinés au martyre; on s'assurera que le prophétisme n'a été qu'un accident, préparation, corollaire, punition de la prise d'armes, qui n'a pas empêché le déploiement, chez ces pauvres chrétiens, de la plus touchante piété.

Mais comme c'est de l'incident, non des camisards eux-mêmes que j'ai à parler, je vais y concentrer ma discussion.

Voici les faits :

La persécution avait éclaté, plus ingénieuse, plus persévérante que celles des premiers siècles du christianisme. Avant même que l'édit de Nantes eût été formellement révoqué, on avait supprimé les écoles, rasé les temples, fermé aux protestants toutes les professions libérales, toutes les communautés d'arts et métiers; on avait placé chez eux des soldats pour les torturer à domicile; on commençait à leur enlever leurs enfants, à les élever de force dans la religion catholique. La révocation de l'édit, prononcée en 1685, mit le comble à tant de misères; les ministres furent exilés; les droits des pères furent foulés aux pieds; le mariage des protestants ne tarda pas à être déclaré nul; leurs enfants devinrent illégitimes aux yeux de la loi; eux-mêmes furent considérés comme catholiques; cruellement châtiés s'ils pratiquaient leur culte dans le royaume, non moins châtiés s'ils essayaient d'en sortir. L'imagination parvient mal à se représenter une situation pareille, durant, non pas un mois ou une année, mais une longue suite d'années. Les prisons regorgeaient, les galères aussi; on étranglait, on rompait vifs les pasteurs dévoués qui s'efforçaient d'annoncer encore l'Évangile à leurs frères; on traînait sur la claie, on jetait à la voirie les cadavres des hommes et des femmes qui avaient refusé les sacrements catholiques à leur lit de mort.

Des chrétiens auraient dû, bénissant leurs bourreaux, et priant pour le roi, supporter jusqu'au bout ces infamies. C'était leur métier, c'était leur privilège. Ainsi avaient-ils fait jadis sous les empereurs païens, et depuis, sous les premiers Valois. Mais tout comme les chrétiens des premiers siècles n'avaient pas tardé à aspirer à la domination, à la saisir et à en abuser; tout comme ceux du XVIe siècle avaient

éprouvé la même tentation : les Cévénols à leur tour crurent pouvoir reconquérir leur liberté religieuse à coups de
fusil.

Cette insurrection avait été précédée par le triste phénomène dont je vais m'occuper; il l'avait préparée, il l'accompagna constamment, et lui survécut un peu. Il y avait déjà
des prophètes et surtout des prophétesses en 1688; il y en
avait encore vingt ans plus tard, après la capitulation des
camisards. Les extases, toutefois, se liaient si étroitement à
la guerre dont elles avaient été comme les premiers bouillon-
nements, dont elles furent le dernier écho, que le rétablissement de la paix (quelle paix!) amena leur extinction graduelle. La réorganisation religieuse fut alors courageusement
entreprise, virilement poursuivie par des hommes qui d'avance
avaient sacrifié leur vie, et qui tous en effet la donnèrent.
L'influence des prophètes fit place à celle des pasteurs; la
révélation directe se retira devant la Bible, reprit son empire
exclusif.

Mais nous n'en sommes pas encore là. — Donnons d'après
le *Théâtre sacré des Cévennes*, d'après Brueys, d'après
Fléchier, quelques détails sur les prophètes cévénols. Je ne
veux pas écrire leur histoire; je signalerai les traits qui les
caractérisent, sans aucune prétention à l'enchaînement chro-
nologique.

Le don de prophétie se communiquait en soufflant dans la
bouche des néophytes. « Reçois le Saint-Esprit! » leur disaient
les prophètes qui accomplissaient la cérémonie; aussitôt, les
nouveaux élus se mettaient à *parler par l'esprit*, en attendant qu'ils soufflassent à leur tour sur d'autres aspirants.

On ne craignait donc pas de reproduire l'acte même de
Jésus-Christ soufflant sur ses apôtres et leur disant : « Re-
cevez le Saint-Esprit! » — Nous pouvons juger par ce premier trait de l'égarement des pauvres camisards. Voici maintenant la description des phénomènes qui accompagnaient

l'exercice même du don prophétique. Elle est puisée aux
sources.

Élie Marion s'exprime de la manière suivante : « Lorsque
l'Esprit de Dieu veut me saisir, je sens une grande chaleur
dans mon cœur et dans les parties voisines, qui est quelquefois précédée par un frissonnement de tout mon corps. D'autres fois je suis saisi tout à coup sans en avoir eu aucun pressentiment. Quand je me trouve saisi, mes yeux se ferment
sur-le-champ, et cet Esprit est cause des agitations du corps,
me faisant pousser de grands soupirs, avec des sanglots
entrecoupés, comme si j'avais de la peine à respirer. J'ai
même souvent des secousses extrêmement rudes; mais tout
cela se fait sans douleur, et sans que je perde la liberté de
penser. Je demeure dans cet état pendant un quart d'heure,
plus ou moins, avant que je profère aucune parole. Enfin je
sens que cet Esprit forme dans ma bouche les paroles qu'il me
veut faire prononcer, lesquelles sont presque toujours accompagnées de quelque agitation ou mouvements extraordinaires,
ou au moins d'une grande crainte. Il y a des fois que le premier
mot qui me reste à prononcer est déjà formé dans mon idée;
mais assez souvent j'ignore comment finira le mot que l'Esprit m'a déjà fait commencer. Il m'est arrivé quelquefois que
croyant aller prononcer une parole ou une sentence, ce n'était
qu'un simple chant inarticulé qui se formait par ma voix.
Pendant tout le temps de ces visions, je sens toujours mon
esprit extrêmement tendu vers mon Dieu... C'est à Dieu que
j'abandonne entièrement, dans mes extases, le gouvernement
de ma langue, n'occupant alors mon esprit qu'à penser à
Dieu, et à me rendre attentif aux paroles que ma bouche
même récite... Pendant que je parle, mon esprit fait attention à ce que ma bouche prononce, comme si c'était un discours prononcé par un autre, mais qui laisse ordinairement
des impressions plus ou moins vives dans ma mémoire. »
(*Avertissements prophétiques d'Élie Marion*, 6.)

Tels ne sont pas, bien certainement, les procédés ordinaires du Saint-Esprit. Pierre, prêchant le jour de la Pentecôte, n'écoutait pas parler sa bouche; Paul, écrivant ses épîtres, ne suivait pas avec étonnement les mots formés par sa plume, ignorant quelles lettres elle allait former et abandonnant sa main à l'action qui la faisait mouvoir. Rien de plus contraire à la notion de l'inspiration, telle qu'elle nous est fournie par l'Écriture, que cette transformation du prophète en une machine, au moyen de laquelle le Saint-Esprit formerait des sons ou tracerait des caractères destinés à exprimer la vérité révélée. Toute parole inspirée est une parole humaine en même temps qu'une parole divine; si elle renferme des dogmes mystérieux, des prédictions, des promesses dont l'interprète sacré lui-même ne saurait saisir toute la portée et dont il médite le sens sans parvenir jusqu'au fond, elle renferme, il serait insensé de le méconnaître, un bien plus grand nombre d'exhortations que le prophète désire présenter à ses frères, qu'il comprend, qu'il approprie avec pleine connaissance de cause aux besoins de ses auditeurs ou de ses lecteurs. Or les prédications cévénoles n'ont pas d'autre caractère; ce sont des exclamations pieuses, des appels à la repentance et à la fidélité. Quant à la passivité du prophète, on ne saurait y voir en pareil cas, que le signe évident d'une maladie. — L'inspiration ne procède point ainsi.

Elle ne marche pas non plus avec un cortège de douleurs physiques, de tressaillements nerveux, de frissons et de chaleurs subites. Écoutez encore ces détails : « Un de mes frères reçut une inspiration, et quelques moments après, je sentis tout d'un coup une grande chaleur qui me saisit le cœur et qui se répandit par tout le dedans de mon corps. Je me trouvais aussi un peu oppressé, ce qui me forçait à faire de grands soupirs. Je me retenais autant qu'il m'était possible à cause de la compagnie. Quelques minutes après, une puissance à laquelle je ne pus résister davantage s'empara tout à fait de

moi et me fit faire de grands cris entrecoupés de grands
sanglots, et mes yeux versèrent des torrents de larmes... Je
passai doucement la nuit; mais à mon réveil je tombai dans
des agitations semblables à celles qui, depuis ce temps-là jusqu'à présent, m'ont toujours saisi dans l'extase, et qui furent
accompagnées de sanglots très fréquents... Plus j'allai en
avant, plus ma consolation s'augmenta, et enfin, loué soit mon
Dieu! j'entrai en possession de ce bienheureux contentement
d'esprit qui est un grand gain. Je me trouvai tout changé; les
choses qui m'avaient été le plus agréables avant que mon Créateur m'eût fait un cœur nouveau, me devinrent dégoûtantes et
même épouvantables. Et enfin, ce fut une nouvelle joie pour
mon âme, lorsque après un mois d'extases muettes, si je puis
les appeler ainsi, il plut à Dieu de délier ma langue et de
mettre sa parole en ma bouche. Comme son Saint-Esprit
avait mû mon corps pour le réveiller de sa léthargie et pour
en terrasser l'orgueil, sa volonté fut aussi d'agiter ma langue
et mes lèvres, et de se servir de ces faibles organes selon son
bon plaisir. » (*Théâtre sacré des Cévennes*, 66 à 58.)

Et le prophète continue en décrivant l'admiration qu'il
éprouva lorsqu'il sentit couler de sa bouche un ruisseau de
paroles dont il n'était point l'auteur. Dès sa première inspiration, le Saint-Esprit lui avait dit : « Je t'assure, mon enfant,
que je t'ai destiné pour ma gloire dès le ventre de ta mère. »

Ouvrez le même ouvrage (*Théâtre sacré*) à la page 43,
vous y trouverez les déclarations non moins significatives de
Jean Cavalier : « Je sentis comme un coup de marteau qui
frappa fortement ma poitrine, et il me sembla que ce coup
excitait un feu qui se saisit de moi et qui coula dans toutes
mes veines. Cela me mit dans une espèce de défaillance qui
me fit tomber. Je me relevai aussitôt sans aucune douleur,
et comme j'élevais mon cœur à Dieu dans une émotion inexpri-
mable, je fus frappé d'un second coup, avec un redoublement
de chaleur. Je redoublai aussitôt mes prières, ne parlant et

ne respirant que par grands soupirs. Bientôt un troisième coup me brisa la poitrine et me mit tout en feu... J'eus quelques moments de calme, et puis je tombai soudainement dans des agitations de la tête et du corps qui furent fort grandes et semblables à celles que j'ai eues depuis lors. »

Jean Cavalier ajoute que le sentiment de ses péchés s'empara sur-le-champ de son âme. La scène entière avait eu lieu pendant la prédication d'un jeune prophète qui finit par s'adresser directement à lui. Il revint toujours priant, en larmes, en proie à des agitations telles qu'elles le jetèrent plusieurs fois à terre et le forcèrent de s'arrêter. Il fut près de neuf mois dans cet état, mais sa langue ne se déliait point. Enfin, un dimanche matin, Dieu lui ouvrit la bouche : « Pendant trois fois vingt-quatre heures, dit-il, je fus toujours sous l'opération de l'Esprit, en différent degré, sans boire ni manger ni dormir, et je parlais souvent avec plus ou moins de véhémence, selon la nature des choses. »

Il n'y a pas jusqu'aux portions les plus touchantes de semblables récits qui n'indiquent clairement un état nerveux. Les pleurs eux-mêmes, ce signe naturel de la repentance, n'ont jamais eu, dans les Églises que dirigeaient les apôtres, ce caractère spasmodique et contagieux. Chez les camisards, tout le monde fondait en larmes quand un prophète entrait dans son transport; on pleurait même lorsqu'on ne comprenait pas le sens de ses paroles, débitées parfois dans une langue inintelligible.

A la prophétie venaient se joindre les visions. Se trouvait-on en face de l'ennemi, les prophètes et les prophétesses voyaient des milliers d'anges qui descendaient du ciel et venaient combattre pour eux. S'il faut en croire Fléchier, l'événement ne répondait pas toujours à ces magnifiques promesses. Il raconte ainsi une de leurs batailles : « Ils s'embrassèrent les uns les autres et s'entre-soufflèrent à la bouche pour se communiquer le Saint-Esprit; puis ils vinrent hardiment au-devant des troupes dans la pensée qu'ils étaient devenus immortels et invulnérables, ou que du moins ils ressusciteraient peu de jours après. Mais ils furent investis, et c'est l'opinion commune qu'il y en eut trois ou quatre cents de tués ou blessés. » (*Lettres choisies*, I, 394.)

Je crois le fait vrai, quoique Fléchier dénombre les morts avec une satisfaction peu évangélique. Je crains bien aussi que Brueys, dont le témoignage est plus suspect encore, n'ait raison cependant d'affirmer que les prophètes cévénols recouraient parfois à des procédés ridicules pour renverser leurs ennemis. Leur souffle d'abord, le mot *tartara* ensuite paraissent avoir été employés à cet effet. Voici ce qu'on lit dans l'*Histoire des fanatiques de notre temps* (I, 180) : « Les prophètes et les prophétesses s'avançaient au-devant des troupes avec un air furieux en soufflant sur elles de toutes leurs forces et en criant à haute voix : *Tartara! tartara!* Ces fols croyaient follement qu'il ne leur en fallait pas davantage pour mettre en fuite des gens de guerre; mais voyant qu'ils avançaient toujours et que les plus inspirés tombaient par terre comme les autres, ils prirent la fuite eux-mêmes. »

C'est le récit d'un ennemi, d'un ennemi assez lâche pour ne pas reconnaître ce que le maréchal de Villars et les autres adversaires des camisards ont reconnu à l'envi : leur héroïsme! Gardons-nous d'écarter, néanmoins, cette portion de la vérité que des gens comme Brueys savent seuls voir et constater. La cause évangélique n'aura jamais besoin, grâce à Dieu, de dissimuler aucune des fautes d'aucun de ses défenseurs.

Les prophètes camisards figurent, à plus d'un titre, parmi les plus nobles défenseurs de l'Évangile, et je ne commettrai certes pas l'injustice de les répudier, parce que, sous l'influence de circonstances terribles, ils se sont gravement égarés. Mais, plus j'admire la fermeté chrétienne qu'ils ont déployée au milieu des massacres et des tortures, plus je me sens pressé de distinguer entre cette piété sincère qui regardait à Christ, à Christ seul, sur la roue comme dans le combat, et les lamentables égarements qui annoncent bien plutôt une épidémie nerveuse que l'action sérieuse et sanctifiante de la foi.

Les prophètes cévénols se croyaient, dans toutes leurs déterminations, dirigés par le Saint-Esprit. Des jeûnes prolongés leur étaient ordonnés de la sorte, et sous l'influence de l'état particulier où se trouvait leur organisme, ils les supportaient aisément. Le fait s'est fréquemment reproduit dans l'histoire, et j'ai déjà eu occasion de le noter. Élie-Marie raconte qu'étant à Londres en 1706, l'Esprit lui ordonna à plusieurs reprises des jeûnes prolongés qui ne lui donnèrent ni faiblesse ni envie de manger. « J'eus chaque jour mes inspirations, ajoute-t-il, excepté le 23, avec des agitations qui furent pour le moins aussi violentes qu'à l'ordinaire. Et même le dernier jour, qui fut le 28, j'eus trois inspirations, ce que je ne crois pas qui me fût arrivé auparavant... Je dirai en passant que ces jeûnes furent pour précéder des choses extraordinaires. » (*Théâtre sacré*, 82.)

Les prophètes languedociens ne se trouvaient nullement malheureux. Malgré leurs convulsions et leurs souffrances, en dépit des supplices qui les attendaient, ils éprouvaient une immense joie. Sans parler de leur piété réelle, à laquelle j'ai rendu hommage, cette joie trouvait sa source dans l'idée d'un contact personnel avec Dieu, d'une direction surnatuelle. Or cette idée exerce tant d'attrait, que les meilleurs chrétiens ont toujours été obligés de se tenir en garde contre elle. Notre ignorance et notre orgueil sont toujours tentés de franchir l'espace qui sépare les secours ordinaires du Saint-Esprit, de ses dons extraordinaires; l'assistance divine, de l'infaillibilité; la communion des rachetés avec leur Sauveur, du fait spécial d'inspiration. Tout n'est pas

faux dans les indignes railleries que Shaftesbury a dirigées
contre l'enthousiasme camisard (*Lettre sur l'enthousiasme*).
Plusieurs de ceux qui s'étaient réfugiés en Angleterre regret-
taient leurs anciennes émotions, et, comparant le calme de
la vie ordinaire aux délices de l'extase, versaient des larmes
amères.

J'ai esquissé quelques-uns des traits principaux du prophétisme cévénol. Je voudrais maintenant apprécier à fond
sa nature. La chose en vaut la peine, car nous n'avons
guère sur ce grave sujet que des invectives sans équité, des
apologies sans discernement, ou des récits sans critique.
Les uns se sont bornés à raconter les faits et ne les ont carac-
térisés en aucune façon; les autres se sont laissé entraîner
par des sympathies bien naturelles et ont admis la réalité du
miracle; il s'en trouve, enfin, qui n'ont écouté que leur
haine et qui ont prononcé le mot de possession. Les hommes
dont nous avons à examiner le caractère étaient-ils des possédés, des prophètes, ou de pauvres chrétiens envahis par
une épidémie nerveuse? Telle est la question.

Des possédés! je ne ferai pas à cette insinuation l'honneur
de la discuter sérieusement. Flétrir ceux qu'on a persécutés,
c'est en vérité abuser de ses avantages. Mais il existe un
parti, dont l'œuvre n'est jamais achevée. Si cruelles, si raf-
finées que soient les terreurs religieuses qu'il organise, soyez
sûr qu'il n'a pas dit son dernier mot. Au temps où l'on tuait,
il a fait tuer; au temps où l'on ferme les lieux de culte et
les écoles, il fait fermer écoles et lieux de culte; en tout
temps, il calomnie.

Quiconque a jeté les yeux sur l'histoire des camisards sait
à quoi s'en tenir sur ces démoniaques d'une nouvelle espèce,
lesquels, au travers de graves erreurs que je condamne
autant que personne, ne cessaient de manifester la piété la
plus sincère; qui priaient, qui chantaient des psaumes et des
cantiques, qui aimaient Jésus-Christ, qui éprouvaient à un

degré peu commun le sentiment avec le repentir de leurs péchés; et qui, en l'honneur de l'Evangile, acceptaient d'inouïes souffrances, donnaient joyeusement leur vie.

Si la première hypothèse ne mérite pas de nous arrêter, il n'en est point ainsi de la seconde. Aurions-nous affaire à de vrais prophètes, à une vraie révélation, à de vrais miracles? — On connait ma réponse. Sans même recourir aux principes généraux que j'ai établis ailleurs et d'où il résulte qu'une explosion quelconque de surnaturel est au moins suspecte, par cela seul qu'elle a lieu après la période apostolique, je n'aurai nulle peine à justifier ma conviction.

Mes raisons sont de deux natures : d'abord, les faits merveilleux qu'on nous cite ne sont pas tels que l'on ne puisse les expliquer sans miracle; ensuite et surtout, des miracles ne sauraient avoir été accordés aux prophètes camisards, comme sanction divine de leurs aberrations.

Sur le premier point, la démonstration est aisée. Que des hommes, que des femmes, que de petits enfants même soient devenus capables de prononcer de longs discours; qu'ils se soient sentis dominés par une puissance étrangère qu'ils aient cru exprimer des pensées qui n'étaient pas les leurs; le fait ne s'éloigne en aucune façon des résultats connus d'une épidémie nerveuse et d'une vive préoccupation. Si plusieurs prophètes habitués au patois parlaient français pendant leur extase, s'ils mêlaient à leurs exhortations quelques mots empruntés à des langues étrangères, nous savons quels prodiges de développement et de réminiscence se manifestent par l'effet d'un certain état physique et moral. Il y a d'autant moins à s'émerveiller, que les prétendues langues étrangères paraissent n'avoir été reconnues et comprises par aucun des assistants.

Tel prophète apercevait, dit-on, les persécuteurs à une grande distance; Clary a lu maintes fois dans l'intelligence des autres hommes, il a confondu ainsi deux espions! Ce

sont les phénomènes habituels de clairvoyance et de pénétration des pensées, que produit l'action fluidique, dans les
expériences du magnétisme animal.

Le même Clary s'est soumis à l'épreuve du feu; il en est
sorti sans avoir éprouvé ni douleurs ni suffocations! — Ceci
semblerait plus grave; lorsqu'on y réfléchit, cependant, on
ne peut s'empêcher de faire deux ou trois remarques. En
premier lieu, le témoignage a pu s'égarer; au milieu d'une
excitation pareille, avec des hommes habitués à se mouvoir
dans le surnaturel, il ne faut pas s'attendre à une critique
bien défiante; sitôt l'épreuve proposée, son succès était tenu
pour certain; on ne se montrait pas difficile sur les circonstances de détail. Et puis, à quelle époque la narration a-t-elle
été écrite? plusieurs années après, sous l'impression des
souvenirs les plus touchants, sous l'influence d'un sentiment naturel qui portait à exagérer, à embellir, à écarter
tels incidents suspects; à faire ainsi la légende des camisards
comme se font toutes les légendes, avec cette bonne foi relative qui veut voir les choses sous leur plus brillant aspect et
qui y parvient. Je suis sûr que Clary a passé au travers des
flammes; mais je ne suis pas aussi sûr qu'il y soit resté
autant qu'on l'a prétendu. Je veux bien que les branches
sèches s'élevassent aussi haut que lui, mais j'ignore si ce
n'étaient pas de ces broussailles qui se consument en un
instant. Je rappelle enfin que certains états d'extase ont pour
conséquence, et l'insensibilité, et une sorte d'impénétrabilité
des corps. Quant à l'insensibilité, les exemples abondent;
sans parler de l'éthérisation, on connaît des crises nerveuses
naturelles, d'autres crises produites par l'action du magnétisme, crises durant lesquelles la douleur se trouve entièrement supprimée.

L'impénétrabilité est un phénomène moins étudié, ce qui
ne veut pas dire qu'il soit moins certain. Les *secours* du
cimetière de Saint-Médard nous en fourniront bientôt l'irré-

futable preuve. Nous verrons là des femmes qui reçoivent
sur la poitrine de grands coups de chenets; nous y verrons à
côté d'elles, une autre femme, la Salamandre, qui traverse
les flammes aussi impunément que Clary. En présence de
pareils faits, il n'y a que deux partis à prendre : ou admettre
la modification naturelle de l'organisme, une sorte d'induration extatique des tissus; ou admettre un événement surnaturel. Or, autant il m'est facile de concevoir que l'impénétrabilité naturelle ait des limites, autant il m'est difficile
de concevoir un demi-miracle. Clary, la Salamandre, le
croisé qui portait la vraie lance, tous ceux qui ont supporté
l'épreuve du feu, auraient péri sur un bel et bon bûcher de
dimension raisonnable; les jansénistes qui recevaient des
coups de broches et de chenets, n'auraient pas été impénétrables à la hache du bourreau. L'histoire, en effet, qui nous
montre tant d'impénétrabilités relatives, ne nous montre pas
une seule impénétrabilité absolue. Les malheureux qu'on a
condamnés au feu ont toujours été consumés; quand on a
frappé du glaive, les têtes sont régulièrement tombées : il
n'existe point d'exception à cette règle. Essayez donc de vous
représenter un miracle, ou même un prodige satanique,
lequel préserve des chenets et ne préserve pas du sabre;
lequel défende contre les flammes ceux qui s'y placent librement, et n'en défendent pas ceux qui y sont enchaînés.

Nous avons donc affaire ici à des effets naturels de notre
constitution nerveuse, encore si mal connue. Le miracle de
Clary doit être écarté, et nous nous retrouvons en face du
grand fait, de celui qui seul est vraiment considérable et
caractéristique : le fait d'inspiration.

Or, je me demande comment il est possible que ce fait,
tel qu'il se présente, n'ait pas ouvert les yeux de tous ceux
qu'un sentiment bien légitime de sympathie disposait à voir
en beau le prophétisme cévenol. — Mais voici qui parle
plus haut que toutes les sympathies :

Non contents de s'égaler aux apôtres, les prophètes camisards tiennent un langage qu'aucun apôtre n'aurait, certes,
ni voulu ni dû tenir. Ceux qui, assemblés à Tauzuc, écri-
virent au juge de Saint-Pierre-Ville pour le sommer de
relâcher les prisonniers, prirent tous dans leur lettre la qualité
d'Esprits Saints! C'est toujours directement, à la première
personne, que le Saint-Esprit parle en eux. Ce que les
apôtres n'ont jamais fait dans leurs prédications, ce que
quelques prophètes de l'ancienne alliance ont été appelés à
faire lorsqu'ils employaient la formule : « Ainsi dit l'Éternel! »
ces femmes, ces jeunes filles, ces enfants le font à tout
propos et à tout moment. « Je te dis, mon enfant, » tel est
le début obligé de leurs exhortations. Le prophète en outre,
et je l'ai déjà fait remarquer, qui se croit l'organe de la révélation, en est en même temps l'auditeur : c'est à lui le plus
souvent qu'elle s'adresse; il demeure absolument passif.

Dans de pareils discours, les prédictions proprement dites
ne sauraient manquer : encore un signe auquel il nous sera
aisé de reconnaître la réalité ou la fausseté des inspirations.
Or, le plus souvent, les prophètes cévenols se bornent à
des menaces qui par leur généralité échappent à toute appréciation ou qui ne sont que la reproduction de déclarations
bibliques : « Je viendrai, et plutôt que le monde ne m'attend! Ah! que de gens surpris, et que de troubles arriveront
dans peu de jours, en plusieurs endroits de la terre!... Mes
enfants, parlez hardiment; mes enfants, ne craignez pas le
torrent qui se déborde ; je l'assécherai dans peu de jours.
Tenez-vous sur mes promesses qui sont certaines et fidèles.
Ma voix tonnera dans peu de jours du ciel, voix étonnante
qui effrayera les poissons de la mer. La terre en tremblera
et sera effrayée. » (*Avertissements prophétiques*, 177.)

A part le mot qui revient plusieurs fois : « dans peu de
jours! » l'ensemble de cette révélation se borne à l'imitation
vague de quelques textes des saints livres. *Peu de jours*

après la prédiction, l'événement semblait lui donner un triste démenti. Cependant je n'insisterai pas sur cette circonstance, le style prophétique comportant des indications de temps qui semblent rapprochées, et ne le sont qu'aux regards de celui « pour qui mille ans sont comme un jour ».

Certains prophètes cévénols paraissent avoir donné à leurs pensées une forme plus précise. Fléchier en cite un, lequel, arrêté par les soldats, aurait déclaré que dans quinze jours il recevrait sa grâce et irait à Paris convertir le roi! — N'en croyant pas sur parole l'évêque de Nîmes, je me contente de conclure ainsi, en ce qui concerne les prédictions : s'il n'est pas constaté que les prophètes cévénols en aient fait de fausses, il n'est pas constaté non plus qu'ils en aient fait une seule qu'ait plus tard justifié l'événement.

Arrivons aux deux symptômes qui rendent inadmissible l'hypothèse du miracle : les prophètes cévénols ont ordonné l'emploi des armes, parfois même de cruelles représailles; les prophètes cévénols ont eu des convulsions.

Quant à l'emploi des armes charnelles, je n'ai pas besoin de rappeler qu'il est expressément interdit aux chrétiens (II, *Corinthiens*, x, 4). — Jésus-Christ n'a pas dit à ses disciples : Vous serez paisibles et soumis, à moins qu'on ne vous opprime. Il leur a dit : « Aimez vos ennemis, bénissez ceux qui vous maudissent, faites du bien à ceux qui vous outragent et qui vous persécutent. » (*Matthieu*, vi, 44.) Jésus n'a pas dit à son Église : Appelez les châtiments les plus effroyables sur la tête des ennemis de l'Évangile; il a dit à Jacques et à Jean, lorsque ceux-ci voulaient faire descendre le feu du ciel sur leurs adversaires : « Vous ne savez de quel esprit vous êtes! » (*Luc*, ix, 55.) Paul n'écrivait pas à ses frères : Résistez dès que la résistance vous sera possible, dès que la persécution vous semblera insupportable; il leur écrivait, et cela sous Néron : « Que chacun se soumette aux puissances établies, car il n'y a point de

puissance, si ce n'est de par Dieu, et les puissances qui existent ont été ordonnées de Dieu; en sorte que celui qui s'oppose à la puissance, résiste à l'ordonnance de Dieu... C'est
pourquoi il est nécessaire d'être soumis, non seulement à
cause de la colère, mais à cause de la conscience. » (*Romains*,
xiii, 1 à 6.)

S'il y a donc un dogme incontestable, c'est celui de la
soumission aux puissances établies. (Je n'examine pas où
elle réside dans un pays constitutionnel.) S'il est un devoir
écrit en gros caractères à toutes les pages du Nouveau Testament, c'est celui de ne jamais défendre la vérité évangélique par la violence, de ne jamais résister par la force aux
persécuteurs, de ne jamais les maudire. Et l'on voudrait que
Dieu, se contredisant lui-même, eût envoyé aux camisards
une révélation directement contraire à celle qu'avaient reçue
les apôtres : Impossible! La question des miracles est résolue
pour quiconque, ouvrant le *Théâtre sacré des Cévennes*, y
a vu des appels aux armes, des excitations aux représailles
sanglantes, des malédictions. Les hommes qui tenaient un
pareil langage étaient des chrétiens égarés, ils n'ont pas été des
prophètes. — On frémit, lorsque après avoir lu les paroles
sacramentelles : « Je te dis, mon enfant », on rencontre des
discours qui ne respirent que passion guerrière et que haine.
A tout autre point de vue qu'à celui du christianisme, de tels
sentiments ne paraîtraient, certes, que trop justifiés. Mais
notre point de vue est celui du christianisme, puisqu'il s'agit
de prophéties; or le Saint-Esprit ne prêche pas la haine,
n'ordonne pas l'égorgement des prêtres même les plus
acharnés à verser le sang innocent. Telle exécution d'un
misérable curé qui se traîne en implorant le pardon de ses
crimes, tel prêtre précipité du haut de son clocher. tels
arrêts impitoyables prononcés par l'organe des prophètes,
font reculer d'horreur. Que ces persécutés de Louis XIV
fussent poussés à bout, il n'importe; le Saint-Esprit ne sau-

rait l'être. Pour la défense de l'Évangile, il ne nous enseigne pas à réprimer le mal par le mal; il nous enseigne à « surmonter le mal par le bien ». (*Romains*, xii, 21.)

Les convulsions des prophètes cévénols ne s'élèvent pas moins fortement contre leur prétendue inspiration. Avant de rappeler des faits malheureusement certains, je tiens à rappeler aussi les circonstances qui les ont produits; il faut que la responsabilité de ces tristes scènes retombe et demeure sur les vrais coupables. Depuis bien des années déjà les protestants du Languedoc et du Vivarais subissaient, en effet, des persécutions dont il serait difficile aujourd'hui de concevoir la persévérance et la cruauté. Leurs sentiments les plus intimes étaient blessés; sans provocation aucune, des édits successifs les avaient privés de leurs temples, de leurs écoles, de leur culte public, de leurs droits de citoyen, de leurs droits de pères et de mères. Oui, la famille elle-même avait été supprimée pour eux; or, au milieu des émotions inexprimables que causaient tant de douleurs accumulées, au milieu des dragonnades, des insultes, de la ruine, l'exil de tous les pasteurs venait leur enlever les conseils éclairés dont ils avaient plus besoin que jamais. L'organisation ecclésiastique, qui devait se reformer plus tard au désert, avait été brisée. Est-il donc bien malaisé de concevoir que des populations aussi malheureuses, aussi agitées, brusquement privées de ces anciens ou pasteurs que les apôtres ont établis dans toutes les églises, soient tombées dans le piège de l'épidémie nerveuse et de l'inspiration directe? — En éloignant les pasteurs, on avait préparé la place aux prophètes.

Le caractère épidémique et nerveux du phénomène qui se manifesta dès lors ne saurait être mis en doute.

Un premier signe en fait foi. Le prophétisme apparaît d'abord chez des femmes, chez des enfants. Il envahit rapidement des multitudes entières; la flamme d'un incendie ne court pas plus vite dans les prairies du nouveau monde.

Des milliers de femmes, selon le marquis de Guiscard, se mirent à prophétiser; le maréchal de Villars parle d'une ville où toutes les femmes et toutes les filles prophétisaient : toutes, sans exception. Les *Théâtre sacré des Cévennes* (17) ne fixe pas à moins de huit mille le nombre des enfants qui prophétisèrent à la fois. Il cite cette déclaration de Pierre Chaman, qui permet d'apprécier l'état physique et moral de ces pauvres enfants : « J'ai connu à Tyès un nommé G.... qui avait un petit garçon de cinq ans qui prophétisait. Il a tombé plusieurs fois en ma présence, par le saisissement de l'Esprit, avec des agitations de la tête et de tout le corps. Après cela, il prédisait des malheurs à Babylone et des agitations à l'Église. Il faisait de grandes exhortations à la repentance; mais le pauvre petit était quelquefois si agité que ses paroles étaient alors fort entrecoupées. Il parlait toujours français. Il se servait de ces expressions : « Je te dis, mon enfant, je t'assure. » (19.)

Les enfants prophètes se multiplièrent de telle sorte qu'on se lassa de les arrêter. Ils supportaient les mauvais traitements avec une fermeté inouïe; ils remplissaient du chant des psaumes les cachots où on les entassait. On finit par donner l'ordre de ne plus faire de tels prisonniers. Il aurait fallu avoir des nourrices pour quelques-uns d'entre eux. Voici en effet ce que rapportent Jean Vernet et Jacques Dubois (*Théâtre sacré*, 15 et 32) :

« Environ un an avant mon départ, deux de mes amis et moi allâmes visiter Pierre-Jacques, notre ami commun. Comme nous étions ensemble, une fille de la maison vint appeler sa mère qui était avec nous, et lui dit : « Ma mère, « venez voir l'enfant. » Ensuite de quoi la mère nous appela, nous disant que nous vinssions voir l'enfant qui parlait. Elle ajouta qu'il ne fallait pas nous épouvanter, et que ce miracle était déjà arrivé. Aussitôt nous courûmes tous. L'enfant, âgé de treize ou quatorze mois, était comme emmaillotté

dans le berceau, et il n'avait encore jamais parlé de lui-même
ni marché. Quand j'entrai avec mes amis, l'enfant parlait
distinctement en français, d'une voix assez haute, vu son
âge, en sorte qu'il était aisé de l'entendre par toute la
chambre. Il exhortait, comme les autres que j'avais vus
dans l'inspiration, à la repentance... Nous étions tous priant
et pleurant autour du berceau. Après que l'extase eut cessé,
je vis l'enfant dans son état ordinaire. Sa mère nous dit
qu'il avait eu des agitations de corps au commencement
de l'inspiration, mais je ne remarquai point cela quand
j'entrai. »

» J'ai vu un garçon de quinze mois dans les bras de sa
mère, à Quissac, qui avait de grandes agitations de tout le
corps, et particulièrement de la poitrine. Il parlait avec sanglots en bon français, distinctement et à voix haute, mais
pourtant avec des interruptions, ce qui était cause qu'il fallait prêter l'oreille pour entendre certaines paroles. L'enfant
parlait comme si Dieu eût parlé par sa bouche, se servant
toujours de cette manière d'assurer les choses : « Je te dis,
» mon enfant. »

Jacques Dubois ajoute qu'il a vu plus de soixante autres
enfants entre trois et douze ans qui étaient dans un état semblable. Passe encore pour ceux-là! Mais quant aux mar-
mots dont il vient de faire mention, on me permettra de
penser que leurs extraits de baptême n'ont pas été commu-
niqués au témoin. Pour qui connaît les habitudes du Midi,
où les enfants sont laissés en nourrice beaucoup plus longtemps que dans le Nord, il n'est pas difficile d'imaginer que
Dubois se soit trompé sur l'âge réel des petits prophètes.
Ajoutez la disposition naturelle qui porte à embellir les
choses; remarquez d'autre part que les discours ont été
assez incohérents pour qu'on ne soit pas toujours parvenu
à les bien entendre, vous arriverez à la conviction que des
enfants qui avaient plus de quinze mois assurément, ont été

saisis de spasmes accompagnés de cris et de paroles confuses,
au milieu desquelles figuraient celles qui retentissaient le
plus ordinairement à leurs oreilles. Rien ne démontre plus
clairement le fait de la contagion épidémique et nerveuse.
L'ébranlement s'était communiqué à ces pauvres petits, et
par suite du développement bien connu des réminiscences
et des facultés, ils reproduisaient les convulsions d'abord,
les prophéties ensuite, telles qu'elles avaient lieu autour de
leurs berceaux, répétant servilement, sans oublier le pro-
tocole : « Je te dis, mon enfant. » L'Écriture, qui nous parle
des hosannahs qu'entonnèrent les enfants de Jérusalem lors
de l'entrée triomphale du Sauveur, et qui, par ce témoignage explique les paroles du psaume huitième : « de la
bouche des petits enfants et de ceux qui sont à la mamelle
tu as formé ta louange, » l'Écriture ne nous présente nulle
part le spectacle de huit mille prophètes en jaquette, répétant le refrain d'une inspiration monotone, et montrant, par
l'agitation de leurs membres, à quelle perturbation physique
ils étaient soumis.

Or c'est là qu'il en faut revenir. Les convulsions, leur
caractère épidémique prouvent, sans contestation, l'état nerveux où se trouvaient les prophètes cévénols.

Jurieu s'exprime ainsi dans ses *Lettres prophétiques* :
« Un homme qui ne pensait à rien moins qu'à prophétiser,
dans un temps où l'on emprisonnait les prophètes, se retirant
de nuit d'une assemblée avec les gens de son village, tomba
tout à coup comme frappé du haut mal, se vautra sur une
couche de deux pieds de neige ; puis, les yeux fermés comme
une personne endormie, se mit à prêcher et à prophétiser. »

C'est ici un exemple entre mille. « J'ai vu à Aubessargues,
dit Guillaume Bruguier, trois ou quatre enfants inspirés,
entre l'âge de trois à six ans. Comme j'étais chez un nommé
Jacques Boussigues, un de ses enfants, âgé de trois ans, fut

saisi de l'Esprit et tomba à terre. Il fut fort agité et se donna de grands coups de main sur la poitrine, disant en même temps que c'étaient les péchés de sa mère qui le faisaient souffrir. Il ajouta que nous étions dans les derniers temps, qu'il fallait combattre vaillamment... J'étais aussi présent lorsqu'une fois la petite Suzanne Jonguet, qui était âgée de quatre ou cinq ans, tomba dans des agitations à peu près semblables à celles du petit Boussigues. Elle parla haut, distinctement, en bon français, et je suis sûr que hors de l'extase elle n'aurait pas parlé ce langage... Comme j'étais à Terroux, je vis une petite fille de six ans, nommée Marie Suel, qui après un quart d'heure de mouvements de tout le corps, et particulièrement de la poitrine, commença à parler. Ses père et mère, deux de ses frères, et plusieurs autres personnes, étaient présents avec moi. Elle dit que nous ne faisions tous autre chose qu'offenser Dieu, et qu'il fallait changer de conduite et mieux vivre à l'avenir. Elle ajouta que Babylone serait détruite dans peu de temps. » (*Histoire sacrée*, 36.)

Jacques Dubois cite (33) un enfant qui tomba, en sa présence, dans des agitations de tête et de poitrine, parlant à voix haute et en bon français, prédisant, lui aussi, la ruine prochaine de Babylone.

Le frère de Bruguier avait commencé à prophétiser dès l'âge de quinze ans. « Quand l'Esprit le saisissait, il tombait ordinairement à terre, et devenait tout à fait pâle. Comme nous étions ensemble dans une assemblée d'environ deux cents personnes, proche d'Aubessargues, il fut placé en sentinelle sur un arbre presque joignant à l'assemblée ; je le vis tomber de cet arbre, de la hauteur de plus de douze pieds, ayant été soudainement saisi. Il ne se fit aucun mal. Après diverses agitations, qui durèrent environ un quart d'heure, il dit, entre autres choses, qu'il y avait des gens dans l'assemblée qui étaient venus pour la vendre. » (37.)

Jacques Rebout, « qui avait reçu les grâces, » tomba aussi,
sans se faire aucun mal, d'un rocher haut de six pieds. Il
avait été soudainement « saisi par l'Esprit ». De semblables
chutes illustraient toutes les marches et contre-marches des
camisards. Claude Arnassan rapporte le fait suivant, où semblent se retrouver les marques de véritables accès épileptiques : « Il y avait chez mon père un berger nommé Pierre
Bernard, qui était un pauvre imbécile. Il me priait quelquefois de le mener aux assemblées, mais je n'osais pas le faire,
me défiant de sa faiblesse, et par conséquent de son indiscrétion. Je me hasardai pourtant une fois, et je le menai à
une assemblée qui se fit de nuit. Étant là, je remarquai
qu'il se mit à genoux, et qu'il y demeura environ deux
heures. Incontinent après, il tomba comme mort, et ensuite
tout son corps fut beaucoup agité. Le lendemain il retomba,
et ses agitations furent extraordinairement plus grandes.
Comme il était tombé à la renverse, son corps se soulevait et
sautait comme s'il avait été ainsi secoué par un homme fort.
Nous eûmes peur qu'il ne se blessât, et trois d'entre nous
voulurent le tenir, mais il fut impossible d'arrêter la violence
de ses mouvements. Il continua dans le même état, en se
frappant, et il était trempé de sueur. Les mêmes accidents
lui arrivèrent encore deux ou trois fois avant qu'il parlât;
mais enfin, son grand maître lui ayant ouvert la bouche, la
première chose qu'il dit, fut qu'il avait été ainsi tourmenté
à cause de ses péchés. » (31.)

Tous les témoignages se réunissent pour établir l'universalité des *agitations*. Les mouvements de la tête, de la poitrine et de l'estomac étaient les plus ordinaires. Isabeau
Charrus établit la distinction suivante : « Lorsque les inspirés prêchaient ou exhortaient en public, leurs agitations
n'étaient pas fort grandes et ne duraient pas longtemps....
Mais quand ils prédisaient les jugements de Dieu et qu'ils
disaient certaines autres choses touchant l'avenir, il arrivait

presque toujours qu'ils tombaient d'abord à terre. La tête, les bras, la poitrine et le corps entier souffraient quelquefois de grandes secousses, et une certaine difficulté qu'ils semblaient avoir à respirer ne leur permettait pas de parler avec facilité. » (35.)

Le caractère épidémique des convulsions n'est pas moins bien établi que leur fréquence. Je ne m'arrêterai pas à ce qu'en dit Brueys, qui affirme que la plupart des inspirés n'avaient senti l'Esprit s'épandre en eux que lorsqu'ils soutenaient sur leurs genoux la tête de quelque prophète tombé en convulsion, que souvent cet Esprit entrait par la cuisse, qui semblait être de fer, et qu'il pénétrait par là dans tout le corps, qui était agité d'un frisson. Il raconte plusieurs faits, celui entre autres de la contagion que subit madame de B..., veuve d'un conseiller au parlement de Grenoble. Elle se trouva inspirée, dit-on, pour avoir prêté l'oreille aux improvisations de la prophétesse Isabeau. On ajoute que, poursuivie par l'intendant du Dauphiné, elles parcourut les bords de la Drôme, en cherchant à gagner sa campagne située à Liveron. Or près de trois cents personnes qui l'entendirent parler furent saisies de l'Esprit prophétique.

Mais qu'importe! la preuve de l'épidémie résulte bien plus encore de sa marche que des témoignages. Nul ne peut avoir suivi cette invasion, qui commence par quelques individus pour gagner ensuite leur voisinage immédiat; nul ne peut avoir étudié le phénomène qui se présente journellement sur les pas des prophètes, répandant partout autour d'eux les dons prophétiques et les communiquant parfois à d'entières populations, sans demeurer convaincu qu'une sorte d'ébranlement nerveux parcourait alors les Cévennes.

L'analogie frappante qui existe entre les accidents de la prophétie cévénole et ceux du somnambulisme achèvera cette démonstration. Je prends pour exemple la plus célèbre des prophétesses, Isabeau Vincent, qu'on appelle ordinairement la bergère du Cret. Chez cette femme bizarre, incohérente, qui prophétisa longtemps contre le catholicisme et finit par se faire catholique, on trouve réunis à un éminent degré les traits qui caractérisent l'état pathologique des soi-disant inspirés. Aucun n'a eu des accès plus nombreux; aucun n'a inoculé « le don de l'Esprit » à plus de gens. Or comment ne pas la croire sujette à une sorte de somnambulisme?

« Quelquefois, écrit le docteur Calmeil, elle paraissait comme ensevelie dans une léthargie profonde, dont on cherchait vainement à la retirer quand elle se trouvait dans ces dispositions; on pouvait l'appeler, la pousser, la secouer, la pincer, la brûler, sans la faire sortir de son état apparent de sommeil. Souvent, tout en ayant l'air de dormir, elle se mettait à chanter des psaumes d'une voix claire et intelligible. Les mouvements de ses lèvres étaient modérés, exempts de spasme, ses gestes mesurés et convenables. Après avoir chanté, on l'entendait improviser des prières, réciter de longs paragraphes de la Bible, commenter les saintes Écritures, apostropher les inspirés, débiter des sermons pleins de force. » (*De la Folie*, II, 300.)

Jurieu fait remarquer qu'au sortir de ses crises de sommeil, qui duraient quelquefois quatre ou cinq heures de suite, Isabeau ne se souvenait plus des prédications extatiques qui avaient presque entièrement rempli ce temps; elle n'éprouvait aucune fatigue, et soutenait qu'elle avait fort bien dormi. — J'ai cité ces accès somnambuliques, non qu'ils aient été communs à la plupart des prophètes, mais parce que, constatés chez la bergère du Cret, ils complètent le tableau de l'épidémie nerveuse dont nous constatons la réalité.

Serai-je maintenant forcé de prouver en détail qu'un semblable état ne saurait accompagner les dons du Saint-Esprit? Quelqu'un aurait-il le courage de rappeler à ce sujet l'extase de l'apôtre Paul ou les prétendues convulsions de Balaam? S'il en allait ainsi, ma réponse ne se ferait pas attendre.

Pour ce qui est de Paul, le passage relatif à ce qu'on veut nommer *son extase* se trouve dans la seconde épître aux Corinthiens. Il est ainsi conçu : « Assurément il ne me convient pas de me glorifier, car j'en viendrais à des visions et à des révélations du Seigneur. Je connais un homme dans le Christ qui, il y a quatorze ans, fut ravi jusqu'au troisième ciel (si ce fut en corps, je ne sais; si ce fut hors du corps, je ne sais, Dieu le sait); et je sais qu'un tel homme (si ce fut en corps ou hors du corps, je ne sais, Dieu le sait) fut ravi dans le paradis et entendit des choses ineffables qu'il n'est pas possible à un homme d'exprimer. » (xii, 1 à 4.)

Quel rapport y a-t-il, je le demande, entre cet événement et les crises du prophétisme cévénol? Paul tombait-il du haut mal? avait-il des tressauts, des agitations de la tête, de la poitrine et des membres lorsqu'il allait annoncer l'Évangile? Pas l'apparence. Dieu a jugé bon de transporter au paradis ce pieux témoin qui allait tant souffrir, de donner un avant-goût des joies célestes à cet homme qu'attendaient tant de luttes sur la terre. Dieu a fait cela, et il a caché à son serviteur le mode précis de sa translation : « Si ce fut en corps, si ce fut hors du corps, je ne sais. »

Y avait-il là un incident qui se renouvelât sans cesse chez l'apôtre, comme l'accès prophétique chez les camisards? En aucune manière. Le fait paraît à Paul tellement extraordinaire, tellement exceptionnel, qu'il ose à peine en faire mention de peur d'avoir l'air de se glorifier.

Les apôtres, les prophètes de l'Église primitive, donc, n'ont pas eu tous leurs extases comme les prophètes cévénols avaient tous les leurs? Aucun des contemporains de Paul ne semble avoir reçu la même grâce : « Je connais un homme dans le Christ. »

Enfin, l'extase était si peu le moyen de la révélation divine, que Paul s'abstient avec soin de décrire ce qu'il a vu, de rapporter ce qu'il a entendu pendant son ravissement : « Des choses ineffables, qu'il n'est pas possible à un homme d'exprimer. »

Que nous fournit par conséquent le texte unique d'où l'on voudrait extraire, à tout prix, la justification de l'épidémie nerveuse que subissaient les camisards? Il nous fournit une allusion au ravissement miraculeux qui fut accordé une seule fois à un seul apôtre, qui demeura sans lien direct avec l'exercice du don prophétique, et qui ne fut accompagné d'aucune convulsion.

Mais Balaam! s'écrie-t-on : — Balaam n'a pas eu plus de convulsions que Paul. Que lisons-nous au chapitre vingt-quatrième des *Nombres?* « Il proféra à haute voix son discours sentencieux et dit : Balaam, fils de Béhor, dit et l'homme qui a l'œil ouvert dit, celui qui entend les paroles du Dieu fort, qui voit la vision du Tout-Puissant, qui tombe à terre et qui a les yeux ouverts dit : Que tes tabernacles sont beaux, ô Jacob! et tes pavillons, ô Israël! » — Quoi! on voudrait nous faire découvrir là une sorte d'épileptique qui tombe à la renverse, l'œil fixe et ouvert, un homme qui, dans cette situation, profère les magnifiques bénédictions placées par l'Éternel dans sa bouche; un homme qui, par-dessus le marché, se vante de ses accès : « l'homme qui tombe à terre et qui a les yeux ouverts! » — Comment ne s'est-on pas demandé pourquoi le même phénomène ne s'était reproduit chez aucun autre prophète de l'ancienne ou de la nouvelle alliance? Comment ne s'est-on pas demandé si les paroles de Balaam n'auraient point une signification moins étrange? Et, pour commencer par l'expression qui se présente la première, qui revient plusieurs fois, qui domine évidemment tout le reste, que faut-il entendre par un homme « qui a l'œil ouvert »? Un épileptique qui se roule sur le sol, les regards fixes? ou un *voyant?* Impossible d'hésiter. Les hommes qui ont les yeux ouverts, les voyants, se rencontrent partout dans

la Bible; il est donc naturel que Balaam, commençant
son discours, rappelle qu'il est voyant ou prophète. En sa
qualité de voyant, « il voit la vision du Tout-Puissant et il
tombe par terre ». Faut-il s'étonner qu'au moment où le prophète vénal est forcé de prophétiser fidèlement, il soit amené
à faire mention de sa soumission respectueuse et absolue en
présence des révélations divines? — Dès que la vision s'est
montrée à son œil ouvert de prophète, il se prosterne la face
contre terre; il ne se prosterne pas seulement, il tombe devant
la manifestation d'une volonté souveraine à l'empire de
laquelle il ne saurait se soustraire.

On aura beau chercher, on ne découvrira dans l'Écriture
aucune trace de convulsions prophétiques. On en trouvera
dans le paganisme. Les prêtresses de Delphes éprouvaient
l'invasion physique de la crise nerveuse qui devait signaler
chez elles l'inspiration prétendue : Le Dieu! voici le Dieu?
Les derviches hurleurs de l'islamisme, les sorciers qui figurent dans les *balas* des nègres idolâtres, les inspirés de
l'Inde, du Kamtchatka, de la Polynésie, indiquent leur état
surnaturel par le désordre de leurs mouvements. Cette
erreur grossière et impie se reproduit dans tous les lieux et
dans tous les temps, même au sein de la civilisation chrétienne, même chez des hommes véritablement pieux. Nous
en avons un exemple remarquable chez les Cévénols; nous
en avons un autre chez les shakers ou quakers trembleurs,
dont le déplorable égarement scandalise à juste titre ceux
qui en sont témoins, et auxquels il serait injuste de contester
toute sincérité religieuse, parce qu'on est obligé de leur contester tout bon sens.

Leurs mouvements cadencés sont un moyen de provoquer
l'extase et les visions qui l'accompagnent. C'est toujours la
folie de la révélation directe, qui a perdu, sous diverses
formes, ceux qui ne savent pas se contenter de *ce qui est
écrit*. M. de Mirville a sur ce point une prétention vraiment

naïve; le catholicisme, à l'entendre, serait exempt de cette folie, qui n'aurait attaqué que des hérétiques, des jansénistes ou des protestants! Je ne m'arrêterai pas à lui faire remarquer, que les shakers ne sont pas plus protestants que catholiques; que le protestantisme, qui est la religion de la Bible, n'a rien de commun avec les gens qui, à l'exemple des shakers ou des mormons, remplacent la Bible par leurs révélations personnelles; j'irai droit au fait, et lui montrant des convulsionnaires au sein du catholicisme, je répondrai ainsi à sa question triomphante : « Pourquoi l'Église romaine est-elle si pure de ces folies convulsives que l'on retrouve à la tête et à la base de toutes les sectes qui lui sont opposées? » (167.)

Passons sur l'accusation vraiment inouïe que renferment de telles paroles; quiconque a ouvert un livre d'histoire, en fera justice et saura que dans le protestantisme, pour ne parler que de lui, les convulsions n'ont été qu'un accident aussi rare que circonscrit. Je ne prétends pas qu'elles aient eu un autre caractère dans l'Église romaine; mais il m'est impossible de fermer les yeux et sur leur durée au sein de cette Église, et sur l'approbation au moins implicite qu'elles paraissent y avoir obtenue.

Parmi ses saints, il y en a eu, et en bon nombre, qui étaient sujets aux accidents nerveux et aux extases. On connaît celles d'Ignace de Loyola; François d'Assise simulait (ou subissait) la folie, suivi par les enfants des villes qu'il traversait : cela ne devait pas être beaucoup plus édifiant que les danses des shakers. Thérèse, agitée, souffrante, tombait dans un état qu'il est impossible de ne pas comparer à celui des convulsionnaires cataleptiques. Voici comment elle le décrit elle-même : « L'âme, dans son ravissement, semble n'avoir plus de corps et ne l'animer plus : la chaleur manque, la respiration cesse, en sorte qu'on ne saurait plus apercevoir le moindre souffle ni le moindre mouvement; tous les membres deviennent raides et froids, le visage pâlit, et l'on ne voit plus que des apparences d'un corps mourant ou déjà mort. »

· M. Calmeil, auquel j'emprunte cette citation, cite encore plusieurs autres faits : « Blosius, dit-il, rapporte que sainte Élisabeth de Spalberk était sujette à de fréquents accès extatiques; que pendant ces attaques elle demeurait sans aucun sentiment, sans mouvement, pas même celui de la respiration; que son corps était tellement raide, qu'on n'en pouvait remuer une partie que tout le reste ne suivît. Marguerite du Saint-Sacrement devenait quelquefois raide comme. un cadavre; on ne pouvait remuer le bout de son pied sans remuer en même temps son corps. Le cardinal de Vitri atteste que de son temps plusieurs saintes filles, enivrées par l'abondance de l'Esprit de Dieu, demeuraient ravies hors d'elles-mêmes; qu'elles étaient sans voix, sans aucun senti-ment par rapport aux choses extérieures; que la paix du Seigneur qui les remplissait ensevelissait tellement leurs sens, qu'il n'y avait point de bruit capable de les éveiller; qu'elles ne sentaient ni les blessures qu'on leur faisait, ni les coups qu'on leur donnait. Marie de l'Incarnation, fonda-trice des carmélites en France, paraissait souvent comme morte pendant que son âme ravie en extase recevait l'impres-sion des choses divines. Madeleine de Pazzi tombait quel-quefois par terre et y demeurait jusqu'à cinq ou six heures; en 1585, à partir de la veille de la Pentecôte, elle passa huit jours et huits nuits, tout de suite, sans être accessible aux impressions du monde matériel. Marguerite de Cordoue était quelquefois tellement aliénée de ses sens, qu'elle sem-blait véritablement morte. » (tome II, 324.)

Il ajoute un peu plus loin (399) : « N'a-t-on pas vu cent fois des convulsions semblables à celles du cimetière Saint-Médard éclater sur les tombeaux des plus grands saints?... Ce qui est survenu sur le marbre de saint Augustin de Can-

torbéry, où une boiteuse, sourde-muette, fut prise de con-
vulsïons et guérie de ses infirmités, n'a-t-il pu s'effectuer
aussi sur le marbre d'un saint tel que Pâris?... Sainte Marie
d'Oignies, pendant ses crises nerveuses, se tordait les membres d'une manière affreuse; elle se frappait le corps à coups
de pierres. Sainte Ursule, fondatrice des théatins, se débattait
pendant ses accès convulsifs avec tant de force, que les assistants la crurent plus d'une fois vexée par les diables. Marguerite de Cordoue grinçait des dents, se roulait par terre,
se tordait comme un ver, en pleine église, devant la populace.
Sainte Thérèse, Catherine de Sienne s'agitaient si violemment pendant leurs extases, que leurs membres semblaient
se séparer du tronc. »

Ils étaient catholiques, ces flagellants qui parcoururent
l'Europe du xie au xve siècle; le clergé en masse allait au-
devant d'eux à l'entrée de chaque ville; un dominicain,
Reinier, commandait une de leurs principales bandes.
Si l'Église romaine finit par les désavouer, ce fut après
avoir sanctionné pendant bien longtemps leur sauvage fré-
nésie; elle agit à l'égard de ces convulsions religieuses
comme à l'égard de l'épreuve du fer rouge, qu'elle ne
cessa de diriger jusqu'au jour où elle jugea prudent de la
rejeter.

Il y a du reste, aujourd'hui encore, tel pèlerinage où
s'exécutent les danses sacrées. La chapelle de saint Witt a été
longtemps célèbre, et je ne sache pas qu'un anathème soit
venu interdire les agitations nerveuses dont elle fut le théâtre.
Elles étaient telles, que la fureur de la danse ou *chorée* a
reçu le nom de danse de saint Witt. De toutes les parties de
la Souabe et de l'Allemagne, les femmes affluaient à la fête
du saint; elles y dansaient jour et nuit, au point de se procurer des extases et du délire. L'année suivante, à la même
époque, elles éprouvaient le besoin de retourner au lieu consacré pour y danser de nouveau avec passion.

Aucune Église n'a donc le droit de prétendre qu'elle ait échappé à l'humiliante maladie des convulsions religieuses. Le jansénisme a passé aussi par là; il est même arrivé que sa crise s'étant déclarée en plein xviiie siècle, à Paris, au centre d'un immense mouvement d'idées, elle a eu beaucoup de retentissement et d'éclat.

Je vais entrer dans quelques détails sur ce grand fait, qu'il convient d'exposer avant de le qualifier. Les jansénistes y ont vu un éclatant miracle, bien que les plus sages d'entre eux aient semblé admettre, vers la fin, un mélange de surnaturel diabolique et se soient sentis poussés à répudier ainsi les ignobles parodies auxquelles on était graduellement descendu. — Possession, miracle, mal nerveux? Telles étaient les trois explications possibles pour le prophétisme cévénol; telles sont aussi les trois explications possibles pour les scènes du cimetière Saint-Médard. Nous aurons à choisir; commençons par raconter.

M. le docteur Calmeil a réuni les principaux éléments du procès. En le complétant sur quelques points, notamment sur l'article des guérisons, par le grand ouvrage de Montgeron ; en consultant aussi d'autres ouvrages, tel que *la Religion constatée universellement*, je serai sûr de ne rien omettre d'essentiel dans une analyse qui ne peut être que sommaire, mais que je tiens à rendre exacte.

Le diacre Pâris était mort en 1727, à la suite d'austérités incroyables et au milieu de la lutte contre la bulle *Unigenitus*. Les jansénistes n'avaient cessé de visiter sa tombe avec respect, lorsque, en 1731, un infirme couché sur le marbre vénéré éprouva des attaques convulsives. Le bruit du soi-disant miracle se répandit sur-le-champ; les malades affluèrent au cimetière Saint-Médard, où Pâris était enterré. A peine les avait-on placés sur son tombeau, la plupart, éprouvant une agitation tumulteuse, poussaient des cris; les accès qui commençaient alors se reproduisaient parfois pen-

dant plusieurs heures. Le sol du cimetière, les rues voisines
étaient incessamment remplis d'infirmes et de curieux. Il
faut ajouter, car là se montre le côté merveilleux de l'événement, que chez un certain nombre de malades, la crise
violente qu'ils subissaient fut accompagnée d'un soulagement,
parfois même d'une véritable guérison.

C'est là le fait, primitif et essentiel, celui qui attira tant de
gens au charnier Saint-Médard. — Fixons-en les caractères;
recherchons si, dans cette première période qui précéda le
fameux phénomène des *secours*, l'épidémie nerveuse, laquelle
guérissait parfois, a présenté parmi les jansénistes les mêmes
symptômes que nous lui avons vus au milieu des camisards.
Retrouverons-nous ici les allocutions inspirées, la dictée
intérieure, et enfin, les convulsions proprement dites?

Quant aux allocutions, elles ont le même feu, la même
étendue, la même rapidité; c'était la reproduction perpétuelle
des arguments et des anathèmes jansénistes et contre la bulle
et contre la cour de Rome. Les ignorants, dès qu'ils entraient
en extase, se trouvaient en possession d'un certain nombre
d'idées et de termes dont ils faisaient un usage parfois éloquent; ils annonçaient la venue d'Élie, la conversion des
juifs, le règne prochain de Jésus-Christ, et développaient
ces textes avec une abondance qui aurait fait envie aux pré
dicateurs en renom. Écoutez Carré de Montgeron :

« On les a vus représenter par les expressions les plus
énergiques le prince des ténèbres se servant de la *bulle* pour
faire rejeter des vérités divines... On les a vus quelquefois
les yeux baignés de pleurs déplorer de la manière la plus
tendre et la plus touchante l'abus qu'on fait des sacrements.
Ils mettaient pour ainsi dire sous les yeux des spectateurs,
par une vive peinture, le corps vivant de Jésus livré entre
les mains des prêtres sacrilèges... Les convulsionnaires,
effrayés des images terribles qui leur étaient présentées, se
prosternaient à terre, conjurant avec des larmes tous les

spectateurs de se mettre le visage dans la poussière... On les a vus le visage et les yeux animés d'un feu qui paraissait tout divin, annoncer cette pluie abondante de bénédictions dont le Dieu de miséricorde inondera toute la terre par le ministère des juifs qui rétabliront son culte par tout le monde. » (II, 118.)

« Il est de notoriété publique que les convulsionnaires, en général, ont beaucoup plus d'esprit, de pénétration et d'intelligence lorsqu'ils sont en convulsion que dans leur état ordinaire. On voit jusqu'à des filles extérieurement timides, dont le fond n'est qu'ignorance, stupidité, basse naissance, qui, dès qu'elles sont en convulsion, parlent néanmoins très exactement, avec feu, élégance et grandeur, de la corruption de l'homme par le péché originel. » (II, 18.)

Dom Lataste rapporte dans son livre (*Lettres théologiques*) des spécimens de cette éloquence. « L'Église est couchée dans l'ordure et dans la poussière, les vers lui rongent la chair, la pourriture s'est mise jusque dans ses os, une odeur insupportable s'exhale sans cesse de la corruption qui l'enveloppe ; venez donc à son secours, appliquez-y le fer et le feu, n'épargnez rien pour la guérir, coupez, tranchez, brûlez ; il lui faut les remèdes les plus violents. » (II, 926.)

L'inspiration prenait de temps en temps la forme d'un dialogue : « Mon père, voyez l'état de votre enfant, c'est un état de souffrance. — Non, ma sœur, ne craignez point, le Seigneur ne vous rejettera point... Ah ! Seigneur, que vous êtes bon de traiter cette sœur dans votre miséricorde ! Seigneur, que vos desseins sont grands ! Ah ! chère sœur, ne perdez point courage. Dieu vous fait boire dans le calice ; demandez qu'il augmente votre foi. » (*Lettres théologiques*, I, 121.)

Ceci rappelle le : « Mon enfant, je te dis, » des prophètes cévénols. Mais ce qui le rappelle bien plus encore, c'est la passivité absolue où tombaient beaucoup de convulsionnaires.

Ils croyaient obéir à une impulsion étrangère; ils écoutaient
leurs propres paroles comme provenant du Saint-Esprit; ils
avaient le sentiment que les idées leur étaient fournies à
mesure, que les mots leur étaient dictés, que leur langue
était mise en mouvement sans qu'ils y fussent pour rien.

« Vous allez voir maintenant, observe M. Calmeil, que
certains convulsionnaires, dans le cours de la même impro-
visation, parlaient tantôt comme s'ils eussent été livrés à
leurs propres forces pour l'arrangement des idées, tantôt
comme s'ils eussent cédé à une puissance étrangère irrésistible; et il paraît que leur éloquence pâlissait tout à coup,
du moment où ils s'apercevaient que l'assistance de leur
prétendu *souffle* divin commençait à leur manquer; mais
elle se relevait aussitôt que le souffle donnait de nouveau,
pour baisser encore si par hasard il se ralentissait. »
(II, 354).

Il va sans dire que les langues étrangères ont joué leur
rôle à Saint-Médard. Ce n'est pas plus clair que dans les
Cévennes; cependant il paraît incontestable que quelques
développements extraordinaires de réminiscences et de facultés
se produisirent alors, phénomène observé et constaté dans
bon nombre de crises nerveuses. Montgeron parle d'une
demoiselle Lordelot, qui éprouvant depuis sa naissance, une
assez grande difficulté à s'exprimer, prononçait néanmoins
des discours en langue inconnue avec toutes les grâces et
toute l'aisance possibles. Il parle d'une autre demoiselle qui,
n'ayant jamais eu de voix, chantait admirablement des cantiques en langue inconnue. Il cite plusieurs autres exemples
analogues. Ceux-ci suffiront à donner une idée des résultats
intellectuels qu'amenait l'agitation janséniste. Fournissons,
maintenant, sur cette agitation elle-même, quelques détails
authentiques. Le mot de *convulsionnaires* que j'ai employé,
mot dont se servent les auteurs du temps les plus favorables
au miracle, est-il justifié par les faits? Je ne m'arrêterai pas

à la description générale des mouvements convulsifs lesquels, s'emparant de tant de gens, prêtaient aux alentours du célèbre tombeau un aspect si hideux et si étrange; je transcrirai, en les abrégeant, les détails qui nous sont fournis sur quelques personnes qu'on a observées avec plus de soin.

Le fameux Geoffroy s'exprime ainsi : « Les mouvements convulsifs que j'ai eus, sans perdre connaissance, m'obligeaient à battre des pieds la terre, les carreaux ou le marbre du tombeau. Je n'aurais pu empêcher ces mouvements. Quelquefois la tête me branlait et tournait assez longtemps; quelquefois mes bras se raidissaient avec une extrême force. D'autres fois, je les agitais de tous côtés, et souvent mon corps se tournait et se retournait comme sur un pivot... Les douleurs que je souffrais étaient au delà de ce que je puis exprimer... Les mêmes mouvements se passaient à la maison, avec cette différence qu'ils n'étaient pas si intenses... On m'a assuré que, dans le cours de l'accès où je perdais connaissance, mes yeux se renversaient, et que tous les mouvements dont j'ai parlé ci-dessus avaient beaucoup plus de violence. Je sentais toujours quelque soulagement après les convulsions, et ce soulagement était d'autant plus grand que les secousses avaient été plus marquées. » (Montgeron, III, 57.)

Le même auteur décrit les bonds prodigieux de Jeanne Thénard; Jeanne s'élançait avec tant de force et s'élevait si haut, que les personnes qui cherchaient à l'empêcher de se briser contre le marbre ne pouvaient presque la retenir; elle les fatiguait si fort que, tout en nage, elles étaient obligées de se relayer à chaque instant. Il rapporte la déclaration suivante de la fille Fourcroy : « Étant entrée dans le cimetière de Saint-Médard, je fus frappée d'épouvante des cris de douleurs et des espèces de hurlements que j'entendis faire à des convulsionnaires dans le cimetière et sous le charnier, et je pensai m'en aller sans approcher de la tombe

du diacre; mais la personne qui m'accompagnait m'ayant
encouragée, je fus m'asseoir dessus. » Cette honnête fille
éprouve une telle répugnance à l'idée d'avoir elle aussi des
convulsions, qu'elle se hâte de quitter le cimetière, dès
qu'elle entend dire autour d'elle que les mouvements précurseurs se sont manifestés et qu'elle va entrer en crise.
Néanmoins, trois mois plus tard, se sentant près de rendre
l'âme, la peur de la mort l'emporta sur la crainte des convulsions; elle envoya chercher de la terre du tombeau
pour en mettre dans du vin qu'elle avalait goutte à goutte.
A peine en avait-elle bu, qu'elle commença sa neuvaine.
La voilà qui prie avec l'émotion que lui donne le souvenir de
ce qu'elle a vu et l'attente de ce qui va survenir. Il n'en
faut pas tant pour avoir une attaque de nerfs. « Presque
dans le moment, il me prit un grand frisson et peu après
une grande agitation dans les membres qui me faisait élancer
tout le corps en l'air et me donnait une force que je ne
m'étais jamais sentie... Dans le cours de ces mouvements
violents qui étaient de vérit......s convulsions, je perdis connaissance. Aussitôt qu'ils furent passés et que j'eus repris
mes sens, je me sentis une tranquillité et une paix intérieure
que je n'avais jamais éprouvées. » (Montgeron, II, p. 1 et
suiv. de l'observation de la fille Fourcroy.)

Parmi les convulsions, une des plus singulières assurément est celle de Fontaine, secrétaire des commandements
de Louis XV, qui, très opposé lui-même au jansénisme,
mais étant à dîner dans une maison où se trouvait le livre
de Quesnel, maison où l'on parlait sans doute avec enthousiasme des miracles qui occupaient alors tout Paris, fut contraint à tourner sur un de ses pieds et se convertit immédiatement aux doctrines jansénistes. Il y a dans l'accident
de Fontaine un mélange remarquable d'ébranlement physique et d'émotion morale; on y touche du doigt la nature
du phénomène dont nous essayons de rendre compte. J'em-

prunte quelques détails aux premières pages du second volume de Montgeron.

« Il se sentit tout à coup forcé par une puissance invisible de tourner sur un pied avec une vitesse prodigieuse, sans un seul instant de relâche... Dès le premier moment de cette convulsion singulière, un instinct qui venait d'en haut lui fit demander qu'on lui donnât au plus vite un livre de piété. Celui qu'on trouva le premier sous la main et qu'on lui présenta fut un tome des réflexions morales du père Quesnel, et quoique Fontaine ne cessât pas de tourner avec une rapidité éblouissante, il lut tout haut dans ce livre tant que dura sa convulsion... Cette convulsion continua pendant plus de six mois; elle se fixa même régulièrement à deux fois par jour, et elle n'a quitté Fontaine que le 6 août 1733, dès qu'il eut achevé de lire, en tournant toujours d'une force prodigieuse, les huit volumes des réflexions du père Quesnel sur le Nouveau Testament, ce que Fontaine accompagnait de plusieurs élévations de son cœur à Dieu. La convulsion tournante du matin lui prenait tous les jours précisément à neuf heures, et durait une heure et demie ou deux heures tout de suite. Celle de l'après-midi commençait trois heures, et durait autant que celle du matin. Tous les jours, Fontaine se trouvait en se levant une si grande faiblesse dans les jambes, qu'il ne lui était pas possible de se soutenir; ce qui durait jusqu'à neuf heures, que sa convulsion tournante le saisissait... Pour lors, son corps se posait sur l'une de ses jambes qui, pendant l'heure et demie ou les deux heures que durait le tournoiement, ne quittait pas le centre où elle avait été placée, pendant que l'autre jambe décrivait un cercle avec une rapidité inconcevable, se tenant presque toujours en l'air et posa néanmoins quelquefois très légèrement par terre. »

On comptait jusqu'à soixante tours par minute, car Fontaine se trouvait presque en état de se soutenir sur ses

jambes après la convulsion du matin, et il était
solide après celle du soir. Il est vrai que c'était à recommencer le lendemain.

Fontaine changea de sentiments par rapport à l'appel : il
renonça à sa place, fit des aumônes considérables, se dépouilla
de tout, vécut dans la retraite, dans les austérités, et ne
tarda pas à avoir des inspirations et des extases.

« Le lundi 9 mars 1739, écrit Montgeron, Fontaine, forcé
par sa convulsion de sortir du lieu de son domicile, alla,
par l'effet de la même impulsion qui l'avait chassé de sa
retraite, chez un solitaire de ses amis, qui le reçut comme
un envoyé de Dieu... Le lendemain, il fut contraint d'annoncer que tout le reste du carême il ne prendrait qu'un
repas par jour, qu'il le prendrait au pain et à l'eau... »

L'Esprit le *contraignit* bientôt à des jeûnes autrement
sévères ! L'impossibilité où il se trouva de rien porter à sa
bouche, lui prouva qu'il devait s'abstenir de toute nourriture.
Avec cette énergie de résistance que revêt notre constitution
dans certains états nerveux, il supporta pendant dix-huit jours
cette abstinence absolue. Mais s'il ne mourut pas, c'est tout
ce qu'on peut dire. Réduit à l'état de squelette, forcé de
rester étendu dans son lit, il allait expirer, lorsque des bouil-
lons le rappelèrent à la vie. Cela n'empêcha pas ce malheureux de s'imposer plus tard, en vertu de nouvelles révélations, un autre jeûne plus prolongé, quoique moins rigoureux ; cette fois il ne se priva que des aliments, et continua
à boire pendant les quarante jours que dura l'épreuve à
laquelle il lui était intérieurement ordonné de se soumettre.

Je terminerai l'esquisse des convulsions en décrivant,
d'après le docteur Calmeil, qui l'a analysée avec soin, la
douloureuse crise traversée par la veuve Thévenet. Elle présente ceci de particulier, que la pauvre femme, foncièrement
catholique, subit malgré elle l'invasion du mal, et ne retrouva
la paix que lorsqu'elle eut renoncé à l'invocation du diacre

Pâris pour reprendre son confesseur ordinaire et retourner aux saints de sa paroisse.

La veuve Thévenet, presque sourde, décidée à boire de l'eau où l'on avait mis un peu de terre extraite de la fosse de Pâris, entama bientôt après une neuvaine en l'honneur du bienheureux diacre. Mais sa conscience était mal à l'aise; la vue de quelques livres jansénistes, apportés par une convulsionnaire, la jeta dans une vive terreur. Quoi qu'il en soit, les convulsions ne tardèrent pas à se déclarer; elle faisait des sauts violents, comme pour s'élever jusqu'au plafond. La veuve Thévenet, furieuse, frappait les personnes qui l'entouraient; ses bonds devinrent tels, qu'elle s'élevait presque à la hauteur du plafond, et cela avec des contorsions dont rien ne peut donner l'idée.

Quelques jours après, on crut que la pauvre femme allait expirer. Elle avait cessé de bondir, de frapper et de se meurtrir elle-même à grands coups; se plaignant d'un feu intérieur qui la dévorait, elle restait sans mouvement, les dents serrées, le visage et les mains glacés. Il n'y avait plus de respiration apparente.

Suit une scène hideuse. On a mandé le confesseur ordinaire. La veuve Thévenet, sortie de son extase, s'écrie qu'elle est une bienheureuse, une convulsionnaire, une prédestinée; le confesseur répond qu'elle est possédée par le diable; la malheureuse tombe alors dans une agitation plus violente que jamais, tandis qu'une autre convulsionnaire, qui se trouve présente, se met à branler la tête, les mains, les jambes, tout le corps, comme si ces parties eussent appartenu à un pantin!

Le chanoine Mariette, cependant, frère de la veuve Thévenet, ne se décourage pas. Il regagne peu à peu sa confiance, se fait remettre successivement les manuels de piété jansénistes, le portrait du diacre Pâris, la terre de son tombeau, un morceau du bois de son lit, et entraîne sa sœur

à l'église. Là, se manifestent encore des résistances menia-
ques, dont on triomphe en l'aspergeant d'eau bénite. Elle
parvient à monter les escaliers d'une chapelle, à s'agenouiller devant un saint plus orthodoxe que Pâris. Délivrée
alors de l'émotion délirante que créait en elle la croyance
aux grands miracles du jour, rentrée dans le cercle connu
de ses anciennes idées, elle est définitivement soustraite à
l'empire des convulsions.

Passons à un autre ordre de phénomènes ; le prophétisme
cévénol nous l'a présenté, mais les convulsions jansénistes
nous l'offrent sur une bien plus vaste échelle. Je veux parler
du phénomène de l'insensibilité ou de la perversion de la
sensibilité physique. Je veux parler du phénomène, plus
étrange encore parce qu'il a été moins étudié, de l'induration
et de la force de résistance qu'un certain état nerveux communique à l'organisme. Si Clary est sorti intact du bûcher,
les fidèles du diacre Pâris ont opéré bien d'autres prodiges !
C'est une histoire à peine croyable que celle des *secours*.

On appelait ainsi les tortures, les coups, les traitements
épouvantables que sollicitaient quelques-unes des convulsionnaires. Elles en éprouvaient le besoin ; elles en recevaient
un grand soulagement, un sensible plaisir ; elles trouvaient
qu'on ne frappait jamais assez fort. Et ce n'était pas seulement chez elles une de ces aspirations désordonnées à la
souffrance qu'ont vu reparaître tous les siècles. Sans doute
elles cherchaient à se macérer de toutes manières, couchant
sur des planches ou sur le sol nu, sur des bûches ou sur des
chenets, ne mangeant que les dimanches et les jeudis, s'étudiant à ne pas dormir, évitant de changer de linge, de net-
toyer leurs habits et leurs demeures ; mais, indépendamment
du désir de plaire à Dieu en torturant leur corps, elles paraissent avoir été poussées, par une sorte d'entraînement maladif,
vers les douleurs qui opéraient au milieu du spasme une
réaction salutaire et agréable.

Il est agréable aussi de se donner en spectacle et de faire événement. Le lecteur tiendra compte des attractions morales et physiques auxquelles cédaient les convulsionnaires dont je parle. Toujours est-il que les faits suivants, attestés par les livres de l'époque, ne peuvent pas être rejetés en totalité, quelque part qu'on attribue à la complaisance et à l'exagération.

Il était naturel que les convulsionnaires pensassent avant tout à reproduire le crucifiement du Sauveur. — Voici ce que rapporte, sur ce point, un membre de l'Académie des sciences, le chirurgien Morand, qui avait été chargé par le lieutenant de police de lui présenter un rapport :

« Je commence par la cérémonie du crucifiement... Il est bon d'observer que les quatre filles avaient, à l'endroit des mains et des pieds qui devait recevoir les clous, des cicatrices fort-dures par les opérations multipliées dans les mêmes endroits, lesquelles cicatrices expliquent le peu de sensibilité qu'elles doivent avoir lors de l'opération là où s'était fait une espèce de calus. Il faut encore remarquer l'adresse qu'y mettoit le sieur la Barre, étudiant d'abord l'endroit de la main qu'il devait percer, en la tenant relâchée par la flexion des genoux. C'était presque au milieu de la main, entre le troisième et le quatrième doigt; c'est là où je vis enfoncer d'un seul coup de marteau un clou de ceux qu'on appelle demi-picaros, fort aigu, peu épais, ayant quatre faces et une grosse tête. Le clou traversa la main et s'attacha à la croix, dans laquelle je suppose qu'il devait être enfoncé de fort peu. La même chose fut faite aux deux pieds, à quelque distance au-dessus des doigts, entre le troisième et le quatrième, et pour cela ils furent placés convenablement pour la sûreté et la prestesse de l'opération. Félicité ne donna point à chaque opération, de marques de douleur. Lorsqu'elle fut en croix, elle montra de la gaîté, tournant la tête de côté et d'autre et liant conversation avec ceux de l'assemblée qui voulaient bien s'y prêter. Elle avait une robe de coutil. Félicité resta dans cet état près d'une demi-heure. Je remarquai que ses plaies n'étaient point du tout ensanglantées, et qu'elles fournirent très peu de sang lorsque l'on ôta les clous. » (Morand, *Opuscules de chirurgie*, part. II, chap. vi.)

Le rapporteur raconte ensuite que Félicité demanda au *papa* (c'est ainsi qu'elle nommait la Barre) de lui percer la langue, ce qui fut fait. Sans nous arrêter à tous ces détails, nous pouvons constater dès à présent une insensibilité qui n'est surnaturelle qu'en apparence, car il n'est pas d'effet nerveux plus certain et plus fréquent. Les magnétiseurs le produisent sans cesse; d'ailleurs les merveilles de l'éther et du chloroforme ont prouvé qu'il est aisé de détruire en nous la conscience de la douleur. Nous n'en sommes donc pas réduits à suivre Morand dans sa théorie sur les calus. Combien d'autres théories insuffisantes seraient mises au rebut si nous possédions, à l'égard des autres phénomènes nerveux, les lumières que le magnétisme animal et l'éthérisation nous ont fournies pour l'insensibilité! Dans quelques années, j'en suis sûr, l'explication naturelle des divers *secours* ne présentera pas plus de difficulté que n'en présente dès à présent celle du crucifiement. Malheureusement, nous manquons aujourd'hui des lumières qu'on aura dans quelques années, et, racontant les faits qu'il nous reste à présenter, ne pouvant en fournir la solution, il faudra nous contenter d'indiquer dans quelle direction elle doit se rencontrer.

Voici donc le récit que nous fournit Carré de Montgeron et que confirme point par point l'écrit intitulé : *Vains efforts des mélangistes.* Les deux partis hostiles se réunissent de la sorte pour attester les faits suivants, qu'appuyent d'ailleurs de nombreux certificats.

« Il est d'une expérience journalière (c'est Montgeron qui parle) que les convulsionnaires sont plus ou moins soulagés, à proportion que les coups qu'on leur donne ont plus ou moins de force... Un nombre innombrable de témoins ont vu que lorsqu'on les frappait avec violence dans le creux de l'estomac avec un instrument de fer, ce qui est un des secours qu'ils demandent le plus ordinairement, l'instrument de fer s'enfonce dans leur corps et paraît quelquefois pénétrer jusqu'à l'épine du dos, et que plus il entre dans l'estomac, plus le convulsionnaire est soulagé.

» L'auteur des *Vains efforts* dit : « Jeanne Mouler, jeune » fille de vingt-deux à vingt-trois ans, étant appuyée contre » la muraille, un homme des plus robustes prenait un chenet » pesant, dit-on, vingt-cinq à trente livres et lui en déchar- » geait avec force plusieurs coups, toujours dans le ventre. » On en a compté quelquefois jusqu'à cent et plus. Une fois, » lui en ayant donné un jour soixante, il essaya contre un » mur ; et on assure qu'au vingt-cinquième coup, il y fit une » ouverture... » Le chenet dont il est ici question pèse vingt-neuf à trente livres. C'est avec cet instrument que la convulsionnaire se faisait donner les coups les plus terribles, non pas dans le ventre, mais dans le creux de l'estomac... Je déclare que c'est moi dont l'auteur parle sous le nom du frère qui éprouva contre un mur l'effet que produiraient des coups pareils à ceux qu'il venait de donner à cette convul- sionnaire... Ce fut en vain que j'employai à la fin tout ce que je pus rassembler de force pour redoubler le poids de mes coups ; la convulsionnaire se plaignit qu'ils ne lui pro- curaient aucun soulagement. Elle m'obligea de remettre le chenet entre les mains d'un grand homme fort vigoureux, qui se trouva au nombre des spectateurs. Celui-ci ne ménagea rien. Instruit par l'expérience que je venais de faire qu'on ne pouvait lui donner des coups trop violents, il lui en déchargea de si terribles, toujours dans le creux de l'estomac, qu'ils ébranlaient le mur contre lequel elle était appuyée. La convulsionnaire se fit donner tout de suite les cents coups

qu'elle avait demandés d'abord, ne comptant pour rien les
soixante qu'elle avait reçus de moi...

» Succédait l'exercice de la planche, continue l'auteur
des *Vains efforts*. « Il se faisait en étendant sur la convul-
» sionnaire couchée à terre une planche qui la couvrait
» entièrement; et alors montaient sur cette planche autant
» d'hommes qu'elle en pouvait contenir. La convulsionnaire
» les soutenait tous.... » On a vu ainsi plus de vingt hommes
à la fois, dont le poids rassemblé sur cette planche était
supporté sans peine par le corps d'une jeune convulsionnaire... Le corps de cette fille était chargé d'un poids de
plus de trois milliers, et quelquefois de plus de quatre,
poids qui serait plus que suffisant pour écraser un bœuf...

» L'exercice du caillou n'était pas moins périlleux, continue l'auteur des *Vains efforts*. « La convulsionnaire étant
» couchée sur le dos, un frère prenait un caillou pesant
» vingt-deux livres, et lui en déchargeait plusieurs coups
» dans le sein.... » Il est à observer que celui qui la frappait
avec ce caillou se mettait à genoux près de la convulsionnaire qui était couchée sur le plancher, qu'il élevait le caillou
à peu près aussi haut qu'il le pouvait, qu'après quelques
légères épreuves, il le précipitait ensuite de toutes ses forces
sur la poitrine de la convulsionnaire et qu'il lui donnait
ainsi cent coups de suite. A chaque coup toute la chambre
était ébranlée....

» La Salamandre, dit l'auteur des *Vains efforts*, criait :
» Sucre d'orge! Ce sucre d'orge était un bâton plus gros
» que le bras, aigu et pointu par un bout. La convulsionnaire
» se mettait en arc au milieu de la chambre, soutenue par
» les mains, sur la pointe du sucre d'orge; et dans cette pos-
» ture, elle criait : Biscuit! biscuit! C'était une pierre pesant
» environ cinquante livres. Elle était attachée à une corde
» qui passait par une poulie qui tenait au plancher de la
» chambre. Élevée jusqu'à la poulie, on la laissait tomber

» sur l'estomac de la sœur à plusieurs reprises, ses reins por-
» tant toujours sur le sucre d'orge... » La peau ni la chair
n'ont pas reçu la moindre atteinte, n'ont pas souffert la
moindre douleur.

» Une convulsionnaire reçoit trois fois la semaine les
secours les plus terribles. Assise à terre, le dos contre un
mur, elle se fait donner jusqu'à deux mille coups de pied
de suite dans le creux de l'estomac par tous ceux qui viennent voir ses convulsions... Étendue sur le carreau, elle se
fait frapper à grands coups de bûche par tout le corps....
Toute droite, adossée contre la muraille, elle prend une
broche à rôtir, la plus forte qu'elle peut trouver; elle en place
la pointe dans le creux de son estomac ou entre les fausses
côtes; elle fait ensuite pousser contre elle par quatre, cinq
ou six personnes, de toutes leurs forces, en sorte que cette
broche plie souvent et se fausse... Elle place quelquefois la
pointe de la broche à sa gorge ou à son front... Enfin, depuis
deux mois elle se fait donner des coups d'épées par tout le
corps... Quoique sa peau plie sous leurs pointes et qu'il
reste quelquefois une petite marque rouge, néanmoins la
chair n'en est jamais percée...

» Gabrielle faisait poser la pointe d'une tringle dans le
creux du gosier, immédiatement au-dessous du menton, et
la pointe d'une autre semblable tringle derrière sa tête, dans
la fossette qui est au haut du cou. Aussitôt deux personnes
poussaient en même temps ces deux tringles de toutes leurs
forces, ce qui se réitérait plusieurs fois de suite. Mais les
pointes de ces tringles avaient beau s'enfoncer dans le gosier,
elles ne pouvaient faire aucune ouverture à la plus petite
veine... Gabrielle, couchée sur le dos, plaçait le coupant
d'une pelle sur le larynx de son gosier, c'est-à-dire précisément au-dessus de la trachée-artère. Elle obligeait un des
assistants de pousser ainsi perpendiculairement cette pelle de
toute sa force dans son gosier... et elle n'en ressentait qu'une

impression agréable et bienfaisante... » (Tomes II et III de Montgeron.)

Je m'arrête. Il faudrait parler encore du pilon de fer, des coups de marteau déchargés dans le creux de l'estomac, des coups de bûche déchargés sur la tête, de la vis au moyen de laquelle on serrait la tête entre quatre planches, de l'écartèlement; sans oublier ni la jeune fille à laquelle il ne fallait pas moins de trente mille coups de poing donnés par six hommes qui se relayaient tour à tour, ni celle qui exigeait qu'on la précipitât nombre de fois sur le pavé la tête en bas et les pieds en haut. Ce que j'ai dit doit suffire à l'édification du lecteur. J'ajoute seulement que ces accidents extraordinaires ont duré près de dix ans. C'est en 1731 que les premières convulsions eurent lieu au charnier des Innocents; dès l'année suivante une ordonnance royale fermait le cimetière Saint-Médard, mais tous les soins de la police ne purent empêcher que les prétendus miracles ne se continuassent en divers lieux, et ne prissent même un vaste développement. Ce fut alors qu'on vit paraître les grands *secours*. Des phénomènes analogues se produisirent hors de Paris; il y eut des convulsionnaires à Troyes, à Corbeil, dans beaucoup d'autres villes. Puis, à mesure que l'excitation morale s'apaisa, l'agitation nerveuse disparut, et avec elle tous les prodiges auxquels elle avait donné naissance. Mais n'anticipons pas. Cherchons, plutôt, quel est le caractère des faits dont nous venons de faire mention : faut-il y voir une possession, un miracle, ou une maladie?

J'aurais honte de réfuter sérieusement l'opinion qui s'efforce de voir dans les convulsionnaires jansénistes autant de possédés au moyen desquels Satan opérait des prodiges. Cette opinion, soutenue par l'auteur de *la Religion constatée universellement*, opinion que M. de Mirville adopte aussi sans hésitation, sera éternellement repoussée par la conscience publique. Je suis loin, pour mon compte, d'admirer

ce qui s'est fait à Saint-Médard, et les *appelants* eux-mêmes
rougissaient, en général, des exploits de certaines convulsionnaires; mais autre chose est de blâmer ces actes et de désavouer les erreurs fondamentales du jansénisme, autre chose
est d'admettre que Dieu aurait livré les jansénistes au diable
pour donner raison contre eux au probabilisme des jésuites,
au rejet absolu de la Bible, au matérialisme religieux réduit
en système! Ces pauvres gens qui refusent d'obéir à la bulle
Unigenitus, qui lisent les écrits de Duguet et de Quesnel,
conservent encore, j'en conviens, beaucoup de superstitions
et d'erreurs; comment ne pas reconnaître toutefois à quel
point ils sont supérieurs à leurs adversaires et à leurs persécuteurs? Ils prient; ils aiment le Seigneur, ils ont retrouvé
une portion de l'Évangile.

Rien n'est plus instructif que de voir la haine qu'on leur
a conservée; l'horreur du jansénisme paraît subsister aussi
profonde et aussi vivace que jamais. Quant à moi, je ne
crois pas que Fontaine ait été « condamné à une pirouette
de six mois et à des jeûnes de quarante jours, pour avoir lu
un simple chapitre de Quesnel ». (*Pneumatologie*, 173.)
Je crois que s'il en était ainsi, Montgeron, pour ses gros
volumes, aurait été condamné à pirouetter toute sa vie.

Parlons raison. Qui donc parviendra à se persuader que
les hommes les plus diaboliques de France, en 1731, fussent
les partisans du diacre Pâris? A part même cette considération préalable, est-il possible de porter au compte du surnaturel des phénomènes dont la nature morbide se trahit à des
signes sans nombre, des phénomènes qui se propagent épidémiquement et qu'accompagne un état nerveux particulier?

Je pourrais rappeler ici la démonstration que j'ai fournie,
Bible en main, de laquelle il résulte que ces déluges de prodiges attribués à Satan ne peuvent être qu'une fable pure et
simple; j'aime mieux laisser aux partisans de la possession,
le plaisir de se représenter le diable occupé à mettre sur les

lèvres des jansénistes la dénonciation des vices régnants, l'annonce de la venue et du règne de Jésus-Christ. — Les possédés du moyen âge, avouons-le, tenaient un autre langage!

Si l'hypothèse de la possession est insoutenable, celle du miracle ne l'est pas moins. Il est aussi absurde de supposer le surnaturel divin associé aux gambades et aux ignobles folies des convulsionnaires, qu'il est absurde de supposer le surnaturel satanique associé à leur piété souvent sincère et à leurs élans vers le Sauveur. Le fait, à lui seul, des convulsions, nous défendrait absolument de voir ici le doigt de Dieu; je ne reviens pas sur la preuve que j'en ai donnée en parlant des prophètes cévénols. Mais les prophètes jansénistes montrent encore, par d'autres signes, qu'ils n'étaient pas les organes de l'Esprit-Saint. Ils prédisaient tous la venue très prochaine d'Élie : « Le Tout-Puissant suscite une multitude de personnes, dit Carré de Montgeron, et leur fait annoncer, dans les termes les plus magnifiques, que les temps sont arrivés; qu'on va voir dans peu d'années le prophète Élie; qu'il sera méprisé et traité avec outrages par les catholiques; qu'il sera mis à mort. » Et Montgeron ajoute que les convulsionnaires ont souvent annoncé des faussetés.

Ses aveux ne s'arrêtent pas là. Il confesse que bien des choses honteuses ont été mêlées au soi-disant miracle; il parle d'un frère qui « autorisa les plus grandes immodesties, sous le frivole prétexte qu'elles étaient des figures ». Il reconnaît que « des convulsionnaires ont paru, en tous sens, très peu dignes d'être des instruments de Dieu ». (Voir, dans son second volume, *l'Idée de l'œuvre des convulsions*.)

Comment ne pas parler comme lui, pour peu qu'on ait jeté les yeux sur les scènes que j'ai mentionnées? En vertu de quel principe des femmes pourraient-elles être autorisées à se donner ainsi en spectacle, à se soumettre à des traitements fort peu compatibles avec la bienséance? Rien qu'à

entendre les cris de la Salamandre : « Biscuit ! sucre d'orge ! »
on sent qu'on assiste à une révoltante parade, et que l'Esprit
de Dieu ne saurait intervenir en des actes pareils.

Le spectacle des fureurs auxquelles s'abandonnent les
convulsionnaires fait naître un invincible sentiment de
dégoût. Le janséniste Raymond en convient (voir ses *Lettres*). « L'œuvre des secours, disait-il, a été suivie de désordres effroyables : discours licencieux, libertés criminelles...
Il est clair que les impuretés d'un grand nombre de secouristes, aussi bien que la perte de leur foi, prennent leur
source dans l'œuvre des secours... J'ai connu plusieurs
convulsionnaires qui, ayant renoncé à cette œuvre détestable,
m'ont avoué les plus grandes infamies. »

Il ne pouvait pas en être autrement ; car au moment même
de la plus grande ferveur, pendant les crises, les convulsionnaires se livraient à de honteuses extravagances. L'une
se mettait la tête en bas et les pieds en haut pour réciter
dévotement le *De profundis* ; la récitation terminée, elle
exigeait qu'on lui fît faire la culbute, déclarant ensuite que
ce qu'elle venait de faire était un mystère sérieux qui représentait que tout était renversé dans l'Église. L'autre faisait
ses prières en tirant la langue. Il y en avait qui priaient
Dieu, feignant de se couper la barbe avec un rasoir, ou
mangeant la soupe à vide, où se faisant suspendre à un crochet. (*Avis aux fidèles, Lettres théologiques*, de dom
Lataste.)

Je n'en finirais pas, si je voulais rapporter toutes les
pirouettes, toutes les attitudes au moins étranges que les
convulsionnaires mêlaient à leurs prédications et à leurs
actes de culte. « Tel frère, dit M. Calmeil, restait étendu
par terre en débitant ses plus sublimes sermons ; de temps
en temps il élevait ses pieds qu'il posait sur le chef d'un
autre convulsionnaire. »

On se serait cru dans une maison de fous ; en effet, rien

ne ressemble mieux à un fou qu'un convulsionnaire qui saute, qui mord, qui a besoin de combattre par des souffrances extérieures le feu intérieur dont il est dévoré, et qui, se mettant à prophétiser, prenant les inspirations de sa maladie pour celles de Dieu, transforme solennellement ses convictions particulières en oracles.

Plusieurs de ces énergumènes aspiraient à l'état particulier qu'on appelle *enfance surnaturelle*, état qu'on a admiré chez plusieurs saints, entre autres chez Marie de l'Incarnation, laquelle, au sortir d'un ravissement de trois jours, possédait la grâce de l'enfance spirituelle et prenait les gestes d'une petite fille de six ans. De même, les convulsionnaires dont je parle, faisaient entendre un ricanement puéril, au sortir de leurs accès. Ils parlaient et toussaient comme des enfants, soufflaient avec affectation dans leur sein, empaquetaient leurs hardes, et semblaient mettre une extrême importance à passer pour imbéciles. (Calmeil, II, 389.)

En tout, on ne peut s'empêcher de considérer l'épidémie nerveuse qui éclata en 1731 comme un des événements les plus propres à humilier l'orgueil humain. Je me joins de cœur à l'exclamation de dom Lataste : « Quoi des ecclésiastiques, des prêtres, au milieu de nombreuses assemblées composées de personnes de tout sexe et de tout rang, quitter leurs soutanes, se mettre en culotte et en chemise pour être plus en état de faire les fonctions de bourreaux, jeter par terre des filles, les traîner ainsi !... Quoi ! des hommes qui se piquent d'avoir des sentiments de religion et d'humanité, porter à tour de bras trente et quarante mille coups de lourdes bûches sur les bras, sur les jambes, sur la tête de plusieurs jeunes filles, et faire d'autres extrêmes efforts capables de leur briser le crâne !... L'histoire ne nous fournit aucun exemple d'excès en ce genre, qui aient été si scandaleux et si multipliés. » (II, 878.)

Il est aussi aussi impossible de voir là un miracle que d'y

supposer une possession. Pourquoi, au surplus, chercher si loin ce qui est si près? Pourquoi inventer des explications surnaturelles, quand l'explication naturelle est si évidente? La maladie nerveuse n'est pas seulement si probable : certaine, elle se trahit par tous ses symptômes connus.

Les partisans de la possession ne se trouvent pas moins embarrassés que ceux du miracle, quand ils voient l'agent prétendu de l'importation, la terre du tombeau de Pâris, impunément remplacée par une terre ordinaire; les partisans de la troisième hypothèse, au contraire, n'ont aucune peine à montrer que, dans une maladie où l'imagination détermine l'ébranlement nerveux, la terre ordinaire doit produire exactement le même effet que la terre du tombeau, à cette condition que le patient prendra l'une pour l'autre.

Remarquons en outre, que parmi les convulsionnaires célèbres, parmi ceux qui ont joué leur rôle dans les *secours*, on ne trouve pour ainsi dire que des femmes, que de jeunes femmes. Or chacun le sait, certaines formes des affections nerveuses ne se rencontrent ni chez les hommes ni chez les femmes âgées.

Tous les caractères de l'épidémie nerveuse s'observent ici. En effet, on y voit et les convulsions, et la communication de proche en proche, et les effets physiques qui se rattachent constamment à ce genre d'infirmité.

Quant à la nature épidémique des agitations, je ne m'arrêterai pas à la prouver. Il suffit au lecteur de se rappeler la manière dont les convulsions, éclatant sur la tombe de Pâris, se sont immédiatement propagées par la vue et par l'émotion. Autour de chaque convulsionnaire s'opérait comme un rayonnement de son mal. « La réaction des effets nerveux ainsi que le remarque M. Calmeil, se faisait surtout sentir sur les sujets faibles et valétudinaires, sur des enfants, des jeunes filles très faciles à impressionner. » (II, 317.)

Nous n'en sommes plus à nous étonner de l'inconcevable agilité que peut provoquer l'ébranlement nerveux : si telle convulsionnaire saute presque jusqu'au plafond, si Fontaine tourne sur un pied pendant près de deux heures, il n'y a rien là de prodigieux. J'ai vu tourner les derviches du Caire, or il m'aurait été aussi impossible de les imiter que d'imiter Fontaine. Tant que nous n'aurons pas admis le développement de forces ou de facultés qui s'opère sous certaines influences, nous serons obligés de chercher une explication surnaturelle à des actes qui, loin d'être admirables, sont plutôt les conséquences d'un état morbide.

Le même état morbide produisait ce qu'on a appelé, bien à tort, le don des langues. A part une convulsionnaire qui, disant la messe qu'elle avait tant de fois entendue, accomplissait cet acte le corps plié en deux, en forme d'arc, à la renverse, la tête touchant la terre comme pour aller chercher les talons; à part celle-là, qui prononçait réellement des mots latins en vertu d'un pouvoir de réminiscence dont nous avons vu des exemples plus remarquables; les autres, ou se bornaient à faire entendre un jargon inintelligible, ou répétaient quelques expressions latines qui s'étaient fixées dans leur mémoire. Leur don des langues ne différait en rien, et de celui des irvingiens, et de celui qu'on observe quelquefois chez les aliénés. Il n'y a donc point à s'y arrêter.

Les longs jeûnes de Fontaine semblent plus extraordinaires au premier abord. Cependant, il paraît certain que chez les personnes privées de leur bon sens, l'idée fixe de renoncer à la nourriture se manifeste assez fréquemment; il paraît, en outre, que lorsqu'elles ont persisté quelques jours dans leur résolution, surmonter la constriction de leur gosier leur devient parfois comme impossible, en sorte que l'action d'abstinence est plus difficile à commencer qu'à continuer. Il paraît aussi qu'une grande surexcitation peut maintenir la vie en dépit d'excessives privations. On sait d'ailleurs à quel degré d'exténuation Fontaine était arrivé. Il n'avait plus qu'un souffle à la fin de ses jeûnes.

Jusqu'ici, nous n'avons pas pu ne point être frappés du caractère purement naturel des accidents auxquels les convulsionnaires étaient sujets. Rapprocher ces accidents de ceux que produit le magnétisme animal fortifiera notre impression. N'est-il pas évident que l'action fluidique qui détermine les seconds, peut déterminer les premiers? — Je cite quelques faits.

Un auteur contemporain, Boyer, écrivait (et personne alors ne soupçonnait l'existence des phénomènes mesmériques) : « Il y a des convulsionnaires qui lisent les yeux bandés. » Un autre contemporain ajoute : « C'est un fait indubitable et certifié par une foule de personnes, qu'une convulsionnaire lit ce qu'on lui présente, quoiqu'on lui couvre exactement les yeux avec des tampons d'étoupes retenus par un bandeau très épais qui lui dérobe entièrement la lumière. » (*Coup d'œil sur les convulsions; Lettres sur les convulsions.*)

La pénétration des pensées a été constatée chez plusieurs convulsionnaires. Ce n'est pas seulement Montgeron qui l'affirme; ce sont des adversaires déclarés, tels que Lataste. « On a vu, écrit-il, des convulsionnaires deviner des pensées ou des choses impénétrables à toute la subtilité humaine. » Le docteur Bertrand parle aussi d'une manière positive de « la découverte du secret des cœurs ». On a rapporté plusieurs preuves à l'appui de cette assertion, notamment l'intelligence qu'avait une convulsionnaire des choses qu'on lui disait en latin, en grec, en hébreu ou en espagnol (*Lettres théologiques*, lettre XIV; *du Magnétisme animal en France; Lettres sur l'œuvre des convulsions*, lettre II).

Le docteur Bertrand était donc autorisé à s'exprimer ainsi : « On ne peut s'empêcher de rester dans l'étonnement le plus profond sur l'identité parfaite qu'on sera forcé de reconnaître entre l'état convulsionnaire et celui des somnambules magnétiques. Ici rien ne manque, et les plus petits détails comme les phénomènes les plus importants offrent les preuves les plus irrécusables de l'identité. » (*Du Magnétisme animal*, 318.)

Cette conclusion, qui est celle de M. Deleuze, est adoptée par M. Calmeil. Il cite à l'appui le fameux *état de mort*, qui était une des formes de l'extase chez les convulsionnaires. Quelques convulsionnaires, écrit Montgeron, sont restés ainsi deux ou même trois jours de suite, les yeux ouverts, sans aucun mouvement, ayant le visage très pâle, tout le corps insensible, immobile et raide comme celui d'un mort. » (II, 86.) Il fait remarquer avec raison que le même état a été décrit par les saints à extase, et notamment par Thérèse, qui emploie pour ainsi dire les mêmes termes.

Les convulsionnaires reconnaissaient parfois les maladies et indiquaient les remèdes. Il y a plus ; quelques-unes paraissaient subir une sorte de contagion morbide ; elles devenaient sourdes, muettes, boiteuses, épileptiques, par le seul contact avec des personnes atteintes de ces diverses infirmités. Nous rencontrons là encore un des symptômes de cet état nerveux qui leur permettait aussi de sucer impunément des plaies envenimées, de même que certains charmeurs de serpents défient la morsure des plus dangereuses vipères.

Tel est le caractère général des phénomènes que nous étudions. Nous n'y avons rien découvert de surnaturel ; des analogies incontestables nous ont amenés à les rapprocher de l'ensemble des faits qui se rattachent à l'excitation nerveuse et à l'action fluidique, notamment des faits magnétiques. Faisons maintenant un pas de plus ; abordons les deux grands incidents qu'on a surtout qualifiés de miracles : les guérisons et les *secours*.

Il y aurait d'abord à discuter longuement sur la valeur

des témoignages. On sait si je m'en défie! Évidemment, nous nous trouvons, ici, en face d'immenses exagérations. Ne l'oublions pas, les adversaires du jansénisme, l'archevêque de Sens en particulier, ont prétendu démontrer et démasquer plusieurs fourberies. Je dois avouer toutefois que plusieurs des faits les plus extraordinaires me paraissent démontrés, au moins dans leurs principales circonstances. Il est donc juste de les admettre, tout en faisant des réserves basées sur les effets connus de ce courant d'enthousiasme et de crédulité qui existait alors, et auquel les plus défiants eux-mêmes devaient se laisser entraîner.

Remarquons-le en outre, dans les certificats dont sont surchargés les volumes de Montgeron, il y a beaucoup de *on dit* mêlés aux déclarations des témoins directs; il y a des pièces signées par les médecins, attestant la guérison, non la manière dont elle s'est opérée. Remarquons-le encore, ceux qui doutaient des prodiges ou qui les rejetaient, n'allaient pas chez les notaires pour dresser acte de leurs objections.

Je tiens à indiquer nettement ces réserves, bien que je ne refuse pas de croire à la réalité de plusieurs guérisons et de plusieurs *secours*. Je proteste en particulier contre l'abus qu'on a fait du fameux argument : « Serons-nous plus difficiles en fait de preuves que les incrédules du xviii° siècle! »

Je prétends l'être beaucoup plus qu'eux; cela, par deux ou trois bonnes raisons : d'abord parce qu'ils devaient, malgré eux, céder à l'entraînement général; ensuite, parce que le jansénisme marchait avec eux dans l'opposition aux jésuites et aux traditions étouffantes du grand règne; enfin, parce que l'incrédulité complète du naturalisme était une invention réservée à notre époque, tandis que celle du xviii° siècle avait encore besoin de retrouver, ailleurs, le surnaturel qu'elle rejetait dans la Bible. Alliés naturels des jansénistes contre le despotisme de la religion officielle, les incrédules n'étaient pas aussi mal disposés qu'on le prétend à l'égard du miracle de Saint-Médard; le siècle d'ailleurs, qui devait finir avec Saint-Germain, Cagliostro et les mystères maçonniques, ne pouvait guère mieux commencer qu'auprès de la tombe du diacre Pâris. L'ère des Voltaire et des Lalande est ainsi très convenablement encadrée.

Cela dit, j'en viens aux guérisons dont on a fait tant de bruit.

Je ne leur oppose pas la fin de non-recevoir que me fournirait l'Écriture; je ne dirai pas : Il n'y a ici aucune guérison miraculeuse, car les convulsionnaires recouraient à l'intercession du diacre Pâris, et la Bible n'autorise nulle part une semblable pratique; je me contenterai de constater que les cures extraordinaires ne sont ni aussi nombreuses ni aussi complètes qu'on le prétend, et que les incidents, en très petit nombre, qui semblent avoir un caractère surnaturel, peuvent s'expliquer le plus naturellement du monde.

Le docteur Calmeil fait une remarque très fondée que je tiens à reproduire : « En parcourant les observations et les dissertations publiées par les jansénistes sur les miracles effectués par la toute-puissance du diacre Pâris, on se sent d'abord porté à ajouter foi à un grand nombre de cures tout exceptionnelles, en attribuant à l'état d'exaltation de l'appareil nerveux, à l'état fébrile de l'imagination, aux effets des secousses convulsives de la percussion, des guérisons tout à fait inespérées. En consultant au contraire les écrits émanés de la plume des anti-jansénistes, on acquiert la certitude que beaucoup de convulsionnaires qui se croyaient, dans la chaleur de l'enthousiasme, guéris d'une surdité, d'une douleur de tête…, ne tardaient pas à s'apercevoir, au bout de quelque temps, que cette prétendue guérison n'était qu'illusoire. » (II, 387.)

J'ajouterai que lorsqu'on compare la foule immense de malades qui encombrait continuellement le charnier Saint-Médard et le nombre très restreint de cas miraculeux que rapporte l'ouvrage de Montgeron, on demeure persuadé que le chiffre des convulsions sans résultat dépasse de beaucoup celui des convulsions suivies de soulagement, et que, par conséquent, ces dernières se renferment dans la limite des effets naturels que tant de crises nerveuses devaient faire prévoir.

Les effets naturels, ai-je dit, or rien ne me semble plus clair.

Voici une sourde-muette qu'on apporte sur la tombe de Pâris; la vue de tous ces convulsionnaîres, la communication fluidique qui s'opérait peut-être, la jettent bientôt dans un accès effrayant; sa transpiration est abondante; elle témoigne par ses gestes qu'elle souffre principalement dans la tête, dans la gorge et dans les oreilles. Elle demeure comme morte. On la rapporte chez elle. Ramenée au cimetière, elle éprouve des convulsions d'une violence inouïe, qui se renouvellent jusqu'à la nuit. Enfin, le quatrième jour, à la suite d'un évanouissement, elle se trouve en possession du sens de l'ouïe et articule les mots dont le son frappe son oreille.

Voici maintenant un boiteux, Philippe Sergent, chez lequel les convulsions amènent une tension et une douleur vive dans sa jambe malade. Tout à coup, les muscles font, en s'allongeant, un bruit semblable à un coup de fouet, et Sergent chante le *Te Deum* sur le tombeau, dans un livre que, fort à propos, avait apporté un des assistants.

La guérison de l'œil de don Alphonse a obtenu bien plus de retentissement encore. Ceux qui ont parcouru le premier tome de Montgeron savent quelles discussions, en sens divers, elle a provoquées des deux côtés des Pyrénées. Or il suffit d'y regarder d'un peu près, pour soupçonner que l'œil malade sur lequel on avait, outre un morceau de la chemise du diacre, la précaution de mettre des compresses de laudanum et de racine de guimauve, a pu se guérir par le fait du laudanum aussi bien que par celui de la chemise.

Il ne faut pas oublier non plus que les guérisons annoncées
refusaient souvent de s'opérer, même quand les convulsionnaires y procédaient en faisant l'arbre droit ou en effectuant
de prodigieuses culbutes. La résurrection des morts, cette
pierre d'achoppement où tous les fabricants de faux miracles
viennent se briser, n'a pas mieux réussi aux jansénistes
qu'à d'autres. La fille Lopin, surnommée l'aboyeuse, parce
qu'il lui arrivait, ainsi qu'à plusieurs de ses compagnes,
d'aboyer pendant ses accès, essaya vainement de rappeler
à la vie une jeune fille qu'elle s'était fait apporter. Elle eut
beau la frotter avec la terre du tombeau, la laver avec l'eau
du puits de Pâris, s'étendre sur elle à la manière d'Élisée,
le cadavre demeura cadavre et les chairs finirent par tomber
en putréfaction.

Je prie enfin le lecteur de bien peser ma dernière considération : Que devons-nous penser des miracles progressifs
et des miracles incomplets? N'est-il pas légitime de considérer
ces deux caractères, lorsqu'ils sont habituels, comme indi-
quant une guérison naturelle et non un acte de la puissance
divine?

Pour moi, je suis de l'avis de la servante de Marguerite
Thibault, qui, au moment où l'on s'extasiait sur la délivrance
merveilleuse de sa maîtresse, continuait à branler la tête
en disant que les miracles ne se font pas à moitié. Dans son
gros bon sens, elle avait peine à concevoir que Dieu qui
venait, disait-on, de désenfler cette pauvre femme, ne lui
eût pas rendu en même temps l'usage de ses mains. Avec
elle, je soupçonne deux choses : d'abord, que les médecins
se sont trompés en supposant chez Marguerite Thibault
l'existence d'un squirrhe; ensuite, que l'effet physique produit par une vive et confiante émotion, la chaleur subite
qu'elle a ressentie, l'extension qui s'est opérée chez elle,
lui ont procuré un soulagement dont les mains enchylosées
n'ont pas profité.

Presque toujours, les cures de Saint-Médard s'opèrent par
gradations marquées. Il faut deux neuvaines différentes (la
première de trois semaines), pour la guérison des deux yeux
de Pierre Gautier. Marie Cartery ne se rétablit entièrement
que plusieurs jours après le miracle opéré en sa faveur. Mademoiselle Coirin est délivrée de son cancer; mais les parties
détruites ne se reforment que lentement et incomplètement.
La cure de Marguerite Duchêne ne s'accomplit qu'en six jours;
les convulsionnaires les comparent aux six jours de la création! On s'y reprend à plusieurs fois avec Louise Hardouin.
La Duchesne enfin, dont la guérison convertit le coiffeur
protestant Coutet, ne parvient à la santé parfaite qu'au travers d'une série de transpirations, de douleurs violentes et
de vomissements.

Je ne prétends assurément pas que la médecine puisse
expliquer point par point les résultats de ces crises salu-
taires; mais je prétends que la raison ne permet pas de
supposer quelques petits miracles complémentaires, qui
seraient venus achever ce que les causes naturelles ont visiblement opéré.

Il me reste à montrer leur action dans le phènomène des
secours.

Le lecteur voudra bien ne perdre de vue, ni ma thèse
précédente, relative à la valeur du témoignage en matière
du surnaturel, ni l'entraînement passionné du principal
témoin, Montgeron, ancien libertin, que la vue des prétendus prodiges avait transformé en ardent janséniste, ni
la suspicion légitime qui atteint les *secours*, par cela seul
que les guérisons ne sont pas un miracle.

Je commence par une réflexion dont chacun est libre d'apprécier le mérite. On a beau dire, on ne frappe pas sur une
pierre. Malgré la bonne foi et la bonne volonté de Montgeron,
ses coups de chenet sur la muraille étaient autrement
assénés que ceux qu'il assénait à la convulsionnaire. Ce qui

est vrai de lui, ne l'est pas moins des autres personnes chargées de meurtrir ou de percer.

Une autre réflexion, déjà présentée, s'impose forcément à ma plume; je suis contraint de la rappeler. Comme il n'est jamais arrivé qu'un miracle divin ou qu'un prodige diabolique ait empêché le bûcher de dévorer les sorciers, le glaive de trancher la tête des martyrs; impossible de ne pas rabattre quelque chose de ces histoires de broches et d'épées, qui refusent d'entrer, de brasiers qui ne consument pas; il faut supposer, la raison l'exige, que les unes étaient mal aiguisées et que les autres n'étaient pas très ardents.

Voici quelque chose de plus grave. Montgeron en convient. On remarquait souvent de « petites » ecchymoses. Or vous le verrez, l'intervention surnaturelle qui s'est toujours refusée à empêcher l'action surnaturelle d'un coup de hache ou d'un coup de sabre et qui, probablement, n'aurait empêché à Saint-Médard ni celle d'un coup de canon ni celle d'un simple coup de fusil, cette intervention se refusait à empêcher les meurtrissures et les contusions! Ne pas laisser le prodige incomplet, c'était pourtant bien simple, il y manquait si peu de chose! La puissance qui préservait les organes essentiels de la convulsionnaire était-elle incapable de préserver quelques fibres et quelques tissus? Nous ne voyons pas que les compagnons de Daniel soient sortis de la fournaise avec des brûlures, ou que l'apôtre Paul, après avoir secoué la vipère, ait gardé de l'enflure au doigt!

Ceci est plus important qu'on ne le pense, car les ecchymoses avouées par Montgeron démontrent, à elles seules, que nous ne sommes pas sur le terrain du surnaturel. Elles nous mènent à l'explication véritable, dont je vais tâcher de donner une idée, quoique la science ne paraisse pas encore en mesure de répandre sur ce sujet une lumière suffisante : juste châtiment de sa mauvaise volonté à l'égard des phénomènes mixtes, des actions fluidiques et du magnétisme animal.

Bien que la science ne puisse pas ici rendre compte de tout, elle ne laisse subsister néanmoins aucun doute sensé sur la véritable solution. Que trouvons-nous, en effet, d'extraordinaire dans les *secours* de Saint-Médard? Deux choses : la perversion de la sensibilité physique, qui fait rechercher les mauvais traitements; la force de résistance qui les supporte sans blessures proprement dites. — Examinons ces deux points.

Sur le premier, je m'en réfère à l'avis unanime des médecins, qui déclarent que la perversion de la sensibilité, accompagnant assez fréquemment l'aliénation mentale, se manifeste aussi dans certains cas d'excitation nerveuse. Il est des fous qui éprouvent une véritable jouissance à se frapper, à se déchirer ; personne ne doute, qu'à part l'avantage de se donner en spectacle et de payer eux-mêmes la rançon de leurs péchés, les flagellants du moyen âge ne trouvassent souvent dans les coups qu'ils s'administraient une sorte de plaisir étrange. Chez nos convulsionnaires, ces divers sentiments étaient probablement en jeu : le désir de faire effet, une dévotion égarée, enfin un besoin physique qui appelait de violentes réactions extérieures. Le docteur Calmeil rappelle, à leur sujet, une observation que Hecquet avait développée dans son temps, et de laquelle il résulte ceci : le propre de certains états pathologiques, surtout chez les femmes, est de modifier la nature des impressions à un point tel, qu'en violentant les nerfs de la sensibilité on parvient à faire naître dans le cerveau une sensation de jouissance. Les convulsionnaires avaient donc raison de dire que l'*instinct* de la convulsion les portait à réclamer des *secours meurtriers* (Calmeil, II, 384).

Mais là n'est point encore la grande difficulté. Que la sensibilité soit ou non pervertie, ne demeure-t-il pas incompréhensible que de faibles femmes aient pu recevoir, sans en être cent fois brisées, les coups effroyables dont nous avons parlé? Comment s'expliquer une pareille force de résistance?

Un bien petit changement opéré par le fluide nerveux suffirait pour rendre la chose très simple. Supposez que la peau et les fibres des convulsionnaires aient pris, en vertu de leur état particulier d'excitation, une consistance analogue à celle de la gomme élastique, les faits qui vous étonnent deviendront on ne peut plus naturels. Avec des convulsionnaires en gomme élastique, ou, si vous voulez, dont la charpente osseuse serait revêtue de muscles et de tissus en gomme élastique, comment les choses se seraient-elles passées?

Un coup d'épée ou de sabre, lancé vivement comme se lancent les coups de sabre et d'épée, aurait certainement pénétré. Or il se trouve que, parmi les nombreux *secours* de Saint-Médard, on n'a jamais fait figurer, et pour cause, un seul coup porté de cette manière : à distance; on s'est prudemment borné à appuyer la pointe des armes sur le corps et à donner ensuite l'ordre de pousser. C'est fort différent; la gomme élastique, qu'ouvriraient une impulsion vive, est impénétrable à la simple pression, même par un objet pointu, mais dont la pointe n'est pas très vive. Il n'est personne qui n'en ait fait l'expérience.

Que serait-il arrivé si quelqu'un avait déchargé son pistolet sur la poitrine en gomme élastique d'une convulsionnaire? Elle aurait été percée de part en part. Encore un essai qui a été évité avec soin, bien que les pistolets fussent inventés depuis longtemps en 1732.

Les rasoirs l'étaient également, et il eût été intéressant de voir la peau des convulsionnaires résister à un semblable tranchant. Par malheur, la gomme élastique n'y résiste pas, et les amateurs de *secours* ont évité les rasoirs avec autant de soin que les armes à feu et que les vrais coups d'épée. Ils ont mieux aimé inventer des machines compliquées, faire soulever des pierres de vingt ou de quarante livres, combiner le *sucre d'orge* et le *biscuit*.

Il est vrai que ni *le sucre d'orge* ni *le biscuit*, ni les chenets, ni les bûches, ni les épées ni les broches poussées n'auraient entamé l'enveloppe de gomme élastique. Ils n'auraient produit aucune lésion visible. Tout au plus auraient-ils occasionné quelques frottements intérieurs plus ou moins considérables, selon l'épaisseur de la cuirasse élastique recouvrant les os et les différents organes.

Ceci, je le répète n'est qu'un rapprochement hypothétique ; mais il en dit long, ce me semble, sur l'impossibilité (prétendue) de supposer une modification du corps humain, qui pût suffire à expliquer l'impénétrabilité des convulsionnaires. Une action fluidique qui lui donnerait la consistance de la gomme élastique atteindrait pleinement le but, on vient de le voir. Ce changement est-il beaucoup plus extraordinaire que celui qui s'opère en nous, lorsque, par l'effet du chloroforme, nous perdons entièrement la conscience de la douleur ? Je ne le pense pas. Ce qui me paraîtrait beaucoup plus extraordinaire, je l'avoue, ce serait un acte surnaturel qui protégerait contre les blessures sans protéger contre les ecchymoses, qui parerait les coups de chenets et non les coups de sabre, qui défierait les broches et les épées à la condition de les appuyer d'abord contre le membre lequel doit leur résister ; qui admettrait les chenets, les pierres et les bûches, en ayant soin d'exclure les pistolets et les rasoirs.

Que les tissus des convulsionnaires aient pris ou non la consistance de la gomme élastique, il est évident qu'ils ont reçu les deux qualités, étroitement liées entre elles, qui distinguent cette substance : l'élasticité, l'impénétrabilité.

L'élasticité fait des prodiges. Un chat tombera du second étage sans se blesser ; une statue en marbre ne pourra

tomber de sa hauteur sans se mettre en pièces. D'où vient
que les enfants souffrent si peu de leurs nombreuses chutes?
D'où vient que les gens ivres se laissent choir impunément,
là où d'honnêtes gens se rompraient le cou? Cela vient de la
souplesse des uns et de la raideur des autres.

L'impénétrabilité relative n'est pas d'une observation
moins fréquente. Nos muscles, notre épiderme, semblent
toujours également pénétrables? Il n'en est rien. Le moindre
abaissement de température, la moindre altération de notre
santé, nous exposent à des blessures auxquelles nous
aurions échappé en d'autres circonstances. Un rien suffit
pour déchirer ma peau quand j'ai froid, quand le sang
n'afflue pas dans mes veines, quand mes membres sont
dépourvus d'élasticité. Cependant ma peau est toujours la
même. Qu'est-ce donc qui s'est modifié en moi?

La réponse ressort en partie des paroles suivantes de
M. Calmeil : « L'énergique résistance qu'opposaient chez
les convulsionnaires de Saint-Médard la peau, le tissu cel-
lulaire, la surface du corps et des membres au choc des
coups, est certainement faite pour causer de la surprise. Mais
beaucoup de ces fanatiques se faisaient une grande illusion
en se figurant qu'ils étaient invulnérables; car il a été vingt
fois constaté que plusieurs d'entre eux offraient, à la suite des
cruelles épreuves qu'ils sollicitaient, de larges ecchymoses
sur les téguments, et d'innombrables contusions sur les surfaces qui avaient supporté les plus rudes assauts. Du reste,
les coups n'étaient jamais administrés que pendant la période
convulsive. Alors le météorisme du ventre, l'état de
spasme..., l'état de contraction, d'érétisme, de turgescence
des enveloppes charnues, des plans musculaires qui protè-
gent et recouvrent l'abdomen, le thorax, les principaux
troncs vasculaires, les surfaces osseuses, devaient singulièrement contribuer à atténuer, à amortir, à annuler la violence des coups. » (II, 386.)

21.

D'où vient qu'après avoir lu ce passage, on est tenté de répéter le mot de Gros examinant les dessins de ses élèves : « C'est ça, et ce n'est pas ça! » D'où vient que, tout en étant frappé de la justesse de l'observation, on conserve je ne sais quel malaise intellectuel, je ne sais quel soupçon d'une disproportion entre l'explication et le phénomène? D'où vient que, sous l'influence d'une telle impression, bien des gens se laissent aller à admettre le prodige diabolique ou le miracle? Cela vient de ce que M. Calmeil, fidèle à la consigne des corps savants en France et en Angleterre, n'admettant point l'action fluidique, refuse de faire un seul pas en dehors de l'excitation nerveuse ordinaire. Or on a beau parler d'ébranlements, de spasmes, de turgescences, on reste évidemment en deçà des *secours* de Saint-Médard. Il faut ici l'intervention d'une force particulière, d'un fluide qui se dégage tantôt par l'effet de certaines crises, tantôt par la puissance de la magnétisation proprement dite. Ceux qui, systématiquement, maintiennent cette lacune dans l'étude de l'homme, sont les meilleurs alliés des superstitions qu'ils prétendent combattre. — Ainsi, tout nous ramène incessamment vers notre remarque fondamentale : on ne viendra pas à bout du surnaturel apocryphe, tant qu'on s'obstinera à rejeter l'étude d'une portion des lois naturelles.

Supposez cette étude sérieusement entreprise ; avec quelle netteté nous résoudrions le problème dont nous ne pouvons que faire pressentir la solution! Habitués aux merveilles du fluide nerveux, sachant qu'il soulève à distance les objets inertes, qu'il biologise, qu'il communique la souplesse et la rigidité, le développement extrême des sens et l'insensibilité absolue, nous ne serions pas très surpris de découvrir qu'il communique aussi, dans quelques cas, l'élasticité et l'impénétrabilité relative, caractères de la gomme élastique.

Montgeron nous peint lui-même cette élasticité du corps des convulsionnaires, qui cédait sous les coups de chenets, de sorte que le creux de l'estomac allait presque toucher la colonne vertébrale, pour revenir ensuite à sa place, en procurant un soulagement d'autant plus complet que l'enfoncement avait été plus profond. Il nous parle d'une convulsionnaire qu'il détermina à s'étendre dans un cercueil où elle se laissa recouvrir de sable. Les sorciers indous, parvenus à un état particulier d'insensibilité cataleptique, sont eux aussi, enterrés dans une fosse d'où plusieurs jours après on les retire, dit-on, vivants. Et les fakirs en font bien d'autres!

Quand la science daignera-t-elle enfin, brisant les lisières de l'enfance, remplir la plus noble partie de sa mission, et s'avancer d'un pas viril sur le terrain des phénomènes mixtes où l'attendent tant de découvertes propres à dissiper nos ténèbres sans caresser notre orgueil? Je conçois qu'il lui en coûte de quitter le certain, l'immuable, le régulier où elle se complaît; d'abandonner un moment les saintes hauteurs de la certitude mathématique, pour aller chercher des agents physiques dans ces bas-fonds où intervient l'action morale et volontaire de l'homme. Mais ses répugnances ne changeant pas les faits, elle paye un peu cher son amour exclusif pour les notions positives, lorsqu'elle demeure embarrassée en face des convulsionnaires jansénistes, encourageant ainsi, elle-même, les plus sottes superstitions.

Je me suis étendu sur les prodiges qui en valaient la peine; je glisserai sur ceux que ne recommandent pas les mêmes apparences spécieuses. Tous les miracles des mystiques appartiennent à cette catégorie. Vivant dans un monde à part, attentifs à leur révélation intérieure, ils assistent de la meilleure foi du monde à des scènes qui n'ont de réalité que dans leur imagination.

Parmi les mystiques, je me bornerai à citer une fois encore Jeanne d'Arc. Pauvre et noble fille, elle a bien entendu *ses voix*; elles ont retenti à ses oreilles sous le *hêtre aux fées*; elles lui ont redit là ce qu'elle ne cessait de se dire, depuis que l'amour de la France asservie agitait son cœur.

A quoi bon discuter les visions de Jeanne d'Arc? Elle est sincère lorsqu'elle en parle, lorsqu'elle en déplore la cessation. Hallucinée mystique, jouissant comme telle du privilège qui appartient au mysticisme dans les temps obscurs, elle se trouve supérieure à la croyance de ses contemporains, parce que les erreurs de la révélation intérieure ne peuvent pas, si grossières soient-elles, ne pas s'élever au-dessus du matérialisme de l'*opus operatum* : « On ne veut pas m'absoudre! Dieu m'absout. » La foi qui lui dictait cette belle parole jette sur elle un touchant reflet. Possédée selon les uns, miraculeusement dirigée selon les autres, elle n'est à nos yeux que l'exemple le plus brillant de ce qu'une vive excitation peut produire dans une âme pieuse, au milieu d'un siècle sans lumières et d'une Église sans christianisme.

Ce mot a suffi pour les miracles du mysticisme. Ceux du catholicisme romain exigent un peu plus de détail. Évitant de m'y appesantir, je ne dirai que ce qui sera absolument nécessaire pour compléter cet essai sur les miracles étrangers à la Bible. Après avoir étudié les miracles protestants, les miracles jansénistes, et mentionné les miracles mystiques, il convient que les miracles catholiques aient leur tour. — On sait que ce ne sont pas les moins nombreux.

Laissant donc de côté la légende, m'attachant à ce qui a l'air de mériter un examen, à ce qui s'est passé depuis un siècle et avec assez d'éclat pour avoir été sérieusement constaté, je commence par le célèbre épisode de Gassner.

C'était dans la seconde partie du siècle dernier. Les jésuites avaient besoin d'un grand miracle pour résister aux réformes de Joseph II. Or, les miracles dont on a besoin arrivant toujours, le miracle ultramontain était aussi inévi-

table en 1760 que le miracle janséniste trente ans plus tôt.
Il advint alors qu'un homme parfaitement sincère et respectable, un prêtre de Coire, s'étant guéri lui-même de ses
convulsions en invoquant le nom du Seigneur, conçut naturellement l'idée de guérir aussi les autres. Il se rendit en
Allemagne, où le parti jésuite le prit sous sa protection et
où s'engagea, au sujet de la réalité de ses cures, une polémique ardente et prolongée.

Je ne me rangerai ni avec les évêques qui célébraient ses
miracles ni avec les évêques qui les attaquaient. Je me contenterai de faire remarquer que l'action de Gassner ne s'appliquait qu'aux convulsions, et en général aux maladies nerveuses qu'il qualifiait de possession. On conçoit aisément dès
lors que l'ébranlement de l'imagination ait suffi dans beaucoup de cas pour amener, comme à Saint-Médard, une crise
salutaire, et que Gassner ait exercé en outre la puissance
qui appartient à un énergique magnétiseur. Si le célèbre
docteur de Haen n'avait pas écrit son rapport à une époque
où le mesmérisme était à peu près inconnu, l'analogie qui nous
semble évidente aujourd'hui l'aurait certainement frappé.
— « Gassner, dit-il, produit des effets stupéfiants sur les
gens sans les toucher... Il change l'état du pouls, le ralentit,
l'accélère (sans le toucher), et cela deux ou trois fois par
heure. » — Je ne vois là quoi que ce soit qui ne s'obtienne
par l'action du fluide magnétique ; et somme toute, en dédui-
sant des miracles de Gassner les exagérations de ses partisans, les guérisons incomplètes ou manquées, celles que
l'émotion morale a pu déterminer, celles enfin qu'explique
le magnétisme, je suis convaincu qu'il ne reste rien à imputer
au surnaturel.

La même appréciation s'applique aux miracles du prince
de Hohenlohe. Il est permis de les trouver bien moins éton-
nants encore que ceux de Gassner. Le souvenir de ses succès
s'est au reste conservé seul, tandis que les cas très nombreux

où la guérison n'a pas suivi son intercession ont été omis.
Comment les choses se passaient-elles? On écrivait au prince en
faveur de différents malades. de madame Mattingly, qui habitait
Washington ; de la sœur Marie Recchioni, qui habitait Fermo ;
de M. Isidore Vial, qui habitait Romans. (Je cite les personnnes
dont la cure miraculeuse a fait le plus de bruit.) Le prince
de Hohenlohe fixait une neuvaine; il indiquait l'heure où
elle devait finir, l'heure à laquelle il devait lui-même se mettre
en prière pour demander la guérison. Le malade était tenu
de prier au même instant. Afin d'assurer la coïncidence parfaite, on tenait compte de la longitude. C'est ainsi que
madame Mattingly a fait sa prière à trois heures du matin,
parce que le prince avait annoncé la sienne pour neuf heures
du soir.

Or comment s'étonner que plusieurs résultats remarquables aient été obtenus? Sur le nombre des personnes conviées
à ce rendez-vous solennel, n'était-il pas probable qu'il s'en
trouverait quelques-unes chez lesquelles l'émotion d'un pareil
moment, l'attente d'un événement merveilleux auraient précisément pour effet de provoquer une crise décisive? Le fait
même le plus extraordinaire : la cessation du mutisme de
M. Vial, n'a-t-il pas pu être produit par un profond ébranlement, et l'histoire ne nous cite-t-elle pas entre autres,
l'exemple du fils de Crésus?

J'ajoute d'ailleurs que je crois à l'efficacité des prières. Si
Gassner et le prince de Hohenlohe ont prié avec foi au nom
de Jésus-Christ, si les malades et leurs familles ont regardé
aux promesses de l'unique médiateur, je suis persuadé que,
malgré leurs erreurs, ils ont obtenu de ces miracles que Dieu
ne cesse d'accorder à ses enfants, miracles qui ne diffèrent
des signes qui accompagnaient la prédication apostolique,
qu'en ce que l'action divine ne s'y montre pas de façon à
exclure l'explication naturelle des faits. Quel est le chrétien
qui n'opère pas chaque jour et sans bruit autant de prodiges

que le prince de Hohenlohe? Il sait que la vie et la mort sont dans les mains du Seigneur; il sait que le Seigneur guérit, que Jésus entend, exauce les requêtes de ses rachetés; aussi ne cesse-t-il de l'implorer, de recevoir des délivrances magnifiques. Seulement ce chrétien respecte la volonté souveraine qui n'a pas remis à tous les temps et à tous les hommes le don miraculeux proprement dit, la parole opérant par elle-même au nom du Christ, la guérison inexplicable ou la résurrection impossible; ce chrétien renferme humblement ses demandes dans le cercle des grâces qui, sans être moins réelles, sont moins éclatantes, et il a soin d'ajouter à chaque prière : « Que ta volonté soit faite et non la mienne! »

Après les miracles de Gassner et du prince de Hohenlohe, je ne connais pas de miracles catholiques mieux attestés que la croix de Migné et les stigmatisées du Tyrol. Disons quelques mots de ces deux faits. Commençons par Migné.

C'était en 1826, à l'époque des missions et des plantations de croix. Le dimanche, 17 décembre, à l'heure où se terminaient les exercices du jubilé, au moment même où la croix de mission venait d'être solennellement plantée, à l'instant où le prédicateur, s'adressant à la foule entassée devant l'église de Migné, leur rappelait la croix qui se montra à Constantin; une grande croix lumineuse, élevée d'une centaine de pieds au-dessus du sol, apparut nettement dans le ciel. On l'aperçut, dit-on, durant près d'une demi-heure. Le rapport adressé sur-le-champ à l'évêque se termine ainsi : « On ne peut, monseigneur, se faire une idée du saisissement religieux qui s'est emparé des spectateurs à la vue de cette croix. Presque tous se sont à l'instant jetés à genoux, en répétant avec transport : *Vive Jésus! vive la croix!* » Le rapport du conseiller de préfecture, écrit quelques jours après, atteste à son tour l'effet produit par le miracle : « Dans une commune qui était loin d'être religieuse, tout le monde, un bien petit nombre d'individus exceptés, s'est rapproché des autels. »

Tels sont les faits. Je n'objecterai pas que les apôtres et les Églises des apôtres n'avaient ni croix ni culte de la croix, que le cri : *Vive la croix!* aurait bien étonné ces hommes qui adoraient Jésus-Christ, qui se confiaient en son sacrifice, mais qui en détestaient l'instrument maudit. Écartons les arguments dogmatiques. Ne faisons même pas remarquer à quel point un miracle de ce genre devait sembler désirable aux hommes qui faisaient la mission de 1826. Adversaire loyal, je déclare qu'après l'examen des pièces, il m'est impossible de croire à la fraude, aux croix suspendues, aux cerfs-volants qui défrayèrent alors la polémique de l'opposition.

Une hallucination générale ne serait pas inadmissible, d'autant plus qu'aucun habitant des fermes et des hameaux voisins ne paraît avoir vu la croix lumineuse qui aurait dû frapper toute la contrée, puisqu'elle est restée près d'une demi-heure à une hauteur considérable. Or elle n'a été vue que par les personnes qui, réunies autour du prédicateur, l'esprit rempli de croix, assistant à la plantation, entendant raconter la vision de Constantin, étaient peut-être dans les conditions voulues pour obéir à une impulsion commune et pour voir toutes ce que l'une d'elles aurait cru voir la première et leur aurait montré dans le ciel.

Je pense néanmoins que l'explication est encore plus simple; une image réelle a probablement paru : le reflet de la croix qui venait d'être plantée.

Remarquez d'abord que le miracle a en effet suivi de très près la plantation. Le rapport du conseiller de préfecture le prouve : « Comme on avait été processionnellement chercher la croix chez le particulier qui en avait fait don, ce ne fut qu'au moment du coucher du soleil qu'elle put être élevée sur le calvaire qui lui avait été préparé. »

La plantation a donc lieu *au moment du coucher du soleil*;
aussitôt l'abbé Marsault commence son discours; il parle de
Constantin, et voici la croix lumineuse qui apparaît. « *Le
soleil était alors couché*, ajoute le conseiller de préfecture....
Cette croix lumineuse est restée constamment à la même place
à peu près une demi-heure, c'est-à-dire jusqu'à la nuit. »

Je prie le lecteur de remarquer ces expressions, parce
qu'elles constatent non seulement la liaison presque immédiate qui existe entre la plantation d'une croix et l'apparition
de l'image qui sans elle aurait été impossible, mais aussi le
moment réel de l'apparition. Le soleil était couché; il n'a fait
nuit que demi-heure après, c'est-à-dire à l'instant précis où
le reflet s'est effacé. Point de croix lumineuse tant qu'il n'y
a point d'objet à refléter; plus de croix lumineuse dès que le
jour fait défaut.

Ceci est le point capital. On l'a senti. Aussi s'est-on efforcé
d'embrouiller à qui mieux mieux; à quatre heures et demie
on a substitué cinq heures, au coucher du soleil, la nuit
close; on a parlé d'étoiles brillant au ciel. Il fallait absolument écarter ce malheureux phénomène de réflexion. On a
cru y parvenir en lui opposant d'abord l'heure tardive, ensuite
l'absence de vapeurs, enfin des différences de formes. Examinons.

Quant à l'heure tardive, il ne faut pas oublier ce qui vient
d'échapper à M. Desplaces-Desessarts, le conseiller de préfecture : le soleil était alors couché, mais la nuit n'est arrivée
que demi-heure après. Le soleil se couche le 17 décembre à
quatre heures six minutes; je crois donc que nous pouvons
fixer le phénomène au plus tard « à quatre heures et demie
environ [1], » comme le fait le plus grand champion du

1. C'est bien le plus tard possible. Il est probable que le fait
s'est produit avant ce moment; en tout cas, on sait quels sont,
dans certaines circonstances, les vifs reflets du soleil assez
longtemps après son coucher. Ceux qui ont assisté aux colo-

miracle, l'auteur de *la Religion constatée universellement*
(II, 293). Il est triste de voir les efforts qu'on n'a cessé de
tenter pour insinuer qu'il était plus tard, et que, ayant disparu, la lumière solaire ne pouvait produire aucun résultat.
On a dit, en passant, un mot « du soleil couché depuis une
demi-heure au moins! » On a affirmé que l'on était rentré
dans l'église avant d'avoir vu la fin du miracle! (c'eût été peu
respectueux, on en conviendra!) On a signalé les étoiles
brillant à ce moment de la rentrée et de l'effacement progressif de l'image; puis on a donné à entendre que les étoiles
brillaient pendant la durée même de la vision! Il est vrai
qu'une autre fois, désirant réfuter ceux qui prétendaient que
l'obscurité avait favorisé la fraude, on constatait que « l'on
y voyait assez clair pour lire! » (Lettre de M. de Curzon.)

Aux gens qui parlaient de *réflexion*, on répondait : « Il
faisait nuit. » Aux gens qui parlaient de *fraude*, on répondait : « Il faisait jour. »

Cette dernière assertion est évidemment la vraie. — Qu'importe! s'écrient les champions du miracle, le phénomène de
la réflexion n'exige pas seulement de la lumière, il exige des
vapeurs qui puissent renvoyer l'image! Sans doute, et il ne
s'agit que de savoir si ces vapeurs n'existaient pas. Or je
vois bien qu'on parle d'un ciel « à peu près sans nuage. »
Je vois bien que la commission nommée par l'évêque de Poi-
tiers rapporte que « la journée avait été fort belle » ; mais je
vois aussi qu'elle ajoute qu'il y avait eu avant elle « une suite
de jours pluvieux ». — « Le ciel, dit-elle, était pur dans
toute la région où se montrait la croix, et l'on apercevait seulement quelques nuages dans deux ou trois points éloignés
de là et voisins de l'horizon. » Quel savant oserait déclarer

rations du mont Blanc comprendront ce que je veux dire; la
montagne, qui s'est progressivement décolorée, et qui est devenue blafarde, revêt tout à coup une teinte rosée qui persiste
pendant plusieurs minutes.

que dans ces circonstances, avec cette lumière et avec ces vapeurs, la réflexion fût impossible?

Restent, il est vrai, les différences entre l'image céleste et la croix plantée sur le calvaire. A qui fera-t-on croire que les observations faites par la foule enthousiasmée de Migné aient été assez exactes pour décider (ce à quoi personne ne pensa au moment même), si les accessoires de la croix du calvaire, le cœur en cuivre doré, le glaive, le roseau et l'éponge étaient ou non reproduits dans la vision miraculeuse?

M. Brierre de Boismont a donné sur le géant du Brocken les détails suivants, qu'il est intéressant de mettre auprès de la croix de Migné : A certaines époques, on voit le géant se montrer au sommet du Brocken (division des montagnes du Hartz), au grand étonnement des habitants et des voyageurs. Ce prodige ne cessait, depuis de longues années, de donner lieu aux récits les plus étranges, lorsque M. Haue eut la curiosité de l'examiner, et fut assez heureux pour l'apercevoir. Pendant qu'il contemplait le géant, un violent coup de vent fut sur le point de lui enlever son chapeau; il y porta vivement la main, et le géant imita ce mouvement; ayant fait l'action de saluer, son salut lui fut aussitôt rendu. M. Haue appela le propriétaire de l'auberge du Brocken pour lui faire part de sa découverte. L'expérience fut recommencée et donna le même résultat. Le merveilleux était dès lors expliqué. » (109.)

Oui, le merveilleux est expliqué. Il ne s'agit que d'un effet de lumière produit par un corps éclairé qui se réfléchit à une certaine distance, en s'allongeant d'après un phénomène d'optique. Ce fait a été maintes fois observé. Voici ce que le père Lebrun rapporte, d'après Cardan : « Il dit qu'étant dans la ville de Milan, le bruit se répandit qu'il y avait un ange en l'air qui paraissait visiblement, et qu'étant accouru sur la place, il le vit lui-même avec plus de deux

mille personnes. Comme les plus savants étaient dans l'admiration de ce prodige, un habile jurisconsulte qui survint,
ayant examiné la chose avec attention, leur fit remarquer
que ce qu'ils voyaient n'était pas un ange, mais la figure
d'un ange de pierre qui était sur le haut du clocher de
Saint-Gothard. » (*Histoire des pratiques superstitieuses,*
IV, 374.)

Si cet effet de réflexion n'avait pas été remarqué, nous
aurions eu un grand miracle de plus, et les témoins de
Milan, non moins sincères que ceux de Migné, auraient
affirmé l'apparition d'un ange volant en plein jour au-dessus
de leur ville.

J'ai annoncé que je parlerais aussi des stigmatisées du
Tyrol. Les faits sont connus. On compte par centaines de
mille ceux qui ont visité Tscherms ou Kaltern, et qui
ont vu les extases des béates, leurs plaies saignantes aux
moments prédits, les objets étranges qui sortaient de leur
bouche. Des savants, des médecins, des philosophes ont
fait ce pèlerinage, et leurs rapports favorables ont étonné
les académies d'outre-Rhin.

Nous inscrirons-nous en faux contre de tels rapports?
Non certes. Nous ferons remarquer simplement que les
enquêtes qui se font dans ces saintes demeures ne sont
jamais ni aussi aisées ni aussi complètes qu'on l'imagine.
Le douteur qui se sent là seul de son espèce, au milieu
d'une foule de pieux adorateurs, éprouve une très grande
gêne. La politesse même et les égards avec lesquels il est
accueilli, les facilités qu'on lui offre, ajoutent à son embarras,
à sa discrétion, à sa réserve. Pénétré de respect pour des
femmes dont la dévotion est peut-être réelle, il se croirait
un monstre, s'il manifestait certaines exigences, inadmis-
sibles d'ailleurs, chacun le sent.

Voilà pour l'examinateur; quant aux stigmatisées elles-mêmes, il faudrait se garder de poser le fameux dilemme : Ou ce sont des saintes, ou ce sont des misérables. L'expérience prouve, hélas! qu'une certaine sincérité peut s'allier avec le mensonge; que les fraudes pieuses n'excluent pas toute droiture et toute dévotion véritable. Bien des gens en sont venus à croire que le but sanctifie les moyens, et si la théorie est horrible, tous ceux qui la mettent en pratique ne sont pas des scélérats. Simuler des miracles afin de gagner des âmes, réunir dans le même acte une tromperie persévérante et une intention presque chrétienne, ce n'est pas un phénomène moral inconcevable, malheureusement.

Puis, en quoi consiste-t-il donc, ce miracle étalé pendant vingt années? Les stigmatisées du Tyrol rendent des clous, du verre, des crins, des morceaux de peigne et d'autres objets qu'elles n'ont jamais avalés! Y a-t-il donc quelqu'un qui croie que Dieu, le Dieu de la Bible, s'abaisse à faire de tels prodiges? Admettra-t-on ce qui est religieusement et moralement impossible? Qui parviendra à se persuader que la restitution des clous et des fragments de vaisselle, cet attribut des possédés, soit devenu tout à coup en Tyrol la marque d'une inspiration divine?

Un tel détail doit suffire pour fixer l'opinion d'un homme impartial, indépendamment du caractère merveilleux que sembleraient présenter d'autres actes des stigmatisées. Il n'est d'ailleurs aucun de ces actes qui ait une valeur décisive. Les stigmates, que tant de catholiques hésitent à reconnaître, même chez François d'Assise, ont existé chez des imposteurs reconnus, qui n'ont cessé d'exhiber, jusqu'au jour où leur fraude a été découverte, des plaies saignantes aux moments consacrés. Les magnétiseurs illuminés d'Avignon prétendaient arrêter à volonté le sang lorsqu'ils pratiquaient une saignée; l'émission sanguine, M. le docteur Billot l'affirme, obéissait aux commandements : « Arrête-toi! coule! »

Les extases, les discours inspirés, l'emploi de phrases

empruntées aux langues étrangères. la pénétration des pensées, n'ont rien qui dépasse les limites naturelles du magnétisme animal. Enfin, l'ingurgitation des morceaux de peigne, des crins, des épingles peut avoir lieu sans entraîner la mort; des faits très nombreux l'attestent, et dernièrement encore, une jeune fille qui avait voulu se tuer ainsi n'y est point parvenue. Le dévouement des stigmatisées était bien capable d'affronter le danger de ce genre d'alimentation.

Je tourne court ici, et j'espère qu'on me saura gré de ma modération. Après avoir jeté un coup d'œil sur les miracles qui valent la peine d'être discutés, je n'irai pas m'attaquer à ceux qui sont au-dessous de la discussion. Leur nom est légion, chacun le sait.

Si j'ouvrais un ou deux volumes de Vies des saints; si je visitais les fontaines miraculeuses qui, après avoir guéri au nom du paganisme, continuent obligeamment à guérir aujourd'hui; si je prenais une à une les reliques impossibles qui ne cessent d'accomplir leurs prodiges et de distribuer leurs indulgences avec une remarquable fidélité, je ne finirais pas de sitôt. A Rome seulement, ne conserve-t on point dans les églises la pierre (en marbre de Carrare) sur laquelle Abraham lia son fils, les portraits de la Vierge peint par Luc (qui était médecin), des ampoules remplies du lait de la Vierge, du sang de Jésus-Christ, de l'eau qui sortit de son côté! N'y vénère-t-on pas l'autel sur lequel sacrifiait Jean-Baptiste dans le désert, le linge avec lequel Notre-Seigneur s'essuya les mains après avoir lavé les pieds de ses apôtres, la colonne à laquelle il fut lié par ordre de Pilate, le doigt de Thomas qui toucha les plaies du Sauveur, la pierre sur laquelle se plaça l'ange lors de l'Annonciation, un morceau de la pierre sur laquelle s'assit Jésus quand il pardonna les péchés de Madeleine, un morceau des tables de la loi, un morceau de la manne, un fragment de la verge

de Moïse, une des pierres qui ont servi à lapider Étienne ;
sans compter, en grand nombre, des portraits de Jésus-Christ,
des mèches de ses cheveux, ses vêtements, ceux de sa mère,
l'inscription mise sur la croix !

Et je ne mentionne que les reliques insignes, dont la
vertu surnaturelle est incontestée ; je laisse de côté les reliques douteuses ; le portrait du Sauveur fait par lui-même et
envoyé au roi Abgarus, la lanterne de Juda, la croix du bon
larron, les crucifix qui ont parlé. — Le merveilleux rattaché
aux reliques les plus consacrées, suffit pour indiquer au
lecteur l'impossibilité où je me trouve de traiter, autrement
que par voie d'allusion, un sujet qui n'a pas de limites.

Quant aux miracles opérés de leur vivant par les saints,
ils ne sont guère moins nombreux que ceux opérés par
leurs os. — Les gens qui en douteraient n'auraient qu'à
parcourir une histoire de François d'Assise ou l'ouvrage
intitulé : *Conformités de saint François avec Jésus-Christ.*
La vie de Liguori pourrait aussi leur donner satisfaction.
Cet homme « qui ne commit jamais un péché, même véniel,
de propos délibéré », a fait une quantité prodigieuse de
miracles ; le seul procès de béatification en spécifie plus de
cent. Il y a encore (je cite les faits modernes et officiels) le
corps de sainte Philomène la thaumaturge qui, retrouvé en
1802 à Rome, fut reconnu à l'éclat dont brillaient ses yeux,
et se signala pendant sa translation à Mugnano par la dimi-
nution du char, lorsque des rues trop étroites ne pouvaient
lui donner passage. Sa châsse, aussi, se retire toujours ; on
a beau l'allonger, elle persiste à être trop courte pour sa
sainte. C'est par milliers que les miracles se font là chaque
année ; les pèlerins y admirent des multiplications merveilleuses, notamment celle du petit livre où tant de prodiges
sont racontés.

Je ne prétends pas, au reste, que ceci soit plus extraordinaire que le Cochinchinois volant, ou que la maison de la

　　DU SURNATUREL APOCRYPHE.

Vierge apportée de Nazareth à Lorette à travers les airs. Or *la santa casa* est là, renfermée dans la splendide église de Lorette. En dépit des sceptiques qui font remarquer que les pierres qui la composent n'ont jamais été connues à Nazareth, elle confirme son origine par ses miracles : à cela, il n'y a rien à dire. Laissez donc les dévots s'agenouiller en foule devant la fenêtre carrée, par laquelle l'ange s'est envolé après avoir parlé à Marie !

Il me répugnerait d'insister. Mon but est atteint, je ne le dépasserai pas.

On voit ce qu'il faut penser des miracles qui se seraient accomplis, dit-on, depuis la fin de la période apostolique. Miracles protestants des Cévennes, miracles jansénistes de Saint-Médard, miracles ultramontains de Gassner et du prince de Hohenlohe, miracles catholiques en général : ceux qui ont une apparence spécieuse, comme les stigmates du Tyrol ou la croix de Migné; ceux qu'il est impossible de prendre au sérieux, bien que la même autorité les garantisse, j'ai tout passé en revue.

Les conclusions de ce chapitre évidentes, passons à une autre portion du surnaturel apocryphe.

FIN DU TOME PREMIER

TABLE DU TOME PREMIER

PREMIÈRE PARTIE

DU SURNATUREL EN GÉNÉRAL

DEUXIÈME PARTIE

DU SURNATUREL APOCRYPHE

Gasparin, Agénor-Etienne comte de
Du Surnaturel
Tome 1
Auber.